# Schlüsselwerke der Medienwirkungsforschung

Matthias Potthoff (Hrsg.)



# Schlüsselwerke der Medienwirkungsforschung



Springer VS

*Herausgeber*
Matthias Potthoff
Mannheim, Deutschland

ISBN 978-3-658-09922-0 ISBN 978-3-658-09923-7 (eBook)
DOI 10.1007/978-3-658-09923-7

Die Deutsche Nationalbibliothek verzeichnet diese Publikation in der Deutschen Nationalbibliografie; detaillierte bibliografische Daten sind im Internet über http://dnb.d-nb.de abrufbar.

Springer VS


Lektorat: Barbara Emig-Roller, Monika Mülhausen

Gedruckt auf säurefreiem und chlorfrei gebleichtem Papier

Springer Fachmedien Wiesbaden ist Teil der Fachverlagsgruppe Springer Science+Business Media
(www.springer.com)

# Vorwort

Während die Anzahl wissenschaftlicher Publikationen derzeit ein immenses Wachstum erfährt, sinkt die Aufmerksamkeit, welche dem einzelnen Werk zukommt – so das Ergebnis einer aktuellen Studie zum Phänomen der *Obsoleszenz* wissenschaftlicher Ergebnisse (Parolo et al., im Druck). Es verlieren also viele wissenschaftliche Werke bereits kurz nach ihrer Publikation an Beachtung – nicht unbedingt, weil ihre Ergebnisse widerlegt wurden, sondern zum wesentlichen Teil auch, weil nachfolgende Studien bereits wieder die Aufmerksamkeit von ihnen ablenken. Dieser Entwicklung haben die 25 in dem vorliegenden Band besprochenen Werke aus verschiedenen Gründen lange getrotzt und sind gerade deshalb bemerkenswert. Sie wurden dann ausgewählt, wenn sie das Thema Medienwirkungsforschung behandeln und zu den meistzitierten Werken in zwei der wichtigsten kommunikationswissenschaftlichen Fachzeitschriften im deutschsprachigen Raum gehören (Potthoff & Kopp, 2013). Sie haben dem Fach damit nachweislich wichtige Denkanstöße gegeben und sollen daher – so die Hoffnung – durch Mitwirken des vorliegenden Bandes auch noch eine Zeit lang weiter im Bewusstsein der derzeitigen Wissenschaftlergemeinschaft gehalten werden.

Was bei diesem Unterfangen schmerzt, ist der Umstand, dass zahlreiche andere Werke, welche ebenfalls dauerhafte Aufmerksamkeit verdient haben, hier außen vor bleiben müssen und die Obsoleszenz damit bestenfalls in geringem Umfang gekontert werden kann. Letztlich stellt dieses Phänomen in Frage, ob die Wissenschaft derzeit in ausreichender Weise ihrer Aufgabe nachkommt, nur falsche Annahmen zu eliminieren, bewährte hingegen beizubehalten und in diesem Sinne auch zu bewahren. Fortschritt im Sinne einer Kumulation von Wissen scheint jedenfalls angesichts der Obsoleszenz auf einseitige Art stattzufinden: Während zwar die Menge verfügbarer Publikationen wächst, wächst die Menge der bewussten Kenntnisse von Forschern und Studierenden nicht in gleichem Maße. Prägnant beschreibt dies auch ein Konzept des Soziologen Stephen Cole (1994), der zwischen dem Kernwissen eines Faches (dem was sich als Lehrwissen etabliert hat) und der „research frontier" (dem, was aktuell an Wissen produziert wird) unterscheidet und seinem Fach attestiert, dass nur sehr wenige Erkenntnisse der „frontier" es zum Kernwissen bringen. Wenngleich entsprechende empirische Untersuchungen ausstehen, wirkt diese Diagnose auf die Kommunikationswissenschaft übertragbar.

Positiv anzumerken ist jedoch, dass die Verweisstruktur der unterschiedlich alten, in dem vorliegenden Band besprochenen Werke einen Beleg dafür darstellt, dass ein Fortschritt im Sinne einer Weiterentwicklung bzw. Verbesserung von bestehenden Erkenntnissen stattzufinden scheint. So zeigt sich klar, dass die jüngeren enthaltenen Werke oft auf den älteren aufbauen, was auf eine Weiterentwicklung von Wissen nach einer Art evolutionärem Modell hindeutet. Wenigstens scheint also das Wissen, welches sich einmal zum Kernwissen herausgebildet hat, Ausgangspunkt weiterer Forschung zu werden. Dabei wird es – so zeigen die nachfolgenden Kapitel – durchaus auch kritisiert, präzisiert und um wesentliche Aspekte ergänzt. Diese Beobachtung ist umso bemerkenswerter als hier eine hohe Bandbreite an unterschiedlichen wissenschaftlichen Ansätzen zum Thema der Medienwirkungsforschung präsentiert wird. Der Leser sei daher eingeladen, die interessante Beziehungsstruktur anhand der folgenden Aufsätze nachzuvollziehen, wobei auch die folgende Grafik helfen möge, die aufzeigt, welches der hier besprochenen Werke auf welches der anderen 24 Werke verweist.

Ebenso lässt sich im vorliegenden Band nachvollziehen, dass Wissenschaftler ihre akademischen Nachfolger oft selbst unterweisen, die dabei nicht selten das Interesse für bestimmte Forschungsfelder, aber auch Vorstellungen und Herangehensweisen von ihnen übernehmen. So war z. B. Elisabeth Noelle-Neumann eine der akademischen Lehrerinnen von Hans Mathias Kepplinger, der in diesem Band ihr Werk *Die Schweigespirale* (1980) bespricht und dessen Buch zu *Darstellungseffekten* (1987) hier ebenfalls ein Kapitel gewidmet ist. Kepplinger wiederum betreute die Magisterarbeit von Bertram Scheufele, dessen Werk *Frames – Framing – Framing-Effekte* (2003) das jüngste der im Nachfolgenden besprochenen Werke ist.

Wie hier bereits ebenfalls deutlich wird, stammen auch die Autoren, welche im Folgenden die 25 ausgewählten Bücher oder Aufsätze vorstellen, aus mehreren Forschergenerationen, und mancher Autor eines Kapitels in diesem Band war ebenfalls Autor eines der besprochenen Schlüsselwerke. Der Band profitiert somit u. a. von der Erfahrung und der eigenen Teilnahme mancher der älteren Autoren am fachhistorischen Geschehen, die bei der Besprechung ihres Schlüsselwerkes jedoch ebenso oft wie die jüngeren Kollegen eine frische, unabhängige Perspektive an den Tag legten. Sie alle haben sich mit ihrem – keineswegs selbstverständlichen – Engagement für ein Lehrbuchprojekt sowie auch ihrer sorgfältigen Arbeit meinen ausdrücklichen Dank als Herausgeber verdient.

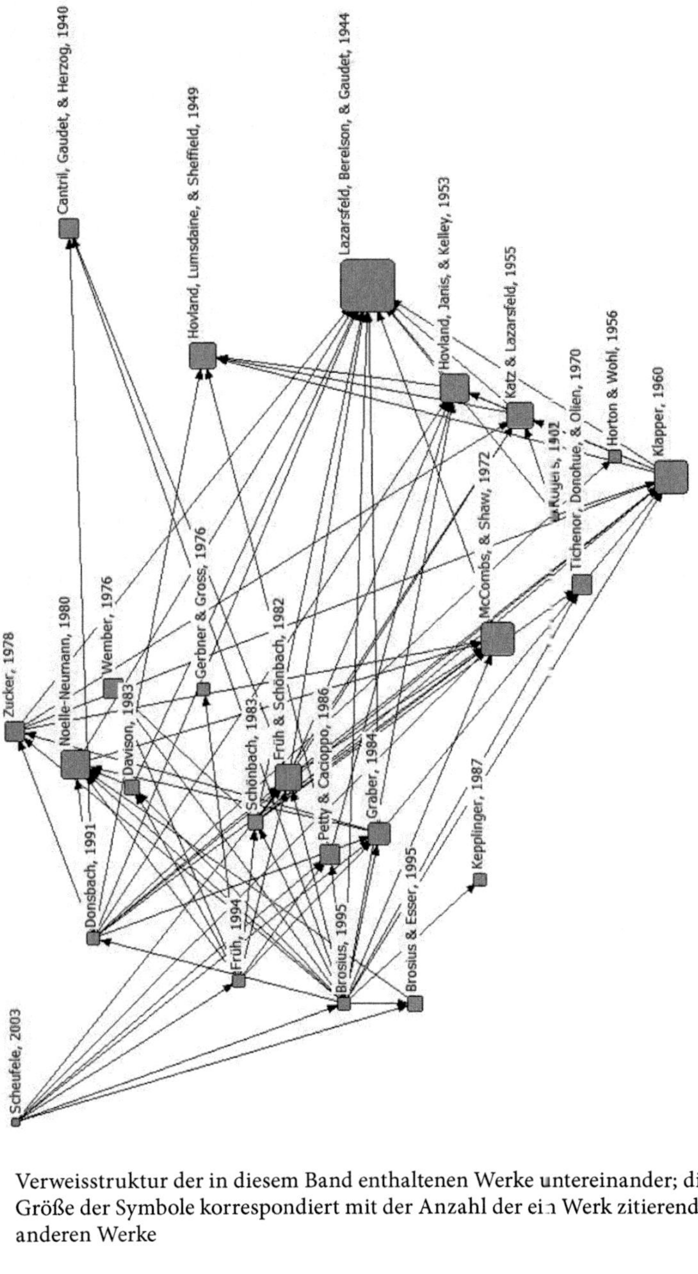


**Abb. 1** Verweisstruktur der in diesem Band enthaltenen Werke untereinander; die Größe der Symbole korrespondiert mit der Anzahl der ein Werk zitierenden anderen Werke

Als Anstoß- und Ideengeber für den vorliegenden Band hatte Siegfried Weischenberg eine wesentliche Rolle bei seinem Entstehen. Ebenfalls an seinem Gelingen beteiligt waren Christopher Golombek, Juliane Queck, Christiane Klöker und Lydia Spiessberger, die mir vor allem bei Rechercheaufgaben in wertvoller Weise geholfen haben, sowie natürlich auch das durch Barbara Emig-Roller angeführte Team von Springer VS. Gemeinsam wünschen wir Ihnen eine anregende Lektüre.

*Matthias Potthoff*

## Literatur

Cole, S. (1994). Why Sociology doesn't make progress like the natural sciences. *Sociological Forum, 9*, 133-154.

Parolo, P. D. B., Pan, R. K., Ghosh, R., Huberman, B. A., Kaski, K., & Fortunato, S. (im Druck). Attention decay in science. Abgerufen von http://arxiv.org/pdf/1503.01881v1.pdf

Potthoff, M., & Kopp, S. (2013). Die meistbeachteten Autoren und Werke der Kommunikationswissenschaft: Ergebnis einer Zitationsanalyse von Aufsätzen in Publizistik und Medien & Kommunikationswissenschaft (1970-2010). *Publizistik, 58*, 347–366.

# Inhalt

# Zur Auswahl der Schlüsselwerke

Matthias Potthoff

Als Herausgeber eines Bands zu den *Schlüsselwerken der Medienwirkungsforschung* steht man vor allem vor einer Selektionsfrage: Welche Werke sollen behandelt werden? Zwei Kriterien gilt es dabei zu beachten: Erstens, ob ein Werk thematisch der Medienwirkungsforschung zuzurechnen ist und zweitens, ob das Werk die Eigenschaften eines Schlüsselwerks aufweist. Beide Kriterien sind keineswegs trivial in ihrer Anwendung, da weder das Konzept des Schlüsselwerks noch das Forschungsfeld der Medienwirkungsforschung vollständig klar umrissen ist. Im Folgenden soll bezüglich der Auswahlkriterien Transparenz hergestellt werden, indem aufgezeigt wird, was im Kontext der Erstellung des vorliegenden Bands unter einem Schlüsselwerk und der Medienwirkungsforschung verstanden wurde.

## Was ist ein *Schlüsselwerk*?

Schlüsselwerke wurden bislang u.a. beschrieben als wissenschaftliche Arbeiten von Autorinnen und Autoren, die man als Student oder Wissenschaftler eines bestimmten Gebiets *kennen müsse* (Salzborn, 2014, S.9). *Zentral* und *einschlägig* seien diese Autoren für ihr Gebiet, *maßgeblich* die von ihnen hervorgebrachten und in den Schlüsselwerken beschriebenen Erkenntnisse (Jörissen & Zirfas, 2010, S.7; Hepp, Krotz, & Thomas, 2009, S.13). Bei den Arbeiten handele es sich um besonders *relevante* (Hepp, Krotz, & Thomas, 2009, S.15), *wichtige* und *einflussreiche* Texte, die die Forschung eines bestimmten Gebietes *begründet* und *vorangetrieben* hätten (Reuter & Karentzos, 2012, S.10; Löw & Mathes, 2005, S.9). Schlüsselwerke seien solche, deren „Titel man in jedem Studium hören wird" (Salzborn, 2014, S.9) und „die in besonderem Maße die Entwicklung einer Wissenschaft spiegeln" (Kailitz, 2007, S.VII). Besonders Kailitz (2007, S.VIII) stellt ausführlichere Überlegungen zu den Eigenschaften eines Schlüsselwerks an und formuliert zwei Bedingungen. Zum einen müsse ein Schlüsselwerk in origineller Weise die Kenntnisse in einem Fachgebiet in einem bedeutenden Maße erweitert haben, wobei Originalität z. B. in der Erschließung neuer Forschungsgebiete oder der Erstellung neuer methodischer Ansätze bestehen könne, aber auch in einer gelungenen Systematisierung des Wissens in einem bestimmten Bereich. Zum anderen müsse das Werk ein überdurchschnittliches Maß an Aufmerksamkeit in der Wissenschaftlergemeinschaft erhalten haben. Ein Werk könne „noch so originell und inhaltlich beeindruckend sein" – ohne eine weite Verbreitung sei es kein *Schlüsselwerk*.

Die oben zitierten Autoren beschreiben damit in unterschiedlicher Terminologie zwei wesentliche Kriterien, um ein Werk als Schlüsselwerk einzuordnen: Zum einen eine hohe Verbreitung (Bekanntheit, Einflussreichtum, Integration in Studieninhalte) und zum anderen eine hohe wissenschaftliche Qualität hinsichtlich bestimmter Aspekte (Originalität, Relevanz). Insbesondere der Gedanke, den Schlüsselwerk-Status einer Publikation an seine Verbreitung zu knüpfen, lässt sich im Kontext der Erstellung eines Bands wie dem vorliegenden als sinnvoll erachten. Indem man darin weithin bekannte Werke präsentiert, eröffnet man dem Leser, welche Arbeiten die meisten Fachleute in einem bestimmten Themengebiet kennen und bei welchen sie möglicherweise davon ausgehen, dass sie auch allen anderen in diesem Themengebiet tätigen Personen geläufig sind. Der Leser wird dann durch die Lektüre eines Überblicksbands in die Lage versetzt, die Ausführungen erfahrener anderer Teilnehmer in einem Fachdiskurs zu verstehen und sich selbst sinnvoll darin zu äußern, zumindest soweit dies von der Kenntnis bestimmter Werke und darin enthaltener Erkenntnisgrundlagen abhängig ist.[1] Gleichzeitig ist der Verbreitungsgrad eines Werks relativ objektiv – etwa mit Auszählungen von Auflagen, Online-Abrufen oder Zitationen – bestimmbar. Aus diesen Gründen orientierte sich die Auswahl von Werken für den vorliegenden Band primär an dem Verbreitungskriterium, jedoch – wie im Folgenden erläutert wird – ohne das Qualitätskriterium dabei zu vernachlässigen.

1 Natürlich wird aufgrund dieses Auswahlkriteriums der Matthäus-Effekt (Merton, 1968) mit dem vorliegenden Band weiter gefördert, d. h. er begünstigt, dass solchen Personen und Werken weitere Aufmerksamkeit zukommt, die ohnehin bereits viel Aufmerksamkeit erhalten. Eine mitnichten intendierte, aber zu erwartende Konsequenz dessen ist, dass damit weniger der knappen Aufmerksamkeit auf solche Werke bzw. Autoren entfällt, die ebenso gute Forschung enthalten bzw. betrieben haben, aber aus verschiedenen Gründen dennoch weniger bekannt sind. Da aber unbekannte Werke mit hochqualitativem Inhalt eben wegen ihrer geringen Verbreitung nicht als Schlüsselwerke gelten (siehe die obige Diskussion), ist dieser Konflikt hier nicht aufzulösen.

## Bibliometrische Fundierung der Auswahl

Welchen Werken Wissenschaftler viel Aufmerksamkeit geschenkt haben, lässt sich – wie oben bereits angedeutet – u.a. an Zitationen ablesen. In der Tat ist dieses Kriterium besonders geeignet, da Zitationen in der Regel eine eingehendere Beschäftigung mit einem Werk erfordern, was sie aussagekräftiger macht als z.B. Auflagen. In Anwendung dieses Kriteriums kam die Auswahl von Schlüsselwerken für den vorliegenden Band auf der Grundlage der Ergebnisse des bibliometrischen Projekts „Kommunikationswissenschaftliche Relevanz und Reputation" (KW2R) zustande. Im Rahmen dieses Projekts wurde anhand einer umfangreichen Stichprobe von Aufsätzen ausgewertet, welche Werke in den Fachzeitschriften *Publizistik* und *Medien & Kommunikationswissenschaft* (*M&K*, früher *Rundfunk und Fernsehen*) in dem Zeitraum von 1970 bis 2010 (Phase nach der empirisch-sozialwissenschaftlichen Wende bis heute) am häufigsten zitiert wurden (vgl. Potthoff & Kopp, 2013). Diese beiden Fachzeitschriften gelten für die Kommunikationswissenschaft im deutschsprachigen Raum als zentral und bilden die in der Kommunikationswissenschaft herrschende Themenvielfalt in großer Breite ab. Aus der ermittelten Rangliste der am häufigsten zitierten Werke wurden die meistzitierten Werke aus dem Themengebiet der Medienwirkungsforschung (zu den Spezifika des thematischen Aufgreifkriteriums s.u.) für die Inklusion in den vorliegenden Band ausgewählt, wobei sowohl Monografien als auch Aufsätze berücksichtigt wurden.

In Anlehnung an Kailitz' Bestimmung der Eigenschaften eines Schlüsselwerks wurden dabei nur solche Werke in die Auswahl aufgenommen, die (ggf. neben einer Zusammenfassung des Forschungsstandes) einen originären (im Sinne von *seitens des bzw. der Autoren eigenständigen*) Beitrag zur Medienwirkungsforschung darstellen. Lehr- und Handbücher bzw. Aufsätze daraus sowie sonstige Werke, die sich in weit überwiegendem oder vollständigem Maße mit der Aufbereitung eines überwiegend von anderen Autoren erzeugten Forschungsstands beschäftigen, wurden damit trotz teils hoher Rangplätze ausgeschlossen.[2] Um eine gewisse

2 Joseph T. Klappers Buch *The effects of mass communication*, das in der Auswahl der hier besprochenen 25 Werke enthalten ist, entzieht sich diesbezüglich einer klaren Einordnung. So beschreiben es manche Autoren als „Synopse" (z.B. Brosius & Esser, 1998, S.348), was auch nicht unzutreffend ist, denn wie der Autor selbst bemerkt, stellt das Werk „primarily a collection of the findings of others" (Klapper, 1960, S.viiix) dar. Dass sich das Werk letztlich doch nicht rein auf die Zusammenfassung von bestehenden Ergebnissen beschränkt, würdigen andere Autoren, indem sie es als „Metastudie" beschreiben, die bedeutende spätere Konzepte wie die Schweigespirale oder den Agenda-Setting-Ansatz mit angeregt haben dürfte (Stöber, 2008, S.145) In der Tat kann man Klappers Generalisierungen, die auf seiner Zusammenfassung anderer Studie fußen,

Bandbreite an Ansätzen zu erfassen, wurden außerdem jeweils höchstens zwei Werke desselben Autors berücksichtigt und dies auch nur dann, wenn mindestens eines der beiden Werke nicht in Alleinautorenschaft erschienen ist. Aus gleichem Grund blieben auch solche Werke unberücksichtigt, die hauptthematisch eine konkrete Theorie oder Hypothese bzw. ein konkretes Modell oder eine bestimmte empirische Studie behandeln, zu der ein anderes Werk mehr Zitationen erhielt (hatten die Werke die gleiche Anzahl an Zitationen, wurde das ältere gewählt).[3] Eine inhaltliche Überschneidungsfreiheit der besprochenen Werke entsteht dennoch längst nicht – allein schon deshalb, weil zahlreiche theoretische und empirische Arbeiten der Medienwirkungsforschung dieselben abhängigen Variablen im Blick haben; häufig sind dies Informiertheit bzw. Wissen, Meinungen bzw. Einstellungen sowie Handlungen von Menschen.

Die obigen Regeln sind die einzigen qualitativen Eingriffe, die in der datengeleiteten Auswahl der Werke vorgenommen wurden. Nichtsdestotrotz führt natürlich auch die Auswahl der beiden Fachzeitschriften *Publizistik* und *M&K* als Datengrundlage zu beachtenswerten Konsequenzen hinsichtlich der Zusammensetzung der Schlüsselwerkeauswahl. Vor allem ist zu erwähnen, dass die in *Publizistik* und

als originäre theoretische Leistungen betrachten, was dann letztlich für eine Aufnahme in den vorliegenden Band sprach.

3 Dass der dynamisch-transaktionale Ansatz (DTA) in dreien der hier vorgestellten Werke thematisiert wird (siehe die Aufsätze von Volker Gehrau, von Carsten Wünsch & Miriam Czichon sowie von Sebastian Hagen & Felix Frey i. d. B.), ist insofern keine Abweichung von dem obigen Auswahlprinzip, als der DTA weniger als Beschreibung einer konkreten Form der Medienwirkung (wie sie in einer Theorie, einer Hypothese oder einem Modell abgebildet wird) anzusehen ist, sondern vielmehr – ähnlich wie der Stimulus-Response-Ansatz – als allgemeines Wirkungsmodell betrachtet werden kann, welches Theorien, Hypothesen und Modellen zugrunde gelegt wird. Die Regelung, nur ein Werk je Theorie zu besprechen, trifft somit auf den DTA nicht im normalen Sinne zu und wurde hier so angewendet, dass nur ein Werk zugelassen wurde, welches den DTA als solchen beschreibt. Studien, die sich auf den DTA als Basis für ihre Forschung berufen, sich aber primär mit konkreteren Fragestellungen zu Medienwirkungen beschäftigen, wurden hingegen unbeschränkt aufgenommen (zumindest sofern keine der anderen o. g. Regeln dagegen sprach). Einen Grenzfall stellt jedoch die gemeinsame Berücksichtigung der Werke *The people's choice* von Lazarsfeld, Berelson und Gaudet (siehe den Beitrag von Monika Taddicken i. d. B.) sowie *Personal Influence* von Katz und Lazarsfeld (siehe den Beitrag von Sebastian Koch & Jens Woelke i. d. B.) dar. Während ersteres die Ergebnisse einer umfangreichen empirische Studie schildert, im Rahmen derer – unter anderem – das Konzept des Meinungsführers und des Zweistufenflusses der Kommunikation entdeckt wurden, ist letzteres *dezidiert* der Erforschung dieser beiden Konzepte gewidmet. Aus diesem Grund wurden die Konzepte des *opinion leaders* bzw. des *Two Step Flow* letztlich nur bei *Personal Influence* als Hauptthema gesehen und beide Werke berücksichtigt.

*M&K* publizierenden Wissenschaftler – mutmaßlich aufgrund vorhandener und nicht-vorhandener Sprachkompetenzen – vor allem deutsch- und englischsprachige Werke zitieren. In anderen Sprachen verfasste Werke werden dahingegen kaum berücksichtigt (Potthoff & Weischenberg, 2014, S. 265). Dementsprechend sind auch in der Auswahl der Schlüsselwerke für diesen Band nur deutsch- und englischsprachige Werke enthalten. Dabei ist anzunehmen, dass kaum deutschsprachige Werke unter den Schlüsselwerken vertreten gewesen wären, wenn man die Auswahl auf Zitationen in einer internationalen Fachzeitschrift gestützt hätte, da deutschsprachige Werke im Ausland oft keine weite Verbreitung haben. So betrachtet repräsentiert die Auswahl in diesem Band die spezifische Sicht der deutschsprachigen Länder darauf, welche Werke für die Medienwirkungsforschung von besonderem Belang sind bzw. es zu einem gewissen Zeitpunkt waren.

## Zum Zusammenhang der Verbreitung und der Qualität wissenschaftlicher Werke

Die Verbreitung und die Qualität eines Werks sind selbstverständlich konzeptuell getrennt, allerdings ist von einer gewissen Korrelation auszugehen. Mit Früh (2008, S. 14) lässt sich grundlegend annehmen dass „in einem zweckrationalen und effizienten Wissenschaftsprozess […] gute Leistungen häufiger wahrgenommen werden [müssten] als weniger gute." Trotz dessen, dass die Wahrnehmung eines Werks neben seiner Qualität auch von vielen weiteren Faktoren abhängt (Vermarktung, soziales Kapital des Autors etc.) und eine hohe Verbreitung nicht *notwendigerweise* mit einer hohen Qualität bzw. eine geringe Verbreitung nicht unbedingt mit einer geringen Qualität einhergeht, ist dem nicht grundsätzlich zu widersprechen. Jedoch sollte nach verschiedenen Qualitätskriterien differenziert werden, die mal mehr und mal weniger mit der einem Werk zuteil werdenden Aufmerksamkeit in Zusammenhang stehen. Diskutiert werden hier exemplarisch zwei: Relevanz und Richtigkeit (für eine Diskussion dieser und weiterer Qualitätsaspekte vgl. z. B. Hemlin & Montgomery, 1990).

Letztlich ist die in dem vorliegenden Band gewählte bibliometrische Auswahlmethodik der Auswahlmethodik anderer Schlüsselwerk-Bände, welche auf Analysen von Kurssyllabi oder dem Votum von Expertengruppen (vgl. z. B. Holtz-Bacha & Kutsch, 2002) beruhen, nicht unähnlich. So lassen sich die Autoren von *Publizistik* und *M&K* ebenfalls als Gruppe kommunikationswissenschaftlicher Experten betrachten, die mit einer Zitation ausdrücken, dass der von ihnen zitierte Text *relevante* Erkenntnisse enthält. Dass Zitationen als Zuspruch von Relevanz (als

Eigenschaft eines Schlüsselwerks vorgeschlagen von Hepp, Krotz, & Thomas, 2009 sowie von Löw & Mathes, 2005, s. o.) verstanden werden können, scheint deswegen plausibel, weil das Schenken von Aufmerksamkeit Aufwand verursacht und damit Abwägungen bezüglich des sinnvollen Einsatzes von Ressourcen provoziert. Dabei wäre es in keiner Hinsicht zielführend, wenn Wissenschaftler sich mit ihnen irrelevant erscheinenden Publikationen auseinandersetzen und Irrelevantes dann auch noch zitieren würden. In diesem Kontext gilt es allerdings zu berücksichtigen, dass sich eine aktuelle Relevanz eines Werks für einen Forscher auch in starkem Maße daraus ergibt, ob ihm die darin enthaltenen Erkenntnisse bei seinem derzeitigen Forschungsprojekt nützen. Relevant waren die in *Publizistik* und *M&K* meistzitierten Werke somit vor allem als Grundlage für die in den beiden Fachzeitschriften zwischen 1970 und 2010 publizierten Studien.

Eine andere Frage ist, ob Wissenschaftler einem Werk, dem Sie eine starke Beachtung schenken, inhaltlich zustimmen bzw. ob sie die darin enthaltenen Ergebnisse (z. B. Theorien über die Realität) als zutreffend betrachten. Dies kann, muss aber keineswegs der Fall sein. Einige sehr weit verbreitete Werke der Kommunikationswissenschaft, wie z. B. das auch in diesem Band diskutierte Buch *Die Schweigespirale* von Elisabeth Noelle-Neumann (vgl. den Beitrag von Hans-Mathias Kepplinger i. d. B.), wurden überaus kontrovers diskutiert (vgl. z. B. Merten, 1985). Aus der hier vertretenen Sichtweise unterstreicht eine Kritik letztlich die Relevanz eines Werks, da sich wohl kaum ein Wissenschaftler die Mühe machen würde, Irrelevantes zu kritisieren. Die Gültigkeit oder Nützlichkeit von Forschungsergebnissen wird hingegen durch eine Kritik in Zweifel gezogen. Nachvollziehbarer Weise aber wurde eine bislang undisputierte und nachhaltige Gültigkeit von in einem Werk enthaltenen Forschungsergebnissen nicht zu einem Schlüsselwerks-Kriterium gemacht, denn stark kritisierten Werken kommen häufig trotzdem große Verdienste zu. Zum einen oft der, eine bestimmte Diskussion überhaupt initiiert oder die Forschung auf einem bestimmten Gebiet überhaupt begründet (oder auch neu angefacht) zu haben. Zum anderen dienen hoch kritisierte Werke anderen Forschern häufig als Blaupause zur Erstellung eigener Annahmen, wobei die kritisierte Annahme oft „nur" modifiziert oder erweitert wird. Gut nachzuvollziehen ist dies etwa in dem Aufsatz „Der dynamisch-transaktionale Ansatz" (1982, vgl. den Beitrag von Volker Gehrau i. d. B.). Hierin entwickeln die Autoren Früh & Schönbach ihr eigenes Modell der Medienwirkungen in Abgrenzung zum Stimulus-Response-Modell und zum Nutzen- und Belohnungs-Ansatz, an denen sie kritisieren, dass sie der „Komplexität von Wirkungsprozessen nicht vollständig gerecht werden" (S. 76). Ihr eigenes Modell ist den genannten überlegen, jedoch wäre es ohne die Vorarbeit der Vertreter der anderen beiden Modelle wohl kaum zustande gekommen. Werke, deren Inhalte aktuell als überkommen gelten, können somit durchaus – wie von Kailitz von einem Schlüsselwerk gefordert (s. o.) – die Entwicklung einer Wissenschaft spiegeln, indem sie demonstrieren, welche Entwicklungsstufen das aktuell verfügbare Wissen genommen hat. Deswegen sprach auch für den vorliegenden Band ein mangelnder Konsens hinsichtlich der Gültigkeit von Ergebnissen einer Publikation oder gar eine eindeutige Widerlegung von Forschungsergebnissen nicht dagegen, ein Werk als Schlüsselwerk anzusehen. Der Leser wird somit im Folgenden auch Besprechungen von Werken vorfinden, deren Inhalte nicht mehr dem aktuellen Forschungsstand auf einem Gebiet entsprechen, die aber aufzuzeigen helfen, über welche Stufen sich der heutige Forschungsstand entwickelt hat.

## Was ist die *Medienwirkungsforschung*?

Bemüht wurde sich hinsichtlich dieser Frage nicht um eine umfassende Klärung, sondern nur um eine pragmatisch handhabbare Eingrenzung des Forschungsfeldes, die eine eindeutige Zuordnung der ermittelten meistzitierten Werke zur Medienwirkungsforschung ermöglichte. Dabei wurden die drei in dem Begriff der „Medienwirkungsforschung" enthaltenen Komponenten – *Medien*, *Wirkung* und *Forschung* – jeweils einzeln bedacht.

Der Wortbestandteil „Medien" in „Medienwirkungsforschung" bezeichnet offenkundig eine Größe, von der eine Wirkung auf andere Konstrukte angenommen wird bzw. die als unabhängige Variable einer Hypothese angesehen wird. Der Begriff des Mediums wird jedoch nicht für eine bestimmte, sondern für eine Vielzahl unterschiedlicher Entitäten verwendet (vgl. Mock, 2006) und auch im Forschungsfeld der Medienwirkungsforschung bezieht sich „Medien" auf Verschiedenes.

Zu großen Teilen beschäftigt sich die Medienwirkungsforschung mit der Wirkung von Medien im Sinne von *Medienangeboten* (Schmidt & Zurstiege, 2000, S. 170), wie z. B. Unterhaltungssendungen im Fernsehen oder Zeitungsartikeln. Konkreter noch geht es häufig um die in diesen Medienangeboten enthaltenen Botschaften bzw. Mitteilungen. Die Wirkung der Medienangebote setzt ihre Nutzung durch einen Rezipienten voraus, wobei häufig eine Wirkung auf eben diesen Rezipienten – oder im kollektiven Sinne: auf eine aus Rezipienten bestehende Gesellschaft – im Zentrum des Interesses steht. Ein klassisches Beispiel für eine entsprechende Fragestellung ist, unter welchen Bedingungen eine persuasive Botschaft die Einstellung eines Rezipienten verändern kann (behandelt z. B. in dem Werk *Communication and Persuasion*, vgl. den Beitrag von Nikolaus Jackob & Christine Hueß i. d. B.). Dabei ist die Gültigkeit mancher der entsprechenden Theorien und Befunde nicht abhängig davon, dass die entsprechende Botschaft über technische Mittel zur Massenverbreitung von Mitteilungen gesendet wurde. Das Elaboration-Likelihood-Model zum Beispiel, welches sich mit der kognitiven Verarbeitung persuasiver Botschaften beschäftigt (vgl. den Beitrag von Franziska Marquart & Brigitte Naderer i. d. B.), lässt sich auch auf die nicht-technisch vermittelte interpersonale Kommunikation anwenden. In diesem Sinne könnten Teile der *Medien*wirkungsforschung allgemeiner als *Kommunikations*wirkungsforschung zu verstehen sein, wobei der erstere Begriff aber doch recht deutlich mit enthält, dass es um die Wirkung massenmedial verbreiteter Botschaften geht. Bei der Auswahl von Werken für den vorliegenden Band wurde dabei so verfahren, dass ein Werk dann der Medienwirkungsforschung zugerechnet werden konnte, wenn es sich mit der Wirkung von kommunikativen Botschaften beschäftigte und die in ihm enthaltenen Ergebnisse zumindest auf die Wirkung von Botschaften, die über technische Mittel zur Massenverbreitung gesendet werden, übertragbar waren. Ausgeklammert wurden hingegen Werke, die zwar wichtige Grundlagen für die Medienwirkungsforschung liefern, sich jedoch eigentlich nur in allgemeiner Weise mit Prinzipien der menschlichen Informationsverarbeitung beschäftigen. Dieser Ausschluss betrifft meist aus der Kognitions- oder Sozialpsychologie stammende Arbeiten, wie z. B. *Remembering* von Frederic C. Bartlett und *A Theory of Cognitive Dissonance* von Leon Festinger.

Über das gesagte hinaus beschäftigt sich die Medienwirkungsforschung auch mit Medien im Sinne von *Medientechniken* (vgl. Schmidt & Zustiege, 2000, S. 170), konkreter den gesellschaftlichen Auswirkungen der Einführung neuer Medientechniken, die – evtl. auf neuartige Weise – mehr oder andere Informationen zugänglich machen als zuvor verfügbar waren oder innovative Formen des Austauschs ermöglichen. Als konkrete Einflussgröße wird dabei also betrachtet, *dass* eine bestimmte Medientechnik existiert und genutzt wird; Inhalt und Aufmachung der konkreten Inhalte stellen hierbei eher einen Randaspekt dar. Ein klassisches Beispiel hierfür ist die Wissenskluftforschung, welche untersucht, inwieweit statusniedrige und statushohe Bevölkerungsschichten unterschiedlich von der Einführung neuer Medien im Hinblick auf einen Wissenszuwachs profitieren (vgl. den Beitrag von Heinz Bonfadelli i. d. B.). Auch Werke, die sich mit derart verstandenen Medienwirkungen beschäftigen, wurden als thematisch passend für den vorliegenden Band betrachtet.[4]

---

4 Nach Schmidt & Zustiege (2000, S. 170) versteht man unter *Medien* auch Kommunikationsinstrumente im Sinne von „materielle[n] Zeichen, die zur Kommunikation benutzt werden" wie etwa natürliche Sprachen. Die Einführung derartiger Kommunikationsinstrumente hat selbstverständlich ebenfalls eine Wirkung auf die Gesellschaft. Mit solcherart verstandenen Medienwirkungen beschäftigt sich die Kommunikationswissenschaft jedoch höchstens am Rande. Dementsprechend fand sich auch keines der durchaus existierenden Werke zu dieser Thematik (z. B. Ong, 2002) unter den meistzitierten Werken in *Publizistik* und *M&K*.

Noch einmal zu betonen ist, dass sich die Medienwirkungsforschung mit Wirkungen von einer Mediennutzung auf verschiedene abhängige Variablen beschäftigt und nicht mit der Wirkung verschiedener unabhängiger Variablen auf die Mediennutzung. Letzteres entspricht dem Forschungsfeld der Mediennutzungsforschung, das allerdings eine gewisse Schnittmenge mit der Medienwirkungsforschung hat. Zum Beispiel ist die Mediennutzung eigentlich die abhängige Variable in der u. a. von Lazarsfeld und Klapper (vgl. die Beiträge von Monika Taddicken und Michael Schenk i. d. B.) vertretenen Annahme, dass Menschen sich selektiv eher solchen Informationen zuwenden, die ihre bestehende Meinung stützen. Allerdings wurde diese Annahme auch zur Erklärung der damaligen Beobachtung verwendet, dass die Medienberichterstattung oft nur bestehende Meinungen verstärkt anstatt sie zu verändern. Werke, in denen eine solche Verknüpfung von Mediennutzungs- und Medienwirkungsforschung vorlag, wurden dabei ebenfalls als Schlüsselwerk der Medienwirkungsforschung aufgefasst, sofern die Beschäftigung mit Medienwirkungen in wesentlichem Umfang erfolgte.

Der Begriffsbestandteil „Wirkung" drückt aus, dass es der Medienwirkungsforschung darum geht, Kausalbeziehungen zwischen Variablen zu untersuchen, wie z. B. den Einfluss des Fernsehkonsums einer Person (unabhängige Variable) auf deren Annahmen über die soziale Realität (abhängige Variable). So fand man z. B. im Rahmen der Kultivierungsforschung mittels einer Befragung heraus, dass Personen mit hohem Fernsehkonsum die Wahrscheinlichkeit, zukünftig Opfer eines Gewaltverbrechens zu werden, wesentlich höher als Wenigseher (und gemessen an der tatsächlichen Wahrscheinlichkeit zu hoch) einschätzen (Gerbner & Gross, 1976, S. 193). Dies interpretierte man als „evidence to suggest that television viewing cultivates a general sense of danger and mistrust" (Gerbner & Gross, 1976, S. 191; vgl. auch den Beitrag von Constanze Rossmann, Christine Meltzer, & Anna Schnauber i. d. B.).

Wie auch viele andere Forschungsrichtungen folgt die Medienwirkungsforschung grundsätzlich folgender Vorstellung von Kausalität:

> *X* is a cause of *Y* if and only if *X* exists (the probability of *X* is greater than zero), *X* is temporally prior to *Y* (the moment in time $t_x$ comes before $t_y$), there is a statistical relationship between *X* and *Y* (the probability of *Y* given *X* is greater than the probability of *Y* by itself), and there is no spuriousness (the statistical relationship between *X* and *Y* does not disappear when controlling other potentially confounding factors). (Tacq, 2004, S. 104)

Diese Bedingungen für Kausalität wurden mehrfach als unzureichend beschrieben (Früh, 2004; Tacq, 2004), machen aber bereits auf Probleme der Beweisführung bei Gerbner und Gross aufmerksam. Zum einen wurde in deren Befragung nicht sichergestellt, dass der Fernsehkonsum das Entstehen der überhöhten Gefahrenempfindung antezediert, zum anderen wurden relevante Drittvariablen nicht ausreichend kontrolliert (Schenk, 2007, S. 608). Dies bedeutete jedoch keinen Ausschluss des Aufsatzes der beiden Autoren aus der Schlüsselwerke-Auswahl. Bei der Entscheidung, ob ein Werk der Medienwirkungsforschung zugehörig ist, war relevant, ob es sich damit *beschäftigt*, ob in der Beziehung mindestens zweier Variablen die vier o. g. Bedingungen (und ggf. noch weitere) erfüllt sind, nicht jedoch, ob es auf zufriedenstellende Weise den Beweis dafür oder dagegen erbringt.

Eine bestehende Ansicht zu Kausalbeziehungen ist, dass der Mensch Korrelation beobachtet und dabei Kausation annimmt, wobei jedoch nur erstere belegbar und die Annahme letzterer nur das Resultat menschlicher Verarbeitungsstrategien von Umwelteindrücken sei. Große Teile der Medienwirkungsforschung scheinen jedoch eher dem alternativen Gedanken zu folgen, dass Kausalbeziehungen zwischen Variablen tatsächlich bestehen und dass es die Aufgabe des Wissenschaftlers sei, diese aufzudecken. Letztere Sichtweise bezeichnet Little als „causal realism". „Causal realism insists … that empirical evidence must be advanced to assess the credibility of the causal mechanism that is postulated between cause and effect." (Little, 2004, S. 100) Dem scheint in weiten Teilen auch die Medienwirkungsforschung anzuhängen, welche generell von einem starken Bestreben nach empirischer Umsetzung von Konzepten geprägt ist. Dennoch – und dies führt und zu dem dritten Aspekt – soll unter „Forschung" im Kontext des vorliegenden Bands nicht nur empirische Forschung im Sinne einer „systematische[n] Auswertung von Erfahrungen" (Bortz & Döring, 2009, S. 2) verstanden werden. Erkenntnis entsteht nicht nur systematisch – was konkreter *per Anwendung der Methoden der empirischen Sozialforschung* meint – sondern auch zufällig. Ein zufälliger Erkenntnisgewinn ergibt sich häufig durch initiale Beobachtungen, die oft „nur" in essayistischer Form beschrieben und in anekdotischer Form belegt werden. Ein entsprechendes Beispiel stellt der Aufsatz *Mass Communication and Para-Social Interaction* der Autoren Horton & Wohl dar (vgl. den Beitrag von Tilo Hartmann i. d. B.), die in ihrer Publikation „lediglich" erste Einzelbeobachtungen zu dem von ihnen postulierten Phänomen der parasozialen Interaktion schilderten, damit jedoch viele methodisch komplexe Folgestudien inspirierten. Des Weiteren entsteht Erkenntnis nicht nur durch Erfahrung, sondern z. B. auch durch Überlegung. Früh und Schönbach präsentierten mit ihrem bereits erwähnten Aufsatz *Der dynamisch-transaktionale Ansatz* (1982) ein Werk, in dem die Perspektiven von Wirkungs- und Nutzenansatz vereint wurden. Die von den Autoren aufgezeigten neuartigen Erkenntnisse basieren jedoch nicht auf eigenen empirischen Beobachtungen, sondern auf einer kreativen Verknüpfung bereits bestehenden Wissens. Nicht-empirische Werke werden dabei häufig zur Grundlage späterer systematischer empirischer Studien und sind damit elementarer

Bestandteil der Medienwirkungsforschung. Hinsichtlich Originalität, Relevanz und Verbreitung sind sie klassischen empirischen Studien sogar oft überlegen und wurden somit in dem vorliegenden Band ebenfalls berücksichtigt. *Forschung* als Bestandteil des Begriffs der *Medienwirkungsforschung* wurde hier somit allgemein als eine Form organisierter intellektueller Arbeit mit dem Ziel der Produktion neuer Erkenntnisse (Fuller, 2010) aufgefasst.

Somit erwarten den Leser im Folgenden Besprechungen von 25 Publikationen, die Ergebnisse einer systematische Suche nach Erkenntnissen darüber enthalten, welche Phänomene unter welchen Voraussetzungen auf welche Weise und in welcher Intensität vom den Konsum von über technische Verbreitungsmedien vermittelten Botschaften oder der Einführung neuer Medientechnologien in einer Gesellschaft kausal abhängig sind. Die Werke werden dabei in chronologischer Reihenfolge nach dem Erscheinungsjahr ihrer Erstausgabe präsentiert, wobei grundsätzlich empfohlen sei, die Kapitel in der gegebenen Reihenfolge durchzugehen. Fängt man nämlich beim ältesten Werk an und endet beim aktuellsten, wird anhand der Auswahl der präsentierten Werke leicht deutlich, welche Annahmen welche Phasen der Medienwirkungsforschung dominierten sowie auch, welche Veränderungen und Weiterentwicklungen sich zu welchen Zeitpunkten ergaben. Dass nur vielzitierte Werke besprochen werden, lässt sich dabei in Analogie dazu sehen, dass der Leser lediglich die Spitze eines Eisberges zu sehen bekommt. Das vorliegende Buch sei damit eher als Anfangs- statt als Endpunkt der Lektüre zur Medienwirkungsforschung empfohlen und soll – so die Hoffnung – Neugier auf mehr wecken.

## Literatur


Bortz, J., & Döring. N. (2009). Forschungsmethoden und Evaluation für Human und Sozialwissenschaftler. Heidelberg: Springer.

Brosius, H.-B., & Esser, F. (1998). Mythen in der Wirkungsforschung: Auf der Suche nach dem Stimulus-Response-Modell. *Publizistik, 43*, 341-361.

Früh, W. (2008). Kommunikationswissenschaftliche Theorien – Konzepte und Denkanstöße für eine intensivere fachspezifische Theorieentwicklung. In: C. Wünsch, W. Früh, & V. Gehrau (Hrsg.), *Integrative Modelle in der Rezeptions- und Wirkungsforschung: Dynamische und transaktionale Perspektiven* (S. 13-27). München: Nomos.

Früh, W. (2004). Die Interpretationsbedürftigkeit von Kausalität oder: Woher kommen die Ursachen? In W. Wirth, E. Lauf, & A. Fahr (Hrsg.), *Forschungslogik und -design in der Kommunikationswissenschaft. Band 1* (S. 13-38). Köln: von Halem.

Früh, W., & Schönbach, K. (1982). Der dynamisch-transaktionale Ansatz. Ein neues Paradigma der Medienwirkungen. *Publizistik, 27*, 74-88.

Fuller, S. (2010). Research. In N. J. Salkind (Hrsg.), *Encyclopedia of research design* (S. 1248-1252). Thousand Oaks: Sage.

Gerbner, G., & Gross, L. (1976). Living With Television: The Violence Profile. *Journal of Communication, 26*, 172-199.

Hemlin, S., & Montgomery, H. (1990). Scientists' conceptions of scientific quality. An interview study. *Science Studies, 3*(1), 73-81.

Hepp, A., Krotz, F., & Thomas, T. (2009). Einleitung. In A. Hepp, F. Krotz, & T. Thomas (Hrsg.), *Schlüsselwerke der Cultural Studies* (S. 7-17). Wiesbaden: VS Verlag für Sozialwissenschaften.

Holtz-Bacha, C., & Kutsch, A. (2002). *Schlüsselwerke für die Kommunikationswissenschaft.* Wiesbaden: Westdeutscher Verlag.

Jörissen, B., & Zirfas, J. (2010). Vorwort. In B. Jörissen & J. Zirfas (Hrsg.), *Schlüsselwerke der Identitätsforschung* (S. 7). Wiesbaden: VS Verlag für Sozialwissenschaften.

Kailitz, S. (2007). Einleitung. In S. Kailitz (Hrsg.), *Schlüsselwerke der Politikwissenschaft* (S. VII-XIII). Wiesbaden: VS Verlag für Sozialwissenschaften.

Klapper, J. T. (1960). *The effects of mass communication.* New York: The Free Press.

Little, D. (2004). Causal Mechanisms. In Lewis-Beck, M., Bryman, A., & Futing Liao, T. (Hrsg.), *The Sage Encyclopedia of Social Science Research Methods. Volume 1* (S. 100-101). Thousand Oaks: Sage.

Löw, M., & Mathes, B. (2005). Einleitung. In M. Löw & B. Mathes (Hrsg.), *Schlüsselwerke der Geschlechterforschung* (S. 7-12). Wiesbaden: VS Verlag für Sozialwissenschaften.

Merten, K. (1985). Some silence in the spiral of silence. In K. R. Sanders, L. L. Kaid, & D. Nimmo (Hrsg.), *Political Communication Yearbook 1984* (S. 31-42). Carbondale: Southern Illinois University Press.

Merton, R. K. (1968). The Matthew Effect in Science. *Science, 159*(3810), 56-63.

Mock, T. (2006). Was ist ein Medium? Eine Unterscheidung kommunikations- und medienwissenschaftlicher Grundverständnisse eines zentralen Begriffs. *Publizistik, 51*, S. 183-200.

Ong, W. J. (2002). *Orality and Literacy.* London: Routledge.

Potthoff, M., & Weischenberg, S. (2014). Inspiration und Identität. Bibliometrische Befunde zur kommunikationswissenschaftlichen Fachgeschichte. *Medien & Kommunikationswissenschaft, 62*, 257-275.

Potthoff, M., & Kopp, S. (2013). Die meistbeachteten Autoren und Werke der Kommunikationswissenschaft. Ergebnis einer Zitationsanalyse von Aufsätzen in Publizistik und Medien & Kommunikationswissenschaft (1970-2010). *Publizistik, 58*, 347-366.

Reuter, J., & Karentzos, A. (2012). Vorwort. In J. Reuter & A. Karentzos (Hrsg.), *Schlüsselwerke der Postcolonial Studies* (S. 9-13). Wiesbaden: Springer VS.

Salzborn, S. (2014). Einleitung. In S. Salzborn (Hrsg.), *Klassiker der Sozialwissenschaften. 100 Schlüsselwerke im Portrait* (S. 9-10). Wiesbaden: Springer.

Schenk, M. (2007). *Medienwirkungsforschung.* Tübingen: Mohr Siebeck.

Schmidt, S. J., & Zurstiege, G. (2000). *Kommunikationswissenschaft. Was sie kann, was sie will.* Reinbek: Rowohlt.

Stöber, R. (2008). *Kommunikations- und Medienwissenschaften. Eine Einführung.* München: C. H. Beck.

Tacq, J. (2004). Causality. In Lewis-Beck, M., Bryman, A., & Futing Liao, T. (Hrsg.), *The Sage Encyclopedia of Social Science Research Methods. Volume 1* (S. 102-105). Thousand Oaks: Sage.

# The Invasion from Mars. A Study in the Psychology of Panic

## von Hadley Cantril unter der Mitarbeit von Hazel Gaudet und Herta Herzog (1940)

Martin R. Herbers


### Zusammenfassung

Die Aufführung des Radiohörspiels *The War of the Worlds* von Orson Welles an Halloween 1938 löste angeblich unter der Zuhörern eine Massenpanik aus, da die dort dargestellte Invasion der Marsmenschen oftmals nicht als Fiktion, sondern als Live-Reportage interpretiert wurde. Die im Jahr 1940 von Hadley Cantril, Hazel Gaudet und Herta Herzog veröffentlichte Studie *The Invasion from Mars* widmet sich diesem Phänomen. In der Kommunikationswissenschaft oftmals unreflektiert als wissenschaftlicher Beweis für die angeblich starken Medienwirkungen ins Feld geführt, wirft die Studie jedoch ein differenziertes Licht auf die Ereignisse. Dabei ist das Vorgehen der Autoren um Hadley Cantril allerdings selbst methodisch wie theoretisch strittig. Der Beitrag gibt daher Auskunft über den Inhalt und die Wirkungsgeschichte der Studie sowie die persönlichen wie organisationalen Kontexte, in denen sie entstanden ist und ordnet die Ergebnisse vor dem Hintergrund der gegenwärtigen fachlichen Positionen neu ein.



### Schlüsselbegriffe

Hadley Cantril, Herta Herzog, Orson Welles, War of the Worlds, The Invasion from Mars, Geschichte der Kommunikationswissenschaft, Radio Research Project, Panik, Publikumsforschung

Ursprungs- und Gründungsmythen sind zentraler Bestandteil jedes sozialen Zusammenhangs. In der deutschsprachigen wie internationalen Kommunikationswissenschaft sind diese Phänomene ebenfalls zu beobachten. Ein besonders prominentes Beispiel ist hier die Medienwirkungsstudie *The Invasion from Mars* von Hadley Cantril, Hazel Gaudet und Herta Herzog aus dem Jahr 1940, welche als wissenschaftliche Reaktion auf mittlerweile ebenfalls nahezu mythisch verdunkelte Ereignisse durchgeführt wurde: Am 30. Oktober 1938 wurde dem Publikum im Abendprogramm des US-amerikanischen Radiosenders CBS in der Reihe *The Mercury Theatre on the Air* zu Halloween ein besonders gruseliges Hörspiel präsentiert. Geleitet und erzählt von Orson Welles wurde eine Adaption des Romans *The War of the Worlds* von H. G. Wells (2005, zuerst 1898) aufgeführt, welcher von der Invasion der Erde durch Marsbewohner handelt. Diese realitätsnah erzählte Geschichte löste – so die weit verbreitete journalistische, aber auch wissenschaftliche Annahme – Panik unter den Zuhörern aus. Um genau zu sein: Massenpanik von unvorstellbarem Ausmaß. Das Team um Hadley Cantril kommt in der Studie zu sehr differenzierten Ansichten über die Qualität und die Quantität der angeblichen Massenpanik, welche die journalistischen Annahmen zu Art und Ausmaß der Panik stark relativieren. Allerdings werden diese Ergebnisse sowohl im journalistischen als auch im wissenschaftlichen Diskurs häufig vernachlässigt. Eher gilt die Studie als – oftmals unreflektiert zitierter – Beleg *für* die angeblich stattgefundene Massenpanik und taucht, wie Christoph Neuberger (2009, S. 239-240) überblicksartig berichtet, in deutschen und amerikanischen Lehrbüchern der Medienwirkungsforschung immer wieder auf.

> The ‚War of the Worlds' broadcast remains enshrined in collective memory as a vivid illustration of the madness of crowds and the deeply invasive nature of broadcasting. [...] It remains the prime example used by media critics, journalists, and professors to prove the power of media. (Socolow, 2008, S. B 16)

Zu trennen sind also 1) der wissenschaftliche Diskurs und die tatsächlichen Befunde der Studie und 2) der journalistische Diskurs um die Ereignisse der Nacht vom 30.10.1938. Während im zweiten Fall eine eher sensationalistische Berichterstattung als Auswuchs einer gewissen Produktionsroutine als Grund für die Fortschreibung gesehen werden kann, stellt sich die Frage, wie sich im wissenschaftlich reflektierten Diskurs die Vorstellung eines massiven, nahezu überwältigenden Response auf einen bestimmten Stimulus auch nach geraumer Zeit der fachlichen Entwicklung und fachinterner Ent-Mythologisierung immer noch halten kann.

# 1 Kurzbiografie des Autors

Die Entstehung der Studie und ihrer Ergebnisse ist vor allem im Kontext der persönlichen und organisationalen Beziehungen zu sehen, in die insbesondere der Hauptautor Hadley Cantril an der Universität Princeton in den 1940er Jahren eingebunden war. Formal an der Universität Harvard als Psychologe ausgebildet, beschäftigte sich Cantril vorrangig mit Fragen der Herausbildung und der Messung von öffentlicher Meinung, was sich auch in seiner späteren Tätigkeit als Gründungsherausgeber des Journals *Public Opinion Quarterly* zeigt. In diesen Kontext fällt auch die gemeinsame Gründung des an der Universität ansässigen *Radio Research Projects* durch u. a. Hadley Cantril, Paul Lazarsfeld und Frank Stanton, dem späteren Präsidenten des oben genannten Rundfunksenders CBS (zur Institutions- und Personalgeschichte des *Radio Research Projects*: Schneider, 2008).

Dabei gab es insbesondere zwischen Lazarsfeld und Cantril Spannungen, die auf persönlichen Differenzen beruhten: „One [Cantril] was a Harvard-trained WASP with the social connections needed to land a prestigious post at Princeton; the other [Lazarsfeld] was a thickly accented, chain-smoking … refugee from Vienna trained at the intersection of economics, mathematics, and applied psychology." (Socolow, 2008, S. B16). Lazarsfeld betrachtete Cantril als nahezu pathologisch ehrgeizig und sah ihn als Gefahr für das sich neu entwickelnde Feld der Massenkommunikationsforschung an. Auch Stanton zeichnete kein gutes Bild von Cantril und stellte seine Fähigkeiten als Wissenschaftler in Frage.

Die Idee für die Studie entwickelte sich eher spontan im Laufe der Ausstrahlung des Hörspiels ohne Beteiligung von Cantril: Frank Stanton, seinerzeit in einer Leitungsposition beim CBS und mit Paul Lazarsfeld eng befreundet, hörte sich Orson Welles Hörspiel an und empfand es als etwas ‚zu realistisch', um folgenlos zu bleiben. Mit dieser Vorahnung begab er sich zum Sendungsgebäude und fand dort eine große Anzahl von Reportern, Polizisten und Mitarbeitern des Senders vor, die versuchten, auf die vermeintlich einsetzende ‚Panik' entsprechend zu reagieren. Stanton führte gemeinsam mit Lazarsfeld ad hoc eine Studie zur ‚Panik' – sowohl im Verlauf der Ausstrahlung als auch im Anschluss an diese – durch. Stantons Antrieb für die Studie war neben der befürchteten Massenpanik auch politisch motiviert. Er setzte sich vor dem amerikanischen Kongress immer wieder als Lobbyist und Befürworter des Privatrundfunks ein und fürchtete einen Konflikt zwischen CBS und der amerikanischen Regierung. Die Daten dieser Studie liegen bis heute bei CBS unter Verschluss und dienten als Ausgangspunkt für die im Anschluss von Hadley Cantril durchgeführte Forschungsarbeit. (Socolow, 2008, S. B16; Pooley & Socolow, 2013)

Die problematischen Beziehungen zwischen Cantril, Lazarsfeld und Stanton nahmen ihren Niederschlag auch in der Entstehungsgeschichte der Studie: So unterzog Paul Lazarsfeld die Arbeit von Cantril einem beständigen Revisionsprozess, der darauf abzielte, die Ergebnisse der Studie als Bestätigung für das seinerzeit dominante *hypodermic-needle*-Modell der Medienwirkung aussehen zu lassen (Hayes & Battles, 2011, S. 54), nur um dann mit einer eigenen Studie, nämlich *The People's Choice* (Lazarsfeld, Berelson, & Gaudet, 1944; vgl. den Beitrag von Monika Taddicken i. d. B.), für eine differenzierte Medienwirkungsforschung zu plädieren.

## 2 Inhalt des Textes

Vor dem Hintergrund der genannten institutionellen und persönlichen Kontexte entstand eine Studie, die in theoretischer wie methodischer Hinsicht kritisch zu betrachten ist. Als Psychologe legte Hadley Cantril seinen Fokus primär auf die individuellen Veränderungen in kognitiver und emotionaler Hinsicht, die sich aus der Rezeption des Hörspiels ergaben, aber auch auf die Handlungen, die im Anschluss oder während der Sendung von den Zuhörern durchgeführt wurden, inklusive intervenierender und kontextualisierender Variablen (Vowe, 2002, S. 92). Nicht umsonst wurde die Arbeit im Untertitel auch als „Study in the psychology of panic" ausgewiesen – also als eine Studie über eine psychologische Ausnahmesituation.

Im Grunde behandelte das Team um Hadley Cantril zwei Ausnahmesituationen, zum einen das Phänomen der individuellen Panik, zum anderen aber auch das Phänomen einer (zumindest im journalistischen Diskurs angenommenen) kollektiven Panik. Die Studie gibt zu den Grundlagen und theoretischen Vorarbeiten zu diesen untersuchten Phänomenen allerdings kaum Auskunft. Es fehlen (medien-)psychologische Erkenntnisse zur Panik, ebenso wie eine genauere inhaltsanalytische Untersuchung des Stimulus. Dieser wird zwar als Transkript dem Band vorangestellt, bleibt aber weitestgehend unkommentiert (IfM, S. 4-44). Dementsprechend ist die Studie vorwiegend empirischer Art und als post-hoc-Erklärung für die oben beschriebene angenommene individuelle wie kollektive Panik zu betrachten. Dies bedeutet allerdings nicht, dass die Studie unterkomplex angelegt war. Ihre Datenquellen sind vielfältig und ihre Auswertungs- und Interpretationsmethoden differenziert, ebenso wie die Aussagen, die hierdurch getroffen werden. Einige Einzelergebnisse sollen im Folgenden stellvertretend für andere geschildert werden.

Ziemlich schnell zeigt sich, dass das im Journalismus und in der Kommunikationswissenschaft perpetuierte Ergebnis einer kollektiven Panik in der Studie selbst nicht beschrieben wird. Dies mag damit zusammenhängen, dass die Autoren keine genauen Aussagen über die Grundgesamtheit der Zuhörerschaft treffen konnten und somit nicht in der Lage waren, den Umfang der ‚Masse', die vermeintlich in Panik geraten ist, zu bestimmen. Ausgangspunkt ihrer Ermittlung der Zuhörerpopulation war eine Studie des *American Institute of Public Opinion*, die mit einem zeitlichen Abstand von circa sechs Wochen nach der Ausstrahlung des Hörspiels durchgeführt wurde. Befragt wurde ein „nation-wide sample of several thousand adults" (IfM, S. 55), ob sie das Hörspiel verfolgt hätten. Von diesen nicht weiter beschriebenen Befragten bejahten dies lediglich zwölf Prozent. Verdunkelt wurden die Grundgesamtheit und die daraus resultierende Stichprobe des Weiteren durch die Ergänzung, dass sich die Schätzung der Grundgesamtheit an den „characteristics of the »voting public«" (IfM, S. 55) orientierte. Konkrete Zahlen werden auch hier nicht genannt. Stattdessen erfolgt eine grobe Eingrenzung: Auf Basis des US-amerikanischen Zensus von 1930 werden 75 Millionen Wahlberechtigte als Grundgesamtheit und potentielle Hörerschaft identifiziert. Die zwölf Prozent, die hiervon bejahten, das Hörspiel verfolgt zu haben, ergeben somit neun Millionen Erwachsene als tatsächliche Zuhörerschaft. Rechnet man auf dieser Basis alle Personen ab einem Alter von zehn Jahren hinzu, ergäbe sich eine tatsächliche Publikumsgröße von zwölf Millionen Menschen. Dies erschien Cantril aber zu hoch; er zog daher anderweitig erhobene Reichweitendaten hinzu. Hier stellte man bei der am 23. Oktober 1938 ausgestrahlten Sendung des *Mercury Theater on the Air* eine Zuhörerschaft von etwa vier Millionen Personen fest, ohne diese weiter zu differenzieren. Unglücklicherweise wurden die Reichweiten am 30. Oktober 1938, dem interessierenden Datum, nicht erhoben, aber von Cantril extrapoliert, so dass er nach diesen Schritten auf eine Zahl von insgesamt sechs Millionen Zuhörern kommt. (IfM, S. 56) Auf dieser Basis wird nun der Anteil derjenigen Personen berechnet, die sich tatsächlich gefürchtet haben und in Panik verfallen sind. Allerdings wurde dies nicht direkt abgefragt: „At the time you were listening, did you think this broadcast was a play or a real news report?" (IfM, S. 57-58) lautete das entsprechende Item. Erhoben wurde somit, ob die Zuhörer zwischen Information und Unterhaltung unterscheiden konnten, was ein entsprechendes Resultat erzielte: Von den Befragten antworteten 28 Prozent, die Sendung als Nachrichtenangebot verstanden zu haben. Hiervon gab ein Anteil von 70 Prozent an, aufgrund des Gehörten „excited" (IfM, S. 59) gewesen zu sein. Insgesamt handelt es sich also in toto um 1,2 Millionen Amerikaner, die sich geographisch im Verbreitungsgebiet des CBS, also dem US-amerikanischen Nordosten, bündeln. Auf Basis dieser Zahlen kann also nicht von einer Panik, die das gesamte Bundesgebiet der USA umfasste, ausgegangen werden. Cantril warf seinem Sample jedoch vor, erwünschte Antworten gegeben zu haben: Natürlich habe man das Hörspiel als Fiktion durchschaut und entsprechend gelassen reagiert.

Zur näheren Analyse der Panik-Phänomene griff das Autorenteam, hier allen voran Herta Herzog, daher weiterführend auf qualitative Interviews zurück. Befragt wurden insgesamt 135 Personen, von denen über 100 durch das Hörspiel „upset" (IfM, S. xi) waren. Die Stichprobe war jedoch nicht repräsentativ für die (unbekannte) Grundgesamtheit, da die Befragten durch „personal inquiry and initiative of the interviewers" auf Basis von Zeitungsberichten rekrutiert wurden, also nicht mal annähernd eine Zufallsauswahl stattfand (IfM, S. xi). Der verwendete, äußert differenzierte und in seiner vollen Komplexität in dieser Studie nicht ausgewertete Fragebogen findet sich im Anhang des Bandes (IfM, S. 213-222).

Dass individuelle Panikreaktionen zu attestieren seien, stand für Cantril und sein Team außer Frage. Gesucht werden musste nun vielmehr nach den Gründen für diese Reaktionen, derer die Autoren aus den Interviews heraus zweierlei identifizierten: Zum einen gaben die Befragten den hohen Realismus des Hörspiels als Grund für ihre Reaktionen an. Das Publikum, daran gewöhnt, dass wichtige Informationen von nationaler und internationaler Tragweite im laufenden Radioprogramm eingespielt werden, interpretierte die Sendung als „news", da hier im Stile einer (außerordentlichen) Nachrichtensendung immer wieder Informationen zu aktuellen Ereignissen eingespielt wurden (IfM, S. 68-70). Interviews mit (fiktionalen) Experten in prestigeträchtigen Positionen wie Professoren, Militärs, Staatssekretären und Vertretern des Roten Kreuzes verstärkten den Realismus des Programms (IfM, S. 70-72). Diese traten im Programm weniger ruhig und gelassen auf, sondern zeigten sich eher verstört und von den Ereignissen überfordert (IfM, S. 73-74). In Kombination mit der Nennung realer Orts- und Straßennamen im Ausstrahlungsgebiet (IfM, S. 72) ergab sich somit ein ‚Gesamtkunstwerk' von hoher Überwältigungsästhetik, welches eine Interpretation des Gesendeten als real nahelegte (IfM, S. 73-76). Einen anderen Grund für die Panik sahen die Autoren, mit Rückgriff auf die weiteren Datenquellen der Studie, darin, dass viele Zuhörer auch in das Programm ‚hineingezappt' hatten und somit die mehrfache Ansage von Orson Welles, dass es sich hier lediglich um einen Halloweenscherz handele, nicht hörten (IfM, S. 76-84).

Doch nicht nur die Gestaltung des Hörspiels und der Rezeptionsverlauf spielten den Autoren zufolge eine Rolle. Weitere Kapitel des Schlüsselwerks thematisieren, welche historischen und sozialen Umstände, welche Eigenschaften der Rezeptionssituation und welche Persönlichkeitseigenschaften die Zuhörer davon abhielten, das Hörspiel entweder fälschlich für eine Nachrichtensendung zu halten oder es zutreffend als fiktionales Werk zu erkennen. Die Autoren kommen hierin u. a. zu dem Ergebnis, dass eine Fähigkeit zu kritischem Denken (mutmaßlich resultierend aus umfangreicherer Bildung) und ein damit verbundenes Bedürfnis, dargelegte Informationen zu überprüfen, die Chance einer korrekten Einschätzung erhöhte, wobei die Fähigkeit zu kritischem Denken jedoch von einer hohen Suggestibilität und einer emotionalen Unsicherheit außer Kraft gesetzt werden konnte (IfM, S. 111-139). Ebenso wurde eine angstvolle Reaktion auf das Hörspiel teils dadurch begünstigt, dass Rezipienten gemeinsam mit anderen furchtsam reagierenden Zuhörern das Hörspiel verfolgten oder während des Verlaufs des Hörspiels von solchen Personen angerufen bzw. aufgesucht wurden (IfM, S. 139-149). Als potenziell Panik-begünstigende Faktoren, die von der historisch-sozialen Situation herrührten, nennen die Autoren die zur damaligen Zeit vorherrschende Kriegsangst und die Instabilität der Weltlage, welche einen Angriff auf die Vereinigten Staaten grundsätzlich wahrscheinlich erschienen ließen, die ökonomische Unsicherheit, welche bereits latente Gefühle von Chaos und Kontrollverlust etabliert hatte sowie die schnelle technologische Entwicklung, die plötzlich alles möglich erscheinen ließ (IfM, S. 153-164).

## 3 Bezug des Texts zum Gesamtwerk des Autors

Die hier dargestellte Studie fügt sich vor allem in das forscherische Lebenswerk von Hadley Cantril und Herta Herzog passend ein. Hadley Cantril beschäftigte sich als Psychologe hauptsächlich mit Meinungs- und Umfrageforschung – zum einen gegenstandsbezogen, etwa mit einer Arbeit zur öffentlichen Meinung der US-Bürger zum Eintritt in den zweiten Weltkrieg (Cantril, 1940), zum anderen methodisch reflektiert mit Blick auf die Ergebnisse von unterschiedlichen Umfrageverfahren (Cantril, 1945). In späteren Projekten wendete er sich wieder dem Thema der Panik zu (Cantril, 1943), wohingegen er sich in seinem Spätwerk eher theoretischen Aspekten der humanistischen Psychologie (Cantril, 1954) und transaktionalen Ansätzen der Wahrnehmungspsychologie widmete (Cantril & Ittelson, 1954). Herta Herzogs Beitrag zu Cantrils Studie wurde oftmals marginalisiert, sowohl im Projekt selbst, als auch in späterer Forschung. Wie Elisabeth Klaus (2008, S. 231-232) berichtet, waren Herzogs methodisches Wissen, aber auch ihre Interpretations- und Reflexionsfähigkeit mit Blick auf die Ergebnisse, die auf einer unsicheren Datenlage beruhten, immer wieder Anlass für Streit innerhalb des Projektteams gewesen. Für Herzog stellte jedoch die Mitarbeit den Ausgangspunkt für ihre späteren Studien dar. Ihre Stärken spiegeln sich in ihren folgenden Arbeiten, allen voran *On borrowed experience* (1941), wider. Im Kontext der Arbeiten des *Radio Research Projects* stellte sich die Studie als typisches Exemplar dar, welches sich durch die Verbindung von Einzelfallanalysen und strukturellen Kontexten auszeichnet, wie es auch Lazarsfeld (1941) programmatisch forderte und in späteren Studien auch einlöste (Lazarsfeld, Berelson, & Gaudet, 1944; Jahoda, Lazarsfeld, & Zeisel, 1975).

## 4 Wirkungsgeschichte und Kritik

Die Studie wurde im Jahre 1940 erstmals veröffentlicht und danach immer wieder neu aufgelegt, zuletzt als Paperback-Ausgabe zum 65. Jubiläum ihres Erscheinens (Cantril, Gaudet, & Herzog, 2005). Sämtliche Ausgaben sind dabei druckgleich mit der Erstausgabe, was den Ruf der Studie als Klassiker bestätigt. Dabei wird nicht versäumt, in den entsprechenden Einleitungstexten der Einzelausgaben die Ergebnisse der Studie vor dem Hintergrund der jeweiligen sozialen und medialen Konstellationen zu betrachten. So stellt sich Hadley Cantril (2005) im Vorwort zur Neuauflage im Jahr 1966 die Frage, ob ähnliche Panikreaktionen wieder stattfinden könnten. Dies müsse vor dem Hintergrund neuer medialer Entwicklungen (hier: Fernsehen) und unter dem Eindruck einer zunehmenden Medienkompetenz beantwortet werden.

Die Studie und vor allem deren dort anscheinend belegte spektakuläre Medienwirkung sind fester Bestandteil der kommunikationswissenschaftlichen Mythenbildung, Einführungsliteratur und -veranstaltungen geworden und bleiben „im Gedächtnis jedes Erstsemesters haften" (Neuberger, 2009, S. 239). Dabei ist die Darstellung der Studienergebnisse meist illustrativ und kaum reflektiert, wie Neuberger in einer Analyse gängiger deutschsprachiger kommunikationswissenschaftlicher Lehrbücher feststellt (2009, S. 252-254). Socolow (2008, S. B16) stellt hierzu fest: „His book is cited far more for its tales of panic than for its faulty statistical analysis or sampling anomalies."

Dennoch: Im (medien-)psychologischen Diskurs zum Zeitpunkt ihrer Veröffentlichung wurde die Studie gut aufgenommen. Rezensionen in psychologischen Journalen können hierfür als Beleg dienen. So lobt etwa Farnsworth (1941) die Studie als ersten akademischen Angriff auf das bis dato wenig erforschte Feld der Panik und stellt vor allem die breite Datenbasis lobend heraus. Auch die komplexe Interpretation der untersuchten Daten wird hervorgehoben. Ähnliches Lob wird auch von Jenkins (1940) vorgetragen, welcher die Arbeit als wertvollen Beitrag zur Panikforschung würdigt, jedoch auch kritisch anmerkt, dass sie aufgrund der eingesetzten analytischen Tools und der Samplegröße schlechterdings auch als Pionierarbeit betrachtet werden sollte (Jenkins, 1941, S. 859). Dies kann auch die oben bereits aufgeführte theoretische Schwäche der Arbeit begründen: Da kaum Erkenntnisse über individuelle wie kollektive Panik referiert werden, fällt es schwer, mit den erhobenen Daten genau diese nachzuweisen – was aber letztlich Anlass und Aufhänger der Studie war (Neuberger, 2009, S. 241-242). Kritisiert werden muss daher die Validität der Erhebung. Ob also wirklich eine Panikreaktion beobachtet wurde oder lediglich Furcht oder die Fähigkeit zwischen Information und Unterhaltung unterscheiden zu können, muss daher kritisch hinterfragt werden – aufgrund dessen bewertete W. Joseph Campbell (2009, S. 178-179) die Studie auch als „overrated".

Vor dem Hintergrund der vorgebrachten Hauptkritikpunkte an der Studie (Validität und Tradierungsfehler) muss daher die Frage gestellt werden, inwiefern diese noch in der Kommunikationswissenschaft fruchttragend eingesetzt werden kann – jenseits ihrer Rolle als Illustration für vermeintlich starke Medienwirkungen. Hayes und Battles (2011) schlagen daher eine Neuinterpretation der Studie und ihrer Befunde vor. So ist zu bezweifeln, ob die Radiosendung tatsächlich Panik ausgelöst hat; zweifellos hat sie aber bei den Rezipienten Handlungen ausgelöst, die unter dem Schlagwort ‚Informationssuche' subsumiert werden können (IfM, S. 87-110). Viele der Befragten gaben an, die im Radio präsentierten Ereignisse durch eigenständige Background-Checks überprüft zu haben – entweder durch Gespräche mit Familie, Nachbarn und Freunden, aber auch durch Anrufe bei Behörden. Diese Handlungen sind in solchen (angenommenen) Krisensituationen nicht ungewöhnlich. Folgt man diesem Argument, so kann die Studie in gegenwärtigen kommunikationswissenschaftlichen Kontexten weniger als ‚klassische' Wirkungsstudie verwendet werden, sondern als (historische) Beschreibung von Handlungen, die eine gewisse „public connectedness" (Couldry, Livingstone, & Markham, 2007) in Zeiten der Krise ermöglichen sollen. Die Arbeit kann somit eher als Aneignungs-, oder Rezeptionsstudie betrachtet werden, die auf die Analyse von menschlichem Verhalten in einem gewissen Kontext abzielt, anstatt als vermeintlich spektakuläre Stimulus-Response-Studie. Wie Cantril, Gaudet und Herzog herausfanden, stellt sich die Wirkung des Stimulus erst im Wechselspiel mit moderierenden Variablen, wie Bildung, sozialer Position oder der Fähigkeit zur kritischen Analyse, ein. Diese Erkenntnis ermöglichte erst weitere, deutlich komplexere kommunikationstheoretische Entwürfe, wie sie etwa in Lazarsfelds Studie *The People's Choice* vorgebracht wurden. Ironischerweise wurde *The Invasion from Mars* im Fach aber als Grundlagenstudie für vermeintlich starke Medienwirkungen berühmt und berüchtigt und weniger als Studie über differenzierte, nahezu minimale Medienwirkungen. (Socolow, 2008, S. B16)

## Literatur

### *Primärliteratur*

Cantril, H. (1940). America faces the war: A study in public opinion. *Public Opinion Quarterly, 4,* 387-407.

Cantril, H. (1943). Causes and control of riot and panic. *Public Opinion Quarterly, 7,* 669-679.

Cantril, H. (1945). Do different polls get the same result? *Public Opinion Quarterly, 9,* 61-69.

Cantril, H. (1954). The qualities of being human. *American Quarterly, 6,* 3-18.

Cantril, H. (2005). Preface (1966). In H. Cantril, H. Gaudet, & H. Herzog, T*he invasion from Mars. A study in the psychology of panic.* With the assistance of Hazel Gaudet and Herta Herzog. With a new introduction by Albert H. Cantril (S. xxi-xxiii). New Brunswick: Transaction.

IfM = Cantril, H., Gaudet, H., & Herzog, H. (1940). *The invasion from Mars: A study in the psychology of panic. With the complete script of the famous Orson Welles broadcast.* With the assistance of Hazel Gaudet and Herta Herzog. Princeton University Press.

Cantril, H., Gaudet, H., & Herzog, H. (2005). *The invasion from Mars. A study in the psychology of panic.* With the assistance of Hazel Gaudet and Herta Herzog. With a new introduction by Albert H. Cantril. New Brunswick: Transaction.

Cantril, H., & Ittelson, W. H. (1954). *Perception: A transactional approach.* New York: Doubleday.

Herzog, H. (1941). On borrowed experience. An analysis of listening to daytime sketches. *Studies in Philosophy and Social Science, 9,* 65-95.

### *Sekundärliteratur*

Campbell, W. J. (2009). "A dozen overrated?" Twelve books not as good as their reputations. *American Journalism, 26*(1), 177-183.

Couldry, N., Livingstone, S., & Markham, T. (2007). *Media consumption and public engagement. Beyond the presumption of attention.* Houndsmills: Palgrave Macmillan.

Farnsworth, P. R. (1941). The invasion from Mars. A study in the psychology of panic. By Hadley Cantril with the assistance of Hazel Gaudet and Herta Herzog. *The Journal of Abnormal and Social Psychology, 36,* 123-124.

Hayes, J. E., & Battles, K. (2011). Exchange and interconnection in US network radio: A reinterpretation of the 1938 War of the Worlds broadcast. *The Radio Journal – International Studies in Broadcast and Audio Media, 9,* 51-62.

Jahoda, M., Lazarsfeld, P. F., & Zeisel, H. (1975). *Die Arbeitslosen von Marienthal. Ein soziographischer Versuch über die Wirkungen langandauernder Arbeitslosigkeit. Mit einem Anhang zur Geschichte der Soziographie.* Frankfurt am Main: Suhrkamp.

Jenkins, J. G. (1940). Cantril, Hadley (with the assistance of Hazel Gaudet and Herta Herzog). The Invasion from Mars. *Journal of Applied Psychology, 26,* 857-859.

Klaus, E. (2008). What do we really know about Herta Herzog? – Eine Spurensuche. *Medien & Kommunikationswissenschaft, 56,* 227-252.

Lazarsfeld, P. F. (1941). Remarks on administrative and critical communication research. *Studies in Philosophy and Social Science, 9,* 2-16.

Lazarsfeld, P. F., Berelson, B., & Gaudet, H. (1944). *The people's choice: How the voter makes up his mind in a presidential campaign.* New York: Columbia University Press.

Neuberger, C. (2009). „Stille Post“ in der Kommunikationswissenschaft: Tradierungsfehler in der wissenschaftlichen Fachöffentlichkeit. In K. Merten (Hrsg.), *Konstruktion von Kommunikation in der Mediengesellschaft. Festschrift für Joachim Westerbarkey* (S. 231-262). Wiesbaden: VS.

Pooley, J. D., & Socolow, M. J. (2013). Checking up on The invasion from Mars: Hadley Cantril, Paul F. Lazarsfeld, and the making of a misremembered classic. *International Journal of Communication, 7,* 1920-1948.

Schneider, I. (2008). Auf den Spuren der Medienforschung. Zum Princeton Radio Research Project. In I. Schneider & C. Epping-Jäger (Hrsg), *Formationen der Mediennutzung III. Dispositive im Umbau* (S. 191-212). Bielefeld: transcript.

Socolow, M. J. (2008). The hyped panic over 'War of the Worlds'. *The Chronicle of Higher Education, 55*(9), B16-17.

Vowe, G. (2002). Hadley Cantril (1940): The invasion from Mars. A study in the psychology of panic. In C. Holtz-Bacha & A. Kutsch (Hrsg.), *Schlüsselwerke für die Kommunikationswissenschaft* (S. 89-93). Wiesbaden: Westdeutscher Verlag.

Wells, H. G. (2005). *The war of the worlds.* London: Penguin.

# The People's Choice. How the Voter Makes Up His Mind in a Presidential Campaign

## von Paul Felix Lazarsfeld, Bernard Berelson und Hazel Gaudet (1944)

Monika Taddicken

**Zusammenfassung**

Die von Paul F. Lazarsfeld, Bernard Berelson und Hazel Gaudet 1944 veröffentlichte Studie *The people's choice* untersucht den Präsidentschaftswahlkampf in den USA 1940. Analysiert wird: „How the voter makes up his mind in a presidential campaign". Die Entstehung individueller Wahlentscheidungen und der Einfluss von Informationen verschiedener Quellen, u. a. der Medien wurden mittels eines für die Zeit revolutionären Paneldesigns untersucht. Die Studie begründet einen Meilenstein in der kommunikationswissenschaftlichen Forschung, da sie den Grundstein für einen Paradigmenwechsel legt, nämlich die Abkehr von der Annahme des Publikums als Masse, die den Einflüssen der Massenmedien ausgeliefert ist, hin zu den „limited effects" der Medien. Ausschlaggebend für diesen Paradigmenwechsel waren drei in *The people's choice* vorgestellte Konzepte, die auch heute noch in der Kommunikationswissenschaft diskutiert werden: Die These der selektiven Zuwendung des Publikums zu Medieninhalten, das Konzept der Meinungsführer und die These vom Zweistufenfluss der Kommunikation. In diesem Beitrag werden der Inhalt des Werkes sowie die Kritik daran mit Fokus auf diese drei Konzepte vorgestellt.

**Schlüsselbegriffe**

Paul Felix Lazarsfeld, Selektive Zuwendung (engl. selective exposure), Meinungsführer, Zwei-Stufen-Fluss der Kommunikation (engl. Two Step Flow of Communication), Erie-County-Studie

# 1 Kurzbiographie des Erstautors

Paul Felix Lazarsfeld wird am 13. Februar 1901 in Wien, Österreich, geboren. Sein Vater Robert Lazarsfeld ist Jurist und seine Mutter Sophie Lazarsfeld, geb. Munk, arbeitet als Psychologin. Seine Schwester Elisabeth Henriette Lazarsfeld ist politisch aktiv. 1919 absolviert Lazarsfeld seine Matura an einem Wiener Gymnasium und studiert danach Mathematik und Physik an der Universität Wien. Nach seinem Staatsexamen und der Promotion in der Mathematik arbeitet er ab 1925 zunächst als Gymnasiallehrer für Mathematik und Physik in Wien, wird aber bereits nach zwei Jahren für das Psychologische Institut in Wien tätig. Dort gründet er die *Österreichische Wirtschaftspsychologische Forschungsstelle*, dessen wissenschaftliche Leitung er übernimmt. 1933 emigriert Lazarsfeld in die USA und forscht zunächst für die Rockefeller Foundation. 1935 gründet er ein sozialwissenschaftliches Forschungszentrum an der University of Newark. Zwei Jahre später wird er Forschungsdirektor und Co-Direktor des von der Rockefeller Foundation geförderten *Office of Radio Research*, das zunächst in Newark, dann in Princeton angesiedelt ist. 1940 wechselt Lazarsfeld an die University of Columbia in New York, an der er bis zu seiner Emeritierung 1971 bleibt. Hier leitet er das aus dem *Office of Radio Research* hervorgegangene *Bureau of Applied Social Research*, bis er 1949 die Leitung ablegt, aber als Associate Director beteiligt bleibt. Lazarsfeld stirbt am 30. August 1976 in Newark, New Jersey, USA (vgl. Bussemer, 2007; Fleck, 1990 sowie insgesamt Langenbucher, 1990).

Lazarsfeld kann als Mitbegründer der modernen Sozialforschung gelten. So war er stets bestrebt, allgemeine Gesetzmäßigkeiten des sozialen Verhaltens von Menschen zu analysieren (Barton, 2001). Seine wissenschaftliche Arbeit gründet auf der Verbindung von Theorie und Empirie sowie auf der Verbindung von quantitativen und qualitativen Forschungsansätzen. In seinem Wirkkreis wurden, vor allem an der *Columbia School*, mehrere für die Kommunikationswissenschaft, Soziologie und Politologie fundamentale Studien durchgeführt und bedeutsame theoretische Ansätze entwickelt.

# 2 Inhalt des Texts

Im 1944 veröffentlichten Buch *The people's choice* wurde die erste der bedeutsamen Studien der Columbia-Schule veröffentlicht (vgl. Unterkapitel 3). Diese Studie, die oftmals nach ihrer Erhebungsregion als Erie-County-Studie bezeichnet wird, untersuchte den Präsidentschaftswahlkampf 1940 zwischen dem Republikaner

Willkie und dem Demokraten Roosevelt mit der zentralen Fragestellung „How the voter makes up his mind in a presidential campaign". Ziel war es, am Beispiel des Wahlkampfes zur amerikanischen Präsidentschaft die Entstehung individueller Wahlentscheidungen nachzuvollziehen: „to discover how and why people decided to vote as they did" (1944/48, S. 1). Dabei wurde auch die Wirkung von Informationen verschiedener Quellen, u. a. der Medien, untersucht sowie der Einfluss des sozialen Status der Befragten:

> What is the effect of social status upon vote? How are people influenced by the party conventions and the nominations? What role does formal propaganda play? How about the press and the radio? What of the influence of family and friends? Where do issues come in, and how? Why do some people settle their vote early and some late? (1944/48, S. 6).

Finanziert wurde die Studie in erster Linie von der Rockefeller Foundation.

Die Studie kann als eine der wichtigsten der sozialwissenschaftlichen Kommunikationsforschung bezeichnet werden, da sie sowohl inhaltlich als auch methodisch richtungsweisend war und es nach wie vor ist. Aus *inhaltlicher Perspektive* begründet diese Arbeit einen Meilenstein der Wirkungsforschung. So folgern Lazarsfeld et al., dass die Entscheidung der Wähler für einen Kandidaten nicht allein durch den Einfluss der Massenmedien bestimmt wird, sondern dass sich der interpersonale Austausch stärker auf die politische Entscheidung auswirkt. Damit kehrt sich diese Studie ab von dem Konzept des Publikums als „Masse" und wendet sich dem sozialen Bezugsrahmen der Mediennutzer zu. Auf Basis dieser Feststellung entwickeln die Autoren das Konzept der Meinungsführerschaft und des Zwei-Stufen-Flusses der Kommunikation, die in der Kommunikations- und Medienwissenschaft sowie anderen (sozialwissenschaftlichen) Disziplinen zu den grundlegenden Ansätzen zählen. In *methodischer Hinsicht* ist außerdem das für die damalige Forschung revolutionäre Paneldesign der Studie interessant. In sieben Befragungswellen in monatlichem Abstand wurden dieselben potentiellen Wähler befragt – von Mai bis November 1940. Dadurch konnten sehr differenziert Einflüsse von politisch relevanten Ereignissen und Inhalten wie Reden, Wahlkundgebungen und Zeitungsartikeln untersucht werden. Bei Änderung der Wahlentscheidung wurde in den Interviews detailliert erfasst, wie es dazu kam. Die Erhebung und Analyse erfolgten sowohl quantitativ anhand von Auszählungen und Vergleichen als auch qualitativ durch die Darstellung typischer Zitate. Um Paneleffekte zu erheben, wurden außerdem drei Kontrollgruppen zu verschiedenen Zeitpunkten je nur einmal befragt. Damit kann die Studie aus methodischer Perspektive als zum damaligen Zeitpunkt äußerst innovativ gelten.

Das Buch zur Studie ist in vier Teile untergliedert. Die ersten beiden Kapitel (I und II) dienen der Vorstellung der Studie inklusive des methodischen Designs sowie des von den Autoren ausgewählten Feldes Erie County, Ohio. Dabei weisen die Autoren darauf hin, dass Erie County vor allem aufgrund von forschungspragmatischen Aspekten ausgewählt wurde. Im Fokus der Studie stehen die zeitlichen Veränderungen, nicht die absolute Verteilung. In weiteren drei Kapiteln (III, IV und V) beschreiben und analysieren die Autoren die Befragten hinsichtlich ihrer sozialen und ideellen Differenzen sowie ihrer politischen Aktivität. Dieser Teil der Studie stellt somit basale Ergebnisse vor und dient zugleich als Hintergrundbeschreibung für die Ergebnisse des Längsschnittdesigns. Die Kapitel VI und VII widmen sich den dynamischen Effekten, nämlich dem Zeitpunkt, zu dem die endgültige Wahlentscheidung getroffen wurde, und den Änderungen der Wahlabsichten sowie deren Formen. In weiteren vier Kapiteln stellen die Autoren je einen Effekt der Kampagnen in verschiedenen Personengruppen vor, abhängig davon, ob die zum ersten Erhebungszeitpunkt geäußerte Wahlabsicht mit der tatsächlichen Wahlentscheidung übereinstimmte – The Activation Effect (VIII), The Reinforcement Effect (IX) und The Conversion Effect (X) – und diskutieren diese abschließend in einem gemeinsamen Kapitel (XI). Die letzten Kapitel behandeln schließlich die Wirkung spezifischer Einflüsse, wie die Einschätzung des Wahlsiegers (XII), die Informationen aus den Wahlkampagnen der Demokraten und der Republikaner, die aus verschiedenen Quellen zu den Befragten gelangen (XIII) sowie explizit die Medieninhalte aus Zeitungen und Radio (XIV). Auch der Einfluss der sozialen Gruppen (hinsichtlich ihrer politischen Homogenität) (XV) und der individuellen persönlichen Kontakte (XVI) werden explizit erörtert.

Die für die Kommunikationswissenschaften fundamentalen theoretischen Argumente, die bis heute zu den wichtigsten und (zeitweise) prägendsten Ansätzen der Disziplin zählen, werden in den Kapiteln VIII, X und XVI aufgeworfen, nämlich die Idee der „selective exposure“, der „opinion leaders“ und des „two-step flow of communication“.

## 2.1 Selektive Zuwendung zu Medieninhalten

Lazarsfeld et al. erarbeiten, dass (politische) Meinungen und Einstellungen entweder durch mediale Inhalte aktiviert werden oder durch interpersonale Kontakte (vgl. die folgenden Ausführungen). Die Aktivierung durch Massenmedien erfolgt dabei in vier verschiedenen Stufen: (1) Das durch die Medien geweckte Interesse (2) erhöht die Zuwendung zu den massenmedialen Inhalten; (3) die Aufmerksamkeit gegenüber den Medien folgt dabei den individuellen Interessen und Einstellungen, bevor (4) sich die (Wahl-) Entscheidung herauskristallisiert (1944/48, S. 75–76). Die Auseinandersetzung mit Medieninhalten erfolgt also selektiv, das heißt, der Mensch rezipiert vor allem Inhalte, die seinen bereits bestehenden Einstellungen entsprechen und diese somit verstärken (sog. Verstärkereffekt): „His selective attention thus reinforces the predispositions with which he comes to the campaign." (1944/48, S. 76; vgl. auch den Beitrag von Michael Schenk i. d. B.). Damit stellen Lazarsfeld et al. das bis dahin geltende Paradigma der starken Medienwirkungen in Frage. Im Gegenteil konstatieren sie hier, dass durch die selektive Zuwendung der Menschen zu Medieninhalten deren Wirkung als begrenzt anzusehen ist. In einer sehr ausführlichen Fußnote halten die Autoren zudem fest, dass die Annahme der „selective exposure" nicht nur für die Zuwendung zu politischen Inhalten, sondern für jegliche Form der Mediennutzung gilt:

> The fact that people select their exposure along the line of their political predispositions is only a special case of a more general law which pervades the whole field of communication research. Exposure is always selective; in other words, a positive relationship exists between people's opinions and what they choose to listen to or read. (1944/1948, S. 164; vgl. auch den Beitrag von Mothes & Schenk i. d. B.).

## 2.2 Das Konzept der Meinungsführerschaft

Lazarsfeld et al. konstatieren, dass „in every area and for every public issue there are certain people who are most concerned about the issue as well as most articulate about it" (1944/48, S. 49). Sie bezeichnen diese folgend als Meinungsführer – „opinion leaders" (1944/48, S. 49). Diese üben mit ihrer Meinung Einfluss auf die sogenannten „followers" (1944/48, S. 49) aus. Um beide Gruppen in ihrer Panelstichprobe zu identifizieren, nutzen Lazarsfeld et al. die folgenden zwei Selbsteinschätzungsfragen: „Have you tried to convince anyone of your political ideas recently?" und „Has anyone asked your advice on a political question recently?" (1944/48, S. 50). Befragte, die auf beide Fragen mit ‚ja' antworteten, wurden als Meinungsführer klassifiziert. Die Validität dieser Selbsteinschätzung sehen die Autoren dabei aufgrund von anderen Antworten sowie anschließenden Kontrollen ihrer Rolle in bestimmten Gruppen als gesichert an. Genauere Angaben hierzu machen die Autoren nicht. So handelt es sich bei diesem Selbsteinschätzungsverfahren auch um einen wesentlichen Kritikpunkt an der Studie, da Selbst- und Fremdeinschätzungen grundsätzlich stark auseinanderfallen können. Die geringe Zuverlässigkeit der Selbsteinschätzung für die Bestimmung der Meinungsführerschaft konnten Katz und Lazarsfeld in den Folgejahren später selbst nachweisen. Allerdings werden zur Identifizierung von Meinungsführern nach wie vor in der Regel Selbsteinschätzungsverfahren verwendet.

Die Autoren der *The people's choice* Studie beschreiben die Meinungsführer anhand sozialer und individueller Charakteristika: Meinungsführer zeigen eine größere politische Aufmerksamkeit und ein größeres Interesse an Medieninhalten zu einem Thema. Sie finden sich in allen Berufsgruppen und sind daher nicht identisch mit den bekanntesten, reichsten oder führenden Bürgern (1944/48, S. 50–51). Weitere Schlussfolgerungen zu dem Konzept der Meinungsführerschaft ziehen die Autoren bei ihrer Erörterung der Idee des Zwei-Stufen-Flusses der Kommunikation.

### 2.3 Der Zwei-Stufen-Fluss der Kommunikation

Lazarsfeld et al. leiten aus ihren Befunden ab, dass Menschen in ihren politischen Entscheidungen viel stärker durch den Kontakt mit anderen Personen in ihrer Umgebung beeinflusst werden als durch die Medien: „Whenever the respondents were asked to report on their recent exposure to campaign communications of all kinds, political discussions were mentioned more frequently than exposure to radio or print." (1944/48, S. 150). Lazarsfeld et al. führen dies auf die politische Homogenität der Personengruppen, in denen sich die Befragten informieren und austauschen, zurück. Dieser Schluss stellt in einem weiteren Schritt die Frage, ob der Einfluss der Gruppenmitglieder innerhalb der Gruppe gleich verteilt ist oder ob es einzelne Mitglieder gibt, die mehr Einfluss auf die anderen ausüben, die sogenannten Meinungsführer. Dabei betonen die Autoren, dass die Gruppe der als Meinungsführer identifizierten Personen – im Gegensatz zu den anderen Befragten – angaben, dass die massenmedialen Inhalte als Informationsquelle eine weitaus größere Rolle spielten als persönliche Beziehungen. Daraus leiten Lazarsfeld et al. ab, dass es einen abgestuften Informationsfluss gibt: „This suggests that ideas often flow *from* radio and print *to* the opinion leaders and *from* them to the less active sections of the population." (1944/48, S. 151). Die Autoren lassen allerdings den potenziellen kommunikativen Austausch der Meinungsführer untereinander unberücksichtigt.

## 3 Bezug des Textes zum Gesamtwerk des Erstautors

Paul Felix Lazarsfeld hat grundlegend dazu beigetragen, dass sich die Medienwirkungsforschung dem sozialen Bezugsrahmen der Rezipienten zugewendet hat. Schenk (2007) spricht hier von der „soziologisch orientierten Wirkungsforschung" (S. 338). So schließen sich an diese erste Studie in den folgenden Jahren weitere

Studien der ‚Columbia School' und damit innerhalb des Wirkungsbereichs von Lazarsfeld an. Dabei ging es nicht so sehr um die exakte Überprüfung der Hypothese vom Zwei-Stufen-Fluss der Kommunikation, sondern vielmehr darum, den persönlichen Einfluss genauer zu untersuchen, sowie darum, die Meinungsführer zu charakterisieren (Schenk, 2007, S. 352). In methodologischer Hinsicht sollte zudem das Design der Originalstudie weiter verbessert werden. Für die Kommunikationswissenschaft sind von diesen Nachfolgestudien insbesondere vier von besonderer Bedeutung, von denen bei zweien Lazarsfeld auch als Autor in Erscheinung tritt: die Rovere-Studie von Merton (1949) über den interpersonalen Einfluss und die Kommunikation in der Kleinstadt Rovere, die Decatur-Studie von Katz und Lazarsfeld (1955) (vgl. hierzu den Beitrag von Woelke und Koch i. d. B.) über Rezipienten-Entscheidungen in den Bereichen Konsum, Mode, Kino und Politik, die Elmira-Studie von Berelson, Lazarsfeld und McPhee (1954) über die Wahlpropaganda 1948 sowie zwei zusammengehörende Studien von Menzel und Katz (1955) und Coleman, Katz und Menzel (1957) zur Diffusion eines neuen Medikaments unter Ärzten.

In der Rovere[1]-Studie widmete sich Merton (1949) der Differenzierung des Konzepts der Meinungsführer. Zur Identifikation von Meinungsführern wurde hier erstmalig die Fremdeinschätzung eingeführt, indem nämlich die Befragten beantworten sollten, welche Personen sie beeinflussen würden. Personen, die mindestens viermal genannt wurden, wurden als Meinungsführer klassifiziert. In dieser Studie wurde die Unterscheidung von *locals* und *cosmopolitans* eingeführt, nämlich von Meinungsführern, die sich vor allem auf das Kleinstadt-Geschehen konzentrieren und sich auch aus lokalen Medien informieren, und Meinungsführern, die sich eher über nationale und internationale Aspekte austauschen und aus überregionalen und nationalen Medien informieren.

Die Decatur[2]-Studie von Katz und Lazarsfeld (1955) (vgl. hierzu ausführlich den Beitrag von Woelke und Koch i. d. B.) basiert wiederum auf einem Paneldesign und dem Selbsteinschätzungsverfahren zur Identifikation von Meinungsführern, dieses Mal jedoch erweitert um die Frage danach, ob die Befragten jemandem in letzter Zeit einen Rat gegeben hätten. Diese Personen wurden ebenfalls befragt. Die Zufallsstichprobe wurde also im Schneeballverfahren erweitert. Dadurch konnten einerseits die Beziehungen zwischen Ratgeber und Ratnehmer betrachtet werden, andererseits konnte so die Validität der Selbsteinschätzung als Meinungsführer eingeschätzt werden. Thematisch beschäftigte sich die Studie mit den Bereichen Konsum, Mode, Kino und Politik als Beispiele öffentlicher Angelegenheiten.

1 Bei Rovere handelt es sich um eine Kleinstadt mit 11.000 Einwohnern.

2 Bei Decatur handelt es sich um eine Stadt mit ca. 60.000 Einwohnern.

Dadurch konnte gezeigt werden, dass Meinungsführerschaft im Allgemeinen themenabhängig ist, sich also auf ein spezielles Thema beschränkt. Entsprechend wurde die Existenz von Meinungsführern nachgewiesen, die *monomorphic* oder *polymorphic* sind, also nur hinsichtlich eines Themas oder mehrerer Themen als Meinungsführer in Erscheinung treten. Dass auch nach den Ergebnissen dieser Studie die Meinungsführer eine stärkere Mediennutzung aufweisen und diese insbesondere selektiv nach Interessensgebiet erfolgt, wurde als weiterer Beweis für die Existenz eines Zwei-Stufen-Flusses der Kommunikation gewertet. Ein von dieser Annahme abweichendes Ergebnis war allerdings, dass Meinungsführer als Einflussquelle für ihre Entscheidungen oftmals auch auf andere Personen verweisen und nicht nur auf Medieninhalte. Insofern ist also auch die Existenz von „Meinungsführern der Meinungsführer" (Schenk, 2007, S. 356) anzunehmen. Es scheint eher ein mehrstufiger Kommunikationsfluss (*multi step flow*) aus interpersonaler Kommunikation und selektiver Mediennutzung zu bestehen.

Die Elmira[3]-Studie von Berelson, Lazarsfeld und McPhee (1954) zur Präsidentschaftswahl 1948 kann als Nachfolge-Studie zur Erie-County-Studie gesehen werden. Hier sollten methodologische und konzeptionelle Probleme der Originalstudie behoben werden. Die Ergebnisse dieser Studie bestätigen im Prinzip die Schlussfolgerungen aus *The People's Choice*. So zeigt sich auch in dieser Studie, dass die soziale Gruppe, basierend auf dem sozio-ökonomischen Status, Religion, Rasse und Wohnort, entscheidend ist für das Wahlverhalten, dass es eine gewisse Durchlässigkeit dieser Bedingungen von Generation zu Generation gibt und dass die soziale und physische Nähe zwischen den Gruppenmitgliedern für einen größeren Einfluss auf das Wahlverhalten sorgt als von anderen Personen außerhalb der Gruppe. In dieser Studie wird zudem die Reaktivierung von ursprünglichen Wahlentscheidungen durch die Kommunikation mit anderen Gruppenmitgliedern, speziell den Meinungsführern in den Gruppen, näher betrachtet.

Die Studie zur Diffusion eines neuen Medikaments (Menzel & Katz, 1955; Coleman, Katz, & Menzel, 1957) schließlich greift diesen Gedanken des sozialen Netzwerks in seinem Methodendesign explizit auf. Sie wird daher oftmals als Begründerin der sozialen Netzwerkforschung sowie der Diffusionsforschung verstanden, auch wenn das methodische Design von einer kleinen soziologischen Studie, die fünfzehn Jahre früher durchgeführt wurde, übernommen wurde (Katz, 1996, S. 65). Hier wurde untersucht, wie eine Innovation (neues Medikament) adaptiert wurde (Verschreibungen durch Ärzte) und welche Rolle dabei die interpersonale Kommunikation spielte. Hierzu wurden die befragten Mediziner gebeten, jeweils drei Namen von Kollegen zu nennen, mit denen sie häufiger über medizinische

3 Bei Elmira handelt es sich um eine kleine Gemeinde in Upstate New York.

Themen kommunizierten. Anhand der Antworten konnten so Soziogramme, also graphische Beziehungsdarstellungen, erstellt werden, mit deren Hilfe die zentralen Meinungsführer identifiziert werden konnten – ein Verfahren, das auch heute noch so verwendet wird. Damit konnten nun über die Beziehung Ratgeber und Ratnehmer hinaus alle Interaktionsbeziehungen innerhalb der Gemeinschaft der (befragten) Ärzte abgebildet werden. Mit Hilfe dieser Technik konnte abermals die Existenz von Meinungsführern bestätigt werden. Allerdings zeigte sich auch in den Ergebnissen dieser Studie, dass die Meinungsführer selbst persönliche Gespräche als wichtige Informationsquelle wahrnehmen, wiederum ein Hinweis auf einen Mehr-Stufen-Fluss der Kommunikation.

Diese Studien der Columbia-School bilden also das Fundament einer zentralen Forschungsrichtung der heutigen Kommunikationswissenschaft. Sie verbinden die Idee der Massenkommunikation mit der interpersonalen Kommunikation und stellten damit die Idee von ungefilterten und direkten Effekten von Medieninhalten auf Menschen in Frage. Nach der Veröffentlichung der *The people's choice* Studie entspann sich eine sehr angeregte Diskussion um die Wirkungsforschung, die zentralen Ideen der Effekte der Massenkommunikation sowie des soziologisch und sozialpsychologischen Ansatzes, der das Individuum und dessen soziale Gruppe als entscheidenden Einflussfaktor im Medienwirkungsprozess betrachtet. Katz, der als Student von Lazarsfeld und späterer Kollege nah am Geschehen war, beschreibt es später wie folgt: „There were a lot of negotiations going on between 1945 and 1956, a lot of memo writing and a lot of potential coauthors, all of whom were somehow off-base from Lazarsfeld's point of view. It speaks poorly of me that I do not know the politics of this, but it is a very interesting period." (Katz, 1996, S. 63). Lazarsfelds Arbeiten sowie die der gesamten Columbia-School haben den Grundstein gelegt für die Abkehr von der Annahme des Publikums als Masse, die den Einflüssen der Massenmedien ausgeliefert ist.

## 4 Wirkungsgeschichte des Textes und Kritik

Die Veröffentlichung der Studie in *The people's choice* hat in der kommunikationswissenschaftlichen bzw. soziologischen Forschung zu den Effekten von Massenkommunikation zu einem Paradigmenwechsel geführt, der durch die angesprochenen Folgestudien untermauert wurde (vgl. die Beiträge von Gehrau, Mothes & Schenk und Schenk i. d. B.). Der Wechsel zum „limited effects model", also der Annahme von lediglich begrenzten Medienwirkungen, die vor allem durch die selektive Zuwendung begründet wird, wird weiterhin von Klapper (1960, vgl.

den Beitrag von Schenk i. d. B.) elaboriert vorgestellt. *The People's Choice* hat die Kommunikationswissenschaft somit nachhaltig verändert. „Far from subsiding, these arguments have become more pointed in the last decade." (Katz, 1987, S. 246) Trotz – oder gerade wegen – dieses enormen Einflusses wurde die Studie heftig kritisiert (vgl. auch Noelle-Neumann, 1990), insbesondere die Annahme eines Zwei-Stufen-Flusses der Kommunikation. So muss konstatiert werden, dass trotz des revolutionären Designs und der fortschrittlichen Auswertung der erhobenen Daten für das empirische Datenmaterial sehr weitreichende theoretische Schlussfolgerungen gezogen werden. Zwar kann anhand der empirischen Ergebnisse ein *Zwei-Stufen-Fluss der Kommunikation* vermutet werden, nachgewiesen aber wird er nicht. So belegen die Befunde eher die Abwesenheit eines Ein-Stufen-Flusses (Bostian, 1970). Wie angesprochen werden Interdependenzen und weitere mögliche Stufen der Kommunikation bei der Erhebung überhaupt nicht berücksichtigt, weshalb darüber strenggenommen auch keine Aussagen getätigt werden können. Doch nicht nur die Columbia School selbst hat weitere Forschung zu dieser Annahme durchgeführt; eine Reihe von vielen weiteren Forschungsarbeiten legt die Existenz eines Mehr-Stufen-Flusses mit verzweigten direkten und indirekten Kommunikations- und Wirkungsbeziehungen nahe (Davis, 2009). In den folgenden Jahrzehnten verliert die Idee des Zwei-Stufen-Flusses der Kommunikation daher an Beachtung. Die Forschung entwickelt sich vor allem in Richtung Diffusionsforschung (Rogers, 1962; vgl. den Beitrag von Karnowski und Kümpel i. d. B.) und Netzwerkanalyse (Granovetter, 1982; Weimann, 1982) weiter.

Auch über das Konzept der *Meinungsführerschaft* wurde in den weiteren Jahren viel geforscht und diskutiert. Beispielsweise kritisieren Deutschman und Danielson (1960), dass Meinungsführer lediglich ergänzend Informationen zur Verfügung stellen; und Troldahl und van Dam (1965) erarbeiten, dass Meinungsführer als *opinion givers* situationsspezifisch die Rolle wechseln, d. h. zu *opinion askers* werden können und dass zudem eine dritte Gruppe der *inactives* besteht. Weiterhin wird daran gearbeitet, die Identifikation von Meinungsführern zu verbessern. Hierzu werden verschiedene Verfahren entwickelt und eingesetzt. Das *Selbsteinschätzungsverfahren*, das auch in der Originalstudie von Lazarsfeld et al. verwendet wird, wurde dabei in zahlreichen Arbeiten verbessert. Die Grundidee ist dabei häufig, das Kommunikationsverhalten der Befragten bezüglich der Überzeugung von anderen Personen und der Erteilung von Ratschlägen abzufragen. Daneben wurde die *soziometrische oder netzwerkanalytische Methode*, wie sie in der Anschlussstudie *Personal influence* eingesetzt wird, weiter verfeinert (vgl. hierzu den Beitrag von Woelke und Koch i. d. B.).

Das Konzept der Meinungsführerschaft und dessen Messung war und ist ein bedeutsames Thema der Kommunikationswissenschaft (Nisbet, 2006, S. 3), auch wenn es in den letzten Jahrzehnten weniger intensiv beforscht und diskutiert wurde. Interessanterweise aber wurde und wird das Konzept dabei vor allem deskriptiv begriffen, das heißt, es wird häufig vor allem untersucht, wie sich Meinungsführer charakterisieren lassen. Auch werden die anderen Rollen, also z. B. die Meinungsfolger, weniger explizit untersucht. Studien heben häufig hervor, dass und wie Meinungsführer ihre Meinungsfolger beeinflussen können, wobei allerdings in der Regel ungeklärt bleibt, wie „Meinungen" theoretisch-konzeptionell zu fassen sind. Auch das Informations- und Kommunikationsverhalten der Meinungsführer kann als noch nicht ausreichend erforscht gelten, der Fokus liegt auf der Informationsweitergabe, also den Wirkungen und Einflüssen. Insbesondere wird der grundlegende soziale Charakter im Konzept der Meinungsführerschaft, nämlich als Beziehung zwischen Individuen, häufig nicht ausreichend berücksichtigt (Schäfer & Taddicken, im Druck b). Gerade in der aktuellen Zeit unter den Bedingungen der Mediatisierung aber gewinnt das Konzept der Meinungsführerschaft wieder an Bedeutung (Schäfer & Taddicken, im Druck a). Zwar gibt es eine Reihe von neuen Studien zur Meinungsführerschaft in Neuen Medien, dabei wird allerdings – bislang – selten konzeptionell gearbeitet (vgl. Jungnickel, 2013; Schäfer & Taddicken, im Druck a).

## Literatur

### *Primärliteratur*

Berelson, B., Lazarsfeld, P. F., & McPhee, W. N. (1954). *Voting. A study of opinion formation in a presidential campaign*. University of Chicago Press.

Coleman, J., Katz, E., & Menzel, H. (1957). The diffusion of an innovation among physicians. *Sociometry, 20*, 253–270.

Katz, E., & Lazarsfeld, P. F. (1955). *Personal influence. The part played by people in the flow of mass communications*. New York, NY: The Free Press.

Lazarsfeld, P. F., Berelson, B., & Gaudet, H. (1944). *The people's choice. How the voter makes up his mind in a presidential campaign*. New York, NY: Columbia University Press.

Menzel, H., & Katz, E. (1955). Social relations and innovation in the medical profession: The epidemiology of a new drug. *Public Opinion Quarterly, 19*, 337–352.

Merton, R. K. (1949). Patterns of influence. A study of interpersonal influence and communications behavior in a local community. In P. F. Lazarsfeld & F. N. Stanton (Hrsg.), *Communication Research, 1948-1949* (S. 180–219). New York, NY: Harper & Brothers.

### *Sekundärliteratur*

Barton, A. H. (2001). Paul Lazarsfeld as institutional inventor. *International Journal of Public Opinion Research, 13*, 245–269.

Bostian, L. R. (1970). The Two-Step Flow Theory: Cross-cultural implications. *Journalism Quarterly, 47*, 109–117.
Bussemer, T. (2007). Paul Felix Lazarsfeld und die Etablierung der Kommunikationsforschung als empirische Sozialwissenschaft. *Medien & Kommunikationswissenschaft, 55*, 80-100.
Davis, D. K. (2009). Two-Step and Multi-Step Flow. In S. W. Littlejohn & K. A. Foss (Hrsg.), *Encyclopedia of communication theory* (S. 969–971). Thousand Oaks, CA: Sage.
Deutschmann, P. J., & Danielson, W. A. (1960). Diffusion of knowledge of the major news story. *Journalism Quarterly, 37*, 345–355.
Fleck, P. (1990). Vor dem Urlaub. Zur intellektuellen Biographie der Wiener Jahre Paul F. Lazarsfelds. In Wolfgang R. Langenbucher (Hrsg.), *Paul F. Lazarsfeld. Die Wiener Tradition der empirischen Sozial- und Kommunikationsforschung* (S. 49-74). München: Ölschläger.
Granovetter, M. (1982). The strength of weak ties: a network theory revisited. In P. V. Marsden & N. Lin (Hrsg.), *Social structure and network analysis* (S. 105–130). Beverley Hills, CA: Sage.
Jungnickel, K. (2013). "Masspersonal" opinion leaders. The role of situational factors in opinion leadership. *Jährliche Konferenz der International Communication Association* (ICA), London, 18.06.2013.
Katz, E. (1987). Communications research since Lazarsfeld. *Public Opinion Quarterly, 51*(4 Part 2), S25–S45.
Katz, E. (1996). Diffusion research at Columbia. In E. E. Dennis & E. Wartella (Hrsg.), *American communication research – the remembered history* (S. 61–70). Mahwah, NJ: Lawrence Erlbaum.
Klapper, J. T. (1960). *The effects of mass communication*. Glencoe, IL: The Free Press.
Langenbucher, W. R. (1990). *Paul F. Lazarsfeld. Die Wiener Tradition der empirischen Sozial- und Kommunikationsforschung*. München: Ölschläger.
Nisbet, E. C. (2006). The engagement model of opinion leadership: Testing validity within a European context. *International Journal of Public Opinion Research, 18*, 3–30.
Noelle-Neumann, E. (1990). The people's choice – revisited. In W. R. Langenbucher (Hrsg.), *Paul F. Lazarsfeld: die Wiener Tradition der empirischen Sozial- und Kommunikationsforschung* (S. 147-155). München: Ölschläger.
Rogers, E. M. (1962). *Diffusion of innovations*. New York, NY: The Free Press.
Schäfer, M., & Taddicken, M. (im Druck a). Editorial introduction: Opinion leadership revisited: A classical concept in a changing media environment. *International Journal of Communication, 8*.
Schäfer, M., & Taddicken, M. (im Druck b). Mediatized opinion leaders. New patterns of opinion leadership in new media environments? *International Journal of Communication, 8*.
Schenk, M. (2007). *Medienwirkungsforschung*. Tübingen: Mohr Siebeck.
Troldahl, V. C., & van Dam, R. (1965). Face-to-face communication about major topics in the news. *Public Opinion Quarterly, 29*, 626–634.
Weimann, G. (1982). On the importance of marginality: One more step into the Two-Step Flow of Communication. *American Sociological Review, 47*, 764–773.

# Experiments on Mass Communication
## von Carl I. Hovland, Arthur A. Lumsdaine und Fred D. Sheffield (1949)

Thomas Roessing


**Zusammenfassung**

Das Buch *Experiments on Mass Communication* von Carl I. Hovland, Arthur A. Lumsdale und Fred D. Sheffield stellt eine Reihe von Studien vor, die die Wirkung von Propaganda auf amerikanische Soldaten im zweiten Weltkrieg erforschen sollten. Die Autoren untersuchen beispielsweise, zumeist mit der Methode des sozialwissenschaftlichen Experiments, ob Propagandafilme den Informationsstand und die Motivation der Soldaten verbessern, ob Wirkungen der Filme verzögert einsetzen (*Sleeper-Effekt*) und ob eine einseitige Argumentation besser wirkt als die Vorwegnahme von Gegenargumenten (zweiseitige Argumentation). Der Forschungsansatz und die zum Teil innovative Methodik (z. B. die Nutzung von Real-Time-Response-Messungen), haben vielfältige Nachfolgestudien angeregt und sind bis heute eine der Grundlagen der Medienwirkungsforschung.



**Schlüsselbegriffe**

Medienwirkungsforschung, Filmwirkungsforschung, Lerneffekt, Experiment, Real-Time-Response-Messung, Persuasionsforschung, Carl Iver Hovland

# 1 Kurzbiografie: Carl Iver Hovland

Carl Iver Hovland kam am 12. Juni 1912 in Chicago zur Welt. Über seine Leidenschaft für Musik lernte er seine spätere Frau Gertrude Raddatz kennen. Beide heirateten im Juni 1938. Die Kinder David Alan und Katharine kamen 1941 und 1942 zur Welt (Shepard, 1998, S. 240). Carl I. Hovland studierte zunächst an der Northwestern University in Illinois und interessierte sich besonders für Mathematik, Physik, Biologie und experimentelle Psychologie. Für seine Promotion, in der es um Lernstimuli ging, wechselte er an die renommierte Yale-Universität. Frühzeitig begann er, seine vielfältigen Forschungsergebnisse zu veröffentlichen. 1940 war er an einer Untersuchung zum Zusammenhang zwischen der Wirtschaftslage in den USA und der Zahl der Lynchmorde beteiligt. Im selben Jahr veröffentlichte er ein Buch über eine Theorie des Auswendiglernens (Shepard, 1998, S. 242-244). Während des zweiten Weltkrieges arbeitete Hovland zeitweilig außerhalb Yales für die Forschungsabteilung der *Information and Education Division of the War Department*. Nach seiner Rückkehr machte Hovland rasch Karriere in Yale. Er wurde 1937 Assistant Professor, 1943 Associate Professor, 1945, mit 33 Jahren, Full Professor und drei Jahre später Sterling-Professor, was dem höchsten akademischen Rang entspricht, den die Yale-Universität zu vergeben hat. Hovland war leitender Autor des in diesem Beitrag vorgestellten dritten Bandes der Buchreihe mit dem Titel *Studies in Social Psychology in World War II* (Shepard, 1998, S. 245).[1]

# 2 Inhalt

Hovland, Lumsdaine und Sheffield erläutern auf den ersten Seiten des Buches zunächst den Gegenstand ihrer Studien: für das Militär produzierte Filme und deren Wirkung auf Soldaten. Die Autoren unterscheiden dabei Untersuchungen einzelner Filme bzw. Filmtypen auf der einen Seite und Studien zu einzelnen Variablen auf der anderen Seite (S. 4-5). Diese Unterscheidung schlägt sich in der Struktur des Buches nieder: Teil 1 befasst sich mit Experimenten zu Einzelfilmen und Gruppen ähnlicher Filme, während der zweite Teil sich den Wirkungen einzelner Variablen widmet. Die Autoren weisen darauf hin, dass Untersuchungen ganzer Filme schwerer zu verallgemeinern seien als Untersuchungen einzelner Variablen. Das ist insofern bemerkenswert, als in der modernen Methodenliteratur häufig das Gegenteil fest-

1 Hovlands spätere Karriere und seine Gesamtleistung als Wissenschaftler werden in dem Beitrag von Jackob und Hueß im vorliegenden Band dargestellt und gewürdigt.

gestellt wird: Ist ein kompletter Film der Stimulus, sei die externe Validität, also die Übertragbarkeit auf das reale Leben außerhalb des Labors größer, während die Manipulation eines einzelnen Details sich positiv auf die interne Validität auswirke (Trepte & Wirth, 2004, S. 62-63). Im Anschluss befasst sich das einleitende Kapitel zunächst mit intervenierenden Variablen bei der Filmwirkungsforschung („Population variables", „Film variables", und „External variables", S. 9-10) sowie den unterschiedlichen Typen erwarteter Wirkungen (z. B. Lerneffekte). Die Filme selbst unterteilten Hovland und seine Kollegen in *Orientation films*, die Soldaten primär mit Hintergrundinformationen zum zweiten Weltkrieg versorgen und sekundär ihre Kampfmoral stärken sollten, *Training films* zu Ausbildungszwecken und *Films designed to satisfy general interests*.

Das zweite Kapitel (ab S. 21) stellt die erste Studie vor, welche sich mit der Wirkung des Orientierungsfilms *The Battle of Britain* befasst. Die experimentelle Untersuchung zielte auf drei Aspekte: (1) Faktenwissen, (2) Interpretation der Fakten und (3) Akzeptanz des Militärdienstes und der Bereitschaft, im Krieg zu dienen. Das verwendete experimentelle Design ist einfach: Eine *Experimentalgruppe* sah den Film und wurde im Anschluss (mit einigen Tagen Abstand) befragt. Die *Kontrollgruppe* sah den Film nicht, wurde aber mit demselben Fragebogen interviewt. Die Forscher um Hovland legten bei allen Studien großen Wert darauf, gegenüber den Probanden sowohl den Zweck der Befragung zu verschleiern, als auch Irritationen durch die Mehrfachbefragung zu vermeiden. Sie verwendeten ein Matching-Verfahren (Westermann, 2000, S. 318-319), um die Vergleichbarkeit der Experimental- und Kontrollgruppen sicherzustellen (S. 30). Für die Auswertung der Daten verwendeten die Autoren Vergleiche von Prozentanteilen anstelle der heute üblichen Mittelwertvergleiche, was bei insgesamt 2.100 Probanden möglich und sinnvoll ist. Sie fassten Unterschiede von sechs Prozentpunkten als überzufällig, also statistisch signifikant auf (S. 33). Das erste Ergebnis betrifft die Frage, ob der Film die Auffassung, dass es tatsächlich eine Schlacht um Großbritannien gibt, fördert. Dem Item „The heavy bombing attacks on Britain were part of an attempt by the Nazis to invade and conquer England" stimmten 43 Prozent der Kontrollgruppe zu, aber 58 Prozent der Experimentalgruppe, die den Film gesehen hatte. Diesen Unterschied von 15 Prozentpunkten interpretierten die Autoren als Effekt des Films *The Battle of Britain* (S. 34). Andere Wirkungen des Films waren u. a. die stärkere Wahrnehmung des britischen Widerstands gegen Deutschland als *heldenhaft* (22 Prozentpunkte Unterschied, S. 34–35), die größere Neigung, die Kampfkraft der Briten als *bemerkenswert* einzuschätzen (23 Prozentpunkte) und ein erhöhtes Wissen um britische Verteidigungstaktiken gegen deutsche Luftangriffe (57 Prozentpunkte, S. 39). Wesentlich schwächer, sofern überhaupt vorhanden, waren die Wirkungen des Films auf die Einstellung der Probanden gegenüber

Großbritannien und seinen Bürgern (S. 42-43), sowie auf die Motivation der Soldaten (S. 44-45). Positiv werteten die Autoren die schwachen Effekte bei möglichen Bumerang-Wirkungen: Es war ja möglich, dass die Wahrnehmung des britischen Widerstands als heldenhaft und bemerkenswert dazu führt, dass ein Eingreifen der USA als überflüssig angesehen wird. Hier unterschieden sich Experimental- und Kontrollgruppen jedoch kaum oder gar nicht.

Im dritten Kapitel (ab S. 51) stellen die Autoren zunächst die Befunde zu drei weiteren Filmen der *Why we fight*-Reihe dar. Die Befunde ähneln stark denen zum Film *The Battle of Britain*: „In each case marked effects were obtained on items of factual information, some sizable changes were obtained on opinions closely related to the material covered, and no appreciable changes were found in the more general attitude areas comprising the orientation objectives or in the area of willingness to serve." (S. 55) Im folgenden Abschnitt diskutieren die Autoren fünf Hypothesen zu den Gründen der schwachen Wirkung auf allgemeine Meinungen und auf die Kampfmoral der Soldaten: (1) *Vorangegangene Informiertheit der Männer.* Wenn die Versuchsteilnehmer schon vor Beginn ihres Armee-Dienstes größtenteils einer bestimmten Überzeugung waren, können die Filme diese Mehrheit kaum noch vergrößern (*Decken-Effekt*). Das Problem wird dadurch verstärkt, dass Menschen, die sich bereits in der Vergangenheit nicht der Mehrheitsmeinung anschließen wollten, sich auch weiterhin dagegen sträuben werden. (2) *Konfligierende Motive auf Seiten der Soldaten.* Furcht vor Verwundung oder Druck von besorgten Ehefrauen und Müttern sind starke Faktoren, die die motivierende Wirkung der Filme einschränken könnten. (3) *Begrenzte Wirkung eines einzelnen, 50 Minuten langen Films* – ein Problem bei vielen Laborexperimenten. (4) *Mangel an konkreten Inhalten.* Während die Items des Wissenstests in den Filmen direkt und ausführlich angesprochen wurden, fehlten manifeste Inhalte beispielsweise zur Kampfmoral der US-Armee. (5) *Zu kurzes Wirkungsintervall* (fünf bis sieben Tage). Der letzte Abschnitt des dritten Kapitels (ab S. 72) diskutiert anhand von Korrelationen der Befunde mit personenbezogenen Drittvariablen die Implikationen für das Film-Programm der Armee. So verstärkten beispielsweise die Überzeugung, dass der Krieg unausweichlich ist und negative Einstellungen gegenüber dem Feind das Bedürfnis zu kämpfen („desire to ‚get into the real fighting soon'", S. 74).

Die drei Autoren behandeln in Kapitel 4 unter dem Titel „The Audience's Evaluation of Films" (S. 80-119) gleich mehrere Aspekte des nichtexperimentellen Teils der Filmforschungen. Zunächst geht es um Befragungen von Soldaten zu den Orientierungsfilmen. Dazu setzten die Autoren zwei Forschungsstrategien ein: (1) Quantitative Befragungen (2) „group interviews" (S. 83). Eine typische Evaluationsfrage war „If you saw one of the camp movies mentioned above, did you like it?" (S. 85) Bei *The Battle of Britain* wählten 77 Prozent die Antwortvorgabe "Yes, very much“ und weitere 16 Prozent „Yes, fairly well“. Sechs Prozent fanden den Film nicht gut und ein Prozent antwortete nicht (S. 86). Bei den Gruppenbefragungen (10-12 Personen) nannten die Befragten unter anderem Einseitigkeit und Übertreibung als Mängel der Filme (S. 88-94). Für die weitere Analyse der Befragungen wurden die vier Ausprägungen der Like-Frage zu den Subgruppen *Like* und *Dislike* zusammengefasst und dann die Antworten auf die Fragen einer Vorher-Erhebung (beispielsweise zur Einstellung gegenüber den Briten) von den entsprechenden Antworten in der Nachher-Erhebung abgezogen. Es zeigte sich, dass die Probanden, die den Film *nicht gut* fanden, bei zehn von elf Items *weniger positive* (aus der Sicht der Filmemacher, die Werbung für die Solidarität mit Großbritannien machen wollten) Ansichten vertraten als die Like-Gruppe (S. 98).

Der dritte Unterabschnitt des Kapitels beschäftigt sich mit Erhebungen zu Filmen für Soldaten mit „general interest purpose“ (S. 103). Dabei handelte es sich um Filme, die zwar den Krieg und das Militär zum Inhalt hatten, aber keine Ausbildungsfilme im engeren Sinne waren. Die Autoren kombinierten hier zwei Methoden, nämlich das, was man heute als Real-Time-Response-Messungen (RTR) bezeichnet und Fragebogenerhebungen. Diese Methodenkombination ist auch heute noch wertvoll, sowohl für experimentelle, als auch für nichtexperimentelle Rezeptions- und Wirkungsstudien (Roessing, Jackob, & Petersen, 2009; Früh & Fahr, 2006). Hovland und seine Mitautoren schreiben über das Verfahren, das sie selbst *polygraph recordings* nennen: „A unique advantage of the method is that it affords a continuous indication of *immediate* response to the film, rather than a retrospective reaction such as is obtained through the use of questionnaires or interviews conducted after the film showing.“ (S. 104) Die RTR-Erhebung zeigte unter anderem, dass die Soldaten wenig für Nahaufnahmen sprechender Personen übrig hatten und lieber militärische Action-Szenen sahen (S. 112-113).

Kapitel 5 ist Untersuchungen zur Machart und zur Präsentationsweise von filmischen Lernmaterialien für die Ausbildung von Soldaten gewidmet. Die erste Studie ging der Frage nach, ob ein *Motion Picture* (Tonfilm) die Soldaten besser informiert als ein sog. *Film-Strip*. Dabei handelte es sich um auf Film gebannte Standbildsequenzen, die als Lehrmaterial durch einen Ausbilder verwendet wurden (S. 121-122). Das unerwartete Ergebnis war, dass die günstigen Film-Strips den aufwendig produzierten Tonfilmen keineswegs unterlegen waren. Bei näherer Betrachtung, z. B. nach Lehrinhalt, lag manchmal der Film-Strip vorn (Messen von Entfernungen auf einer Karte) und manchmal der Tonfilm (Umgang mit Höhenlinien auf einer Karte) (S. 128-129). Die nächste Frage betraf die Wirksamkeit von Radiobeiträgen, je nachdem, ob es sich um aufwendig produzierte Dokumentationen (mit Musik, Schauspielern für die Sprechrollen) oder einen einfachen Beitrag mit einem Sprecher handelte. Im Ergebnis gab es praktisch keine Unterschiede zwischen den unterschiedlichen Radioformaten, insbesondere nicht hinsichtlich der Bewertung der Interessantheit der Beiträge.

In Kapitel 6, dem letzten des ersten Teils, geht es um die intellektuellen Fähigkeiten der Probanden als intervenierende Variable für die Wirkung der Filme auf Wissen und Meinung. Hovland und seine Kollegen fanden eine fast ausnahmslos „positive correlation between intellectual level and the amount of change produced by a film on fact-quiz items" (S. 158). Hinsichtlich der Wirkung auf die Meinungsbildung zeigte sich hingegen ein uneinheitliches Bild: In manchen Fällen wirkten die Filme auf höher gebildete Soldaten stärker, in anderen auf niedrig gebildete.

Mit Kapitel 7 beginnt der zweite Teil des Buches, in dem es um den Einfluss einzelner Variablen (anstelle der bislang betrachteten kompletten Filme) gehen soll. Stimulus der ersten Studie war wieder *The Battle of Britain*. Experimentalgruppen sahen den Film, Kontrollgruppen sahen ihn nicht. Hier wurde kein inhaltlicher Faktor von den Forschern manipuliert. Was die Autoren in diesem Kapitel untersuchten, war vielmehr der Einfluss der Zeit auf die von dem Film ausgehenden Wirkungen, also eine intervenierende Variable. Um herauszufinden, wie Zeit die Filmwirkungen verändert, nutzten die Autoren ein komplexes Design mit Vorher- und Nachhermessungen. Zwei Soldatengruppen wurden im Abstand von zwei Wochen mit einem Fragebogen befragt, dabei wurde der ersten Gruppe zwischen den Befragungen der Film gezeigt. Damit wurden die kurzfristigen Effekte des Films erhoben. Zwei weitere Gruppen erhielten die Vorher-Befragung zur selben Zeit wie die Kurzfrist-Gruppen. Die Nachher-Befragung erfolgte jedoch erst nach zehn Wochen. Die eine dieser zwei weiteren Gruppen sah eine Woche nach der Vorher-Befragung den Film, die andere sah ihn nicht (S. 183). Auf diese Weise ließen sich die kurzfristigen Effektstärken mit den langfristigen vergleichen. Mit ihrem Forschungsdesign waren Hovland und seine Kollegen auf der Suche nach sog. *Sleeper-Effekten*. Damit ist gemeint, dass manche Wirkungen von Medieninhalten etwas Zeit zum Reifen brauchen, bevor sie manifest und messbar werden. Carl I. Hovland veröffentlichte später weitere Studien zu diesem Phänomen, das die Medienwirkungsforscher bis heute beschäftigt (z. B. Hovland & Weiss, 1951; Kumkale & Albarracín, 2004). Bei den Wissenstests fanden die Forscher jedoch zunächst lediglich einen Rückgang der Lerneffekte (S. 184). Bei den Fragen zur Wirkung der Filme auf die Meinungsbildung waren die Ergebnisse gemischt. Bei einigen Items ließ die Wirkung nach, bei anderen nahm sie zu. Um dem Phänomen näher auf den Grund zu gehen, untersuchten die Autoren als nächstes, ob es einen Zusammenhang zwischen dem Einfluss des Zeitverlaufs auf die Filmwirkungen und dem Bildungsgrad der Probanden gab (S. 192). In weiteren Analysen fanden die Autoren tatsächlich Hinweise auf einen Sleeper-Effekt für Wirkungen, die ursprünglich mit dem Bildungsgrad anwuchsen, für die höher gebildeten Probanden und für Wirkungen, die ursprünglich mit dem Bildungsgrad kleiner wurden, für die niedriger gebildeten Soldaten (S. 193). Zur Erklärung des generellen Sleeper-Effekts schlagen sie drei Hypothesen vor (S. 197-198): (1) Möglicherweise vergessen die Probanden, dass sie einer Informationsquelle ursprünglich nicht vertrauten mit der Zeit (s. Hovland & Weiss, 1951). (2) Möglicherweise interpretieren die Probanden die Informationen aus dem Film im Laufe der Zeit im Kontext neuer Erfahrungen. (3) Möglicherweise verblassen Details aus dem Film zugunsten grundlegenderer Inhalte der Filme.

Kapitel 8 berichtet über Untersuchungen zur Wirkung einseitiger und zweiseitiger Argumentation. Es ging darum, herauszufinden, ob ein Orientierungsbeitrag, der nur die Argumente präsentiert, die eine bestimmte Sichtweise stützen, von Gegnern dieser Sichtweise anders wahrgenommen wird als ein Beitrag, der von vornherein auch die Argumente der Gegner enthält (S. 201). Hovlands Experiment-Abteilung entwarf zwei Skripte für Radiosendungen. Skript 1 enthielt ausschließlich Argumente und Fakten, die auf einen langen, schwierigen Weg bis zum Sieg über Japan hindeuten. Skript 2 präsentierte Fakten und Argumente, die auf eine rasche Niederlage Japans hindeuten an verschiedenen Stellen in den Text eingestreut, ansonsten waren die beiden Texte identisch (S. 202-203). Die zentralen Annahmen in diesem Experiment waren, dass einseitige Argumentation (Skript 1) Gegner dieser Sichtweise erstens dazu bringt, über Gegenargumente nachzudenken und zweitens bei den Gegnern Voreingenommenheit gegen den ganzen Beitrag auslösen könnte. Das heißt: Wenn jemand glaubt, dass der Krieg gegen Japan bald vorbei sein wird und einen Beitrag rezipiert, der ausschließlich vor einem langen Weg bis zum Sieg warnt, wird er sich schon während des Beitrags Gegenargumente überlegen und den ganzen Beitrag als einseitig zurückweisen. Die zweiseitige Argumentation (Skript 2) sollte diesen Tendenzen entgegenwirken. Das Experiment führten die Autoren mit einer Vorher-Nachher-Messung durch. Die Vorhermessung in Form einer Umfrage fand im April 1945 statt, als Deutschland kurz vor der Kapitulation stand. Probanden waren insgesamt 24 Züge (*platoons*) aus acht Ausbildungskompanien, die in drei Gruppen eingeteilt wurden. Eine Gruppe hörte eine Woche nach der Vorherbefragung die einseitige Version des Radiotextes, eine Gruppe hörte die zweiseitige und eine Gruppe bildete die Kontrollgruppe. Insgesamt nahmen 625 Soldaten an der Studie teil. Die abhängige Variable – Optimismus oder Pessimismus hinsichtlich der zu erwartenden Dauer des Pazifikkrieges – wurde mit einer offenen Frage erhoben, auf die die Probanden größtenteils in Halbjahresschritten antworteten (S. 210).

Die Autoren analysierten Ihre Ergebnisse zunächst in drei Schritten: Als erstes verglichen sie *im Aggregat* den Anteil der Probanden, die nach den Beiträgen mehr als anderthalb verbleibende Jahre für den Krieg gegen Japan erwarteten für die drei Gruppen. Es zeigte sich, dass sowohl die einseitige, als auch die zweiseitige Argumentation diesen Anteil von 37 bzw. 38 Prozent auf 59 Prozent erhöhen konnten. Im zweiten Schritt untersuchten sie mit Hilfe von *Individualdaten* den Netto-Anteil der Soldaten, die nach den Beiträgen ihre Meinung veränderten: Sie rechneten aus, wie viel Prozent der Probanden ihre Einschätzung von der ersten Erhebung bis zur zweiten Erhebung um mindestens ein halbes Jahr verändert hatten – nach oben oder unten. Bei 46 Prozent (einseitig) bzw. 45 Prozent (zweiseitig) gab es keine Veränderung, 47 Prozent (in beiden Experimentalgruppen) erhöhten ihre Schätzung, sieben (einseitig) bzw. acht (zweiseitig) Prozent verringerten ihre Schätzung (S. 212). Zeigte sich in der Aggregatdatenanalyse ein Effekt von ca. 20 Prozentpunkten, so ergab die Individualdatenanalyse einen doppelt so großen Effekt von ca. 40 Prozentpunkten zugunsten der angestrebten längeren Einschätzung für die verbleibende Dauer des Pazifikkrieges. Im dritten Schritt analysierten die Autoren die Daten für die eigentlich zentrale Frage: Wie wirken die einseitige und die zweiseitige Argumentation auf Soldaten, die ursprünglich gegen die Botschaft des Films eingestellt waren? Die einseitige Argumentation erhöhte bei den ursprünglich gegen die Botschaft des Films eingestellten Probanden den Nettoeffekt um 36 Prozent, die zweiseitige um 48 Prozent, das ist ein signifikantes Plus von zwölf Prozentpunkten. Bei den Probanden, die von vornherein der Botschaft des Films zustimmten, steigerte die einseitige Variante den Netto-Effekt um 52 Prozent, die zweiseitige nur um 23 Prozent. Dies ist ein signifikanter Verlust von 29 Prozentpunkten durch die zweiseitige Argumentation. Verallgemeinernd kann man sagen: Eine zweiseitige Argumentation wirkt besser auf Zweifler, eine einseitige auf bereits Überzeugte. Im weiteren Verlauf untersuchten die Autoren unter anderem, ob die zweiseitige bzw. einseitige Argumentation unterschiedlich auf unterschiedlich gebildete Soldaten wirkt. Sie fanden heraus, dass die zweiseitige Argumentation bei höher gebildeten Probanden bessere Ergebnisse erzielte als bei niedrig gebildeten. Bei niedrig gebildeten Soldaten konnte die zweiseitige Argumentation sogar kontraproduktiv wirken (S. 214-215).

Das letzte inhaltliche Kapitel untersucht den Nutzen aktiver Beteiligung des Publikums, wenn ein Lehrfilm gezeigt wird. Es handelte sich um einen Film-Strip (Abfolge von Standbildern) mit Ton. Fernmelder sollten damit lernen, das damals übliche phonetische Alphabet (z. B. ‚Dog' für ‚D') zu verwenden. Gleichzeitig überprüften Hovland und seine Mitautoren die Auswirkung eines angekündigten Tests auf die Lernleistung. Ein Teil der Soldaten wurde aufgefordert, die fraglichen Buchstabenbezeichnungen bei der Vorführung laut auszurufen. Jeweils der Hälfte der Gruppen sagten die Versuchsleiter vor der Vorführung zudem, dass es im Anschluss einen Test geben würde. Die Variante mit Beteiligung des Publikums erwies sich durchweg als besser für den Lernerfolg als die passive Variante. Das galt besonders für schwierigere Buchstabe-Wort-Kombinationen. Dieser Effekt war auch bei denjenigen Soldaten stärker ausgeprägt, die man *nicht* zuvor mit dem Hinweis auf den Test zu besonderer Aufmerksamkeit motiviert hatte.

Enthalten Anhänge normalerweise lediglich Zusatzinformationen, Tabellen, Listen etc. so diskutieren die Autoren in den Anhängen des hier behandelten Buches Methodenprobleme. Dazu gehören die Problematik für Prozentwert-Vergleiche einen Basiswert („Baseline", S. 284) zu finden, Boden- und Decken-Effekte und der Anteil der Befragten, die bei einem Multiple-Choice-Test die richtige Antwort durch Raten treffen.

## 3 Bezug zum Gesamtwerk Carl I. Hovlands

Einige der Experimente aus *Experiments on Mass Communication* nehmen Interessen Hovlands aus früheren Untersuchungen wieder auf, beispielsweise das in den meisten Studien berücksichtigte Faktenlernen. Die Studien behandeln andererseits Phänomene, die Hovland und seine wissenschaftlichen Mitstreiter in späteren Werken noch näher untersucht haben. So ist der Sleeper-Effekt aus Kapitel 7 des Buches Hauptgegenstand der Veröffentlichung von Hovland und Weiss (1951). Die Kommunikatorglaubwürdigkeit sowie die Anordnung von Argumenten und Eigenschaften der Rezipienten im Persuasionsprozess waren – teilweise mit anderen Schwerpunkten oder erweitertem Forschungsinteresse – auch Gegenstand der in Hovland, Janis, & Kelley (1953) veröffentlichten Studien (s. den Beitrag von Jackob und Hueß i. d. B.).

## 4 Wirkungsgeschichte und Kritik

Carl Hovland und seine Kollegen haben grundlegende Arbeit für die Medienwirkungsforschung geleistet. Das gilt sowohl für die Methodik als auch für ihre Befunde, beispielsweise zur Organisation von Argumenten oder zur Interaktion von Rezipienteneigenschaften mit persuasiven Stimuli (Schenk, 2007, S. 77-138). Ihre Forschung hat zahlreiche weitere Studien zu Variablen, Mechanismen und Gesetzmäßigkeiten im Persuasionsprozess angeregt und inspiriert (Demirdöğen, 2010).

1. Allgemeine Kritik zielt insbesondere auf die von Hovland hauptsächlich verwendeten Laborexperimente. Sie haben eine Reihe von Nachteilen, speziell

hinsichtlich der Messung von Langzweitwirkungen und der Übertragbarkeit auf das reale Leben außerhalb der Laboratorien (Trepte & Wirth, 2004).

2. *Experiments on Mass Communication* ist von diesem Problem in besonderem Maße betroffen, weil die Studien ausschließlich mit (männlichen) Soldaten als Versuchspersonen, Propagandafilmen als Forschungsgegenstand und unter den Bedingungen des zweiten Weltkriegs durchgeführt wurden. Die Befunde gelten strenggenommen nur *ceteris paribus*, also unter gleichbleibenden Voraussetzungen (Roessing & Esser, 2004).
3. Speziell an die Yale-Studien, und hier insbesondere an *Experiments on Mass Communication*, richtet sich der Vorwurf des theorielosen Forschens. Tatsächlich geht es in *Experiments on Mass Communication* keineswegs um allgemeine Experimente zu unterschiedlichen Massenmedien, sondern um konkrete Fragen zur konkreten Wirkung speziell für Weltkriegspropaganda angefertigter Filme auf Soldaten. Die Studien testen keine Theorie der Medienwirkung und versuchen auch nicht auf der Basis empirischer Daten eine Theorie zu entwickeln, die die Befunde erklären würde. Das ist einerseits problematisch, weil gerade komplizierte und widersprüchliche Befunde zur Wirkung von Medieninhalten mehr Rätsel aufgeben als sie lösen, wenn keine erklärende Theorie in Sicht ist (Irle, 1975, S. 280-287). Andererseits hat sich in der Folge und zum Teil auf der Basis der Arbeit der Hovland-Forschergruppe eine rege Aktivität auf dem Gebiet der Persuasionsforschung entwickelt, einschließlich fruchtbarer theoretischer Erklärungsansätze wie dem Elaboration-Likelihood-Modell (vgl. den Beitrag von Franziska Marquart & Brigitte Naderer i. d. B., s. auch Demirdöğen, 2010).

## Literatur

### *Primärliteratur*

Hovland, C. I., Lumsdaine, A. A., & Sheffield, F. D. (1949). *Experiments on mass communication.* (Studies in social psychology in World War II, Vol. 3.). Princeton University Press.

### *Sekundärliteratur*

Demirdöğen, Ü. D. (2010). The roots of research in (political) persuasion: Ethos, pathos, logos and the Yale studies of persuasive communications. *International Journal of Social Inquiry, 3*(1), 198–201.

Früh, H., & Fahr, A. (2006). Erlebte Emotionen. *Publizistik, 51*, 24–38.

Hovland, C. I., & Weiss, W. (1951). The influence of source credibility on communication effectiveness. *Public Opinion Quarterly, 15*(4), 635.

Hovland, C. I., Irving, L. J., & Kelley, H. H. (1953). Communication and persuasion. New Haven: Yale University Press.

Irle, M. (1975). *Lehrbuch der Sozialpsychologie*. Göttingen: Hogrefe.

Kumkale, G. T., & Albarracín, D. (2004). The sleeper effect in persuasion: a meta-analytic review. *Psychological Bulletin, 130*, 143–172.

Roessing, T., & Esser, F. (2004). Auswirkungen von Rand- und Nebenbedingungen auf Messungen und Kausalitätsannahmen im Experiment. In W. Wirth, E. Lauf, & A. Fahr (Hrsg.), *Forschungslogik und -design in der Kommunikationswissenschaft. Band 1: Einführung, Problematisierungen und Aspekte der Methodenlogik aus kommunikationswissenschaftlicher Perspektive* (S. 115–127). Köln: von Halem.

Roessing, T., Jackob, N., & Petersen, T. (2009). The explanatory power of RTR-graphs: Measuring the effects of verbal and nonverbal presentation in persuasive communication. In J. Maier (Hrsg.), *Real-time response measurement in the social sciences. Methodological perspectives and applications* (S. 85–95). Frankfurt, M.: Lang.

Schenk, M. (2007). *Medienwirkungsforschung* (3., vollst. überarb. Aufl.). Tübingen: Mohr Siebeck.

Shepard, R. N. (1998). Carl Iver Hovland. June 12, 1912–April 16, 1961. National Academy of Sciences (Hrsg.), *Biographical Memoirs* (Vol. 73, S. 230–261). Washington, DC: The National Academies Press.

Trepte, S., & Wirth, W. (2004). Kommunikationswissenschaftliche Experimentalforschung im Spannungsverhältnis zwischen interner und externer Validität. In W. Wirth, E. Lauf, & A. Fahr (Hrsg.), *Forschungslogik und -design in der Kommunikationswissenschaft. Band 1: Einführung, Problematisierungen und Aspekte der Methodenlogik aus kommunikationswissenschaftlicher Perspektive* (S. 60–87). Köln: von Halem.

Westermann, R. (2000). *Wissenschaftstheorie und Experimentalmethodik. Ein Lehrbuch zur psychologischen Methodenlehre*. Göttingen: Hogrefe.

# Communication and Persuasion

## von Carl I. Hovland, Irving L. Janis und Harold H. Kelley (1953)

Nikolaus Jackob und Christine Hueß

**Zusammenfassung**

Der Band *Communication and Persuasion* dokumentiert zentrale Befunde von Studien, die in den 1940er und 1950er Jahren im Rahmen des *Yale Communication and Attitude Change Program* von einer Forschergruppe um Carl Iver Hovland durchgeführt wurden. Auf Basis rigoroser Experimentalforschung in Laborbedingungen entfalten die Autoren eine Übersicht über Faktoren, die im Prozess des Meinungswandels durch kommunikative Stimuli (Persuasion) einflussreich sind. Sie zeigen, wie Eigenschaften des Kommunikators (z. B. seine Glaubwürdigkeit), Eigenschaften der Botschaft (z. B. die Struktur der Argumentation) und Eigenschaften der Rezipienten (z. B. deren Empfänglichkeit für persuasive Reize) zusammenspielen müssen, damit persuasive Kommunikation einflussreich sein kann. Dabei wird auch diskutiert, wie nachhaltig solche Persuasionseffekte sind (Sleeper-Effekt). Im Mittelpunkt steht die Leitfrage der klassischen Rhetorik, wie sie seit 2500 Jahren überliefert ist: Was muss der Kommunikator unternehmen, um erfolgreich zu kommunizieren, also Meinungen, Einstellungen und Verhaltensweisen seiner Zielpublika mithilfe von Kommunikation zu verändern.

**Schlüsselbegriffe**

Carl Iver Hovland, Yale-Studies, wissenschaftliche Rhetorik, Persuasion, empirische Wirkungsforschung, Glaubwürdigkeit, Sleeper-Effekt, Furchtappelle, Reihenfolgeeffekte

# 1 Kurzbiografie von Carl Iver Hovland

Die Zeit um den zweiten Weltkrieg herum ist die Zeit der „'founding fathers' of communication research" (Schramm, 1963, S. 2), zu denen neben Paul Felix Lazarsfeld (1901-1976), Kurt Tsadek Lewin (1890-1947) und Harold Dwight Lasswell (1902-1978) auch Carl Iver Hovland (1912-1961) zählt. Der Experimentalpsychologe Hovland ist der jüngste in diesem „quartet of prominent social scientists" (Pooley & Park, 2013, S. 76) und zugleich derjenige mit der kürzesten Lebens- und Forschungszeit. Dennoch galt seine Forschung bis zu seinem frühen Krebstod im Jahr 1961 als „the largest single contribution to communication theory any man has made" (Schramm, 1963, S. 5). Neben dem hier vorgestellten Band *Communication and Persuasion* (1953) gehören u. a. auch *Experiments on Mass Communication* (1949; vgl. Beitrag von Thomas Roessing i. d. B.), *The Order of Presentation in Perusasion* (1957), *Personality and Persuasibility* (1959) sowie *Attitude Organization and Change* (1960) zu seinen zentralen Werken, die an der Yale University entstanden und z. T. auf seine Zeit als Senior Researcher im U.S. War Department zurückgehen. Seine fast im Jahrestakt herausgegebenen Monographien dokumentieren eine Vielzahl von Forschungsarbeiten zur *wissenschaftlichen Rhetorik*, die der Suche nach Wirkungen persuasiver Kommunikation – zumeist auf Basis rigoroser Experimentalforschung – gewidmet waren. Insgesamt veröffentlichte Hovland über 70 Werke, war Autor oder Co-Autor von sieben Büchern und betreute mindestens 22 Doktorarbeiten an der Yale University (vgl. Shepard, 1998, S. 253). Gemeinsam mit seinem Forschungsteam, der sog. Yale-Gruppe, führte er eine Reihe großangelegter Experimente durch, mit denen er den Meinungs- bzw. Einstellungswandel durch Kommunikation erforschte und die Grenzen persuasiver Beeinflussung aufzeigte. Nach seinem Tod im Alter von 48 Jahren setzten Hovlands Mitarbeiter und Studenten seine Forschung, die von einer „remarkable precocity" (Shepard, 1998, S. 231) geprägt war, fort. Hovlands Nachfolge als Direktor des Yale-Forschungsprogramms trat Irving L. Janis an, der ebenso wie Harold H. Kelley Mitautor des im Folgenden vorgestellten Bandes ist.

# 2 Inhalt des Textes

Der Band *Communication and Persuasion* dokumentiert die Befunde einer Reihe von Experimenten, die der Frage gewidmet waren, „how opinions and beliefs are modified by persuasive communications" (Hovland, Janis, & Kelley, 1953, S. 269). Gefördert wurde das Forschungsprogramm, an dem rund 30 Wissenschaftler aus Psychologie, Soziologie und Anthropologie beteiligt waren, von der Rockefeller

Foundation. In ihrer Einführung begründen die Autoren die Notwendigkeit ihres Forschungsprogrammes und stellen ihre wissenschaftlichen Prinzipien, die Rahmenbedingungen ihrer Forschung, ihre forschungsleitenden Fragestellungen und Annahmen vor. Im Angesicht des Siegeszuges der Massenkommunikation in der ersten Hälfte des 20. Jahrhunderts argumentieren die Herausgeber, dass es immer wichtiger würde, sich mit der Rolle und Funktion persuasiver Kommunikation für die wirtschaftliche, politische und soziale Organisation moderner, pluralistischer Gesellschaften auseinanderzusetzen, in denen Akteure aus Wirtschaft, Politik und Militär aufträten, um mithilfe persuasiver Stimuli zu werben, zu bilden und zu erziehen. Sie alle, so die Autoren, fragten sich, wie man *erfolgreich* kommunizieren, also Produkte verkaufen, um Wähler werben, Einwohner gegnerischer Staaten überzeugen oder die Demokratie verbreiten könne. Die Autoren folgen damit einem *intentionalen* Ansatz der kommunikationswissenschaftlichen Wirkungsforschung (vgl. McQuail, 2005, S. 468), der sich der Frage widmete, unter welchen Umständen persuasive Stimuli *optimal* auf Rezipienten einwirken. Ihr Ansatz wurzelt in einem Strang zeitgenössischer Propagandaforschung, in dessen Hintergrund Förderer u. a. aus dem Umfeld der Groß- und Militärindustrie sowie der politischen Administration standen (zur Kritik an diesem Ansatz vgl. Gitlin, 1978; zur Erwiderung der Kritik vgl. Katz, 1987).

Der *theoretische Zugriff* des Bandes ist, wie die Herausgeber betonen, sehr heterogen: Sie entlehnen ihre theoretischen Bezugsrahmen und Begriffe vor allem aus der Psychologie, aber auch aus Anthropologie, Soziologie und Politikwissenschaft und versuchen, die unterschiedlichen Sichtweisen zu integrieren. Die wesentlichen theoretischen Kategorien entstammen der Individual- (z. B. Lerntheorie, Motivationspsychologie) und der Sozialpsychologie (z. B. Bezugsgruppenforschung): Wie ändern sich Meinungen und Einstellungen durch Lernprozesse? Welche Anreize (z. B. Sicherheit, körperliche Integrität, soziale Integration, Anerkennung) muss ein Stimulus enthalten (*Input*), um Akzeptanz (z. B. Übernahme neuer Meinungen, Herausbildung zeitlich stabiler Einstellungen) beim Individuum zu erzeugen (*Output*)? Die Stimuli werden mithilfe persuasiver Kommunikation transportiert, die wiederum Meinungswandel bezwecke. Dabei werden *Meinungen* operationalistisch verstanden als *„verbal ‚answers' that an individual gives in response to stimulus situations in which a general ‚question' is raised"* (Hovland et al., 1953, S. 6). Der Begriff *Persuasion* wird lerntheoretisch konkretisiert (*Instrumentelle Lerntheorie*, vgl. Bonfadelli, 2004, S. 104-106): Menschliche Gewohnheiten bestünden solange, bis es zu Lernerfahrungen komme, die alte Gewohnheiten in Frage stellen. Persuasive Stimuli könnten solche neuen Lernerfahrungen auslösen und im Erfolgsfall zu neuen Gewohnheiten führen. Wenn die neue Antwort (*opinion*) auf die alte Frage für das Individuum überzeugender scheint, dann ändert es seine

Einstellung. In diesem Modell spielen mehrere Faktoren eine Rolle: die *empfohlene (neue) Meinung* als Stimulus, der die entscheidende Frage aufgreift und eine neue Antwort gibt, und die *Reaktion des Individuums* auf den Stimulus, das seine eigene, ursprüngliche Antwort auf die im Raum stehende Frage mit der Antwort des Kommunikators vergleicht und abwägt. Dabei umfasst der mehrteilige Prozess von Rezeption und Wirkung persuasiver Botschaften die allein nicht hinreichende *Erinnerung* an den neuen Stimulus und die letztlich entscheidende *Akzeptanz* der neuen Meinung. Für letztere braucht es im Modell der Autoren eine Reihe von *Incentives*: Die neue Meinung muss mit überzeugenderen Anreizen (z.B. Belohnung oder Strafe) daherkommen als die alte. Solcherlei wirksame Anreize hätten letztlich drei Ursprünge: Eigenschaften der *Quelle*, Eigenschaften des *Settings*, innerhalb dessen das Individuum den Stimulus rezipiert, und Eigenschaften der *Botschaft* (Argumente, Appelle). Der *methodische Zugriff* des Forschungsprogramms besteht im Wesentlichen darin, die aufgeworfenen Annahmen experimentell zu testen. Im Mittelpunkt steht die Untersuchung der Wirkung von unidirektionaler Kommunikation auf Probanden im Labor.

Nach der begrifflich-theoretischen Grundlegung folgt im ersten Forschungskapitel die Betrachtung von Stimuli und Stimuluswirkungen, die sich aus *Eigenschaften der Quelle* ergeben: Im Mittelpunkt steht die *Glaubwürdigkeit des Kommunikators.* Die zentralen Fragen lauten: Wie wirkt sich die (empfundene) Glaubwürdigkeit des Kommunikators auf die Wahrnehmung und Beurteilung seiner Botschaft aus? Welchen Einfluss haben unterschiedliche Grade von Kommunikatorglaubwürdigkeit auf den Grad des nachfolgenden Meinungswandels? Glaubwürdigkeit wird als zweidimensionales Konzept definiert, das sich aus der wahrgenommenen *„expertness“* („extent to which a communicator is perceived to be a source of valid assertions“, Hovland et al., 1953, S. 21) und *„trustworthiness“* („degree of confidence in the communicator's intent to communicate the assertions he considers most valid“, Hovland et al., 1953, S. 21) zusammensetzt. Typische Indikatoren für Expertise seien z.B. Alter und Führungsposition des Kommunikators, typisch für Vertrauenswürdigkeit z.B. dessen wahrgenommenen Absichten, seine soziale Rolle und sein Prestige. Im empirischen Teil des Kapitels werden drei eigene Experimentalstudien vorgestellt, die im Kern ähnlich angelegt sind: Meinungsrelevante Botschaften aus verschiedenen Themenbereichen (z.B. atomare Kriegstechnologie, Umgang mit jugendlichen Straftätern) werden – inhaltlich immer unverändert – von Quellen vorgetragen, denen (u.a. durch Pre-Tests ermittelt) unterschiedliche Grade von Glaubwürdigkeit zugeschrieben werden. Die Studien zeigen: „Reactions to a communication are significantly affected by cues as to the communicator's intentions, expertness, and trustworthiness. The very same presentation tends to be judged more favourably when made by a communicator of high credibility than by one of low credibility“ (Hovland et al., 1953, S. 35). Auch erzeugen letztere weniger Meinungswandel als erstere. Allerdings geht der differenzielle Effekt unterschiedlich glaubwürdiger Quellen mit der Zeit verloren: Hohe Akzeptanzwerte sehr glaubwürdiger Quellen sinken in den Studien von Hovland et al. wieder ab, niedrige Werte sehr unglaubwürdiger Quellen steigen dagegen an. Die Herausgeber gehen davon aus, dass die Botschaft mit der Zeit unabhängig von ihrer Quelle bewertet wird (*Sleeper Effekt*).

Im nächsten Kapitel rücken *Eigenschaften der Botschaft* in den Mittelpunkt. Zunächst werden die Bedingungen betrachtet, unter denen furchterregende Appelle wirksam sind. Diese werden definiert als „contents of a persuasive communication which allude to or describe *unfavorable consequences* that are alleged to result from failure to adopt and adhere to the communicator's conclusions“ (Hovland et al., 1953, S. 60). Die Autoren argumentieren, dass Individuen angesichts antizipierter Bedrohungen unangenehme Gefühle entwickeln, die sie zu beseitigen versuchen. Furchtappelle müssten, um erfolgreich zu sein, emotionale Anspannung erzeugen, um Individuen zu motivieren, diese Anspannung durch eine Verhaltensänderung zu lösen. Die im Appell beschriebenen Gefahren müssten realistisch, konkret und für das Individuum selbst bedrohlich sein. In den Experimenten munitionieren die Forscher inhaltlich ähnliche Botschaften (z. B. zu den Folgen von mangelhafter Zahnhygiene) mit unterschiedlich starken Furchtappellen (z. B. explizite Anschauungsmaterialien, eindeutige Bedrohungsszenarien). Es zeigt sich, dass Furchtappelle, die personalisiert sind, Konsequenzen elaborieren und Auswege durch klare Handlungsstrategien zeigen, das höchste Niveau emotionaler Anspannung erzeugen. Zugleich bewirken übertriebene Darstellungen auch Gegenreaktionen (Reaktanz) – gerade bei Rezipienten mit höheren Bildungsniveaus, die in der Lage sind, Propagandatechniken zu durchschauen. Daraus folgt: „A strong fear appeal may sometimes succeed in arousing emotional tension but nevertheless interfere with acceptance of the message by stimulating defensive aggression toward the communicator“ (Hovland et al., S. 1953, S. 74). Weiterhin erzeugten furchterregende Appelle, die eine neue Gefahr beschreiben, höhere Anspannungslevels (Überraschungs-Effekt). Macht man Rezipienten jedoch mit der neuartigen Gefahr präkommunikativ vertraut, könne man einen immunisierenden Effekt erzeugen. Weiterhin zeigen die Experimente, dass die Handlungsempfehlungen des Kommunikators umso eher befolgt wurden, je weniger drastisch die Bedrohung dargestellt wurde. Nachhaltige Einstellungswirkungen würden am ehesten mit schwach erregenden Furchtappellen induziert.

Im nächsten Abschnitt widmen sich die Autoren Wirkungen, die aus der Organisation von Argumenten resultieren. Die *erste* Frage – ob es effektiver ist, die Schlussfolgerung der eigenen Argumentation selbst vorzutragen als sie dem

Publikum zu überlassen – beantworten Hovland und Kollegen auf Basis ihrer Experimente wie folgt: Legt der Kommunikator die Schlussfolgerungen explizit dar, schließen sich deutlich mehr Probanden seinen Vorschlägen an. Der Befund ist aber nicht für alle Kommunikationen verallgemeinerbar, hängt es doch u.a. von Intelligenz, Involvement und Vorwissen des Publikums ab, ob es selbst in der Lage und willens ist, die naheliegenden Schlüsse zu ziehen, oder eine explizite Schlussfolgerung des Kommunikators überzeugender findet. Bei komplexen Themen, so die Autoren, sei es grundsätzlich empfehlenswert, die Schlussfolgerungen der eigenen Argumentation selbst vorzutragen und sie nicht dem Publikum zu überlassen. Die *zweite* Frage – ob ein- oder zweiseitige Argumentation effektiver ist – beantworten die Autoren ebenfalls auf Basis eigener Experimentalforschung: Zweiseitige Argumentation sei bei Publika erfolgreicher, die eine andere Haltung einnähmen als der Kommunikator. Einseitige Argumentation sei effektiver bei Rezipienten, die die Haltung des Kommunikators teilten. Ferner habe zweiseitige Argumentation einen immunisierenden Effekt gegenüber nachfolgender Gegenpropaganda: Wer vor einer eventuellen Nachfolgekommunikation bereits Kontakt mit der gegnerischen Position hatte, schien dagegen resistenter zu werden. Im Rahmen der Diskussion der *dritten* Frage – welche Reihenfolge der Argumente die effektivste ist (Klimax vs. Antiklimax) – wird eine heterogene Befundlage in der Literatur festgestellt. Angesichts der Vielzahl möglicher intervenierender Variablen (darunter rezipientenseitiges Involvement, kognitive Konsistenz, Einstellung gegenüber dem Kommunikator) sei es unwahrscheinlich, einer Argumentationsreihenfolge grundsätzlich ein Primat attestieren zu können.

Im nächsten Abschnitt wenden sich die Herausgeber *Eigenschaften der Rezipienten* zu. Im Mittelpunkt steht zunächst die Frage, inwiefern die Mitgliedschaft in sozialen Bezugsgruppen und der persuasive Rekurs auf die zugrundeliegenden Gruppennormen resistent gegen Einflussversuche machen. Zunächst wird untersucht, welchen Einfluss die Wertschätzung, die man den eigenen Gruppennormen entgegenbringt, auf die Empfänglichkeit für Persuasionsversuche hat. In den Experimenten werden Mitglieder sozialer Bezugsgruppen (Pfadfinder, Katholiken) mit normenkonträren Persuasionsversuchen konfrontiert. Die Studien zeigen, dass Personen, die ihre Gruppenmitgliedschaft, die Gruppennormen und die anderen Gruppenmitglieder wertschätzen, kaum empfänglich für Persuasionsversuche sind, die die Gruppe bzw. Gruppennormen in Frage stellen. Persuasive Angriffe auf diese Personen resultieren oft in einem Boomerang-Effekt. Dies gelte jedoch nur für Personen, die die Gruppennormen auch internalisiert haben. Personen, die – in Erwartung sozialer Isolation – lediglich gruppenkonforme Lippenbekenntnisse zu Protokoll geben, dürften leichter beeinflussbar sein als innerlich Überzeugte. Auch die Gegenwärtigkeit einer Bezugsgruppe, ihre symbolische oder tatsächliche

Repräsentanz in spezifischen Persuasionssituationen („*salience*" als „the degree to which, in a given situation, a specific group is present and prominent in a person's 'awareness'"; Hovland et al., 1953, S. 155), wirkt sich auf die Empfänglichkeit für Persuasionsversuche aus. Führt man Individuen ihre Gruppenmitgliedschaft im Kontext des Persuasionsversuches vor Augen, lassen sie sich weniger von Angriffen auf die eigenen Normen beeinflussen. Als zweites Set relevanter Persönlichkeitseigenschaften machen die Autoren psychologische Prädispositionen der Rezipienten aus – insbesondere deren individuelle Empfänglichkeit für Persuasion (*persuasibility*): „we assume that there are consistent individual differences in susceptibility to persuasion, that some people regularly tend to accept the conclusions put forth in diverse communications, whereas others fail to do so" (Hovland et al., 1953, S. 177). Die zentrale Frage lautet: Welche Faktoren bestimmen, ob Menschen empfänglich für persuasive Stimuli sind oder Widerstand leisten? Die Empfänglichkeit für Persuasion sei Resultat anderer Persönlichkeitseigenschaften wie Intelligenz, der Fähigkeit kritisch zu denken, aber auch psychischer Störungen. Die Annahme, intelligente Menschen seien leichter durch persuasive Botschaften zu beeinflussen, die auf Argumente setzen, stellt sich im Experiment als zutreffend heraus – allerdings unter derart vielen Voraussetzungen (z. B. Art der Argumentation, Definition von Intelligenz), dass die Autoren die Verallgemeinerbarkeit ihres Befundes in Frage stellen. Deutlicher wirke sich eine geringe Selbstachtung als Kennzeichen unsicherer, schüchterner oder depressiver Personen auf die Empfänglichkeit für Persuasionsversuche aus. Zugleich seien Personen mit aggressiven, eskapistischen oder neurotischen Neigungen resistenter gegen Persuasionsversuche.

Die Frage, wie stark und stabil Meinungswandel durch Persuasion sein kann, ist Gegenstand der beiden Kapitel zu den *Eigenschaften der Wirkungen* von persuasiver Kommunikation. Im ersten Abschnitt wird geprüft, ob Meinungsänderungen eher eintreten, wenn Rezipienten aktiv in den Prozess der persuasiven Kommunikation involviert werden. Aktive Partizipation definieren Hovland und Kollegen wie folgt: „When the person is induced to assert what has been said in a communication as if it represented his own opinion, we use the term 'active participation'" (Hovland et al., 1953, S. 215). Die Verinnerlichung durch aktive Partizipation kann dazu führen, dass fremde Meinungen zu eigenen werden. Konkret wird angenommen, dass Personen, die die Ideen anderer selbst verbalisieren müssen, eher geneigt sind, diese auch selbst zu akzeptieren. Die vorgestellten Studien bestätigen dies: „Active participation induced by role playing tends to augment the effectiveness of a persuasive communication" (Hovland et al., 1953, S. 220). Moderiert wird dieser Zusammenhang durch zwei Einflussgrößen: die Zufriedenheit mit dem eigenen Rollenspiel und die Notwendigkeit zu improvisieren, wobei empirische Belege lediglich für den Einfluss von Improvisation gefunden wurden. Die öffentliche

Verbalisierung fremder Gedanken ohne vorgefertigte Hilfsmittel und mit eigenen Worten führe dazu, dass die fremden Gedanken als eigene wahrgenommen würden (Autosuggestion im Form von „implicit labeling responses", Hovland et al., 1953, S. 236).

Im letzten Forschungskapitel diskutieren Hovland und Kollegen, wie dauerhaft die erzeugten Meinungsänderungen sind. Sie unterscheiden zwischen dem Lernen bzw. der Erinnerung an die nahegelegten Botschaften und deren Akzeptanz. Bei den *Lern- und Erinnerungseffekten* stützen sich Hovland und Kollegen vor allem auf fremde Forschungen, die zeigen, dass inhaltlich sinnvolles Material besser erinnert wird als Material, das man nicht versteht – das Gleiche gelte für lebendiges, leicht nachvollziehbares Material. Weiterhin helfe eine adäquate Anzahl von Wiederholungen beim Erinnern, wobei mit jeder Wiederholung die Gefahr steige, die Rezipienten abzustumpfen oder zu langweilen. Schließlich spielten beim Lernen und Erinnern auch die Prädispositionen des Publikums (z. B. Interesse, Ego-Involvement, präkommunikative Einstellungen) eine Rolle: Was Menschen interessant finden, lernen sie leichter – das Gleiche gilt für Argumente, die eng mit der eigenen Haltung korrespondieren oder die ihr stark zuwiderlaufen. Solche Argumente hätten ein großes Erregungspotenzial und würden grundsätzlich gut erinnert. Wie es – jenseits von Lernen und Erinnerung – auch zu einer *dauerhaften Akzeptanz* fremder Botschaften kommen kann, wird anhand eigener Studien diskutiert. Im Mittelpunkt steht der bereits erwähnte *Sleeper-Effekt*. So belegen die Befunde der Glaubwürdigkeits-Experimente zunächst, dass der Botschaft aus der glaubwürdigsten Quelle die größte Überzeugungskraft beigemessen wird. Bei der Wiederholungsbefragung nach vier Wochen jedoch war der positive Prestige-Effekt der glaubwürdigen Quelle verschwunden – ebenso wie der negative Effekt der unglaubwürdigen Quelle. Der Grund für das Verschwinden der Glaubwürdigkeitseffekte liege jedoch nicht darin, dass die Quellen vergessen würden. Vielmehr würden Quelle und Botschaft „dissoziiert": „In the experiments to date the loss of prestige effects over a three- or four-week period was almost complete. It also appears that the effect of reminding the audience of the communicator is to bring back the prestige effects to their initial value [...]. These effects seem to be due to the fact that with the passage of time the content of a statement is less likely to be spontaneously associated with the source; i.e., people often remember what was said without thinking about who said it [...]" (Hovland et al., 1953, S. 258-259).

## 3 Bezug zum Gesamtwerk Hovlands

Hovland führte mit seinen Mitarbeitern an der Yale University zwischen 1946 und 1961 mehr als 50 Studien durch, die dem unter Begriff *Yale Communication and Attitude Change Program* bekannt wurden. Der erste und wichtigste Band (vgl. Oskamp & Schultz, 2005, S. 218), der im Rahmen eines der wohl „größten Forschungsprogramme zur Effektivität persuasiver Kommunikation überhaupt" (Köhnken, 1990, S. 122) entstand, ist *Communication und Persuasion*. Er gilt als „the most thorough presentation of their conceptual approach" (Petty, Ostrom, & Brock, 2014, S. 11) und bringt den programmatischen Schwerpunkt der Yale-Gruppe bereits im Titel auf den Punkt (vgl. Smith, 1991, S. 59). Gleichwohl wurde Hovlands Interesse an Persuasion nicht erst in den 1950er Jahren in Yale geweckt. Vielmehr stellt das Forschungsprogramm – auch mit Blick auf die beteiligten Mitarbeiter – eine Fortsetzung dessen dar, was 1942 in der Forschungsabteilung der *Information and Education Division* des Pentagon begann. Schließlich nahm Hovland den „nucleus of his War Office team" (Hilton, 2012, S. 56) mit nach Yale – darunter Janis und Kelley.

## 4 *Wirkungsgeschichte und Kritik*

Die in *Communication and Persuasion* dokumentierten Studien und deren Befunde führten nicht nur zu einem besseren Verständnis von Überzeugungsprozessen innerhalb der Massenkommunikation, sondern markierten auch einen methodischen Fortschritt. Die beiden Hauptleistungen der Yale-Gruppe waren die stärkere Einbettung des Phänomens Persuasion in den Korpus sozialpsychologischer Theorie (vgl. Smith, 1991, S. 59) und die Verfeinerung experimentalpsychologischer Methoden (vgl. Lowery & DeFleur, 1995, S. 186). Perloff argumentiert: „What the reseachers discovered [...] was less important than how they went about their investigations" (2010, S. 29). Der methodisch und theoretisch rigorose Ansatz der Yale-Gruppe verwandelte die Persuasionsforschung, die zur damaligen Zeit überwiegend aus recht vagen Beobachtungen und kleinteiligen Forschungsansätzen bestand, in ein Set klar identifizierbarer Prozesse, unterscheidbarer Variablen und aufeinander bezogener Hypothesen, „that made possible both experimental research and applications" (Zimbardo, 2006, S. 28). Diese Form von Experimentalforschung als Hovlands „enduring legacy" (Perloff, 2010, S. 30), vorgestellt in *Communication and Persuasion*, galt vor allem in den USA lange Zeit als „the seeds from which sprouted a veritable garden of research, sinking its roots in the firm soil prepared by Hovland and his associates“ (Lowery & DeFleur, 1995, S. 186).

Nicht alle Forscher beurteilen die Qualität der Yale-Studies jedoch derart positiv (vgl. zur kritischen Einordnung der Yale-Studies u. a. Schenk, 1987; Jäckel, 1999). Gerade im deutschsprachigen Raum steht man – wie es Heinz Pürer formuliert – Hovlands „vielfältigen anerkennenswerten Bemühungen heute [...] etwas zurückhaltender gegenüber. [..] Seine [...] vor einem halben Jahrhundert entwickelten Forschungsdesigns waren von einem Ursache-Wirkungs-Denken geprägt, dem die moderne Kommunikationswissenschaft so nicht mehr folgt“ (Pürer, 2003, S. 442). Da Hovland und Kollegen jedoch an vielen Stellen ihrer Forschungsdokumentationen explizit auf eben diese Fragwürdigkeit monokausaler Ursache-Wirkungs-Beziehungen eingehen und selbst vielfach alternative Lesarten von Persuasionsprozessen vorstellen, lässt sich diese Kritik relativieren (vgl. auch Pürer, 2003, S. 449).

Als überholt muss dagegen der vergleichsweise einfache lerntheoretische Ansatz der Studien bezeichnet werden, der u. a. Widersprüche in den empirischen Befunden (vgl. Pürer, 2003, S. 450) und insbesondere den Sleeper-Effekt nicht zufriedenstellend erklären konnte (vgl. Irle, 1975, S. 283; Schenk, 1987, S. 123). Wie in vielen Bereichen der Experimentalforschung wurde zudem auch die Künstlichkeit der Laborsituation kritisiert: So ist es fraglich, ob sich die gewonnenen Befunde auch auf natürliche Kommunikationssituationen übertragen lassen (z. B. Jäckel, 1999, S. 171). Hovland selbst war sich des Problems der externen Validität seiner Studien durchaus bewusst (vgl. Lowery & DeFleur, 1995, S. 187; Glander, 1999, S. 99), ebenso wie der vereinzelten Kritik, wonach im Zuge der Yale-Studies letztlich keine in sich geschlossene Theorie von Persuasion entwickelt worden wäre (vgl. z. B. Schenk, 1987, S. 97). Es sei jedoch – so Hovland und Kollegen zu ihrer Verteidigung – nie Ziel gewesen, eine formale Theorie zur Erklärung des Persuasionsprozesses zu liefern, sondern vielmehr Schlüsselvariablen zu isolieren, um die spätere Aufstellung von Theorien überhaupt erst möglich zu machen (Hovland et al., 1953, S. 5). Dies ist Hovland und Kollegen – wie Pürer (2003, S. 442) schreibt – „unbestritten und verdienstvoll“ gelungen.

## Literatur

### *Primärliteratur*

Hovland, C. I., Lumsdaine, A. A., & Sheffield, F. D. (1949). *Experiments on mass communication*. Princeton University Press.

Hovland, C. I., Janis, I. L., & Kelley, H. H. (1953). *Communication and persuasion. Psychological studies of opinion change*. New Haven: Yale University Press.

Hovland, C. I. (Hrsg.). (1957). *The order of presentation in persuasion*. New Haven: Yale University Press.

Janis, I. L., & Hovland, C. I. (Hrsg.). (1959). *Personality and persuasibility*. New Haven: Yale University Press.

Rosenberg, M. J., Hovland, C. I., McGuire, W. J., Abelson, R. P., & Brehm, J. W. (Hrsg.). (1960). *Attitude organization and change. An analysis of consistency among attitude components*. New Haven: Yale University Press.

### *Sekundärliteratur*

Bonfadelli, H. (2004). *Medienwirkungsforschung I. Grundlagen und theoretische Perspektiven* (3., überarb. Aufl.). Konstanz: UVK.

Gitlin, T. (1978). Media sociology. The dominant paradigm. *Theory and Society, 6*, 205-253.

Glander, T. (2000). *Origins of mass communications research during the American Cold War. Educational effects and contemporary implications*. Mahwah: Erlbaum.

Hilton, D. (2012). The emergence of cognitive social psychology. A historical analysis. In A. W. Kruglanski & W. Stroebe (Hrsg.), *Handbook of the history of social psychology* (S. 45-80). New York: Psychology Press.

Irle, M. (1975). *Lehrbuch der Sozialpsychologie*. Göttingen: Hogrefe

Jäckel, M. (1999). *Medienwirkungen. Ein Studienbuch zur Einführung*. Opladen: Westdeutscher Verlag.

Katz, E. (1987). Communication research since Lazarsfeld. *Public Opinion Quarterly, 51*(4 part 2), S25-S45.

Köhnken, G. (1990). *Glaubwürdigkeit. Untersuchungen zu einem psychologischen Konstrukt*. München: Psychologie Verlags Union.

Lowery, S. A., & DeFleur M. L. (1995). *Milestones in mass communication research. Media effects* (3. Aufl.). White Plains: Longman.

McQuail, D. (2005). *McQuail's mass communication theory* (5. Aufl.). London: Sage.

Oskamp, S., & Schultz, P. W. (2005). *Attitudes and opinions* (3. Aufl.). Mahwah: Erlbaum.

Perloff, R. M. (2010). *The dynamics of persuasion. Communication and attitudes in the 21st century* (4. Aufl.). New York: Routledge

Petty, R. E., Ostrom, T. M., & Brock, T. C. (1981). Historical foundations of the cognitive response approach to attitudes and persuasion. In R. E. Petty, T. M. Ostrom, & T. C. Brock, (Hrsg.), *Cognitive responses in persuasion* (S. 5-29). Hillsdale: Erlbaum.

Pooley, J. D., & Park, D. W. (2013). Communication research. In P. Simonson, J. Peck, R.T. Craig, & J. P. Jackson (Hrsg.), *Handbook of communication history* (S. 76-92). New York: Routledge.

Pürer, H. (2003). *Publizistik- und Kommunikationswissenschaft. Ein Handbuch*. Konstanz: UVK.

Schenk, M. (1987). *Medienwirkungsforschung*. Tübingen: Mohr Siebeck.

Schramm, W. (1963). *The science of human communication*. New York: Basic Books.

Shepard, R. N. (1998). Carl Iver Hovland. June 12, 1912 – April 16, 1961. In National Academy of Sciences (Hrsg.), *Biographical Memoirs* (Vol. 73, S. 230-261). Washington: The National Academy Press.

Smith, M. B. (1991). *Values, self and society. Toward a humanist social psychology*. New Brunswick: Transaction.

Zimbardo, P. G. (2006). Does psychology make a significant difference in our lives? In S. I. Donaldson, D. E. Berger, & K. Pezdek (Hrsg.), *Applied psychology. New frontiers and rewarding careers* (S. 27-52). Mahwah: Erlbaum.

# Personal Influence. The Part Played by the People in the Flow of Mass Communication
## von Elihu Katz und Paul Felix Lazarsfeld (1955)

Jens Woelke und Sebastian Koch


### Zusammenfassung

In dem Werk *Personal influence* gehen Elihu Katz und Paul Felix Lazarsfeld den in *The peoples choice* (Lazarsfeld, Berelson, & Gaudet, 1944) entdeckten Phänomenen der *Meinungsführerschaft* und des *Two-Step-Flow* auf den Grund. Theoretisch eingebettet in den Diskurs der Persuasionsforschung, Kleingruppensoziologie und Sozialpsychologie der 1950er Jahre, gelingt es den Autoren, durch den Einsatz soziometrischer Methoden die mehrstufige Diffusion von Medieninformationen und das Konzept des Meinungsführers in verschiedenen lebensweltlichen Domänen nachzuweisen. Die ambitionierte theoretische Modellierung des Medienwirkungsprozesses und die methodisch innovative Umsetzung in der Decatur-Studie machen *Personal influence* zu einer der einflussreichsten Publikationen der Kommunikationswissenschaft. Die kontinuierliche Auseinandersetzung mit der Arbeit von Katz und Lazarsfeld im deutschsprachigen Diskurs lässt sich im Wesentlichen in drei Phasen beschreiben. Auch wenn jede dieser Phasen den Fokus auf *Personal influence* verschiebt, zeigt sich in dieser Kontinuität doch, wie die spezifischen, von Lazarsfeld und Katz entwickelten Ansätze in der DNA des Faches ihre bis heute sichtbaren Spuren hinterlassen haben.



### Schlüsselbegriffe

Elihu Katz, Paul Felix Lazarsfeld, Two-Step-Flow, Meinungsführer, Persuasion, Einstellungen, Soziometrie, Netzwerkanalyse, Anschlusskommunikation

# 1 Kurzbiographie Elihu Katz und Paul Felix Lazarsfeld

Paul Felix Lazarsfeld wurde am 13. Februar 1901 in Wien als Sohn eines Juristen und einer Psychologin geboren. Sein Studium der Mathematik und Physik an der Universität Wien beendete er 1925 als Direktpromovend und mit dem Abschluss Staatsexamen (Kaesler, 1985, S. 10). Von 1924 bis 1925 absolvierte er ein Post-Graduierten-Studium in Frankreich und nahm bei seiner Rückkehr nach Wien die Stelle eines Gymnasiallehrers für Mathematik an. 1927 wurde Lazarsfeld „privat finanzierter Forschungsassistent" (Allerbeck, 1999, S. 7) bei Karl und Charlotte Bühler am Psychologischen Institut in Wien. In dieser Zeit gründete er die „Österreichische Wirtschaftspsychologische Forschungsstelle", die wie die später von Lazarsfeld geführten Institute auch an der Schnittstelle zwischen akademischer Forschung und Drittmittelforschung operierte (Barton, 2001). In diesem Umfeld und in Zusammenarbeit mit Maria Jahoda und Hans Zeisel begann Lazarsfeld ab 1930 seine Studien zur Auswirkung von Langzeitarbeitslosigkeit, welche 1933 in die bekannte Publikation *Die Arbeitslosen von Marienthal* (Jahoda, Lazarsfeld, & Zeisel, 1933) mündeten. Besonders das Mehrmethoden-Design dieser Studie gilt als richtungsweisend für die moderne Sozialforschung.

1933 – dem Jahr der innenpolitischen Unruhen in Österreich, welche im April 1934 in die austrofaschistische Diktatur mündeten – ging Lazarsfeld in die USA und besuchte als Stipendiat der Rockefeller Foundation diverse Forschungseinrichtungen des Landes. 1935 emigrierte er endgültig, 1943 nahm er die amerikanische Staatsbürgerschaft an.

In den USA setzte Lazarsfeld seine Arbeit in dem von ihm in Wien etablierten Stil fort und gründete ein sozialwissenschaftliches Forschungszentrum an der University of Newark. 1937 übernahm Lazarsfeld die Leitung des Office of Radio Research (später: Columbia Bureau of Applied Social Research). 1940 erfolgte der Ruf an die University of Columbia, an der er bis zu seiner Emeritierung 1971 verblieb. Während des Zweiten Weltkriegs arbeitete er als Berater beim Office of War Information und beim War Production Board.

Lazarsfelds Forschungsarbeit war geprägt von der Überzeugung, dass jede Theorie durch gründliche empirische Forschung gestützt werden müsse. Die Kombination von exaktem Zahlenmaterial, präzise ausgearbeiteten formalen Modellen, elaborierten Methoden und dem Hineinleben in die untersuchte Situation gelten als Markenzeichen seiner Arbeit (Kaesler, 1985). Er zählt zur Gruppe jener Emigranten, welche die ersten Ansätze moderner sozialwissenschaftlicher Forschung von Europa in die USA exportierten, hier weiterentwickelten und die in den 1940er und 1950er Jahren gemachten Innovationen in das Nachkriegseuropa re-exportierten und somit die Entwicklung der Soziologie hier nachhaltig prägten.

Zu seinen wichtigsten Forschungsbeiträgen zählen Innovationen wie die Latent Structure Analysis (Lazarsfeld, 1950), das Konzept des Selective-Exposures, der Meinungsführerschaft und des Two-Step-Flows (Lazarsfeld, Berelson & Gaudet, 1944; Katz & Lazarsfeld, 1955) oder die Entwicklung des Lazarsfeld-Stanton-Program-Analyzer (Levy, 1982). Paul Felix Lazarsfeld verstarb am 30. August 1976 in Newark, New Jersey/USA.

In seiner Zeit als Hochschullehrer betreute Lazarsfeld eine ganze Reihe von jungen Forschern und Doktoranden, von denen später nicht wenige eine beachtliche akademische Karriere schafften. Einer seiner Schüler war der 1926 in New York geborene Elihu Katz. *Personal influence* (Katz & Lazarsfeld, 1955) ist Katz' erste bedeutende Publikation und bis heute seine am häufigsten zitierte Veröffentlichung (Livingstone, 1997). Der erste Abschnitt des Buches stammt maßgeblich aus Katz' Feder und stützt sich weitestgehend auf seine Dissertationsschrift. An der Columbia School folgten auf *Personal influence* noch einige weitere Studien (Menzel & Katz, 1955-56; Crain, Katz, & Rosenthal, 1969), bevor Katz dem Ruf auf eine Professur an die University of Chicago folgte. Ab den 1960er Jahren arbeitete Katz zusätzlich an der Hebrew University of Jerusalem, beteiligte sich am Aufbau des öffentlichen Fernsehens in Israel und integrierte sich sehr stark in die Forschungstätigkeiten des Israel Institute of Applied Social Research. Katz sah seine Arbeit in der Tradition des französischen Sozialpsychologen Gabriel Tarde (Hammer & Bammé, 2009), welcher enge soziale Kontakte in den Mittelpunkt der Erforschung sozialer Phänomene rückt. Vor diesem Hintergrund war die Frage nach der Wirkung von Massenmedien für Katz unmittelbar eine Frage des individuellen und sozialen Kontexts: Eine Trennung von Medienwirkungs-, Medieninhalts- und Publikumsforschung erschien ihm vom Beginn bis zum Ende seiner Karriere daher wenig einsichtig (Livingstone, 1997).

## 2 Inhalt des Textes

Die Decatur-Studie und die zugehörige Publikation *Personal influence* sind ohne Lazarsfelds vorangegangene Arbeit *The people's choice* (Lazarsfeld et al., 1944; siehe dazu den Beitrag von Monika Taddicken i. d. B.) nicht zu verstehen. Hier formulierten Lazarsfeld et al. ihre zentrale These des *Two-Step-Flows*: „Ideas often flow *from* radio and print *to* the opinion leaders and *from* them to the less active sections of the population" (Lazarsfeld et al., 1944, S. 151). Die Erie County-Studie und ihr damals fortschrittliches Paneldesign ermöglichten zwar die Identifikation von Meinungsführern und eine Beobachtung von Meinungsveränderungen. Mit dem gewählten methodischen Zugang ‚Selbstbeschreibung der Befragten' gelang der Nachweis des postulierten Zwei-Stufen-Flusses aber noch nicht überzeugend (Schenk, 2007, S. 351).

Die Idee der mehrstufigen Diffusion von Medieninformationen empirisch zu belegen, das Konzept des Meinungsführers eindeutiger zu konturieren und auch empirisch zu validieren, war daher das Hauptanliegen der Decatur-Studie. Im ersten Teil der Arbeit findet sich eine umfassende Aufarbeitung des Forschungsstandes in Soziologie und Psychologie über die persuasiven Effekte von Face-to-Face Kommunikation in Kleingruppen. Katz beginnt seine Argumentation hier mit einer Kritik der Betrachtung gesellschaftlicher Phänomene im Allgemeinen und Medienwirkungen im Speziellen unter dem Paradigma der Massengesellschaft (Katz & Lazarsfeld, 2006 [1955], S. XV). Er argumentiert, dass soziale Gruppen und die dort ablaufende Kommunikation in der Betrachtung von Medienwirkungen mehr Beachtung finden sollten und untermauert dies mit der Einführung und ausführlichen Besprechung der intervenierenden Variablen Exposition, Medium, Inhalt, Prädisposition und interpersonale Beziehungen (Katz & Lazarsfeld, 2006 [1955], S. 21–25). Mit Blick auf das Ziel der Arbeit behandelt Katz vor allem den Aspekt der interpersonalen Beziehungen ausführlicher und kann dabei auf eine Reihe von Studienergebnissen zugreifen: Untersuchungen in Gruppen von Fabrikarbeitern (Roethlisberger, Dickson, & Wright, 1967), bei Soldaten der U.S. Army (Merton & Lazarsfeld, 1950), unter Collegestudenten und in Cliquen von Großstadtbewohnern (Warner & Lunt, 1941), sowie aus der experimentellen Sozialpsychologie (Asch, 1951; Sherif, 1935) zeigen, wie sich die persönlichen Wahrnehmungen und Einstellungen innerhalb von Gruppen angleichen und wie Gratifikationen konformes Verhalten innerhalb von Gruppen sozialisieren (Katz & Lazarsfeld, 2006 [1955], S. 66–81).

Intragruppenkommunikation führt so zur Konstruktion sozialer Realität im Sinne Kurt Lewins (Katz & Lazarsfeld, 2006 [1955], S. 53-54, vgl. hierzu Woelke, 2002): Einstellungsänderungen durch mediale Darbietungen sind wahrscheinlicher, wenn als wichtig wahrgenommene Personen aus der eigenen sozialen Gruppe ebenfalls ihre Einstellungen verändern. Selbiges gilt, wenn Kommunikationsangebote Einstellungsgegenstände mit für das Individuum wichtigen Personen oder Personengruppen verbinden (Katz & Lazarsfeld, 2006 [1955], S. 79), zum Beispiel wenn Mitglieder aus der Bezugsgruppe einer Person als Unterstützer einer bestimmten Position oder Verwender bestimmter Dienstleistungen vorgestellt werden. Theoretisch verknüpft Katz an dieser Stelle das Konzept des Meinungsführers mit Lewins Ansatz des Gatekeepers: Eine Person, die aufgrund ihrer Fähigkeiten und/oder Position in der Gruppe bei bestimmten Themenbereichen Autorität besitzt, entscheidet maßgeblich, welche Inhalte in das Innere der Gruppe gelangen.

Die sozialen Beziehungen, so die Conclusio der theoretischen Ausarbeitung, haben einen stärkeren Einfluss auf die Art, wie Menschen die Welt sehen, als die externen Einflussfaktoren Massenmedien oder Agitatoren (Katz & Lazarsfeld, 2006 [1955], S. 133). Katz' Aufarbeitung und theoretische Integration des Forschungsstandes legt damit eine umfangreiche Basis für die Interpretation der Ergebnisse der Decatur-Studie.

Lazarsfeld begann bereits 1945 mit seinem Team mit der Datenerhebung in Decatur, Illinois, einer typischen 60.000 Einwohner-Stadt im mittleren Westen der USA. Die Befragung war als Panel mit zwei Wellen konzipiert und umfasste 800 Frauen (Katz & Lazarsfeld, 2006 [1955], S. 340). Diese wurden zu ihren politischen Präferenzen, zu Entscheidungen betreffend den Erwerb von Gütern des täglichen Haushaltsbedarfs und von Modeartikeln sowie zu kürzlich gesehenen Kinofilmen befragt. Erfasst wurde nicht die inhaltliche Dimension oder Richtung der Entscheidung; entlang eines Leitfadens wurde stattdessen versucht die Gründe für die Auswahlentscheidungen aufzudecken. Ähnlich wie bereits in der Erie County-Studie wurde außerdem gefragt, inwiefern die Frauen in der jeweiligen Entscheidung von einer anderen Person beeinflusst worden waren, oder ob sie selbst auf Entscheidungen anderer Einfluss genommen hatten. Nun wurden aber auch die in erster Instanz als beeinflusst oder beeinflussend genannten Personen befragt. Die Studie ermittelte damit zwar lediglich Beziehungsdyaden und keine vollständigen Netzwerke, allerdings in einem Umfang, der mit 634 zusätzlichen Interviews mit Beeinflussten oder Einflussnehmern für die Vor-Online-Ära sehr beachtlich ist. Katz und Lazarsfeld versuchten so auch das methodische Problem zu klären, ob Selbsteinschätzungsfragen ein probates Mittel zur Erfassung von Meinungsführerschaft sind.

Aufbauend auf der Identifizierung der Meinungsführer folgten detaillierte Analysen zu dem Einfluss von persönlichen Gesprächen im Vergleich zu Medienkontakten oder Verkaufsgesprächen und dazu, wie sich die Abfolge der diversen Einflussfaktoren auf deren spezifischen Impact auswirkt (Katz & Lazarsfeld, 2006 [1955], S. 195). Daneben findet sich eine genauere konzeptuelle und empirische Analyse von Meinungsführerschaft im Hinblick auf die soziale Position entsprechender Personen in einer Gruppe. In diesen Analysen stellte sich persönliche Kommunikation häufig als effektivere Form der Beeinflussung heraus (Katz & Lazarsfeld, 2006 [1955], S. 167–186). Darüber hinaus wurde beobachtet, dass es nicht *den* einen universellen Meinungsführer gibt, sondern dass Meinungsführerschaft vom jeweiligen Thema abhängt und dass ein bestimmtes soziodemografisches und soziometrisches Profil die Meinungsführerschaft in einer bestimmten Domäne begünstigt. Meinungsführerinnen im Bereich Mode sind beispielsweise eher jüngere Frauen mit vielen Kontakten in ihrer Gruppe. Sozialer Status spielt hier nur eine untergeordnete Rolle, eine größere jedoch bei der Meinungsführerschaft in politischen Fragen, die wiederum weniger vom Alter abhängt (Katz & Lazarsfeld, 2006 [1955], S. 324). Über alle untersuchten Themenbereiche hinweg zeigte sich allerdings deutlich, dass Meinungsführerschaft zumeist horizontal innerhalb einer sozialen Schicht von gut vernetzten Personen ausgeübt wird.

Als stabile Determinante für Meinungsführerschaft identifizierten Katz und Lazarsfeld das besondere Themeninteresse einer Person in Abhängigkeit vom ebenfalls vorhandenen Interesse im näheren sozialen Umfeld (Katz & Lazarsfeld, 2006 [1955], S. 327). Dieses höhere Interesse geht mit insgesamt höherer Mediennutzung sowie mit erhöhter themenspezifischer Mediennutzung in der fraglichen Domäne (Katz & Lazarsfeld, 2006 [1955], S. 316) einher. Auch wenn die Ergebnisse der Decatur-Studie die These des Two-Step-Flows insgesamt bestätigen, darf ein entscheidendes Forschungsergebnis nicht außer Acht gelassen werden: Meinungsführer gaben nicht häufiger an von Medien beeinflusst worden zu sein als Nichtmeinungsführer, sondern verwiesen ebenso häufig auf eine Beeinflussung durch Dritte (Katz & Lazarsfeld, 2006 [1955], S. 317). Dieser Befund stellt die Annahme, dass sich medial vermittelte Informationen top-down durch das Relais *Meinungsführer* verbreiten, grundsätzlich in Frage. Offensichtlich ist die Verbreitung von Medieninformationen eher kein Two-Step-Flow, sondern vielmehr ein Multi-Step-Flow, also ein nicht-vertikales mehrstufiges Wechselspiel zwischen Einflüssen aus einer Vielzahl persönlicher Gespräche und der selektiven Mediennutzung der jeweiligen Gruppenmitglieder.

## 3 Bezug zum Gesamtwerk der Autoren

Es lässt sich ohne Zweifel behaupten, dass *Personal influence* die Handschrift Lazarsfelds trägt. Dies betrifft sowohl die Organisation der Forschung und die Durchführung der Decatur-Studie als auch die Publikation ihrer Ergebnisse. Inhaltlich liest man auch hier das – für das gesamte Werk von Lazarsfeld typische – Bemühen um Konvergenz heraus: Das Zusammenführen von Theorie und Empirie, das schon *Die Arbeitslosen von Marienthal* (Jahoda et al., 1933) prägte. In der Verbindung von Kleingruppenforschung und Instrumenten repräsentativer Surveys zeigt sich das stete Streben Lazarsfelds verschiedene methodische Ansätze zu verschmelzen. Thematisch kumulieren in *Personal influence* Lazarsfelds Vorarbeiten zur Handlungsforschung (Lazarsfeld, 1935), zur Wahlforschung (Lazarsfeld et al., 1944), seine Forschung in Kleingruppen (Merton & Lazarsfeld, 1950) und zu Massenmedien (z. B. Lazarsfeld & Merton, 1943).

Die Tatsache, dass *Personal influence* in der wissenschaftlichen Rezeption als noch nicht ganz überzeugender Versuch einer Theorie von Kommunikations- und Medienwirkung gesehen wird (Kohli, 1977, S. 70), ist gemessen am Schaffen der beiden Autoren letztlich unerheblich. Während *Personal influence* die letzte große empirische Studie Lazarsfelds darstellt, ist sie für Katz der Beginn einer intensiven Forscherkarriere, die wenige Jahre später in initiale Beiträge zum Uses and Gratifications-Ansatz münden (Blumler & Katz, 1974; Katz & Foulkes, 1962).

## 4 Wirkungsgeschichte

Die folgende Reflektion der Wirkungsgeschichte von *Personal influence* folgt grundsätzlich den methodologischen Überlegungen des Herausgebers dieses Bandes in seiner vorgelagerten bibliometrischen Studie (Potthoff & Kopp, 2013; siehe auch den Beitrag zur Auswahl der Schlüsselwerke von Matthias Potthoff i. d. B.): Dies betrifft zunächst die Repräsentativitätsannahme für die zufällige Stichprobe von 1.000 Beiträgen aus *Publizistik* sowie *Medien & Kommunikationswissenschaft* im Zeitraum von 1970 bis 2010. Wir akzeptieren zudem – wenn auch nicht kritikfrei und maßgeblich wegen forschungsökonomischer Gründe (vgl. Hagen, Frey, Koch, & Faust, 2015, S. 167; vgl. auch: Dohmahidi & Strippel, 2014) – die Annahme der bibliometrischen Studie, dass Fachzeitschriften die zentralen Orte für „Aufmerksamkeitsbekundung[en] des Wissenschaftssystems" (Potthoff & Kopp, 2013, S. 348) sind. Unsere Erörterung der Wirkungsgeschichte von *Personal influence* in der deutschsprachigen kommunikationswissenschaftlichen Debatte bezieht sich daher mit (wenigen) Ausnahmen auf jene Beiträge, die in der o. g. bibliometrischen Studie erfasst wurden.

Innerhalb des von Potthoff und Kopp (2013) untersuchten Zeitraums lassen sich drei Phasen identifizieren, in denen *Personal influence* das Denken und Reflektieren über Medien, Kommunikation und Wirkungen in unterschiedlicher Weise mitbestimmt hat: Das sind die Debatte vom Beginn des Beobachtungszeitraums der bibliometrischen Studie 1970 bis etwa 1987, eine Phase von 1995 bis 2005 sowie die Zeit danach.

Im früheren Westdeutschland (Bundesrepublik Deutschland bis 1990) war die kommunikationswissenschaftliche Debatte der 1970er und 1980er Jahre u. a. durch eine lebhafte Diskussion betreffend (1) die Ansätze und Modelle zur Beschreibung von Medien bzw. von medialer Kommunikation geprägt. Abgesehen von einem Beitrag von Lerg (1977), der nur implizit anschließt, primär aber die Rolle von Lazarsfelds Arbeiten für die Kommunikationsforschung klärt, sind die Arbeiten von Renckstorf (1973), von Braehmer (1980), von Noelle-Neumann (1982) oder von Merten (1974; 1976) beispielhaft für den Umgang mit *Personal influence* in diesem Zitationsfeld, d. h. als Beleg für die Notwendigkeit des Einbezugs interpersonaler Kommunikation in die Modelle von Medienkommunikation.

Letztgenannter Autor (Merten) hat sich gegen Ende dieser zeitlichen Phase verstärkt einem weiteren Zitationsfeld von *Personal influence* zugewendet, den (2) theoretisch-methodologischen Problemen der Wirkungsforschung. In seinem Beitrag „Wirkungen der Massenkommunikation" lässt sich ähnlich wie bei Koszyk (1971) oder Kohli (1977) eine typische Lesart von *Personal influence* in diesem Zitationsfeld nachzeichnen: Mit seiner Aussage, dass „nach fünfzig Jahren Wirkungsforschung die Substanz gesicherter Erkenntnisse eher einer Konkursmasse denn einem prosperierenden wissenschaftlichen Fundus gleicht" (Merten, 1982, S. 26), überträgt er seine Kritik an den Linearitäts- und Transitivitätsvorstellungen der Wirkungsforschung implizit auch auf *Personal influence.* Dabei übersieht Merten wie andere Autoren jedoch ein Stück weit das methodologische Potential, das in *Personal influence* mit Formulierungen wie „The four variables we shall consider contribute, under some conditions, to facilitating the flow of communications between media and masses and, under other conditions, to blocking the flow of communications" (Katz & Lazarsfeld, 1955, S. 21) bereits angedeutet ist, wenngleich die Übersetzung in adäquate Analysemodelle noch fehlte[1].

Eine andere Lesart in diesem Zitationsfeld – sie ist zu beobachten etwa in Katz' Beitrag *Verstehen von Nachrichten* (1977), bei Ehlers (1983) oder Lukesch, Kischkel und Nöldner (1987) – übersetzt das Basistheorem von *Personal influence,* wonach massenmediale Kommunikation[2] in intra- und interpersonale Kommunikation eingebunden ist, in eine Kritik an Ansätzen, die nach sogenannten durchschnittlichen kausalen Medieneffekten (teilweise unter Festlegung bestimmter Personenmerkmale per Axiom[3]) fragen, ohne die Rolle personaler Dispositionen im Medienwirkungsprozess zugleich systematisch und differenziert aufzuklären.

1 Letztlich lösten erst die Debatte um die Analyse von Moderator- und Mediatoreffekten (Baron & Kenny, 1986; Hayes, 2009) sowie betreffend die methodische Umsetzung von transaktionalen bzw. von relationalen Modellen von Medienwirkungen (vgl. Früh & Schönbach, 1982 bzw. den Beitrag von Volker Gehrau i. d. B.; Weischenberg & Scholl, 1992) die Anforderungen ein, welche in Bezug auf die theoretische Modellierung von Kommunikation im Grunde bereits in *Personal influence* formuliert wurden (vgl. Früh, 2003; Eilders, 2011; Woelke 2015).

2 In der aktuellen Redeweise als Rezeption, Aneignung und Wirkung öffentlicher Kommunikationsmedien bezeichnet.

3 In der Ursprungsstudie zum Agenda Setting hatten McCombs und Shaw (1972; vgl. den Beitrag von Patrick Rössler i. d. B.) lediglich unentschlossene Wähler untersucht,

Eine dritte Lesart von *Personal influence* im Zitationsfeld ‚Theorie und Methodologie der Wirkungsforschung' überträgt das Argument der Eingebundenheit bzw. der Abhängigkeit massenmedialer Kommunikation in/von Prozesse(n) intra- und interpersonaler Kommunikation in einen Ansatz, der interpersonale Kommunikation, also die Interaktionen und Beziehungen in sozialen Gruppen, nicht als Determinante für andere Medienwirkungen betrachtet, sondern diese selbst zum Indikator für Medienwirkungen erhebt. Hierunter zu zählen sind die Arbeiten von Zöchbauer und Hoekstra (1973), von Hunziker, Kohli und Lüscher (1974), von Schenk (1985) oder von Kepplinger und Martin (1986). Die Überlegungen in der Vorstudie von Hunziker, Kohli und Lüscher (1974) sowie die Studie von Zöchbauer und Hoekstra (1973) sind insofern Meilensteine, als die Autoren diese Ansätze noch vor Katz selbst vorstellten, der die Idee von interpersonalen Gesprächen als Medienwirkungsindikator erst in seinem Beitrag *Verstehen von Nachrichten* explizierte (Katz, 1977) und auch vor der gelegentlich als Startpunkt dieser Forschung angeführten Arbeit *Conversations as units of analysis in the study of personal influence* von Greenberg (1975).

In der zweiten der hier ad hoc skizzierten und nicht systematisch bestimmten Zitationsphase, also der Zeit zwischen 1995 bis 2005, sind Verweise auf *Personal influence* eher als Reminder bestehender Debatten zu verstehen: Das gilt für Rühl, der in der in Folge zahlreicher Neugründungen medien- und kommunikationswissenschaftlicher Institute erneut entfachten Debatte um die Identität des Faches (Ruhrmann, Kohring, Görke, Maier, & Woelke, 2000) fragt, „Ist eine Allgemeine Kommunikationswissenschaft möglich?" (Rühl, 2004), sowie für den Beitrag von Brosius und Esser (1998), die zum Beleg ihrer Ansicht, die Suche nach dem Stimulus-Response-Modell sei die Suche nach einem Mythos, an die bereits in *Personal influence* theoretisch bestimmte Abhängigkeit der Wirkungen medialer Angebotskonstellationen von intra- und interpersonaler Kommunikation erinnern.

Letzteres Stichwort, die Abhängigkeit der Effekte medialer Angebotskonstellationen von intra- und interpersonaler Kommunikation, verweist auf neuere Publikationen aus dem Forschungsfeld ‚Gespräche über Medien' (ab etwa 2005) in denen wir auf *Personal influence* stoßen. Trepte und Boecking (2009) bereichern diesen Themenkomplex mit einer Analyse, die mit dem Test von Wissen als zentrales Moment von Meinungsführerschaft direkt an die Ursprungsarbeit von Katz und Lazarsfeld (1955) anschließt. Bei Gehrau und Görtz (2010), die nach der Evidenz

---

d.h. die Analyse axiomatisch auf ein Transaktionsmuster/Interaktionsmuster (hier: häufige Berichterstattung*Orientierungsbedürfnis/geringe Voreingenommenheit = Thematisierungseffekt durch Medien) unter vielen begrenzt – jenes, in dem der nicht durchschnittliche, aber sehr wohl differentielle Medieneffekt auftrat.

von Gesprächen über Medien unter veränderten medialen Bedingungen fragen, findet sich der Verweis auf die hier schon erwähnte Studie von Kepplinger und Martin *Die Funktionen der Massenmedien in der Alltagskommunikation* (1986), die ihrerseits auf die hier besprochene Arbeit von Katz und Lazarsfeld von 1955 verweisen.[4] Hier lässt sich sehr schön nachzeichnen, wie sich ursprüngliche Konzepte in einer Forschungsgeneration F2 etc. weiterentwickeln: Zusammenfassend ist die Relevanz von *Personal influence* nicht nur quantitativ, wenn man die Häufigkeit der Zitationen in der bibliometrischen Analyse betrachtet, sowie qualitativ, wenn man die Aktualität des Ansatzes bzw. die konzeptuellen Anleihen in aktuellen Arbeiten belegt – die Studie ist auch ein schönes Beispiel für Theorie- und Wissensentwicklung nach einer Art evolutionärem Modell.

## Literaturverzeichnis

### *Primärliteratur*

Blumler, J. G., & Katz, E. (Hrsg.). (1974). *The uses of mass communications: Current perspectives on Gratifications Research.* Beverly Hills, CA: Sage.

Jahoda, M., Lazarsfeld, P. F., & Zeisel, H. (1933). *Die Arbeitslosen von Marienthal: Ein soziographischer Versuch über die Wirkungen langandauernder Arbeitslosigkeit.* Leipzig: Hirzel.

Katz, E. (1977). Das Verstehen von Nachrichten. *Publizistik, 22,* 359–370.

Katz, E., & Foulkes, D. (1962). On the use of the mass media as 'escape': Clarification of a concept. *Public Opinion Quarterly, 26,* 377–388.

Katz, E., & Lazarsfeld, P. F. (1955). *Personal influence: The part played by people in the flow of mass communications.* New York, NY: The Free Press.

Katz, E., & Lazarsfeld, P. F. (2006 [1955]). *Personal influence: The part played by people in the flow of mass communications* (2. Aufl.). New Brunswick, NJ: Transaction.

Lazarsfeld, P. F. (1935). The art of asking WHY in marketing research. Three principles underlying the formulation of questionnaires. *National Marketing Review, 1,* 26–38.

Lazarsfeld, P. F. (1950). The logical and the mathematical foundations of latent structure analysis. In S. A. Stouffer, L. Guttman, E. A. Suchman, P. F. Lazarsfeld, S. A. Star, & J. A. Clausen (Hrsg.), *Studies in social psychology in World War II. Volume IV: Measurement and prediction* (S. 362–412). Princeton University Press.

Lazarsfeld, P. F., Berelson, B., & Gaudet, H. (1944). *The people's choice: How the voter makes up his mind in a presidential campaign.* New York: Sloan and Pierce.

Lazarsfeld, P. F., & Merton, R. K. (1943). Section of Anthropology: Studies in radio and film propaganda. *Transactions of the New York Academy of Sciences, 6* (2 Series II), 58–74.

4 Ähnlich auch Trepte und Boecking (2009), die sich mit Verweis auf Schenk (1985) auf Katz und Lazarsfeld (1955) beziehen.

Menzel, H., & Katz, E. (1955-56). Social relations and innovation in the medical profession: The epidemiology of a new drug. *Public Opinion Quarterly, 19*, 337–352.
Merton, R. K., & Lazarsfeld, P. F. (Hrsg.). (1950). Continuities in social research: *Studies in the scope and method of "The American Soldier"*. Glencoe, IL: The Free Press.

## *Sekundärliteratur*

Allerbeck, K. (2007). Paul F. Lazarsfeld. In D. Kaesler (Hrsg.), *Klassiker der Soziologie 2.* (S. 7–23). München: Beck.
Asch, S. E. (1951). Effects of group pressure upon the modification and distortion of judgments. In H. Guetzkow (Hrsg.), *Groups, leadership and men: research in human relations* (S. 177–190). Oxford, UK: Carnegie Press.
Baron, R. M., & Kenny, D. A. (1986). The moderator-mediator variable distinction in social psychological research: Conceptual, strategic, and statistical considerations. *Journal of Personality and Social Psychology, 51*, 1173–1182.
Barton, A. H. (2001). Paul Lazarsfeld as institutional inventor. *International Journal of Public Opinion Research, 13*, 245–269.
Braehmer, U. (1980). Leitsätze für die Kommunikationspraxis? Kommunikationswirkungen und publizistische Beeinflussung: Ein neues Modell zur Wirkungsforschung. *Publizistik, 25*, 24–50.
Brosius, H.-B., & Esser, F. (1998). Mythen in der Wirkungsforschung: Auf der Suche nach dem Stimulus-Response Modell. *Publizistik, 43*, 341–361.
Crain, R. L., Katz, E., & Rosenthal, D. B. (1969). *The politics of community conflict: The fluoridation decision*. New York: Bobbs-Merrill.
Domahidi, E., & Strippel, C. (2014). Internationalisierung und Journalisierung der deutschen Kommunikationswissenschaft? Eine Analyse der Artikel und Zitationen aus 50 Jahren Publizistik und Medien & Kommunikationswissenschaft. *SCM, 3*, 64–100.
Ehlers, R. (1983). Themenstrukturierung durch Massenmedien: Zum Stand der empirischen Agenda-Setting-Forschung. *Publizistik, 28*, 167–186.
Eilders, C. (2011). Der Einzelne, das Publikum und die Öffentlichkeit. Wie die Mikroperspektive in der Wirkungsforschung und die Makroansätze zur Öffentlichkeit zueinander kommen können. In T. Quandt & B. Scheufele (Hrsg.), *Ebenen der Kommunikation. Mikro-Meso-Makro-Links in der Kommunikationswissenschaft* (S. 143–161). Wiesbaden: VS Verlag.
Früh, W. (2003). Triadisch-dynamische Unterhaltungstheorie (TDU). In W. Früh & H.-J. Stiehler (Hrsg.), *Theorie der Unterhaltung. Ein interdisziplinärer Diskurs* (S. 27–57). Köln: von Halem.
Früh, W., & Schönbach, K. (1982). Der dynamisch-transaktionale Ansatz: Ein neues Paradigma der Medienwirkungen. *Publizistik, 27*, 74–88.
Gehrau, V., & Goertz, L. (2010). Gespräche über Medien unter veränderten medialen Bedingungen. *Publizistik, 55*, 153–172.
Greenberg, S. R. (1975). Conversations as units of analysis in the study of personal influence. *Journalism Quarterly, 52*, 128–131.
Hagen, S., Frey, F., Koch, S., & Faust, M. (2015). Theoriebildung zwischen Inspiration und Systematik: Ein theoretischer Überblick und eine empirische Bestandsaufnahme zu Verfahren der Theorieentwicklung in der Kommunikationswissenschaft. In H.-J. Stiehler,

S. Hagen, F. Frey, M. Faust, & S. Koch (Hrsg.), *Inspiration und Systematik. Theoriebildung in der Kommunikationswissenschaft* (S. 119–197). Leipziger Universitätsverlag.

Hammer, H., & Bammé, A. (Hrsg.) (2009). Tarde, G. [1899]. *Die sozialen Gesetze: Skizze einer Soziologie (1898)*. Marburg: Metropolis-Verlag.

Hayes, A. F. (2009). Beyond Baron and Kenny: Statistical mediation analysis in the new millennium. *Communication Monographs, 76*, 408–420.

Hunziker, P., Kohli, M., & Lüscher, K. (1974). Fernsehen im Alltag der Kinder: Eine Voruntersuchung. *Rundfunk und Fernsehen, 22*, 143–165.

Kaesler, D. (1985). Lazarsfeld, Paul Felix. In *Neue Deutsche Biographie* (Band 14, S. 10–11). Berlin: Duncker & Humblot.

Kepplinger, H.-M., & Martin, V. (1986). Die Funktionen der Massenmedien in der Alltagskommunikation. *Publizistik, 31*, 118–128.

Kohli, M. (1977). Fernsehen und Alltagswelt: Ein Modell des Rezeptionsprozesses. *Rundfunk und Fernsehen, 25*, 70–85.

Koszyk, K. (1971). Massenmedien und jugendliche Delinquenz. *Publizistik, 16*, 139–154.

Lerg, W. B. (1977). Paul Felix Lazarsfeld und die Kommunikationsforschung: Ein bio-bibliographisches Epitaph. *Publizistik, 22*, 72–88.

Levy, M. R. (1982). The Lazarsfeld-Stanton Program Analyzer: An historical note. *Journal of Communication, 32*(4), 30–38.

Livingstone, S. (1997). The work of Elihu Katz. In J. Corner, P. Schlesinger, & R. Silverstone (Hrsg.), *The international handbook of media research* (S. 18–47). London: Routledge.

Lukesch, H., Kischkel, K.-H., & Nöldner, W. (1987). Zur Beurteilung von Informationsquellen und Medien im Zusammenhang mit dem Reaktorunfall von Tschernobyl. *Publizistik, 32*, 154–158.

McCombs, M. E., & Shaw, D. L. (1972). The Agenda- Setting Function of mass media. *Public Opinion Quarterly, 36*, 176–187.

Merten, K. (1974). Vom Nutzen der Laswell-Formel – oder Ideologie in der Kommunikationsforschung. *Rundfunk und Fernsehen, 22*, 210–220.

Merten, K. (1976). Kommunikation und Two-Step-Flow of Communication. *Rundfunk und Fernsehen, 24*, 210–220.

Merten, K. (1982). Wirkungen der Massenkommunikation: Ein theoretisch-methodischer Problemaufriss. *Publizistik, 27*, 26–48.

Noelle-Neumann, E. (1982). Der Konflikt zwischen Wirkungsforschung und Journalisten: Ein wissenschaftsgeschichtliches Kapitel. *Publizistik, 27*, 114–128.

Potthoff, M., & Kopp, S. (2013). Die meistbeachteten Autoren und Werke der Kommunikationswissenschaft: Ergebnis einer Zitationsanalyse von Aufsätzen in Publizistik und Medien & Kommunikationswissenschaft (1970-2010). *Publizistik, 58*, 347–366.

Renckstorf, K. (1973). Alternative Ansätze der Massenkommunikationsforschung: Wirkungs- vs. Nutzenansatz. *Rundfunk und Fernsehen, 21*, 183–197.

Roethlisberger, F. J., Dickson, W. J., & Wright, H. A. (1967). *Management and the worker: An account of a research program conducted by the Western Electric Company, Hawthorne works, Chicago*. Cambridge, Mass: Harvard University Press.

Rühl, M. (2004). Ist eine allgemeine Kommunikationswissenschaft möglich? Eine Autopolemik. *Medien & Kommunikationswissenschaft, 52*, 173–192.

Ruhrmann, G., Kohring, M., Görke, A., Maier, M., & Woelke, J. (2000). Im Osten was Neues? Ein Beitrag zur Standortbestimmung der Kommunikations- und Medienwissenschaft. *Publizistik, 45*, 283–309.

Schenk, M. (1985). Politische Meinungsführer: Kommunikationsverhalten und primäre Umwelt. *Publizistik, 30*, 7–16.

Schenk, M. (2007). *Medienwirkungsforschung* (3. Aufl.). Tübingen: Mohr Siebeck.

Sherif, M. (1935). A study of some social factors in perception: Chapter 3. *Archives of Psychology, 27*, 23–46.

Trepte, S., & Boecking, B. (2009). Was wissen die Meinungsführer? Die Validierung des Konstruktes Meinungsführerschaft im Hinblick auf die Variable Wissen. *Medien & Kommunikationswissenschaft, 57*, 443–463.

Warner, W. L., & Lunt, P. S. (1941). *The Social Life of Modern Community: Vol.1, Yankee City Series*. New Haven, CT: Yale University Press.

Weischenberg, S., & Scholl, A. (1992). Dispositionen und Relationen im Medienwirkungsprozess: Theoretische Exploration und empirische Evidenz für ein Interdependenzmodell zu den Folgen vermittelter Kommunikation. In W. Schulz (Hrsg.), *Medienwirkungen. Einflüsse von Presse, Radio und Fernsehen auf Individuum und Gesellschaft: Untersuchungen im Schwerpunktprogramm „Publizistische Medienwirkungen„* (S. 91–107). Weinheim: VCH.

Woelke, J. (2002). Kurt Lewin – Principles of topological psychology. In C. Holtz-Bacha & A. Kutsch (Hrsg.), *Schlüsselwerke für die Kommunikationswissenschaft* (S. 269–271). Wiesbaden: Westdeutscher Verlag.

Woelke, J. (2015). *Differentielle Rezeption, transaktionale Wirkungen und vergleichende Fernsehprogrammforschung: Überlegungen zur Methodologie von TV-Programmanalysen vor dem Hintergrund neuerer Befunde in Medienrezeptions- und Medienwirkungsforschung*. Köln: von Halem.

Zöchbauer, F., & Hoekstra, H. (1973). Sensibilisierungstraining Massenkommunikation – Gruppendynamik. *Publizistik, 18*, 137–146.

# Mass Communication and Para-Social Interaction: Observations on Intimacy at a Distance

## von Donald Horton und R. Richard Wohl (1956)

Tilo Hartmann

**Zusammenfassung**

Real existierende Medienpersonen, etwa eine Fernsehmoderatorin, versuchen beim Zuschauer häufig das intuitive Gefühl auszulösen, sich in einer normalen sozialen Interaktion zu befinden. Gerade in personenzentrierten Unterhaltungsformaten, wie etwa Late-Night-Shows, ist diese Wirkung auf die Zuschauer von Bedeutung, da sie trotz aller Distanz informelle Nähe zur Medienperson herstellen kann. Die gefühlte Nähe und Intimität zu einer Medienperson kann auch nach der Rezeption anhalten und sich zu einer geradezu freundschaftlichen Beziehung entwickeln. In ihrem 1956 erschienenen essayistischen Schlüsselaufsatz „Intimacy at a Distance" haben Horton und Wohl jene Phänomene mit den Konzepten der parasozialen Interaktion und der parasozialen Beziehung umschrieben und das spezifische Interaktionsmuster zwischen den Moderatoren personenzentrierter Unterhaltungsformate und Rezipienten eingehend analysiert. Heute ist der Aufsatz von Horton und Wohl eine der meistzitierten Publikationen der Medienwirkungsforschung. Der Ansatz zählt zum Standardrepertoire der Rezeptions- und Wirkungsforschung. Dabei ist jedoch die Erforschung parasozialer Interaktionen und Beziehungen bis heute von substanziell vom Schlüsselaufsatz abweichenden Interpretationen geprägt.

**Schlüsselbegriffe**

Parasoziale Interaktion, parasoziale Beziehung, Persona, Star, Moderator, Horton, Wohl, Adressierung

Die Erforschung parasozialer Interaktion und Beziehungen – grob gesagt also der Frage, wie Menschen medial abgebildete Personen erleben und zu diesen Beziehungen aufbauen – hat sich als ein zentraler Forschungszweig in der Kommunikationswissenschaft etabliert. Ihren Anfang genommen hat die Erforschung parasozialer Interaktion und Beziehungen mit einem theoretisch-analytischen Aufsatz der Amerikaner Donald Horton und R. Richard Wohl (1956): „Mass communication and para-social interaction: Observations on intimacy at a distance." Der Aufsatz wurde von vielen Forschern als visionär bewertet und erlangte aufgrund seiner herausragenden Bedeutung im Fach den Status eines Schlüsselwerks (siehe für weitere deutschsprachige Rezeptionen des Aufsatzes u. a. Gleich, 1997a, 2014; Hartmann, 2010; Hippel, 1992; Vorderer, 1996; Wulff, 1992, 1996).

## 1 Kurzbiografie: Wer waren Donald Horton und R. Richard Wohl?

Das Schlüsselwerk von Horton und Wohl wurde in den 1950er Jahren in den USA publiziert. In dieser Zeit etablierte sich das Fernsehen in den USA neben den bereits verbreiteten elektronischen Massenmedien Kino und Radio. Im Zuge dieser Entwicklung wurden neue Unterhaltungsformate populär, sogenannte personzentrierte Unterhaltungsshows. Dabei handelt es sich um Formate, die stark auf einen einzelnen Moderator bzw. Moderatorin zugeschnitten sind. Late-Night-Shows im Fernsehen sind ein typisches Beispiel. So ging etwa „The Tonight Show" mit Steve Allen, die als erste Late-Night-Show überhaupt gilt, 1954 auf Sendung und fand in den Folgejahren ein großes Publikum.

Für Populärkultur im Allgemeinen, Radio und Fernsehen als Träger von Populärkultur im Speziellen, und insbesondere für die neuen personzentrierten Unterhaltungsformate interessierten sich auch der Anthropologe Donald Horton und der Soziologe R. Richard Wohl. Beide arbeiteten in den 1950er Jahren am damals weltweit renommierten Soziologiedepartment der Universität Chicago (Peters & Simonson, 2004). Wohl (1921-1957) war promovierter Soziologe. Er lehrte zunächst in Harvard und später in Chicago. In Rahmen seiner Forschung interessierte sich Wohl zunächst für die Überlieferung regionaler Tradition und Geschichte sowie Unternehmensgeschichte. So studierte er die Entstehung von Metropolen in den USA (vgl. z. B. seine Arbeit am Kansas-City-History Projekt und den posthum veröffentlichten Aufsatz von Wohl & Brown, 1960). Später befasste er sich auch mit Kommunikation und Populärkultur; beide Themenbereiche verknüpfte er in einem Seminar, das er im Winter 1956-1957 an der Universität Chicago durchführte.

Zudem arbeitete er an einem Buch, in dem er Kommunikation und Populärkultur analysierte. Aufgrund seines frühen Todes – Wohl verstarb bereits während seiner Zeit in Chicago im Alter von nur 36 Jahren an Krebs – blieb es jedoch bei einem unfertigen Projekt (Strauss, 1958). Es ist anzunehmen, dass zentrale Ideen aus seinem Buch in den Schlüsselaufsatz „Intimacy at a Distance" eingegangen sind.

Horton (1910-?) hatte zunächst an der Universität Yale in Anthropologie mit einer Arbeit über die kulturelle Funktion von Alkohol promoviert und war daraufhin in den 1940er Jahren mehrere Jahre bei der Rundfunkgesellschaft CBS als Forschungsassistent tätig, um schließlich von 1951-1957 als Professor der Soziologie an der Universität in Chicago zu arbeiten (Peters & Simonson, 2004). Vermutlich beeinflusst von seiner Zeit bei CBS war Donald Horton an (Massen)kommunikation interessiert. So betreute er Dissertationsprojekte, die selbst wiederum wichtige Beiträge für die Kommunikationswissenschaft lieferten, wie etwa Kurt Langs Studie des MacArthur Day (Lang & Lang, 1953) oder Erving Goffmans Analyse interpersoneller Kommunikation (Goffman, 1953).

Das Gedankengut von Horton und Wohl lehnt sich eng an die Philosophie des Soziologiedepartments der Universität Chicago an. Nach dem zweiten Weltkrieg erlangte die soziologische „Chicago School" Bekanntheit für ihre Perspektive des *symbolischen Interaktionismus* (Gusfield, 2003). George Herbert Mead, der Wegbereiter des symbolischen Interaktionismus, war bis 1931 Philosophieprofessor an der Universität in Chicago gewesen. Der symbolische Interaktionismus geht davon aus, dass menschliches Handeln durch Symbolik geleitet wird. Zwischenmenschliche Interaktionen, Perspektivübernahme und Rollenzuweisungen spielen eine tragende Rolle in dem Ansatz. Jene Konzepte griffen Horton und Wohl auch in ihrer Analyse parasozialer Interaktion und Beziehungen auf.

## 2 „Intimacy at a distance": Zum Inhalt

Radio und Fernsehen als (neue) Massenmedien, personenzentrierte Formate als neue Fom der Unterhaltung, ein ausgeprägtes Interesse an Kommunikationsformen im Rahmen der Populärkultur und der symbolische Interaktionismus als mikrologisch-soziologische Perspektive bilden die Eckpfeiler des Kontexts, in welchem der 1956 erschienene Schlüsselaufsatz von Horton und Wohl interpretiert werden muss. Horton und Wohl waren davon fasziniert, dass aufgrund der neuen Rundfunkmedien die illustresten Persönlichkeiten, insbesondere Moderatoren oder Quizmaster, in der Privatheit des Wohnzimmers für ein großes Publikum erfahrbar wurden – geradezu, als würde man sich in einer direkten interpersonalen

Kommunikationssituation begegnen. In ihrem Aufsatz bemühen sie sich, dieses scheinbare Miteinander, diese *Illusion* eines interpersonalen Austauschs zwischen Medienfigur und Nutzer („simulacrum of conversational give and take“, S. 215), nachzuvollziehen. Gleich zu Beginn ihres Aufsatzes unterscheiden sie dabei drei wesentliche theoretische Konzepte, die auch im vorliegenden Fall helfen, die Gedankengänge von Horton und Wohl nachzuvollziehen: Persona, parasoziale Interaktion (parasocial interaction) und parasoziale Beziehung (parasocial relationship).

## 2.1 Persona

In ihrem Aufsatz fokussieren Horton und Wohl auf eine bestimmte Gruppe an Medienfiguren, die in den in den 1950er Jahren aufkommenden personenzentrierten TV-Unterhaltungsformaten im Mittelpunkt stand, nämlich „quizmasters, announcers, ‚interviewers‘ in a new ‚show-business‘ world“ (S. 216). Diese Gruppe an Medienfiguren bezeichnen Horton und Wohl als *Personae*. Personae sind nach Horton und Wohl Menschen, die andere Menschen nur aus dem Rundfunk kennen und die, im Gegensatz zu etwa Sportstars oder Politikern, nicht für herausragende Fähigkeiten, sondern nur aufgrund ihrer Arbeit für den Rundfunk bekannt sind.

Personae besitzen Horton und Wohl zufolge also eher einen alltäglichen Charakter; sie sind Menschen „wie du und ich“. Deswegen kann das Publikum zu Personae auch Freundschaften aufbauen, die sich von den geradezu religiös anmutenden Verehrungen von Stars deutlich unterscheiden. Wenn es eine Eigenschaft gibt, die Personae auszeichnet, dann ist es Horton und Wohl zufolge ihre *Verlässlichkeit*. Im Gegensatz zu manchem echten Freund oder Bekannten ist ihr Auftreten regelmässig (z. B. jeden Abend um 22 Uhr) und zuverlässig. Zudem besitzen Personae Horton und Wohl zufolge einen verlässlichen *Charakter*, weil sie in jedem Auftritt dieselbe Rolle einnehmen (den Komiker, den Kritiker, den Menschenkenner), die ihnen aus Produktions- und Marketinggründen heraus zugeordnet wurde. Überraschungen, wie etwa schwankende Launen oder plötzlich ans Licht kommende schräge Charakterzüge sind, im Gegensatz zu echten Freunden oder Bekannten, äußerst untypisch. All das macht Personae Horton und Wohl zufolge zu verlässlichen und attraktiven Interaktions- und Beziehungspartnern in einer ansonsten komplexen, dynamischen, und zuweilen überfordernden Lebensumwelt.

## 2.2 Parasoziale Interaktion

Das Herzstück des Aufsatzes von Horton und Wohl befasst sich mit der Art und Weise, wie sich Personae den Zuschauern vor dem Fernseher gegenüber generell verhalten – und wie die Zuschauer die Personae in der Folge wiederum erleben. Zunächst erinnern die Autoren an das objektiv gegebene Interaktionsmuster zwischen Persona und Zuschauer. Objektiv betrachtet liegt eine einseitige, asymmetrische Interaktion vor: Die Persona handelt (sie „performt"), die Zuschauer verfolgen sie dabei. Die Persona kann das Verhalten der Zuschauer jedoch nicht beobachten, es gibt keinen Rückkanal. Die Interaktion ist somit nicht reziprok (wechselseitig). Horton und Wohl zufolge bemühen sich Personae, diese Lücke im Interaktionssystem zu überbrücken und kraft ihrer eigenen Darstellung beim Zuschauer die Illusion zu erzeugen, dass die Interaktion doch reziprok sei. Ist die Persona in diesem Bemühen erfolgreich, so mag sich bei den Zuschauern das unmittebare Erleben einstellen, mit ihr in einer direkten Interaktion zu stehen. Die Zuschauer erleben dann die eigentlich einseitige, asymmetrische Interaktion als eine wechselseitige Interaktion, eben wie in einer normalen sozialen face-to-face Interaktion. Weil es sich bei diesem Erleben nur um eine Illusion handelt, bezeichnen Horton und Wohl den Austausch zwischen Persona und Zuschauer als *para*soziale Interaktion (scheinbar soziale Interaktion).

Wie schafft es die Persona, die Illusion einer scheinbar wechselseitigen Interaktion beim Zuschauer hervorzurufen? Horton und Wohl zeigen diverse Techniken auf. Die Kamera steht stellvertretend für den Zuschauer: Sie nimmt den Platz ein, den der Zuschauer hätte, wenn er direkt im Studio anwesend wäre. Personae verhalten sich der Kamera gegenüber so wie einem echten Menschen in der Interaktionssituation: Sie blicken in die Kamera, um die Zuschauer direkt zu adressieren. Wenn sie andere Gäste interviewen, nimmt die Kamera einen Platz in der Mitte ein, um dem Gespräch folgen zu können, und die Personae drehen sich niemals mit ihrem Rücken zur Kamera.

Der vielleicht zentralste Aspekt in Horton und Wohls Ausführungen ist dabei folgender: Die Persona diktiert den Interaktionsablauf, da die Fernsehzuschauer aufgrund des fehlenden Rückkanals selbst nicht eingreifen können. Die Zuschauer bekommen von der Persona eine bestimmte Antwortrolle („answering role" oder *„para-social role"*) zugewiesen. So könnte die Persona sich zum Beispiel als Entertainer geben, der einen guten Witz macht – die angebotene Antwortrolle wäre dann, über den Witz zu lachen. Nur wenn das Publikum die angebotene Rolle annimmt, tritt es in das Interaktionsgefüge ein und nur dann kann sich die parasoziale Interaktion nach Horton und Wohl voll entfalten. Denn die Persona geht in ihrer Performance stets von einer Annahme der Antwortrolle aus. So unterbricht die

Persona zum Beispiel bisweilen ihren Redefluss (etwa nach einem Witz), abwartend, als ob sie der Reaktion des Fernsehpublikums folgen würde (was sie natürlich nicht kann), nur um dann nach der strategisch eingefügten Pause das Gespräch weiterzuführen, in dem sie an die vermutliche Reaktion des Fernsehpublikums anknüpft („ja, sie lachen!, aber... "). Für den Zuschauer kann sich auf diese Weise das Gefühl einstellen, sich tatsächlich in einer unmittelbaren und wechselseitigen sozialen Interaktion mit der Persona zu befinden.

Ob Zuschauer die angebotenen Antwortrollen in der parasozialen Interaktionssituation annehmen, hängt Horton und Wohl zufolge davon ab, ob die Werte, die mit der Rolle einhergehen, mit den Überzeugungen der Zuschauer kompatibel sind. Auf diese Weise können Zuschauer auch viel über ihre eigene Identität in der parasozialen Interaktionssituation lernen.

## 2.3 Parasoziale Beziehungen

Vieles spricht dafür, dass die Illusion einer parasozialen Interaktion – also das Erleben der Zuschauer, sich in einer wechselseitigen Interaktion mit der Persona zu befinden – der zentrale Aspekt in Horton und Wohls Schlüsselwerk ist. Und doch: Der Text ist ambivalent genug, um auch andere Lesarten zuzulassen und andere Aspekte hervorzuheben. Dabei muss insbesondere das Konzept der parasozialen Beziehung zwischen Persona und Zuschauer genannt werden. In diesem Punkt besitzt der Text von Horton und Wohl leider einige Unschärfen. Für die Autoren benennt eine parasoziale Beziehung zunächst einmal die besondere, weil asymmetrische Konstellation, in der sich Zuschauer und Persona in der parasozialen Interaktionssituation befinden. In diesem Punkt vermischen sich also die zwei Konzepte parasoziale Interaktion und Beziehung.

Neben diesem Verständnis der „Interaktionsbeziehung" zwischen Persona und Zuschauer ergibt sich aber noch eine weitere Interpretation des Begriffs der parasozialen Beziehung aus Horton und Wohls Aufsatz. Dieser zweiten Interpretation zufolge, welche die beiden Konzepte „Interaktion" und „Beziehung" schärfer voneinander trennt, meint eine parasoziale Beziehung eine sich längerfristig und über die Rezeptionssituation hinaus entwickelnde interpersonale Beziehung des Zuschauers zur Persona. Diese Beziehung kommt einer Freundschaft gleich und wird aus der Intimität und Nähe gespeist, welche die Personae in personenzentrierten TV-Formaten kreieren. Personae, so Horton und Wohl, „[take the] greatest pains [...] to create an illusion of intimacy" (S. 217). Die Zuschauer sollen das Gefühl erlangen, zu dem engsten Adressaten- und Beziehungskreis der Persona zu gehören. So verhalten sich Personae bewusst informell, wie in einem *privaten* Gespräch unter guten Freunden. Sie erzeugen Intimität, indem sie eine entspannte Haltung einnehmen, informelle Gesten und Sprache gebrauchen und spontan äußern, was ihnen in den Kopf kommt. Zuweilen präsentieren Personae ihr Team (z. B. den Kameramann oder den Assistenten) den Zuschauern. Jene Techniken sollen beim Zuschauer das Gefühl erzeugen, Teilnehmer an einem informellen Treffen unter Freunden zu sein.

Über die Zeit hinweg erleichtert die Verlässlichkeit und Vorhersagbarkeit der Persona den Beziehungsaufbau; schon rasch kommt die Persona den Zuschauern vor wie ein alter Bekannter oder guter Freund. Wiederholte Begegnungen mit der Persona tragen zur Entwicklung einer „gemeinsamen Geschichte" bei und intensivieren die parasoziale Beziehung. Über die wiederholte Annahme typischer Antwortrollen entwickeln sich einstudierte Interaktionsmuster zwischen Persona und Zuschauer, deren Bedeutungen und Nuancen dem Außenstehenden rätselhaft und geradezu okkult erscheinen mögen. Dabei ist, so Horton und Wohl, die parasoziale Beziehung eine normale Folge von Fernsehrezeption; sie ist keine pathologische Erscheinung. Auch wenn gerade einsame Menschen daran interessiert sein mögen, parasoziale Beziehungen aufzubauen, dürfte dem normalen Zuschauer stets bewusst sein, dass es sich um einseitige Beziehungen handelt und die gefühlte Nähe zu der Persona sowie das intime Verständnis des anderen nicht von der Persona erwidert wird.

## 3 Bezug zum Gesamtwerk der Autoren

Der frühe Tod von Wohl nur ein Jahr nach Erscheinen des Schlüsselwerks dürfte verhindert haben, dass der Aufsatz den Beginn einer Forschungslinie beider Autoren bildete (Hippel, 1992). So wurde lediglich ein weiterer – wenn auch wichtiger – Artikel 1957 von Horton zusammen mit seinem Kollegen Anselm Strauss publiziert, in welchem das Konzept der parasozialen Interaktion am Beispiel von „Audience Participation Shows" weiter ausgearbeitet wurde. Empirische Arbeiten haben beide Autoren zu dem Thema nicht publiziert. Horton analysierte jedoch empirisch die Verwendung von Sprache und Ausdrucksweisen in anderen Manifestationen von Populärkultur, etwa in Popsongs (Horton, 1957). Dabei kam er zu dem Schluss, dass es die primäre Funktion von Populärkultur – oder Medienunterhaltung – für Rezipienten sei, sich der Illusion stellvertretender Erfahrungen hinzugeben, um so auf spielerische Weise Erkenntnisse über die Welt und die eigene Identität zu erlangen.

## 4 Wirkungsgeschichte des Schlüsselwerks

Die Begriffe „parasoziale Interaktion" und „parasoziale Beziehung" gehören heute zum Standardrepertoire der Kommunikationswissenschaft. Es war allerdings nicht so, dass nach dem Erscheinen der beiden Aufsätze 1956 und 1957 ein Feuerwerk an Folgestudien publiziert wurde – ganz im Gegenteil. Erst mit der Etablierung des *Nutzen-und-Belohnungsansatzes*, der Ende der 1960er Jahre populär wurde, fand der Ansatz Berücksichtigung. Bedauerlicherweise interpretierten Studien im Nutzen-und-Belohnungsansatz, wie etwa eine Studie von Lichty (1965) unter Zuschauern von Situationskomödien, parasoziale Interaktion als „feelings of kinship with the characters" (S. 162). Dieses Verständnis parasozialer Interaktion ist jedoch irreführend: Erstens geht der bei Horton und Wohl angelegte interaktionale Charakter des Konzepts in dieser Interpretation verloren. Zweitens sind Charaktere fiktionaler Angebote nicht dasselbe wie Personae (z. B. fehlt in der Regel die direkte Adressierung), weswegen parasoziale Interaktion im Sinne von Horton und Wohl keine typische Folge fiktionaler Angebote ist. Drittens wird die parasoziale Interaktion hier ähnlich einer parasozialen Beziehung definiert.

Der Nutzen-und-Belohnungsansatz hat das Konzept parasozialer Interaktion eigentlich erst populär gemacht und eine enorme Anzahl an Studien inspiriert (vgl. Giles, 2002; Hartmann, 2010), nicht nur zu parasozialer Interaktion als gesuchter Gratifikation, sondern auch als Ursache diverser Medieneffekte, wie etwa der Überzeugungskraft von Stars (z. B. Brown, Basil, & Bocarnea, 2003). Aber die Fehlinterpretation des Konzepts zieht sich leider wie ein roter Faden durch die entsprechenden Publikationen. In der Folge beruht auch das bis heute am häufigsten eingesetzte Messinstrument, die „Parasocial-Interaction Scale" von Rubin, Perse und Powell (1985) auf einer Definition des Konzepts, die mit den Ideen des Schlüsselwerks von Horton und Wohl kaum noch übereinstimmt. Ganz anders als Horton und Wohl verstanden Rubin et al. (1985) parasoziale Interaktion als eine Art freundschaftliche (parasoziale) Beziehung, ein „interpersonal involvement of the media user with what he or she consumes […], including seeking guidance from a media persona, seeing media personalities as friends, imagining being part of a favorite program's social world, and desiring to meet media performers" (S. 156).

Im Vergleich: Im *deutschsprachigen Raum* stieß jene Missinterpretation des Konzepts auf viel Kritik (Gleich, 1997a, 2014; Hartmann, Schramm, & Klimmt, 2004; Hippel, 1992; Wulff, 1992). Die meisten deutschsprachigen Rezeptionen des Aufsatzes von Horton und Wohl bemühten sich, den prozessualen und interaktiven Charakter parasozialer Interaktion hervorzuheben. Hippel (1992, S. 141) interpretierte den Ansatz parasozialer Interaktion als eine „interaktionistische Fernsehtheorie", Krotz (1996, S. 77) beschrieb „parasoziale Interaktion als [ein] symbolisch-interaktionistisches Konzept für Medienkommunikation", Teichert (1973, S. 381) sah Verbindungen mit einem interaktionistischen Rollenkonzept und Gleich (1997a, S. 92) verstand parasoziale Interaktionen als einen „Prozess der personenbezogenen Medienrezeption". Jene Lesarten inspirierten wiederum international publizierte Arbeiten, etwa konzeptuelle Rückbesinnungen auf Horton und Wohl und darauf aufbauende Vorschläge alternativer Messinstrumente (Gleich, 1997b; Hartmann & Goldhoorn, 2011; Klimmt, Hartmann, & Schramm, 2006; Schramm & Hartmann, 2008). Zudem wird die Validität der derzeit weit verbreiteten Parasocial-Interaction Scale zunehmend in Frage gestellt (Auter & Palmgreen, 2000; Dibble & Rosaen, 2011; Hartmann & Goldhoorn, 2011; Schramm & Hartmann, 2008). Es bleibt abzuwarten, welche Interpretation (und damit zusammenhängende Messung) von parasozialer Interaktion und parasozialen Beziehungen sich zukünftig im Feld durchsetzen wird.

## Literatur

### *Primärliteratur*

Horton, D., & Wohl, R. R. (1956). Mass communication and para-social interaction: Observations on intimacy at a distance. *Psychiatry, 19*, 215-229.

Horton, D. (1957). The dialogue of courtship in popular songs. *American Journal of Sociology, 62*, 569-578.

Wohl, R. R., & Brown, R. T. (1960). The usable past: A study of historical traditions in Kansas City. *Huntington Library Quarterly, 23*, 237-259.

### *Sekundärliteratur*

Auter, P. J., & Palmgreen, P. (2000). Development and validation of a parasocial interaction measure: The audience-persona interaction scale. *Communication Research Reports, 17*, 79-89.

Brown, W. J., Basil, M. D., & Bocarnea, M. C. (2003). The influence of famous athletes on health beliefs and practices: Mark McGwire, child abuse prevention, and Androstenedione. *Journal of Health Communication, 8*, 41-57.

Dibble, J. L., & Rosaen, S. F. (2011). Parasocial interaction as more than friendship. Evidence for parasocial interactions with disliked media figures. *Journal of Media Psychology, 23*, 122-132.

Gleich, U. (1997a). *Parasoziale Interaktionen und Beziehungen von Fernsehzuschauern mit Personen auf dem Bildschirm: Ein theoretischer und empirischer Beitrag zum Konzept des aktiven Rezipienten*. Landau: VEP.

Gleich, U. (1997b). Parasocial interaction with people on the screen. In P. Winterhoff-Spurk & T. H. A. van der Voort (Hrsg.), *New horizons in media psychology. Research cooperation and projects in Europe* (S. 35-55). Opladen: Westdeutscher Verlag.
Goffman, E. (1953). *Communication conduct in an island community.* University of Chicago.
Gusfield, J. R. (2003). A journey with symbolic interaction. *Symbolic Interaction, 26,* 119-139.
Hartmann, T., & Goldhoorn, C. (2011). Horton and Wohl revisited: Exploring viewers' experience of parasocial interaction. *Journal of Communication, 61,* 1104-1121.
Hartmann, T., Schramm, H., & Klimmt, C. (2004). Personenorientierte Medienrezeption: Ein Zwei-Ebenen-Modell parasozialer Interaktionen. *Publizistik, 49,* 25-47.
Krotz, F. (1996). Parasoziale Interaktion und Identität im elektronisch mediatisierten Kommunikationsraum. In P. Vorderer (Hrsg.), *Fernsehen als „Beziehungskiste". Parasoziale Beziehungen und Interaktionen mit TV-Personen* (S. 73-90). Opladen: Westdeutscher Verlag.
Lang, K., & Lang, G. E. (1953). The unique perspective of television and its effect: A pilot study. *American Sociological Review, 18,* 3-12.
Lichty, L. W. (1965). "The real McCoys" and it's audience: A functional analysis. *Journal of Broadcasting & Electronic Media, 9,* 157-166.
Peters, J. D., & Simonson, P. (Hrsg.). (2004). *Mass communication and American social thought.* Lanham: Rowman & Littlefield.
Rubin, A. M., Perse, E. M., & Powell, R. A. (1985). Loneliness, parasocial interaction, and local television news viewing. *Human Communication Research, 12,* 155-180.
Schramm, H., & Hartmann, T. (2008). The PSI-Process Scales. A new measure to assess the intensity and breadth of parasocial processes. *Communications – The European Journal of Communication Research, 33,* 385-401.
Strauss, A. L. (1958). In Memoriam: R. Richard Wohl, 1921-1957. *The American Journal of Sociology, 63,* 533-534.
Teichert, W. (1973). ‚Fernsehen' als soziales Handeln (II). Entwürfe und Modelle zur dialogischen Kommunikation zwischen Publikum und Massenmedien. *Rundfunk und Fernsehen, 21,* 356-382.

## *Überblickswerke/Reviews*

Giles, D. C. (2002). Parasocial interaction: A review of the literature and a model for future research. *Media Psychology, 4,* 279-305.
Gleich, U. (2014). Parasoziale Interaktion und sozialer Vergleich. In C. Wünsch, H. Schramm, V. Gehrau, & H. Bilandzic (Hrsg.), *Handbuch Medienrezeption* (S. 243-256). Baden-Baden: Nomos.
Hartmann, T. (2010). *Parasoziale Interaktion und Beziehungen.* Baden-Baden: Nomos.
Hippel, K. (1992). Parasoziale Interaktion. Bericht und Bibliographie. *Montage/AV, 1,* 135-150.
Klimmt, C., Hartmann, T., & Schramm, H. (2006). Parasocial interactions and relationships. In J. Bryant & P. Vorderer (Hrsg.), *Psychology of entertainment* (S. 291-313). Mahwah, NJ: Lawrence Erlbaum Associates.
Vorderer, P. (Hrsg.). (1996). *Fernsehen als „Beziehungskiste". Parasoziale Beziehungen und Interaktionen mit TV-Personen.* Opladen: Westdeutscher Verlag.
Wulff, H. J. (1992). Fernsehkommunikation als parasoziale Interaktion: Notizen zu einer interaktionistischen Fernsehtheorie. *Semiotische Berichte, 3,* 279-295.
Wulff, H. J. (1996). Parasozialität und Fernsehkommunikation. *Medienpsychologie, 8,* 163-181.

# The Effects of Mass Communication
## von Joseph T. Klapper (1960)

Michael Schenk

**Zusammenfassung**

Der Aufsatz behandelt das wissenschaftliche Werk des Lazarsfeld-Schülers Joseph T. Klapper. Im Mittelpunkt steht dabei das Buch *The Effects of Mass Communication* (1960). In dem Buch fasst Klapper die bis zum Erscheinen des Werkes vorliegenden Erkenntnisse über Medienwirkungen zusammen. Bekannt wurde Klapper für seine Generalisierungen und übergeordneten Schlüsse, die er aus den verschiedenen Einzelergebnissen auf der Metaebene zieht. So stellte er u.a. fest, dass Medienwirkungen sich in einem Geflecht zahlreicher intervenierender Variablen entfalten, wobei der Autor dieses Geflecht durch seine Organisation des bestehenden Wissens in ersten Ansätzen sichtbar machte. Auch kam die sogenannte Verstärkerthese durch Klappers Ausführungen zu weiter Verbreitung. Wie der Name andeutet, sagt die These aus, dass Medien bzw. ihre Inhalte vornehmlich in der Lage sind, bereits bestehende Meinungen und Einstellungen zu verstärken; nur selten bzw. nur unter bestimmten Bedingungen können sie jedoch bestehende Meinungen und Einstellungen ändern. Das von Klapper eingeführte limited effects-Modell wurde bis Ende der 60er Jahre des vergangenen Jahrhunderts zur Interpretation von Medienwirkungen herangezogen. Im Zuge der späteren ‚Rückkehr zum Konzept starker Medienwirkungen' wurde Klappers Ansatz infolge neuer bzw. anderer Forschungserkenntnisse kritisiert. Der Aufsatz greift diese Kritik auf, skizziert jedoch ebenso die durch sie nicht getrübte, nachhaltige Bedeutung des Schlüsselwerks für das Fach der Kommunikationswissenschaft.

**Schlüsselbegriffe**

Joseph T. Klapper, Verstärkerthese, Persuasion, selektive Zuwendung („selective exposure"), selektive Wahrnehmung („selective perception"), selektive Erinnerung („selective retention"), Einstellung, Meinung, Meinungsklima, limited effects model (Modell begrenzter Effekte)

## 1 Einleitung

Joseph T. Klapper, geboren 1917 in New York, gehörte zu den führenden Medienforschern in den 50er, 60er und 70er Jahren des letzten Jahrhunderts. Er war international anerkannt durch sein Buch *The effects of mass communication*, das erstmals im Jahr 1960 erschien und in der darauffolgenden Zeit als das Standardwerk in dem Bereich galt. In dem Werk führte er erstmals und auf umsichtige Weise den damaligen Forschungsstand zum Thema Massenmedien und ihre Wirkung auf das Publikum zusammen und verdichtete die vielen Detailerkenntnisse aus vorhandenen wissenschaftlichen Studien zu Kernthesen, von denen die sogenannte „Verstärkerthese" auch heute noch in der kommunikationswissenschaftlichen Community rezipiert und diskutiert wird. Vor dem Hintergrund der Medienentwicklung und des Medienwandels ist die These neuerdings wieder intensiv aufgegriffen worden und zählt zu den aktuell diskutierten Themen (Iyengar & Hahn, 2009). Die These besagt, dass Massenkommunikation eher bereits im Publikum vorhandene Meinungen verstärkt bzw. bestärkt als verändert und – wenn überhaupt – eher Modifikationen anstatt Konversionen hervorruft (Klapper, 1960, S. 18).

## 2 Biografie

Joseph Klapper, Spitzname Joe, gelangte über einen Umweg zur Medienforschung, begann er doch seine akademische Karriere als Student der Anglistik (B.A. Harvard 1936; M.A. Chicago 1938). Im Zweiten Weltkrieg diente er als Soldat und erhielt während dieser Zeit die Aufgabe übertragen, eine Radiosendung über das Leben in der Armee während der Weihnachtszeit zu konzipieren. Hierbei merkte er schon frühzeitig, dass es nicht so einfach ist, ein großes und heterogenes Auditorium mit ein und derselben Sendung zu erreichen und zu begeistern. Nach dem Krieg erlangte er durch sein Interesse an dem Publikum der Massenmedien die Aufmerksamkeit von Paul Lazarsfeld (vgl. die Beiträge von Monika Taddicken sowie Jens Woelke & Sebastian Koch i. d. B.) und begann mit einem Soziologiestudium an der Columbia University; zudem arbeitete er als Forschungsassistent im dort angesiedelten „Bureau of Applied Social Research". Klapper zählt zu den Schülern von Lazarsfeld. Eine lange und steile Karriere in der Medienforschung schloss sich an. Klapper unterrichtete mehrere Jahre als Professor u. a. an den Universitäten Washington und Stanford, war elf Jahre Chef der „Media Evaluation Section" bei der U.S. Information Agency (USIA), weitere vier Jahre wirkte er im Columbia Bureau von Lazarsfeld, dann folgten vier Jahre als Projektleiter für „Communication Research" bei General Electric. 1962 wurde Klapper Direktor des Büros für „Social Research" bei der Rundfunkanstalt CBS. Diese Position hatte er bis zu seinem Tod im Jahr 1984 (17. Mai) inne (Maisel & Cisin, 1984; vgl. auch Spinda, 2008).

In seiner Arbeit in den verschiedenen Positionen zeichnete sich Klapper durch gründliches Vorgehen aus. Besondere Erfahrungen und Fähigkeiten hatte er im Bereich der Umfrageforschung, insbesondere in der Fragebogengestaltung und der Datenauswertung. Untersuchungsergebnisse interpretierte er mit großer Sorgfalt und seine Untersuchungsberichte zeichneten sich durch hohe Professionalität aus (Maisel & Cisin, 1984).

Von Präsident Lyndon B. Johnson wurde Klapper zum Mitglied der Kommission „Obscenity and Pornography" berufen, der er bis 1970 beiwohnte. Er wirkte forthin in weiteren Kommissionen mit, wie z. B. dem „Surgeon General's Scientific Advisory Committe on Television and Society". Die Kommissionsarbeit von Klapper resultierte auch in verschiedenen kommunikationspolitischen Vorlagen. Schließlich war Klapper ein langjähriges Mitglied im Board der renommierten Fachzeitschriften „Public Opinion Quarterly" und „Journal of Applied Communication Research". Von 1962 bis 1963 diente Klapper der American Association for Public Opinion Research (AAPOR) als Präsident. Klapper erhielt 1976 von dieser Organisation eine Auszeichnung für außergewöhnliche Leistungen.

Klapper war verheiratet mit der Professorin Hope Lunin Klapper vom Department of Sociology of New York University. Klapper und seine Frau arbeiteten wissenschaftlich zusammen; gemäß Maisel und Cisin (1984) reisten sie viel und gerne. Klapper wird als humorvoller Mensch beschrieben, der anderen Geschichten gekonnt und mit Begeisterung zu erzählen verstand. Sein Hauptwerk ist das hier vorzustellende Buch *The effects of mass communication*.

# 3 Inhalt des Textes

In dem Text versucht Klapper die Ergebnisse von veröffentlichten Studien zur Wirkungsforschung (bis ca. Ende der 60er Jahre des letzten Jahrhunderts) zusammenzustellen und zu integrieren. Der Text umfasst zwei Teile. Im ersten Teil werden die Massenmedien in ihrer Rolle als Agent von Persuasion bzw. Überredung vorgestellt und die diesbezüglich vorhandenen Möglichkeiten und Grenzen ausgelotet. Im zweiten Teil behandelt Klapper die Effekte, die verschiedene andere, nicht primär auf Persuasion abzielende Arten von Medieninhalten (z. B. Gewaltdarstellungen im Unterhaltungsfernsehen) auslösen können und beschreibt mögliche Konsequenzen.

In dem einführenden Kapitel stellt er einen eigenen Entwurf bzw. eine „neue Orientierung" für die Wirkungsforschung vor. Der Entwurf hebt sich vom damals noch populären „hypodermic effect"-Modell ab; er nennt seinen Ansatz „phenomenistic approach". Sein Grundgedanke ist, dass bestimmte Zustände und Veränderungen beim Publikum in der Regel nicht ausschließlich auf die Medien und ihre Inhalte zurückzuführen sind, sondern nur unter anderem auf Einflüsse der Massenmedien, die sich im Zusammenhang mit anderen Einflüssen in einer Gesamtsituation entfalten. Klapper geht es dabei in erster Linie um persuasive Effekte, das heißt um Einflüsse der Medien bzw. ihrer Inhalte auf die Einstellungen, Meinungen und Verhaltensweisen der Rezipienten. Als anderweitige, externe Einflussgrößen in medialen Persuasionsprozessen nennt Klapper (1957, 1960): 1. die Prädispositionen der Rezipienten und die davon abgeleiteten Prozesse „selective exposure", „selective perception" und „selective retention"; 2. die normativen Einflüsse von sozialen Gruppen, insbesondere Bezugsgruppen; 3. die Verbreitung massenmedialer Aussagen durch interpersonale Kommunikation; 4. Meinungsführer und 5. die Struktur kommerzieller Massenkommunikation in einer Marktwirtschaft (speziell in den USA). Diese anderen bzw. weiteren Einflussgrößen beeinflussen (Stärkung, Schwächung oder Veränderung der Art nach) Klapper zufolge die Wirkungen von medialen, persuasiven Stimuli auf die Einstellungen und Meinungen der Rezipienten bzw. stehen in diesem Wirkungsprozess als zusätzliches, vermittelndes Element einer Kausalkette zwischen Medienbotschaft und Empfänger. Er spricht hier von „mediating factors", welche man nach dem heutigen Sprachgebrauch teils als *Moderator* (Eilders, 2008) und teils als *Mediator* bezeichnen würde (vgl. zu den Konzepten von Moderator und Mediator Baron & Kenny, 1986; Hayes, 2013). Bereits in dieser Einführung entwickelt Klapper (1960, S. 8-9) mit Bezug auf die „mediating factors" (im Folgenden in wörtlicher Übersetzung des Originalbegriffs als „mediatisierende Faktoren" bezeichnet, da Klapper eben noch keine genaue Unterscheidung zwischen Moderator und Mediator traf) generelle Aussagen, die forthin richtungsweisend für die Wirkungsforschung werden:

1. Massenkommunikation kann gewöhnlich nicht als eine notwendige und hinreichende Ursache von bestimmten Zuständen und Veränderungen bei Medienpublika angesehen werden, sondern wirkt – wenn überhaupt – über einen Nexus mediatisierender Faktoren.
2. Diese mediatisierenden Faktoren sind derart beschaffen, dass sie „typically render mass communication a contributory agent, but not the sole cause, in a process of reinforcement" (Klapper, 1957, S. 457, vgl. auch Klapper, 1960, S. 48). Als *Verstärkerthese* erlangt diese Aussage große Bedeutung in der Wirkungsforschung.
3. In Fällen, in denen Massenkommunikation zu Veränderungen von Meinungen und Einstellungen führt, ist eine von zwei Bedingungen gegeben: entweder sind a) die mediatisierenden Faktoren unwirksam, d. h. Medieninhalte wirken direkt, oder b) die mediatisierenden Faktoren unterstützen die Veränderung.

Die Thesen eins bis drei können als Kern der Klapperschen Aussagen angesehen werden.

4. Es gibt Restsituationen, in denen Massenkommunikation direkte Effekte erzielen und bestimmte psychologische Funktionen erfüllen kann.
5. Die Wirksamkeit der Massenkommunikation wird auch durch verschiedene Aspekte der Medien und der Kommunikation selbst sowie durch die jeweilige Kommunikationssituation beeinflusst, d. h. nicht nur die fünf oben genannten „mediating factors" spielen eine Rolle. Klapper verweist dabei u. a. auf die Art der Quelle und des Mediums, die Gestaltung der Inhalte und das existierende Meinungsklima. Ausführlicher diskutiert er u. a. in einem späteren Kapitel, inwiefern u. a. die Kommunikatorglaubwürdigkeit, die Argumentationsweise und furchterregende Appelle persuasive Kommunikation mehr oder weniger effektiv machen können (siehe dazu noch unten).

Wie bereits erwähnt, behandelt Klapper im ersten Teil des Textes/Buches die Effekte persuasiver Kommunikation. Dabei unterscheidet er drei grundsätzliche Typen von Effekten: 1. Verstärkung („reinforcement") und geringfügiger Wandel in der Intensität von bestehenden Einstellungen und Meinungen („minor change"), 2. Kreierung von Einstellungen und Meinungen bei neuen Themen, zu denen Rezipienten noch keine persönliche Bewertung gebildet haben und 3. Umkehrung („conversion") von bestehenden Einstellungen und Meinungen.

Nach Klapper tritt der erste der drei Effekte am häufigsten auf: Persuasive Kommunikation trage im Allgemeinen zur Verstärkung von Einstellungen, Meinungen und Verhaltensdispositionen bei. Die Umkehrung von Einstellungen und Meinungen sei am seltensten. Eher noch trete geringfügiger Wandel auf oder die

Neubildung von Einstellungen und Meinungen (Klapper, 1960, S. 15). Die mediatisierenden Faktoren werden herangezogen, um die Verstärkung oder Umkehrung von Einstellungen und Meinungen zu begründen. Dabei spielen in der Erklärung die Prädispositionen und die damit verbundenen Prozesse der selektiven Zuwendung, selektiven Wahrnehmung und Erinnerung eine bedeutende Rolle.

Von diesen Prozessen ist das Konzept der selektiven Zuwendung („selective exposure") besonders wichtig, ist es doch ein basaler Baustein seiner Argumentation. Klapper hat dieses Konzept aus der bekannten Wahlkampagnen-Studie „The People's Choice" von Lazarsfeld, Berelson und Gaudet (1948, S. 89) übernommen:

> By and large about two-thirds of the constant partisans ... managed to see and hear more of their own side's propaganda than the opposition's. About one-fifth of them happened to expose more frequently to the other side, and the rest were neutral in their exposure.

Zwischen den Einstellungen und Verhaltensdispositionen der Wähler und ihrer Medienselektion besteht ein positiver Zusammenhang, der auch als de facto Selektivität charakterisiert werden kann; diese behindert natürlich die Effekte der Massenkommunikation, weil die Rezipienten durch einstellungskonträre Aussagen gar nicht erreicht werden. Lazarsfeld und Merton (1973) haben die daraus resultierenden sozialen Konsequenzen dahingehend interpretiert, dass die Massenmedien hauptsächlich der Aufrechterhaltung des Status quo dienen würden.

Erstaunlicherweise geht Klapper bei der Behandlung des „selective exposure"-Konzeptes nicht auf die Dissonanztheorie von Festinger (1957) und die im Umfeld entstandenen experimentellen Untersuchungen zur selektiven Zuwendung ein, deren Ergebnisse oft widersprüchlich waren und nicht in jedem Fall das Konzept zu stützen vermochten (zur Übersicht vgl. Schenk, 2007). Die Selektionsregel kann durchaus gebrochen werden, z. B. wenn sich Rezipienten aus Interesse oder Nutzenerwägungen Botschaften zuwenden, die einstellungskonträre Ansichten verbreiten oder auch nur neugierig machen (Donohew & Tipton, 1973). Wie Donsbach (1991; vgl. den Beitrag von Cornelia Mothes & Susan Schenk i. d. B.) zeigte, können insbesondere negative Informationen in der aktuellen Berichterstattung eine Zuwendung entgegen der Selektionsregel auslösen. Speziell bei Entscheidungen, die im Nachhinein Dissonanzen hervorrufen, ist die selektive Zuwendung zu unterstützenden Informationen allerdings in einer Reihe von Experimenten belegt worden (D'Allessio & Allen, 2002). Der von Klapper gewählte Zugriff auf die selektive Zuwendung über die Feldstudie von Lazarsfeld et al. und ähnlichen Forschungsarbeiten wirft daher einen vergleichsweise eingeschränkten Blick auf das „selective exposure"-Konzept.

Die weiteren Konzepte der selektiven Wahrnehmung und selektiven Erinnerung werden von Klapper ebenfalls im Rückgriff auf einige wenige empirische Studien aus den 40er und 50er Jahren des letzten Jahrhunderts behandelt. Aus ihnen geht hervor, dass Personen dazu tendieren, Themen oder Sachverhalte so wahrzunehmen, wie sie sie wahrnehmen möchten oder habituell bereits wahrgenommen haben. Auch in der Erinnerung von wahrgenommenen Aussagen in den Massenmedien setzt sich die Selektivität fort, was Klapper anhand mehrerer Beispiele zeigt. Trotz der Dominanz selektiver Prozesse, die die Verstärkung vorhandener Einstellungen und Meinungen normalerweise unterstützen, weist Klapper auch darauf hin, dass diese Prozesse bisweilen nicht perfekt funktionieren und in manchen Fällen sogar einen Einstellungs- und Meinungswandel begünstigen können (Klapper, 1960, S. 25). Es kann deshalb in bestimmten Situationen auch zu geringfügigen Veränderungen bzw. sogar zur Umkehrung von Meinungen und Einstellungen kommen. Die für die Argumentation notwendigen mediatisierenden Prozesse können somit sowohl Konstanz und Status quo als auch Wandel ermöglichen. Die Wirkungsweise der mediatisierenden Prozesse kann daher eigentlich nur ex-post bestimmt werden, sodass die Klapperschen Thesen bzw. allgemeinen Aussagen kaum falsifizierbar sind.

Dies gilt auch für die Wirkungsweise der Gruppennormen und des persönlichen Einflusses von Meinungsführern im Persuasionsprozess, die als weitere mediatisierende Faktoren sowohl der Verstärkung als auch der Veränderung zuträglich sein können. So können beispielsweise die Homogenität sozialer Gruppen und normative Einflüsse in Primargruppen einerseits einheitliche Verhaltensdispositionen unterstützen, andererseits kann es zwischen verschiedenen sozialen Gruppen, denen der Einzelne angehören kann, zu Unterschieden in der Betrachtung und Bewertung von Sachverhalten kommen. Es entstehen „cross-pressure"-Situationen, die Spielraum für Medienwirkungen eröffnen können. Personen, die unter „cross-pressure" stehen, sind in ihren Meinungen instabiler als andere und daher auch empfänglicher für Beeinflussungsversuche (Klapper, 1960, S. 96). Die Chancen für Konversionen durch persuasive Massenkommunikation werden hingegen gesenkt, wenn Personen zu Sachverhalten und Themen bereits Einstellungen besitzen, die für Ihr Selbstbild zentral sind bzw. es sich um Einstellungen handelt, die hoch-involvierend sind („ego-involved attitudes"). In einer solchen Konstellation können Botschaften keine Umkehrung bewirken, sondern nur die vorhandenen Einstellungen verstärken (Klapper, 1960, S. 45). Ein weiterer wichtiger Aspekt ist die allgemeine Überredbarkeit, sind doch manche Personen – ganz unabhängig vom Gegenstand – leichter zu überreden und zu überzeugen als andere.

Klapper gelingt es im ersten Teil des Buches überzeugend, die Wirkungsweise persuasiver Kommunikation mit Hilfe der mediatisierenden Faktoren darzustellen. Allerdings werden die mediatisierenden Faktoren dazu benutzt, sowohl die Verstärkung als auch die Umkehrung zu begründen. Auch die Abschwächung oder Intensivierung der Einstellungen („minor change") werden im Rückgriff auf die mediatisierenden Faktoren erläutert. Dies mutet tautologisch an, da alle Arten von Effekten durch dieselben mediatisierenden Faktoren erklärt werden; sie können – je nach Konstellation – zu jeglichem der drei Effekttypen beitragen. Insgesamt aber wird deutlich, dass die Wirkungen der Massenmedien nicht ausschließlich auf einzelne Stimuli oder Aussagen zurückgeführt werden können, sondern dass die Wirkungen erst im Zusammenspiel mit den mediatisierenden Faktoren entstehen.

In einem ergänzenden Kapitel geht Klapper darauf ein, welche (weiteren) Aspekte der Kommunikation und der Kommunikationssituation eine Rolle für die Effektivität persuasiver Kommunikation spielen (siehe die fünfte Generalisierung). Hierbei setzt er sich zunächst mit den Kommunikationsquellen auseinander, etwa im Hinblick auf deren Glaubwürdigkeit oder das Prestige, welches sie im Publikum genießen. Des Weiteren werden die Charakteristika des Inhaltes persuasiver Botschaften beleuchtet, wie z. B. die Argumentationsweise (einseitig – zweiseitig; implizit – explizit), die Rolle furchterregender Appelle usw. Ferner wird auf die Bedeutung von Wiederholungen und kumulativen Kontakten verwiesen. Im Prinzip bezieht Klapper hier geschickt die Ergebnisse aus der experimentellen Persuasionsforschung der Yale-Studies (Hovland, Janis, & Kelley, 1953; vgl. die Beiträge von Nikolaus Jackob & Christine Hueß und Thomas Roessing i. d. B.) ein. Besonders ist hervorzuheben, dass Klapper auch die große Bedeutung des „Meinungsklimas" erkannt hat. Die Rolle der Meinungsklimata (vgl. den Beitrag zur Schweigespirale von Hans Mathias Kepplinger i. d. B.) im Meinungsbildungsprozess und das Zustandekommen von Bandwagon-Effekten – etwa bei Wahlkämpfen – werden schon frühzeitig von ihm akzentuiert, wobei er sich allerdings auch hier grundlegend auf die Studie *The People's Choice* von Lazarsfeld et al. (1948) stützt.

Im zweiten Teil des Buches behandelt Klapper die Effekte spezifischer Typen von Medieninhalten. Dabei ist ein enger Bezug zu Inhalten im Fernsehen gegeben. Klapper befasst sich eingehend 1. mit den Effekten gewalthaltiger Inhalte, insbesondere auch im Hinblick auf Effekte bei Kindern und Jugendlichen. 2. Weitere detaillierte Ausführungen sind den Effekten eskapistischer Inhalte, also Inhalte, die der Ablenkung und der Realitätsflucht dienen, gewidmet. Bemerkenswert ist hierbei, dass er schon frühzeitig auf die Unterschiede von Medienrealität und realer Welt hinweist und Konsequenzen verzerrter Realitätswahrnehmungen durch die Fernsehdarstellungen beschreibt. Die Funktionen eskapistischer Medieninhalte werden – dem späteren Nutzen- und Belohnungsansatz vorgreifend – ebenso erläutert wie der Zusammenhang von Eskapismus und Apathie. 3. Die Wirkungen vorrangig für Erwachsene hergestellter Fernsehangebote speziell auf jugendliche Rezipienten werden anhand vorhandener Studien thematisiert und 4. widmet sich Klapper der Frage, ob die als passiv empfindbare Tätigkeit des Fernsehens die Aktivität des Publikums in anderen Lebensbereichen mindert, z. B. also zu einer Verringerung geistig-kreativer Fähigkeiten führt.

Der Text schließt mit einer Reflexion („concluding note") über den „Phenomenistic Approach", den Klapper – wie bereits erwähnt – in seinem Werk erstmals eingeführt hat und der sich von einer strikten Ursache-Wirkungsbetrachtung abhebt, in der die Medien und ihre Inhalte als ausschlaggebend für das Auftreten von Effekten verantwortlich gemacht werden. Es werden abschließend sowohl die Chancen als auch die Limitationen dieses Ansatzes verdeutlicht.

## 4 Bezug des Textes zum Gesamtwerk des Autors

Zwischen 1960 und 1974 wurden 55 Ausgaben von *The effects of mass communication* in insgesamt vier Sprachen publiziert. Bereits 1949 hatte Klapper ein Manuskript im Bureau of Applied Social Research an der Columbia University verfasst, das den Titel *The Effects of Mass Media* trug. Ein weiterer Artikel zu dem Themenbereich erschien 1957/58 in der Zeitschrift Public Opinion Quarterly unter dem Titel „What we know about the effects of mass communication: the brink of hope". Die intensive Beschäftigung mit den Effekten der Massenkommunikation kann somit als der herausragende Schwerpunkt von Klappers Arbeiten angesehen werden. Weitere Arbeiten kamen im näheren Umfeld dieses Schwerpunktes zum Tragen, so z. B. das gemeinsam mit Otto Klineberg verfasste Werk *The mass media: Their impact on children and family life* (Klineberg & Klapper, 1960) oder *The social effects of mass communication* (Klapper, 1961). In seiner Funktion als Direktor für Sozialforschung bei der Rundfunkanstalt CBS publizierte Klapper (1977) als nationale Regierungsveröffentlichung das Buch *Network prime-time violence tabulations for 1976-77 season*. Seine Arbeiten befassen sich also insgesamt mit den Inhalten der Massenmedien und deren Wirkungen im Publikum. Alles in allem ist die Zahl der Publikationen allerdings nicht allzu groß, was zum Teil auch auf sein hohes Engagement in der Praxis und in wissenschaftlichen Gesellschaften zurückgeführt werden kann.

## 5 Wirkungsgeschichte des Schlüsselwerkes

Das Buch *The effects of mass communication* hat in der Wirkungsforschung lange Zeit als zentrale Grundlage gedient. Vor allem die Verstärkerthese galt als Dreh- und Angelpunkt in der Beurteilung von Medienwirkungen. Diese These war auch in den Medienhäusern sowie bei den Verantwortlichen in der Politik und im Erziehungsbereich äußerst beliebt, weil mit dieser These Behauptungen über schädliche Wirkungen der Massenmedien abgewehrt werden konnten. Die These wurde auch gerne dazu herangezogen, um die Folgenlosigkeit journalistischen Handelns zu belegen. Die Vorstellung von den „mächtigen" Medien, die starke Medienwirkungen auslösen können, wurde durch die Arbeit von Klapper durch die Vorstellung bzw. das Modell begrenzter Effekte abgelöst, ein Modell, das der Medienwirkungsforschung bis Anfang der 70er Jahre des letzten Jahrhunderts als „dominantes Paradigma" zugrunde lag. Die in dem Werk von Klapper eingeführten mediatisierenden Faktoren, darunter vor allem die selektiven Prozesse und die sozialen Einflüsse, die auch Lazarsfeld et al. bereits 1948 beschrieben haben und die auch von Hyman und Sheatsley (1950) als Gründe für das Nichterreichen von Kampagnenzielen genannt wurden, trugen zum Verständnis bei, die Wirkung der Massenmedien nicht ausschließlich auf die Medieninhalte zurückzuführen. Die Wirkung der Medieninhalte wird vielmehr eher durch die Merkmale des Publikums bestimmt als durch die Botschaften selbst, wie es auch Berelson (1959) formulierte. Kritiker wünschten sich in den 70er Jahren allerdings, dass das Modell „tiefgefroren" werden solle, weil es eine Weiterentwicklung der Medienwirkungsforschung behindere (Gitlin, 1978). Durch den engen Bezug des Modells zur Persuasionsforschung wurden nämlich andere Themen und Fragestellungen der Wirkungsforschung zunächst eher ausgeblendet. Erst in den 70er Jahren keimten neuere Ansätze auf, die sich weniger mit den eher kurzfristigen Effekten persuasiver Kommunikation auf Einstellungen und Meinungen befassten, sondern andere Schwerpunkte setzten, wie z. B. die Agenda-Setting-Funktion der Massenmedien (vgl. den Beitrag von Patrick Rössler i. d. B.) oder die Kultivierung von Realitätsvorstellungen (vgl. den Beitrag von Christine E. Meltzer, Constanze Rossmann, & Anna Schnauber i. d. B.). Neben kurzfristigen Effekten, die weiterhin in Laborstudien untersucht wurden, wurden zunehmend auch mittel- bis langfristige Effekte untersucht sowie verstärkt Methodenkombinationen eingesetzt, die z. B. Medieninhaltsanalysen mit Umfragen verbanden.

Klapper hat mit seinem Buch für seine Zeit und darüber hinaus eine Grundlage geschaffen, auf die weitere Arbeiten in der Medienwirkungsforschung aufbauen konnten. Sein Verdienst ist es, erstmals den Forschungsstand bis Ende der 60er Jahre des letzten Jahrhunderts aufgearbeitet und mit seinem „phenomenistic approach" eine theoretische Grundlage geschaffen zu haben.

## Literatur

### *Primärliteratur*

Klapper, J. T. (1949). *The effects of mass media*. New York: Columbia University, Bureau of Applied Social Research.

Klapper, J. T. (1957). What we know about the effects of mass communication: the brink of hope. *Public Opinion Quarterly, 21*, 453-474.

Klapper, J. T. (1960). *The effects of mass communication*. Glencoe: Free Press.

Klapper, J. T. (1961). *The social effects of mass communication*. Washington: Voice of America forum lectures, Mass Communication series, 6.

Klapper, J. T. (1977). *Network prime-time violence tabulations for 1976-77 season*. New York: CBS, Office of Social Research.

Klineberg, O., & Klapper, J. T. (1960). *The mass media: their impact on children and family life*. New York: Television Information Office.

### *Sekundärliteratur*

Baron, R. M., & Kenny, D. A. (1986). The moderator-mediator variable distinction in social psychological research: Conceptual, strategic, and statistical considerations. *Journal of Personality and Social Psychology, 51*, 1173-1182.

Berelson, B. (1959). The state of communication research. *Public Opinion Quarterly, 23*, 1-6.

D'Allessio, D., & Allen, D. M. (2002). Selective exposure and dissonance after decisions. *Psychological Reports, 91*, 527-532.

Donohew, L., & Tipton, L. (1973). A conceptual model of information seeking, avoiding, and processing. In P. Clarke (Hrsg.), *New Models for Communication Research* (S. 243-268). Beverly Hills: Sage.

Donsbach, W. (1991). *Medienwirkung trotz Selektion. Einflussfaktoren auf die Zuwendung zu Zeitungsinhalten*. Köln: Böhlau.

Eilders, C. (2008). Mediating factors. In W. Donsbach (Hrsg.), *The International Encyclopedia of Communication. Band 7* (S. 3040-3043). Oxford: Wiley-Blackwell.

Festinger, L. (1957). *A theory of Cognitive Dissonance*. Stanford University Press.

Gitlin, T. (1978). Media Sociology: The dominant paradigm. *Theory and Society, 6*, 205-253.

Hayes, A. F. (2013). *Mediation, moderation, and conditional process analysis. A regression-based approach*. New York: The Guilford Press.

Hovland, C. I., Janis, I. L., & Kelley, H. H. (1953). *Communication and persuasion*. New Haven: Greenwood.

Hyman, H. H., & Sheatsley, P. B. (1950). Some reasons why information campaigns fail. *Public Opinion Quarterly, 11*, 412-423.

Iyengar, S., & Hahn, K. S. (2009). Red media, blue media: Evidence of ideological selectivity in media use. *Journal of Communication, 59*, 19-39.

Lazarsfeld, P. F., Berelson, B., & Gaudet, H. (1948). *The people's choice: How the voter makes up his mind in a presidential campaign*. New York: Columbia University Press.

Lazarsfeld, P. F., & Merton, R. K. (1973). Massenkommunikation, Publikumsgeschmack und organisiertes Sozialverhalten. In J. Aufermann, H. Bohrmann, & R. Sülzer (Hrsg.), *Gesellschaftliche Kommunikation und Information. Forschungsrichtungen und Problemstellungen. Ein Arbeitsbuch zur Massenkommunikation. Band II* (S. 447-470). Frankfurt: Fischer.

Maisel, R., & Cisin, I. H. (1984). In memoriam: Joseph T. Klapper, 1917-1984. *The Public Opinion Quarterly, 48*, 658-659.

Schenk, M. (2007). *Medienwirkungsforschung* (3. vollst. überarb. Aufl.). Tübingen: Mohr Siebeck.

Spinda, J. (2008). Klapper, Joseph (1917-1984). In L. L. Kaid & C. Holtz-Bacha (Hrsg.), *Encyclopedia of Political Communication* (S. 382-383). Thousand Oaks: Sage.

# Diffusion of Innovations
## von Everett M. Rogers (1962)

Veronika Karnowski und Anna Sophie Kümpel

**Zusammenfassung**

Everett M. Rogers (*1930 in Carroll, IA; † 2004 in Albuquerque, NM) gilt mit seinem mittlerweile in fünfter Auflage erschienenem Buch *Diffusion of innovations* fraglos als Vater der Diffusionsforschung. In seinem Schlüsselwerk setzt er sich mit der Frage auseinander, wie sich Innovationen in einem sozialen System verbreiten und welche in- und externen Faktoren bei diesem Prozess eine Rolle spielen. Da die Diffusionstheorie sowohl auf der Mikro- als auch auf der Makroebene angewendet werden kann, ergeben sich vielfältige Anknüpfungspunkte für kommunikations- und sozialwissenschaftliche Fragestellungen. Der vorliegende Beitrag bietet neben einem inhaltlichen Überblick über Rogers' zentrale Arbeit eine Einordnung in das Gesamtwerk des Autors und nimmt zudem gängige Kritikpunkte an *Diffusion of innovations* in den Blick.

**Schlüsselbegriffe**

Everett M. Rogers, Diffusion, Innovation, Adoption, Diffusionsforschung, S-Kurve der Diffusion

## 1 Kurzbiographie des Autors

Am 6. März 1931 als Sohn einer Farmerfamilie in Carroll, Iowa geboren, wollte Everett M. Rogers zunächst selbst Landwirt werden, entschied sich dann aber für ein Studium der Agrarsoziologie an der Iowa State University. Angeregt durch die

Beobachtung der familieneigenen und benachbarten Farmen fragte sich Rogers, warum die Landwirte sich weigerten, bestimmte Innovationen zu übernehmen, obwohl sie mehr Ertrag – und somit Gewinn – versprachen. In seiner Doktorarbeit ging er dieser Frage nach und untersuchte die Faktoren, die die Diffusion landwirtschaftlicher Innovationen beeinflussen. Nach Abschluss seiner Promotion 1957 wechselte Rogers an die Ohio State University und lehrte dort als Dozent, bevor er 1964 dem Ruf auf eine Professur für Kommunikationswissenschaft an die Michigan State University folgte. Zwischen 1975 und 1985 forschte und unterrichtete er als Professor für Internationale Kommunikation an der Stanford University, um im Anschluss sieben Jahre an der Annenberg School for Communication der University of Southern California zu arbeiten. Daneben übernahm Rogers immer wieder internationale Gastprofessuren, etwa an der Nationalen Universität von Kolumbien in Bogotá oder am French Press Institute der Universität von Paris. Die letzten Jahre seiner akademischen Karriere verbrachte er ab 1993 am Department of Communication and Journalism der University of New Mexico, wo er als Professor und Ordinarius tätig war. Everett M. Rogers starb am 21. Oktober 2004 in Albuquerque an den Folgen einer Krebserkrankung. Er hinterließ eine Frau und zwei Söhne. (Dearing & Singhal, 2006; Karnowski, 2011; Shefner-Rogers, 2006; Singhal, 2012)

## 2 Inhalt des Textes

Grundlage für Rogers (1962) zentrales Werk, *Diffusion of innovations*, bildete ein für seine Doktorarbeit angefertigter Literaturüberblick. Die Sichtung verschiedenster Studien aus Medizin, Soziologie und Anthropologie brachte ihn bereits damals zu der Annahme, dass es sich bei der Diffusion von Innovationen nicht um einen von einzelnen Neuerungen abhängigen, sondern vielmehr um einen universellen Prozess sozialen Wandels handelt. Die zentrale Frage der Diffusionsforschung lautet demnach auch, wie sich Innovationen in einem sozialen System verbreiten und welche Faktoren dabei eine Rolle spielen.

Definiert als Prozess, in dessen zeitlichem Verlauf eine Innovation über verschiedene Kanäle an die Mitglieder eines sozialen Systems kommuniziert wird, lassen sich letztlich vier Kernelemente des Diffusionsprozesses bestimmen (Rogers, 2003, S. 36): (1) *Zeit*, (2) *Innovation*, (3) *Kommunikationskanäle* und (4) *soziale Systeme*.

An einem Beispiel kann dies verdeutlicht werden. Betrachtet man die Diffusion des Social Networking Services (SNS) Facebook, kann man sich zunächst den zeitlichen Verlauf der Ausbreitung – von den Anfängen als Plattform für Harvard-Studenten bis hin zu einer der meistbesuchten Seiten im Internet – ansehen. Daneben können die Eigenschaften der Innovation analysiert werden: Wo liegen die (wahrgenommenen) Vorteile der Facebook-Nutzung, wie ist es um die Kompatibilität mit anderen Anwendungen bestellt und warum konnten sich vergleichbare Dienste nicht durchsetzen? Mit Blick auf die Kommunikationskanäle kann beispielsweise untersucht werden, welche Rolle Empfehlungen von Freunden (interpersonale Kommunikation) oder die Berichterstattung in Massenmedien bei der Diffusion von Facebook gespielt haben. Zuletzt wird im Rahmen der Diffusionsforschung das soziale System betrachtet, in dem sich die Innovation verbreitet (hat). Angesichts des internationalen Charakters von Facebook wäre hier etwa ein Ländervergleich sinnvoll, der Unterschiede in der Adoption auf Gesellschaftsstrukturen oder landesspezifische Normen zurückführen lässt.

Ein großer Vorteil der Diffusionstheorie zeigt sich darin, dass sie nicht nur auf der *Mikroebene* des Individuums, sondern auch auf der *Makroebene* – als Verbreitungsprozess in einem sozialen System – angewendet und untersucht werden kann. Der auf der Mikroebene angesiedelte Prozess der Übernahme einer Innovation durch das Individuum wird von Rogers (2003, S. 168 ff.) als Innovations-Entscheidungs-Prozess beschrieben und lässt sich idealtypisch in fünf[1] Phasen untergliedern (siehe Abbildung 1).

In der ersten, als Wissen (*knowledge*) bezeichneten Phase, erfährt das Individuum von der Existenz der Innovation und entwickelt ein Verständnis dafür, wie diese funktioniert. Rogers (2003, S. 172–173) differenziert dieses Wissen weiter aus und unterscheidet zwischen *awareness-knowledge*, *how-to-knowledge* und *principles-knowledge*. Während ersteres das Wissen um die schiere Existenz einer Innovation beschreibt, ermöglicht die zweite Form die korrekte Anwendung dieser. Ist dieses how-to-knowledge nicht oder nur schlecht ausgebildet, kann dies zu einer grundsätzlichen Ablehnung der Neuerung oder – bei bereits erfolgter Anwendung – zu einem Nutzungsabbruch führen. Das principles-knowledge schließlich beschreibt das Grundlagenwissen (prinzipielles Wissen zur Funktionsweise) über eine Innovation und ist für die Adoption an sich nicht notwendig. Jedoch steigt mit fehlendem Grundlagenwissen die Wahrscheinlichkeit, die Innovation falsch zu verwenden und die Nutzung folglich zu beenden (Rogers, 2003, S. 173).

1 Die vierte Phase, Implementierung (*implementation*), wurde erst in der dritten Auflage (Rogers, 1983) in den Innovations-Entscheidungs-Prozess integriert.

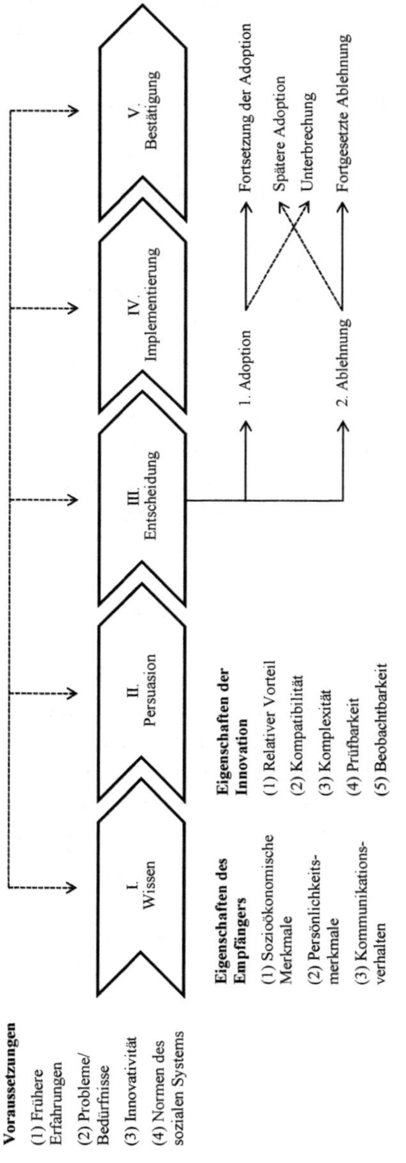


**Abb. 1** Der Innovations-Entscheidungs-Prozess
Quelle: Eigene Darstellung nach Rogers (2003, S. 170)

Die zweite Phase wird als Persuasion (*persuasion*) bezeichnet und beschreibt das Stadium, in dem das Individuum eine bestimmte Einstellung gegenüber der Innovation entwickelt und die möglichen Folgen einer (Nicht-)Übernahme abwägt. Im Sinne der KAP-Gap (**K**nowledge, **A**ttitudes, **P**ractice) führt eine positive Einstellung dabei jedoch nicht notwendig auch zu einer Adoption. Auffällig ist diese Diskrepanz vor allem bei ‚sozial erwünschten' Innovationen (z. B. neue medizinische Vorsorgeuntersuchungen oder Präventionsmaßnahmen), die zwar in der Regel für vorteilhaft gehalten, aber trotzdem nicht genutzt bzw. umgesetzt werden (Rogers, 2003, S. 177–179).

In der dritten Phase schließlich wird die tatsächliche Entscheidung (*decision*) zur Übernahme oder Ablehnung der Innovation getroffen und somit die zuvor gebildete Einstellung in konkretes Handeln überführt. Die Ablehnung einer Innovation lässt sich nach Rogers (2003, S. 178) in zwei Formen unterteilen: Während die *aktive* Ablehnung das Resultat einer mehr oder weniger sorgfältigen Abwägung ist, tritt *passive* Ablehnung dann auf, wenn das Individuum die Adoption der Innovation nie wirklich erwogen hat.

Nach der Entscheidung folgt die Implementierung (*implementation*) als vierte Phase im Innovations-Entscheidungs-Prozess (Rogers, 2003, S. 179–188). Erst an dieser Stelle erfolgt die tatsächliche Verwendung der Innovation durch das Individuum – im Falle des oben eingeführten Beispiels etwa die aktive Nutzung von Facebook zur Kommunikation mit Freunden oder zum beruflichen Austausch. Die in den ersten Auflagen (Rogers, 1962; Rogers & Shoemaker, 1971) noch fehlende Implementierungsphase umfasst darüber hinaus das mittlerweile in der Diffusionsforschung zentrale Konzept der *Re-Invention*. Beschrieben wird damit das Phänomen, dass eine Innovation im Zuge der Adoption und Implementierung durch die Nutzer verändert wird, was wiederum den dynamischen Charakter des Diffusionsprozesses verdeutlicht. Rogers (2003, S. 183) geht davon aus, dass ein höherer Grad an Re-Invention nicht nur mit einer schnelleren Übernahmerate, sondern auch mit einer größeren Nachhaltigkeit in der Nutzung einhergeht: Je flexibler eine Innovation an individuelle Bedürfnisse angepasst werden kann, desto mehr Menschen werden prinzipiell von ihr angesprochen und desto einfacher wird es, die Innovation für neue oder alternative Anwendungszwecke fruchtbar zu machen.

In der fünften und letzten Phase, der Bestätigung (*confirmation*), sucht das Individuum schließlich nach Informationen, die seine Übernahmeentscheidung stützen. Im Sinne von Festingers (1957) Theorie der Kognitiven Dissonanz wird der Übernehmer dabei versuchen, solche Informationen zu vermeiden, die seine Entscheidung infrage stellen und aktiv solche suchen, die die Adoption richtig erscheinen lassen (vgl. die Ausführungen zur Selective Exposure-Hypothese in dem Beitrag von Michael Schenk i. d. B.). Überwiegen die dissonanten Informationen allerdings deutlich, kann es zu einem Abbruch (*discontinuance*) der Übernahme kommen. Erneut unterscheidet Rogers (2003, S. 190–191) zwischen zwei Formen: Ablösung (*replacement*) findet dann statt, wenn der Übernehmer die ‚alte' Innovation durch eine leistungsfähigere oder als besser wahrgenommene Alternative ersetzt. Bei der Ernüchterung (*disenchantment*) hingegen wird die Übernahme abgebrochen, weil die Nutzung als enttäuschend empfunden wird. Individuen, die die Innovation erst spät übernommen haben, neigen dabei laut Rogers (2003, S. 191) grundsätzlich stärker zum Abbruch als frühe Übernehmer.

Wie erwähnt, lässt sich der Prozess der Innovationsdiffusion nicht nur auf der Mikroebene, sondern auch auf der Makroebene modellieren. Im Zentrum steht dann die Frage, wie sich eine Neuerung innerhalb der Gesamtheit einer bestimmten sozialen Gruppe verbreitet. Bei erfolgreichen Innovationen ergibt sich dabei eine charakteristische S-Kurve (siehe Abbildung 2): Während die Steigung am Anfang des Diffusionsprozesses noch relativ gering ist, nimmt die Kurve nach Erreichen der sog. *kritischen Masse* ‚an Fahrt auf' und steigt stark an. Sobald dieser Punkt erreicht ist, verbreitet sich die Innovation im System selbsttätig weiter. Gegen Ende

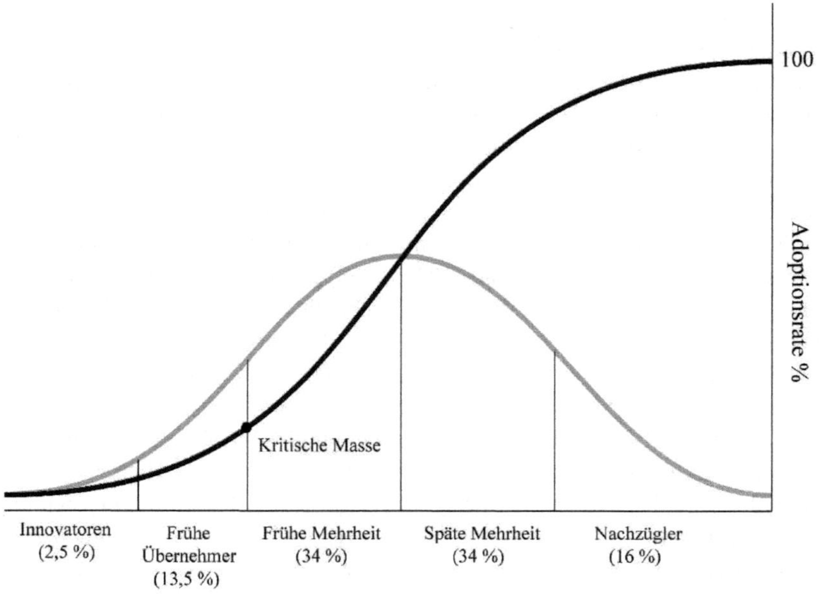


**Abb. 2** S-Kurve der Diffusion und Adopterkategorien
Quelle: Eigene Darstellung nach Rogers (2003, S. 11, S. 281)

des Diffusionsprozesses flacht der Kurvenverlauf schließlich allmählich ab, bis auch die letzten Nachzügler die Innovation übernehmen.

Bei Betrachtung des Adoptionsverlaufs auf nicht-kumulierter Basis hingegen ergibt sich eine klassische glockenförmige Normalverteilungskurve (siehe Abbildung 2). Ausgehend von Mittelwert und Standardabweichung des Übernahmezeitpunkts konstruiert Rogers (2003, S. 280–287) eine Typologie verschiedener Übernehmer, die sich nicht nur hinsichtlich ihres Adoptionszeitpunkts, sondern auch hinsichtlich ihres sozioökonomischen Status, ihrer Persönlichkeitsmerkmale sowie ihres Kommunikationsverhaltens unterscheiden.

Als Innovatoren (*innovators*) werden die ersten 2,5 % der Übernehmer bezeichnet, die sich vor allem durch eine hohe Risikobereitschaft und Unsicherheitstoleranz auszeichnen. Sie verfügen zudem in der Regel über eine Vielzahl (geographisch) weit verstreuter Kontakte und sind so besonders gut in der Lage, neue Ideen in das eigene soziale System ‚einzuschleusen' (Rogers, 2003, S. 282–283).

Die frühen Übernehmer (*early adopters*; 13,5 %) hingegen sind stärker in das lokale soziale System integriert und spielen nicht zuletzt deshalb eine Schlüsselrolle im Diffusionsprozess. Da sie Respekt genießen und häufig um Rat gefragt werden, fungieren sie als wichtige Vorbilder für andere Mitglieder des Sozialsystems und verhelfen der Innovation so zu einer größeren Akzeptanz und mithin zum Durchbruch (Rogers, 2003, S. 283).

Sobald die Innovation den Punkt der kritischen Masse überschritten hat, wird sie von einer größeren Gruppe – der frühen Mehrheit (*early majority*; 34 %) – übernommen. Im Gegensatz zu den frühen Übernehmern sind Mitglieder der frühen Mehrheit eher keine Meinungsführer, verfügen aber dennoch über viele soziale Kontakte, was die weitere Ausbreitung der Innovation begünstigt (Rogers, 2003, S. 283–284).

Die späte Mehrheit (*late majority*; 34 %) betrachtet Innovationen eher zurückhaltend und übernimmt Neuerungen zumeist erst dann, wenn der wirtschaftliche oder soziale Druck zu stark zu werden droht. Da die späte Mehrheit über vergleichsweise knappere Ressourcen verfügt, können und wollen die hier verorteten Individuen nur wenig Unsicherheit akzeptieren (Rogers, 2003, S. 284).

Als letzte Mitglieder in einem sozialen System übernehmen schließlich die sog. Nachzügler (*laggards*; 16 %) eine Innovation. Diese sind grundsätzlich misstrauisch gegenüber Neuerungen, sozial kaum eingebunden und zudem stark an der Vergangenheit orientiert. Noch stärker als die späte Mehrheit müssen die Nachzügler mit begrenzten Mitteln wirtschaften und wollen daher keine unsicheren Entscheidungen treffen (Rogers, 2003, S. 284–285).

## 3 Bezug zum Gesamtwerk des Autors

Die fünf Auflagen von *Diffusion of innovations* (Rogers, 1962; 1983; 1995; 2003; Rogers & Shoemaker, 1971) stellen ohne Zweifel das Fundament des wissenschaftlichen Werks von Everett M. Rogers dar. Die Anfänge dieses Werks finden sich im Literaturüberblick seiner Doktorarbeit (Rogers, 1957), die ein Jahr später auch als Aufsatz publiziert wurden (Rogers, 1958). Doch erst in der zweiten Auflage seines Standardwerks (Rogers & Shoemaker, 1971) schafft Rogers durch eine umfassende Metaanalyse aller bekannten Arbeiten zur Diffusion von Innovationen das eigentliche Fundament der Diffusionstheorie.

Es war eine seiner Hauptleistungen, aus einer Vielzahl an weitestgehend unverbundenen Forschungsarbeiten in den verschiedensten wissenschaftlichen Disziplinen eine Forschungsrichtung zu formen. Sein explizites Ziel war es dabei, die Diffusionstheorie – im Sinne einer Theorie mittlerer Reichweite (Merton, 1968) – empirisch überprüfbar zu gestalten:

> Our theoretical basis must be specific enough to be empirically testable, and our data must test theoretical hypotheses. Theory that cannot be tested is useless, and data not related to theoretical hypotheses become irrelevant. (Rogers & Shoemaker, 1971, S. 81)

Gleichzeitig verankert Rogers die Diffusionstheorie an dieser Stelle in der Kommunikationswissenschaft, indem er den Diffusionsprozess analog zur S-M-C-R-E-Formel (Laswell, 1948) als einen Kommunikationsprozess definiert (Rogers, 2003, S. 5): „Diffusion is the process in which an innovation is *communicated* [Hervorh. d. Verf.] through certain channels over time among the members of a social system". Indem Medien die Verbreitung einer Innovation nicht nur direkt, sondern auch indirekt durch interpersonale Kommunikation (vgl. die Ausführungen zum Two-Step-Flow in den Beiträgen von Monika Taddicken sowie Jens Woelke und Sebastian Koch i. d. B.) beeinflussen, lassen sich bei der Diffusion von Innovationen sowohl Medienwirkungen *erster* als auch *zweiter* Ordnung verorten.

Diese grundlegenden Arbeiten prägen das wissenschaftliche Lebenswerk von Everett M. Rogers, das eine Vielzahl von Aspekten der Diffusionstheorie umfasst. In 37 Büchern, 140 Buchkapiteln, etwa 180 Aufsätzen und 150 Forschungsberichten (Singhal, 2012) widmete sich Rogers neben der Diffusionstheorie aber auch der Gesundheitskommunikation, forschte im Bereich Edutainment und erörterte die Geschichte und Entwicklung der Kommunikationswissenschaft (Rogers, 1994). Ein besonderes Augenmerk seiner Arbeit lag zudem stets auf der Praxisrelevanz der Ergebnisse, beispielsweise für die Entwicklungshilfe oder Gesundheitskampagnen (vgl. Dearing & Singhal, 2006; Leonard, 2006; Melkote, 2006).

## 4 Wirkungsgeschichte des Schlüsselwerkes und Kritik

Auch wenn – oder auch gerade weil – *Diffusion of Innovations* über Jahrzehnte das Standardwerk der Diffusionstheorie darstellte und immer noch darstellt, wurde es immer wieder zum Gegenstand heftiger Kritik. Wir wollen an dieser Stelle drei Hauptkritikpunkte aufgreifen: den induktiven Erkenntnisgewinn, den Innovationspositivismus sowie die Dichotomie zwischen Übernahme und Ablehnung einer Innovation.

Wie bereits in Abschnitt 4 erläutert, bildet eine umfassende Metaanalyse (Rogers & Shoemaker, 1971) die Basis von *Diffusion of innovations*. Eben diese wurde immer wieder aufgrund ihres induktiven Erkenntnisgewinns kritisiert. Die Autoren haben auf Basis der Metaanalyse immer diejenigen Aussagen übernommen, die von der Mehrheit der Studien unterstützt wurden – ohne Rücksicht auf Stichprobengrößen, Effektstärken oder konkrete Operationalisierungen (vgl. Downs & Mohr, 1976). Aus Sicht des kritischen Rationalismus wurde diese Vorgehensweise kritisiert, da ein Zusammenhang, der eben nicht immer zutrifft, überarbeitet oder in seinem Geltungsbereich eingeschränkt und erneut getestet werden müsste (vgl. von Pape, 2009).

Zudem geht die Diffusionstheorie generell davon aus, dass eine schnelle und vollständige Ausbreitung einer Neuerung wünschenswert ist. Diese verzerrte Sichtweise wird als *Innovationspositivismus* bezeichnet. Sie verhindert den Blick auf negative Konsequenzen einer Innovation (siehe bspw. Hightower, 1973) sowie auf die Gründe ihrer Ablehnung. Entsprechend geht Rogers in seinem Werk *Diffusion of innovations* auch davon aus, dass Lösungen zur Behebung sozialer Probleme durch Experten außerhalb eines sozialen Systems entwickelt werden und dann durch sogenannte *change agents* von außen in dieses gebracht werden. Singhal (2011) konnte jedoch zeigen, dass gerade nicht normkonformes Verhalten innerhalb eines sozialen Systems oftmals besser zur Lösung eines sozialen Problems beitragen kann als externe, von change agents eingebrachte Lösungsansätze.

Die *Dichotomie zwischen Übernahme und Ablehnung einer Innovation* beruht insbesondere auf der agrarsoziologischen Tradition der Diffusionsforschung und erlaubt Aussagen zur Diffusion auf der Makroebene (vgl. Abschnitt 3). Auch der Anschluss an andere theoretische Ansätze wie beispielsweise die Netzwerkanalyse wird durch diese Abstraktion erleichtert. Diese Abstraktion verhindert jedoch systematisch den Blick auf wichtige Kontextfaktoren im individuellen Übernahmeprozess. Besonders deutlich wird dies in der Tradition der Aneignungsforschung (de Certeau, 1988; Hall, 1980) bzw. des Domestication-Ansatzes (Silverstone & Haddon, 1996). Diese Forschungstradition betrachtet die prozesshafte Institutionalisierung und Alltagsintegration von Neuerungen und betont dabei auch den konstruktiven

Anteil der Konsumenten am Endprodukt. Im Zentrum dieser Überlegungen steht das kommunikative Aushandeln von Nutzungs- und Bedeutungsmustern (vgl. u. a. Frissen, 2000; Ling, Nilsen, & Granhaug, 1999). Die Diffusionstheorie hingegen lässt für die Betrachtung dieser Prozesse durch ihre starke Abstraktion auf eine binäre Adoptionsentscheidung keinen Raum.

Doch trotz der vielfältigen Kritikpunkte an Rogers Ansatz gilt *Diffusion of innovations* nach wie vor als das Standardwerk der Diffusionsforschung, welches nicht zuletzt durch seine breite Ausrichtung und den hohen Anwendungsbezug besticht.

## Literatur

### *Primärliteratur*

Rogers, E. M. (1957). *A conceptual variable analysis of technological change* (Unveröffentlichte Doktorarbeit). Iowa State College.

Rogers, E. M. (1958). A conceptual variable analysis of technological change. *Rural Sociology, 23*, 136–145.

Rogers, E. M. (1962). *Diffusion of innovations*. New York: Free Press.

Rogers, E. M. (1983). *Diffusion of innovations* (3. Aufl.). New York: Free Press.

Rogers, E. M. (1994). *A history of communication study. A biographical approach*. New York: Free Press.

Rogers, E. M. (1995). *Diffusion of innovations* (4. Aufl.). New York: Free Press.

Rogers, E. M. (2003). *Diffusion of innovations* (5. Aufl.). New York: Free Press.

Rogers, E. M., & Shoemaker, F. (1971). *Communication of innovations* (2. Aufl.). New York: Free Press.

### *Sekundärliteratur*

Dearing, J. W., & Singhal, A. (2006). Communication of innovations: A journey with Ev Rogers. In A. Singhal & J. W. Dearing (Hrsg.), *Communication of innovations. A journey with Ev Rogers* (S. 13–28). New Delhi: SAGE.

de Certeau, M. (1988). *Kunst des Handelns*. Berlin: Merve.

Downs, G. W., Jr., & Mohr, L. B. (1976). Conceptual issues in the study of innovation. *Administrative Science Quarterly, 21*, 700–714. doi: 10.2307/2391725

Festinger, L. (1957). *A theory of cognitive dissonance*. Stanford University Press.

Frissen, V. a. J. (2000). ICTs in the rush hour of life. *The Information Society, 16*, 65–75. doi: 10.1080/019722400128338

Hall, S. (1980). Encoding/Decoding. In S. Hall, D. Hobson, A. Lowe, & P. Willis (Hrsg.), *Culture, media, language: Working papers in Cultural Studies, 1972-79* (S. 128–138). London: Routledge.

Hightower, J. (1973). *Hard tomatoes, hard times*. Cambridge: Schenkman.

Karnowski, V. (2011). *Diffusionstheorien*. Baden-Baden: Nomos.

Lasswell, H. D. (1948). The structure and formation of communication in society. In L. Bryson (Hrsg.), *The communication of ideas* (S. 37–51). New York: Harper and Brothers.
Leonard, D. A. (2006). Innovation as a knowledge generation and transfer process. In A. Singhal & J. W. Dearing (Hrsg.), *Communication of innovations. A Journey with Ev Rogers* (S. 83–110). New Delhi: SAGE.
Ling, R., Nilsen, S., & Granhaug, S. (1999). The domestication of video-on-demand. Folk understanding of a new technology. *New Media & Society, 1*, 83–100. doi: 10.1177/14614449922225492
Melkote, S. (2006). Communication and social change in developing countries. In A. Singhal & J. W. Dearing (Hrsg.), *Communication of innovations. A Journey with Ev Rogers* (S. 145–171). New Delhi: SAGE.
Merton, R. K (1968). *Social theory and social structure.* New York: Free Press.
Shefner-Rogers, C. L. (2006). Everett Rogers' personal journey: Iowa to Iowa. In A. Singhal & J. W. Dearing (Hrsg.), *Communication of innovations. A journey with Ev Rogers* (S. 230–247). New Delhi: SAGE.
Silverstone, R., & Haddon, L. (1996). Design and the domestication of information and communication technologies: Technical change and everyday life. In R. Mansell & R. Silverstone (Hrsg.), *Communication by design: The politics of information and communication technologies* (S. 44–74). Oxford University Press.
Singhal, A. (2011). Turning diffusion of innovations paradigm on its head. In A. Vishwanath & G. A. Barnett (Hrsg.), *The diffusion of innovations. A communication science perspective* (S. 193-205). New York: Peter Lang.
Singhal, A. (2012). Everett M. Rogers, an intercultural life: From Iowa farm boy to global intellectual. *International Journal of Intercultural Relations, 36*, 848–856. doi:10.1016/j.ijintrel.2012.08.015
von Pape, T. (2009). Media adoption and diffusion. In T. Hartmann (Hrsg.), *Media choice: A theoretical and empirical overview* (S. 274–292). London: Routledge.

# Mass Media Flow and Differential Growth in Knowledge

## von Philipp J. Tichenor, George A. Donohue und Clarice N. Olien (1970)

Heinz Bonfadelli

**Zusammenfassung**

Der Beitrag gibt eine Übersicht zur 1970 im Public Opinion Quartely durch Tichenor, Donohue und Olien, die sog. Minnesota-Forschergruppe, erstmals formulierten Wissenskluft-Hypothese, welche heute zu den wichtigen Paradigmen der neueren Wirkungsforschung zählt. Sie postuliert, dass wenn der Informationszufluss von Massenmedien in ein Sozialsystem anwächst, die Bevölkerungssegmente mit höherem sozioökonomischem Status zu einer rascheren Aneignung dieser Information tendieren als die statusniedrigeren Segmente, sodass die Wissenskluft zwischen diesen Segmenten tendenziell zu- statt abnimmt. Der Journal-Artikel begründete eine umfangreiche und bis heute nicht nachlassende empirische Forschungstradition, in der die ursprüngliche Wissenskluft-Hypothese sowohl theoretisch weiterentwickelt als auch empirisch breit abgestützt und bezüglich moderierender Drittfaktoren ausdifferenziert wurde.

**Schlüsselbegriffe**

Minnesota-Forschergruppe, Informationsdiffusion, Informationszugang, Informationsaneignung, Bildung, Wissen, heterogene Wissensverteilung, Wissenskluft (engl. knowledge gap)

## 1 Kurzbiographien der Autoren

Phillip J. Tichenor (geb. 1931) ist emeritierter Professor für Journalismus und Massenkommunikation an der University of Minnesota. Er absolvierte seinen B.S. und M.S. an der University of Wisconsin und erhielt seinen Ph.D. in Mass Communication an der Stanford University. Seine akademische Karriere begann er in Agricultural College Communication (7 Jahre), wonach er in Academic Journalism (30 Jahre) wechselte. George A. Donohue (geb. 1924, Ph.D. in Soziologie, Washington State University) war Professor für Soziologie an der University of Minnesota und Clarice N. Olien (geb. 1933) studierte Soziologie an der University of Minnesota, war dort 1970 Instructor in Sociology und später Associate Professor. Gut 25 Jahre arbeitete das Trio im Rahmen der Wissenskluft-Forschung zusammen an der University of Minnesota. Die amerikanische Association for Education in Journalism and Mass Communication verlieh ihnen gemeinsam 1994 den Paul J. Deutschman Award for Excellence in Research.

## 2 Inhalt des Texts

Der 1970 von Phillip Tichenor, George Donohue und Clarice Olien verfasste und im Journal of Public Opinion veröffentlichte Artikel „Mass Media Flow and Differential Growth in Knowledge" ist der Ausgangs- und Schlüsseltext der Wissenskluft-Forschung, welche heute als eines der wichtigen Paradigmen der neueren Wirkungsforschung gilt, neben Ansätzen wie Agenda-Setting (vgl. Beitrag von Patrick Rössler i. d. B.), Kultivierung (vgl. Beitrag von Constanze Rossmann, Christine Meltzer und Anna Schnauber i. d. B.) oder Framing (vgl. Beitrag von Christian Schemer und Stefan Geiß i. d. B.). In ihm wird 1) das Konzept der Wissenskluft in Form einer Basishypothese – der „increasing knowledge gap" hypothesis – formuliert und 2) einerseits empirisch belegt mit einer Sekundäranalyse von in den 1960er Jahren durchgeführten empirischen Studien aus der Kommunikationswissenschaft und ergänzt um ein eigenes Feldexperiment der Minnesota-Forschergruppe und 3) andererseits erklärt mittels einer theoretischen Darlegung der dem Wissenskluft-Phänomen zugrunde liegenden Prozesse und Einflussfaktoren.

Die Forschergruppe der University of Minnesota formuliert in ihrem Schlüsseltext zum ersten Mal explizit die Hypothese von der sich verstärkenden Wissenskluft:

> As the infusion of mass media information into a social system increases, segments of the population with higher socioeconomic status tend to acquire this information

> at a faster rate than the lower segments, so that the gap in knowledge between these segments tends to increase rather than decrease. (S. 159-160)

Im Gegensatz zur 1972/73 nur etwas später formulierten ebenfalls neuen Agenda-Setting-Theorie (vgl. Beitrag von Patrick Rössler i. d. B.) wird in der Wissenskluft-Hypothese nicht die homogenisierende und integrative Funktion der Medien für die Gesellschaft als Prämisse betont, sondern aus einer soziologisch-gesellschaftlichen Perspektive unter Rückgriff auf verschiedene ältere Studien dargelegt, dass die Aneignung von Wissen, speziell zu öffentlich relevanten Themen (engl. public affairs) und aus der *Wissenschaft*, zu einer schnelleren und größeren Aneignung beim besser im Vergleich zum schlechter gebildeten sozialen Segment führe, was bestehende Wissensklüfte tendenziell verstärke. Dabei wird darauf hingewiesen, dass die Wissenskluft-Hypothese nicht behaupte, dass tiefere Statussegmente oder arme Bevölkerungsgruppen komplett uninformiert bleiben oder ihre Informiertheit in absoluter Hinsicht gar abnehmen würde. Die Wissenskluft-Hypothese postuliere vielmehr nur eine im Zeitverlauf *relativ* stärkere Informationsaneignung durch die statushöheren Segmente, wobei in der empirischen Umsetzung meist Bildung als valider Indikator für sozioökonomischen Status benutzt werde.

*Anwendungsorientiert* liefert die Wissenskluft-Hypothese eine Erklärung für das Scheitern vieler Medienkampagnen, welche die breite Öffentlichkeit für politische Themen zu sensibilisieren und zu informieren versuchen. Illustriert wird dies am Beispiel der von Star und Hughes (1950) evaluierten Kampagne, die Bevölkerung von Cincinnati über die damals noch neue UNO zu informieren. Dabei zeigte sich, dass eher die vorab besser gebildeten, politisch interessierten und schon gut informierten Personen durch die Kampagne erreicht wurden, und sich als Folge ihr Informationsvorsprung noch vergrößerte.

In *empirischer Hinsicht* greifen die Autoren exemplarisch auf Studien zurück, welche sich *methodisch* auf je andere Weise schon früher mit Wissenskluft-Phänomenen befasst haben (vgl. Tab. 1):

1. Studien zur Diffusion von Nachrichten analysieren die *Verbreitung von Wissen im Zeitverlauf und teilweise auch im Vergleich sozialer Gruppen*. Als exemplarisches Beispiel wird die Nachrichtendiffusionsstudie von Budd, McLean und Barnes (1966) genannt, in der besser Gebildete rascher von der Neuigkeit erfuhren als die weniger Gebildeten.

**Tab. 1** Unterschiedliche methodische Umsetzung der Wissenskluft-Hypothese

| Design | Methodik | Evidenz für Wissensklüfte |
|---|---|---|
| Verlaufs-studien | Analyse der Diffusion von Nachrichten im Zeitverlauf | Besser Gebildete erfahren von den Nachrichten schneller |
| | Mehrere vergleichbare Surveys bzw. Panelstudien mit Mehrfachbefragung | Korrelationen zwischen Wissen und Bildung verstärken sich im Zeitverlauf |
| Querschnitt-Studien | Surveys zum Wissensstand zu verschiedenen Medienthemen | Korrelation zwischen Wissen und Bildung bei Themen mit hoher Publizität größer, Wissensklüfte bei Vielnutzern größer |
| (Feld-) Experimente | Zeitungsstreik vs. Nichtstreik | Wissensklüfte in Streiksituation geringer |
| | Wissensaufnahme bzw. Erinnerung nach Präsentation von Texten | Korrelation zwischen Wissen und Bildung bei Themen mit hoher Publizität größer |

2. Bei *Querschnitt-Surveys* zum Wissensstand *in verschiedenen sozialen Segmenten zu einem bestimmten Zeitpunkt* müssten nach der Wissenskluft-Hypothese die Korrelationen zwischen Wissen und Bildung bei Themen mit größerer im Vergleich zu solchen mit geringerer Medienpublizität höher sein. Analog verglichen spätere Studien auch Viel- mit Wenignutzern bestimmter Medien, wobei die Wissensklüfte bei den Viel- im Vergleich zu den Wenig-Nutzern stärker ausgeprägt sein sollten. Zur Illustration dieser zweiten methodischen Umsetzung werden Survey-Befunde aus Querschnittstudien in der Periode von 1949 bis 1969 des American Institute of Public Opinion mit Fragen nach den Namen von Erd-Satelliten und zur Meinung der Möglichkeit einer Mondlandung durch Menschen oder dass Rauchen Lungenkrebs verursache, aufgeführt. In allen drei Fällen verstärkten sich die Wissensklüfte als Differenzen der Meinungen zwischen den Bildungssegmenten im Zeitverlauf (vgl. Abb. 1).
3. Zudem wird eine *Zeitungsstreik-Studie* zitiert, wo die Wissenskluft über Public Affairs Themen in der Gemeinde mit Zeitungsstreik, d. h. ohne Medienpublizität, konsonant zur Wissenskluft-Hypothese geringer war als in der Vergleichsgemeinde ohne Streik, d. h. mit Medienpublizität. 4) Und viertens wird schließlich das eigene Minneapolis-St. Paul Feldexperiment dargestellt, bei dem 600 zufällig ausgewählte Personen jeweils zwei aus 22 Artikeln mit medizinischen oder biologischen Themen zu lesen hatten, worauf anschließend nach dem Inhalt der gelesenen Texte gefragt wurde. Auch hier zeigten sich konsonant zur Wissenskluft-Hypothese bei den Themen mit stärkerer Medienpublizität höhere Korrelationen zwischen Bildung und Textverständnis.

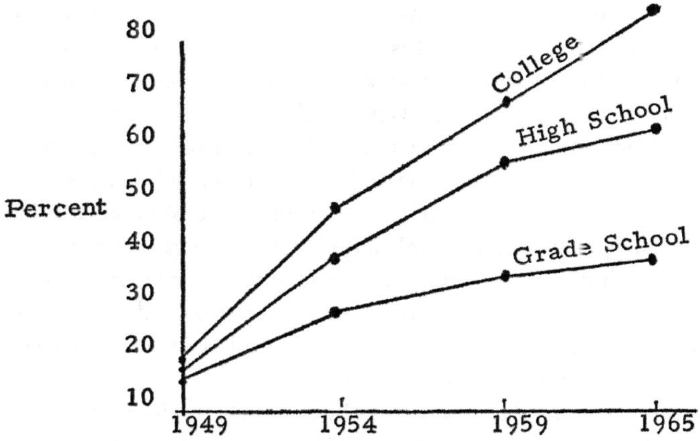


**Abb. 1** Originalvisualisierung der Wissenskluft-Hypothese

Quelle: Tichenor, Donohue, & Olien, 1970, S. 166; Anmerkung: Ausgewiesen ist der Prozentanteil der Befragten in den vier Surveys des American Institute of Public Opinion, welche der Meinung waren, dass Menschen den Mond erreichen werden.

Neben der Präsentation der oben angeführten empirischen Evidenzen zur Wissenskluft-Hypothese diskutieren Tichenor, Donohue und Olien zur *theoretischen Begründung* der Wissenskluft-Hypothese fünf verursachende Faktoren und Prozesse, allerdings ohne den Anspruch, eine Theorie zu formulieren: 1) Personen mit mehr formaler Bildung verfügen über bessere *kommunikative Fertigkeiten* (engl. skills), welche das Lesen und Verstehen sowie die Aneignung von Wissen zu Themen von öffentlichem Belang oder aus der Wissenschaft erleichtern. 2) Besser Gebildete besitzen zudem aufgrund ihrer schulischen Bildung, aber auch wegen ihrer vorgängigen Mediennutzung meist mehr *Vorwissen* (engl. amount of stored information / existing knowledge) und sind so gegenüber neuen Medienthemen aufgeschlossener und bezüglich deren Verständnis besser vorbereitet. 3) Bildung indiziert zudem meist *mehr interpersonale soziale Kontakte*, was die Wahrscheinlichkeit von Gesprächen über öffentlich relevante Themen erhöht und entsprechende Lernprozesse begünstigt. 4) Weiter korreliert Bildung mit verstärkten Prozessen der *selektiven Zuwendung zu sowie Akzeptanz und Speicherung von Information*. 5) Schließlich ist die *Beschaffenheit des Mediensystems* von Relevanz, insofern Informationen von öffentlichem Belang und über Wissenschaft vorab von den Printmedien angeboten werden, welche wiederum von den besser Gebildeten verstärkt genutzt werden.

Vor dem Hintergrund der präsentierten empirischen Evidenz bilanzieren Tichenor, Donohue und Olien: „Most of the data, then, tend to be consistent with the ‚increasing knowledge gap' hypothesis" (S. 170). Und sie folgern aus einer soziologischen Perspektive zur „Massen"-Wirkung der Medien, dass diese vergleichbar zu anderen sozialen Institutionen zu einer *Verfestigung und Verstärkung von bestehenden Ungleichheiten* beitragen würden. Sie sind dementsprechend eher skeptisch, was die Möglichkeiten der Medien zur Verringerung von Wissensklüften anbelangt, nicht zuletzt, weil die Medienaufmerksamkeit für ein bestimmtes Thema meist nachlasse, bevor Wissensklüfte sich allenfalls schließen könnten. Angesichts des Fokus ihrer Analyse auf Printmedien stellen sie ferner die Frage nach der Möglichkeit, dass das Fernsehen als „knowledge leveler" in bestimmten Bereichen wirken könnte, wozu aber künftige Forschung notwendig sei.

Interessant ist, dass Tichenor, Donohue und Olien abschließend zur *gesellschaftlichen Relevanz des Wissenskluft-Phänomens* andeuten, dass der heterogene Informationsfluss in der Gesellschaft nicht unbedingt nur dysfunktional bewertet werden müsse, insofern die raschere Informationsaufnahme durch die Bildungseliten auch *sozial funktional* sein könne, und zwar als zentraler Faktor für künftigen sozial-technologischen Wandel, induziert durch gesellschaftliche Eliten; allerdings dürften sich dadurch auch die Spannungen im sozialen System verstärken.

## 3 Bezug des Textes zum Gesamtwerk der Autoren

Der Schlüsseltext von Tichenor, Donohue und Olien von 1970 markiert den Ausgangspunkt einer rund 25jährigen Forschungs- und Publikationstätigkeit der sogenannten Minnesota-Forschergruppe zu Fragen rund um das Wissenskluft-Phänomen. George Donohue fungiert zunächst als Erstautor von zwei weiteren, eher theoretisch gehaltenen Texten (Donohue, Tichenor, & Olien, 1972 und 1973) zur Gatekeeping-Funktion des Mediensystems im Sinne von Informations-, aber auch sozialer Kontrolle allgemein. Und eine 1975 publizierte bilanzierende Übersicht unter dem Titel „Mass Media and the Knowledge Gap. A Hypothesis Reconsidered" liest sich im Rückblick als Einleitung zur eigenen empirischen Forschung, welche auf Wissenskluft-Phänomene zu lokalen Themen von Gemeinden (engl. communities) in Minnesota und ihrer Presse (engl. metropolitan dailies) fokussiert, wobei vor allem der Einflussfaktor „Konflikt" in Bezug auf Homogenisierung des Informationsflusses bzw. Verringerung von Wissensklüften analysiert wird: „Thus, it appears that the knowledge gap hypothesis needs to be modified according to the type of issue involved and the conflict dimensions of the issue within the community" (Donohue, Tichenor, & Olien, 1975, S. 3). In empirischer Hinsicht erscheinen darum in der Folge mehrere Veröffentlichungen, welche auf einer Makroebene auf der Basis von Vergleichen zwischen Gemeinden Wissenskluft-Phänomene im Kontext unterschiedlicher Konfliktivität untersuchen. Diese Studien wurden unter dem Titel „Community Conflict and the Press" durch die Forschergruppe 1980 bilanziert und als Buch veröffentlicht. Mitte der 1980er Jahre befassen sich zwei weitere Beiträge auf empirischer Basis mit der Entwicklung bzw. dem Rückgang der Nutzung von sogenannten Metro-Daily-Zeitungen im Zusammenhang mit ungleichem Informationszugang und Wissensklüften (Donohue, Tichenor, & Olien, 1986; Tichenor, Olien, & Donohue, 1987). Und in einem der letzten Texte der Minnesota-Gruppe wird kritisch bilanziert, dass Medien zwar eine Wächterrolle (engl. guard dog) für die Gesellschaft ausüben würden, aber eben nicht für die Gemeinschaft als Ganzes, sondern tendenziell nur „...for those particular groups who have the power and influence to create and control their own security systems." (Donohue, Tichenor, & Olien, 1994, S. 116)

Zusammenfassend kann festgehalten werden (Bonfadelli, 1994, S. 137-232; Bonfadelli, 2007, S. 632-647), dass der Schlüsseltext der Minnesota-Gruppe zur Wissenskluft-Hypothese von 1970 eine umfangreiche Tradition empirischer Wissenskluft-Forschung mit Kontinuität bis heute begründet und stimuliert hat. Während in der Folge die meisten empirischen Untersuchungen zur Wissenskluft-Hypothese der eher mikroorientierten Wirkungsforschung verhaftet bleiben und auf Individualebene Faktoren und Prozesse zu identifizieren und zu differenzieren versuchen, welche das Ausmaß und den Verlauf von Wissensklüften beeinflussen, verfolgten die theoretischen Arbeiten und empirischen Studien der Minnesota-Gruppe eine soziologisch-makrotheoretische Perspektive mit Fokus auf Medien, Journalismus und soziale Kontrolle.

## 4 Wirkungsgeschichte des Textes und Kritik

Der Schlüsseltext von 1970 zur Basishypothese formulierte unter dem Label „Wissenskluft" ein neues theoretisches Konzept und begründete damit ein klar benanntes, aber eher heterogenes empirisches Forschungsfeld der Medienwirkungsforschung. Er initiierte in den nächsten 35 Jahren eine kaum überblickbare Anzahl empirischer Wirkungsstudien, welche in verschiedenen englisch- und deutschsprachigen *Übersichten zur Wissenskluftforschung* (u. a. Bonfadelli, 1994; Viswanath & Finnegan, 1996; Gaziano, 1997; Kwak, 1999; Bonfadelli, 2007; Zillien, 2013) sowie *Meta-Analysen* (Hwang & Jeong, 2009) bilanziert wurden.

Im deutschen Sprachbereich wurde die Wissenskluft-Perspektive schon relativ früh in einer Publikation zum Kontext des Lesens von Ulrich Saxer (1978) theoretisch aufgegriffen und diskutiert sowie von Heinz Bonfadelli (1978) mit Daten aus einer Sekundäranalyse unterlegt. Später folgten als Meilensteine die erste größere Studie von Horstmann (1991) und eine Forschungssynthese mit eigenen Befunden von Bonfadelli (1994).

## 4.1 Empirische Forschung

Im Gegensatz zur eher makrotheoretischen Forschung der Minnesota-Gruppe befassen sich die meisten empirischen Wissenskluft-Studien in der Tradition der Medienwirkungsforschung mit *Einflussfaktoren der Mikroebene auf die Entstehung von Wissensklüften* im Prozess der Medienzuwendung (z. B. zum Internet) und der Wissensaufnahme von Medieninformation zu verschiedensten Themen, oft bei Wahlen, aber auch bezüglich Klüften in der Meinungsbildung, zum Vertrauen oder in der politischen Partizipation. Dabei wurden eine Vielzahl intervenierender Faktoren und Prozesse untersucht (vgl. Tab. 2).

**Tab. 2** Intervenierende Faktoren und Prozesse bei der Entwicklung von Wissensklüften

| Ebene | Mediatisierende Faktoren bzw. Prozesse |
|---|---|
| Soziales System bzw. Gemeindetyp | • Homogenität vs. Heterogenität der Gemeinde<br>• Ländliche vs. städtische Gemeinden<br>• Ausmaß an Konflikt in der Gemeinde |
| Mediensystem bzw. Informationsfluss | • Intensität & Dauer der Berichterstattung<br>• Konfliktivität der Berichterstattung<br>• Frames der Berichterstattung |
| Medium bzw. Kanal | • Print (Presse) vs. TV vs. Internet |
| Berichterstattungs-thema | • Politik: Internationale vs. nationale vs. lokale ‚public affairs' Themen<br>• Andere Themen: Wissenschaft, Gesundheit, Umwelt etc.<br>• Themenkomplexität |
| Mediennutzer | • Allgemeines (politisches) vs. spezifisches Themeninteresse<br>• Salienz als Themenwichtigkeit bzw. Involviertheit<br>• Intensität interpersonaler Kommunikation |
| Zugangs- & Wissens-klüfte als abhängige Variablen | • Zugangsklüfte, z. B. Digital Divide bezüglich Internet-Zugang<br>• Nutzungs- bzw. Verarbeitungsklüfte<br>• Agenda- (engl. awareness), Fakten-, Hintergrundwissen<br>• Klüfte bezüglich Meinungen, Vertrauen (engl. trust), Partizipation |

Auf der *Makroebene* fokussierte speziell die Minnesota-Forschergruppe 1) auf unterschiedliche Typen von Gemeinden, etwa bezüglich Homogenität bzw. Heterogenität einerseits und Ausmaß an politischen Konflikten andererseits. 2) Dies steht wiederum in Zusammenhang mit der Intensität und Konfliktivität der Medienberichterstattung. Die Berichterstattung kann aus verschiedenen Perspektiven erfolgen, welche als Medienframes bezeichnet werden. Diese wiederum können die Bildung von Wissensklüften verstärken oder diesen entgegenwirken. 3) Und auf der *Mikroebene* der (genutzten) Medien stand lange Zeit die Frage nach Unterschieden zwischen Printmedien, vorab Zeitungen, einerseits und des Fernsehens andererseits bezüglich Verstärkung bzw. Abschwächung von Wissensklüften im Zentrum. Neuere Studien fokussierten auf die Funktion des Internets im Prozess der Wissensdiffusion. 4) Zudem wurde bezüglich der *Themen* der Einfluss der Medienpublizität, aber auch der Konflikthaltigkeit von Themen auf die Informationsverbreitung untersucht. 5) Schließlich wurden auf der Ebene der *Mediennutzer* unterschiedlichste Faktoren, welche die differenzielle Wissensaufnahme begünstigen bzw. hemmen, analysiert wie allgemeines politisches Interesse, spezifisches thematisches Interesse, die Salienz als Auffälligkeit von Themen bzw. die Involviertheit der Mediennutzer und nicht zuletzt der Einfluss von interpersonaler Kommunikation. 6) Darüber hinaus wurde aufgrund der theoretischen Unterscheidung zwischen *Medienzugang* (z. B. Digital Divide als Kluft zwischen Personen mit Besitz bzw. Zugangsmöglichkeit zum Internet und solchen ohne Internetzugang), *Mediennutzung* und *Medienrezeption* abgeklärt, inwiefern beispielsweise bei Informationskampagnen Kommunikationsklüfte wegen der differenziellen Erreichbarkeit von Zielgruppen entstehen, oder weil die erreichten Zielgruppen die Kampagnenbotschaften unterschiedlich effektiv rezipieren (z. B. Wirth, 1997).

## 4.2 Kritik und theoretische Weiterentwicklung

Die oben skizzierte Entwicklung der empirischen Forschung versuchte einerseits den Einfluss einer Vielzahl von intervenierenden Variablen auf die Entstehung von Wissensklüften zu bestimmen und reagierte dabei andererseits auch auf Kritik, welche auf theoretischer Ebene geäußert wurde. Eine Linie der Kritik betonte schon relativ früh das in der empirischen Umsetzung meist verwendete Wissenskonzept und dessen Operationalisierung, welches als Abfrage von bildungsaffinem „Schulbuch"-Wissen kritisiert wurde, weil dadurch die besser Gebildeten strukturell begünstigt würden. Dem wurde in der Forschung mit einer Differenzierung zwischen Themenbekanntheit bzw. Agenda-Wissen (engl. knowledge of) in Abgrenzung zu Fakten- und Hintergrundwissen (engl. knowledge about) begegnet. Insbesondere beim Agenda-Wissen, etwa im Vorfeld von Wahlen oder bei der Diffusion von Nachrichtenereignissen, spielt hier das Konzept des *Ceiling-* bzw. *Deckeneffekts* eine wichtige Rolle, insofern solches Wissen nur ansteigen kann und eine Obergrenze als Ceiling dann erreicht wird, wenn quasi alle vom Ereignis erfahren haben. Nachfolgende Studien haben neben Wissensklüften zudem Klüfte bezüglich Meinungen, Vertrauen oder politischer Partizipation untersucht.

Weiter wurde bei der Diskussion um das abgefragte Wissen kritisiert, dass die Wissenskluft-Hypothese einseitig nur als *Defizit-Hypothese* der weniger gebildeten passiven Empfänger von Medieninformation formuliert worden sei, man aber von *Communication-Gaps* (Dervin, 1980) ausgehen sollte. Vor diesem Hintergrund wurde das Konzept der *Differenz-Hypothese* formuliert, nach der nicht Bildung, sondern differentiell verteilte Motivation als Hauptursache für das Entstehen von Wissensunterschieden betrachtet wurde (Ettema & Kline, 1977). Kwak (1999) entwickelte diese Überlegungen weiter und formulierte vor diesem Hintergrund sein *Kontingenz-Modell*, das ein je nach Situation und Thema unterschiedlich akzentuiertes Zusammenspiel von Bildung und Kompetenz auf der einen Seite sowie Motivation und Interesse auf der anderen Seite für das Entstehen von Wissensklüften verantwortlich macht.

Abschließend ist auf die Frage einzugehen, wie nach dem heutigen Stand der Forschung die *empirische Evidenz* der Wissenskluft-Forschung zu beurteilen ist. Hierzu geben die Forschungsbilanzen beispielsweise von Viswanath und Finnegan (1996) und vor allem die quantifizierte Meta-Analyse von Hwang und Jeong (2009), welche auf 46 vergleichbaren Studien über einen Zeitraum von 35 Jahren basiert, eine differenzierte Antwort. Während in den meisten Querschnitt-Studien eine zwar mässige Wissenskluft zwischen den untersuchten sozialen Segmenten nachgewiesen werden konnte (Mean Effect Size: 0.25), weisen die Befunde im Zeitverlauf oder bezüglich unterschiedlicher Publizität tendenziell auch in Richtung sich verstärkender Wissensklüfte, sind aber nicht signifikant. Methodisch gesehen waren die Wissensklüfte in Survey-Studien stärker ausgeprägt als bei experimentellen Designs. Offen bleiben aber weiter viele Fragen, nicht zuletzt nach dem differenziellen Einfluss von Printmedien, Fernsehen und Internet im Medienvergleich (z. B. Cacciatore, Scheufele, & Corley, 2012) oder der Informationsverbreitung und Wissensaufnahme im Ländervergleich (z. B. Iyengar, Hahn, Bonfadelli, & Marr, 2009), aber in methodischer Hinsicht auch im Zeitverlauf. Und praxisorientiert stellt sich etwa die Frage, welche Faktoren der Exklusion von benachteiligten sozialen Segmenten entgegenwirken und beispielsweise in Kommunikationskampagnen wissensausgleichend sind (z. B. Niederdeppe, Kuang, Crock, & Skelton, 2008).

## Literatur

### *Primärliteratur*

Donohue, G. A., Tichenor, P. J., & Olien, C. N. (1972). Gatekeeping. Mass media systems and information control. In G. F. Kline & Ph. J. Tichenor (Hrsg.), *Current perspectives in Mass Communication Research* (S. 41-69). Beverly Hills, CA: Sage.

Donohue, G. A., Tichenor, P. J., & Olien, C. N. (1973). Mass media functions, knowledge and social control. *Journalism Quarterly, 50*, 652-659.

Donohue, G. A., Tichenor, P. J., & Olien, C. N. (1975). Mass media and the Knowledge Gap: A hypothesis reconsidered. *Communication Research, 2*, 3-23.

Donohue, G. A., Tichenor, P. J., & Olien, C. N. (1986). Metro daily pullback and knowledge gaps. Within and between communities. *Communication Research, 13*, 453-471.

Tichenor, P. J., Donohue, G. A., & Olien, C. N. (1970). Mass media flow and differential growth in knowledge. *Public Opinion Quarterly, 34*, 159-170.

Tichenor, P. J., Donohue, G. A., & Olien, C. N. (1980). *Community conflict and the press.* Beverly Hills, CA: Sage.

Tichenor, P. J., Donohue, G. A., & Olien, C. N. (1995). A guard dog perspective on the role of media. *Journal of Communication, 45*(2), 115-132.

Tichenor, P. J., Olien, C. N., & Donohue, G. A. (1987). Effect of use of metro dailies on knowledge gap in small towns. *Journalism Quarterly, 64*, 329-336.

### *Sekundärliteratur*

Bonfadelli, H. (1978). Zur ‚increasing knowledge gap' Hypothese. Sekundäranalytische Befunde zum Verhältnis zwischen Medienverhalten und Wissensstand am Beispiel 'Schwangerschaftsabbruch'. In U. Bunjes & K. H. Teckentrup (Hrsg.), *Buch und Lesen* (S. 71-90). Gütersloh: Bertelsmann.

Bonfadelli, H. (1994). *Die Wissenskluft-Perspektive. Massenmedien und gesellschaftliche Information.* Konstanz: UVK, Ölschläger.

Bonfadelli, H. (2007). Die Wissenskluft-Perspektive. In M. Schenk, *Medienwirkungsforschung* (S. 614-647). Tübingen: Mohr Siebeck.

Budd, R. W., MacLean, M. S., & Barnes, A. M. (1966). Regularities in the diffusion of two major news events. *Journalism Quarterly, 43*, 221-230.

Cacciatore, M. A., Scheufele, D. A., & Corley, E. A. (2012). Another (methodological) look at knowledge gaps and the internet's potential for closing them. *Public Understanding of Science.* Online-Vorabpublikation. doi: 10.1177/0963662512447606

Dervin, B. (1980). Communication gaps and inequities: Moving toward a reconceptualization. In B. Dervin & M. J. Voigt (Hrsg.), *Progress in Communication Sciences, Vol. II* (S. 73-112). Norwood, NJ: Ablex.

Ettema, J., & Kline, G. F. (1977). Deficits, differences, and ceilings. Contingent conditions for understanding the Knowledge Gap. *Communication Research, 4*, 179-202.

Gaziano, C. (1997). Forecast 2000: Widening knowledge gaps. *Journalism & Mass Communication Quarterly, 74*, 237-264.

Horstmann, R. (1991). *Medieneinflüsse auf politisches Wissen: zur Tragfähigkeit der Wissenskluft-Hypothese.* Wiesbaden: Deutscher Universitätsverlag.

Hwang, Y., & Jeong, S.-H. (2009). Revisiting the Knowledge Gap Hypothesis: A meta-analysis of thirty-five years of research. *Journalism & Mass Communication Quarterly, 86*, 513-532.

Iyengar, S., Hahn, K. S., Bonfadelli, H., & Marr, M. (2009). "Dark areas of ignorance" revisited. Comparing international affairs knowledge in Switzerland and the United States. *Communication Research, 36*, 341-358.

Kwak, N. (1999). Revisiting the Knowledge Gap Hypothesis: Education, motivation, and media use. *Communication Research, 26*, 385-413.

Niederdeppe, J., Kuang, X., Crock, B., & Skelton, A. (2008). Media campaigns to promote smoking cessation among socioeconomically disadvantaged populations: What do we know, what do we need to learn, and what should we do now? *Social Science & Medicine, 67*, 1343-1355.

Saxer, U. (1978). Medienverhalten und Wissensstand – zur Hypothese der wachsenden Wissenskluft. In U. Bunjes & K. H. Teckentrup (Hrsg.), *Buch und Lesen* (S. 35-70). Gütersloh: Bertelsmann.

Star, S. A., & Hughes, H. M. (1950). Report on an educational campaign: The Cincinnati Plan for the United Nations. *American Journal of Sociology, 55*, 389-400.

Viswanath, K., & Finnegan, J. R. (1996). The Knowledge Gap Hypothesis: Twenty-five years later. In B. Burleson (Hrsg.), *Communication Yearbook 19* (S. 187-227). Thousand Oaks, CA: Sage.

Wirth, W. (1997). *Von der Information zum Wissen. Die Rolle der Rezeption für die Entstehung von Wissensunterschieden.* Opladen: Westdeutscher Verlag.

Zillien, N. (2013). Wissenskluftforschung. In W. Schweiger & A. Fahr (Hrsg.), *Handbuch Medienwirkungsforschung* (S. 495-512). Wiesbaden: Springer.

# The Agenda-Setting Function of Mass Media

## von Maxwell E. McCombs und Donald L. Shaw (1972)

Patrick Rössler

**Zusammenfassung**

Mit ihrer bescheidenen empirischen Studie zur Problemwahrnehmung von 100 unentschlossenen Wählern und deren Korrespondenz mit der Berichterstattung in den lokalen Medien haben Maxwell McCombs und Donald Shaw 1972 den Grundstein für den bis heute populärsten Medienwirkungsansatz gelegt. Ihre „Agenda-Setting"-Hypothese, damals bemerkenswert wegen ihrer Abkehr von der klassischen Persuasionsannahme und der Betonung kognitiver Effekte, kann inzwischen als vielfach bestätigte Basiserkenntnis der politischen Kommunikationsforschung gelten. Die Gegenüberstellung von Inhaltsanalyse und Publikumsbefragung ist, ungeachtet diverser theoretischer und methodischer Fallstricke, bis heute das Vorbild für die meisten empirischen Agenda-Setting-Studien.

**Schlüsselbegriffe**

Agenda-Setting, Bevölkerungsumfrage, Inhaltsanalyse, Medienagenda, Orientierungsbedürfnis, politische Kommunikation, Publikumsagenda, Second-Level Agenda-Setting, Thematisierungsfunktion

## 1 Kurzbiografie der Autoren

*Maxwell E. McCombs* (*1938 in Birmingham, Alabama) erwarb seinen PhD 1966, als Assistent u. a. von Wilbur Schramm, und ging nach einem Jahr als Assistant Professor an der UCLA an die University of North Carolina. 1973 wurde McCombs als John-Ben-Snow-Forschungsprofessor an die Syracuse University berufen, von wo aus er 1985 als Leiter des Journalismus-Departments an die University of Texas wechselte. Bis zu seiner Emeritierung als Jesse H. Jones Centennial Chair in Communication 2011 lebte und arbeitete er in Austin, unterbrochen von Forschungs- und Lehraufenthalten u. a. in Santiago de Chile, Navarra und Wien.

*Donald L. Shaw* (*1936 in Raleigh, North Carolina) wurde im PhD-Programm an der University of Wisconsin unter anderem von Jack McLeod und Percy Tannenbaum unterrichtet. Als Assistant Professor an der University of North Carolina, wo er als späterer Kenan Professor bis zu seiner Emeritierung an der dortigen School of Journalism and Mass Communication blieb, traf er auf Maxwell McCombs, der im Herbst 1967 ein Büro in der Nähe von Shaws Arbeitsplatz erhielt. Als gemeinsames Forschungsprojekt beabsichtigten sie, in Chapel Hill eine Wählerbefragung anlässlich der bevorstehenden Präsidentschaftswahlkämpfe durchzuführen.

Shaws Erinnerungen zufolge wollten beide Forscher die damals populären, sehr komplex gewordenen Ansätze aus der Einstellungsforschung überwinden und statt dessen die einfache Frage beantworten, ob die Menschen insgesamt überhaupt über die Dinge sprechen, die die Medien behandeln (Tankard, 1990, S. 280). Der Begriff „Agenda-Setting" fiel zunächst nicht, sondern wurde 1968 im Kontext der empirischen Erhebung entwickelt und sollte erst einige Zeit später, nämlich ab der Publikation der Ergebnisse 1972, zu einem Schlüsselkonzept der Medienwirkungsforschung werden, der „Agenda-Setting Function of Mass Media". Für den von McCombs und Shaw erzeugten „paradigm shift in how we think about the media and public opinion" verlieh die World Association of Public Opinion Research (WAPOR) beiden Forschern 2011 den Helen Dinerman Award.

## 2 Inhalt des Textes

In ihrem Aufsatz benannten McCombs und Shaw die Thematisierungs- und Themenstrukturierungsfunktion der Massenmedien als deren zentrale Wirkungsdimension, und führten in ihrer Kernhypothese mit der „Agenda" als Rangfolge wichtiger, lösungsbedürftiger gesellschaftlicher Themen die zentrale Metapher des neuen Ansatzes ein:

> While the mass media may have little influence on the direction or intensity of attitudes, it is hypothesized that the mass media set the agenda for each political campaign, influencing the salience of attitudes toward the political issues. (McCombs & Shaw, 1972, S. 177)

Im Zentrum ihres Forschungsinteresses steht also nicht mehr die Frage, ob die Medien Einstellungen und Verhalten der Menschen prägen, sondern wie die Massenmedien den Grad der Wichtigkeit beeinflussen, der einem Thema im öffentlichen Diskurs zugemessen wird. Zielvariable der Medienwirkung ist dem Agenda-Setting-Ansatz zufolge also nicht mehr das „what to think", sondern das „what to think about", wie es Cohen schon 1963 formuliert hatte:

> [The press] may not be successful much of the time in telling people what to think, but it is stunningly successful in telling its readers what to think about. (Cohen, 1963, S. 13)

Allerdings verarbeitet der Autor damit auch nur fast wörtlich eine Annahme, die zuvor bereits das Forscherehepaar Lang (1959, 1966, S. 468) und danach Trenaman und McQuail (1961, S. 178) aus ihrer britischen Wahlstudie geschlossen hatten, welche aber damals wie heute weitgehend unbeachtet geblieben war: „The evidence strongly suggests that people think about what they are told [...] but at no level do they think what they are told."

Diese Mutmaßung, wonach Massenmedien nur einen geringen Einfluss auf die Einstellungsbildung und -veränderung der Rezipienten nehmen und statt dessen andere signifikante Effekte hervorrufen würden, entfernt Agenda-Setting von der traditionellen Persuasionsforschung und fokussiert auf kognitive Medienwirkungen (vgl. hier und im Folgenden Rössler, 1997, S. 16-22). Häufigkeit, Umfang und Aufmachung der Berichterstattung zu einem Thema bestimmen der Agenda-Setting-Hypothese zufolge den Grad der „Auffälligkeit" des Themas, die wiederum eine positive Selektion durch die Rezipienten nach sich zieht und sich auf deren Einschätzung überträgt, welches die momentan wichtigen Themen der öffentlichen Diskussion sind. Bei einer entsprechenden Abfrage hebt das Medienpublikum dann diejenigen Themen hervor, die auch in der Berichterstattung der Medien exponiert dargestellt sind, während andere, von den Medien gar nicht oder weniger prominent präsentierte Themen marginalisiert werden.

Diese Idee überprüften McCombs und Shaw anhand einer 1968 durchgeführten empirischen Untersuchung unter der Wahlbevölkerung von Chapel Hill, North Carolina, die in ihrer Anlage als beispielhaft für die klassischen Agenda-Setting-Studien gelten kann. Angesichts der unmittelbar bevorstehenden, U.S.-amerikanischen Präsidentschaftswahl wurden 100 unentschiedene Wähler befragt, von denen die Forscher annahmen, sie seien für die Berichterstattung über den Wahlkampf besonders empfänglich. Aus den Antworten auf die offene Frage, „What are you *most* concerned about these days? That is, regardless of what politicians say, what are the two or three *main* things that you think government *should* concentrate on doing something about?" (McCombs & Shaw, 1972, S. 178,

Fußnote 9), wurde eine Rangliste der wichtigsten Themen zusammengestellt – die so genannte *Publikumsagenda*. Parallel hierzu betrachtete eine Inhaltsanalyse die im Ort verfügbaren Tageszeitungen und die Abendnachrichten des Fernsehens, was zu einer zweiten Rangfolge der in der Berichterstattung präsenten Themen führte – die *Medienagenda*. Ein Vergleich beider Agenden ergab den beeindruckenden und später immer wieder zitierten Korrelationswert von .97 (McCombs & Shaw, 1972, S. 180-81), der freilich für eine Rangkorrelation bei n=6 Themen nicht weit von der Signifikanzschwelle .89 (für $p < .05$) entfernt liegt. Dieser Zusammenhang blieb auch bei der Kontrolle von intervenierenden Variablen bestehen und besaß nach Einschätzung der Autoren, die dies als eine klare Bestätigung der vermuteten Agenda-Setting-Funktion der Massenmedien werteten, eine größere Erklärungskraft als mögliche Alternativhypothesen (McCombs & Shaw, 1972, S. 182).

Üblicherweise wird den Autoren zugestanden, damit die erste methodisch und konzeptionell vollwertige Agenda-Setting-Studie durchgeführt zu haben (vgl. etwa Dearing & Rogers, 1996, S. VII). Bei genauerer Durchsicht des Quellenmaterials ist dies allerdings zu relativieren: Der Agenda-Setting-Effekt wurde der Sache nach, wie bereits erwähnt, erstmalig schon 1961 von Trenaman und McQuail untersucht, worauf einer der damaligen Autoren später auch hinwies (vgl. McQuail, 1987, S. 275; sowie Schönbach, 1983, S. 57). Anlässlich der Wahlen in Großbritannien 1959 wurden seinerzeit auch die Inhalte von Fernsehen und Zeitungen erfasst und angenommen, dass Wähler davon beeinflusst werden, welche relative Bedeutung sie verschiedenen Themen zuschreiben – und dass diese Zuschreibungen wesentlich auf der Vermittlungsleistung insbesondere des Fernsehens beruhen. Die Analysen bestätigten, dass die befragten Wähler genau die Themen für wichtig hielten, die zuvor in der politischen Berichterstattung eine besondere Rolle gespielt hatten (Trenaman & McQuail, 1961, S. 174).

Die früheste Quelle, in der die Grundgedanken des Ansatzes und der Agenda-Begriff selbst vorkommen, stammt ebenfalls aus Großbritannien: Im Bericht der Forschergruppe Political and Economic Planning (PEP) zum nationalen Pressewesen findet sich unter dem Aspekt „The importance of the agenda-making function of the Press" bereits 1938 eine vielsagende Passage:

> Perhaps the influence of the press may best be estimated by considering it as the principal agenda-making body for the everyday conversation of the ordinary man and woman, and, therefore, for that elusive element called public opinion. Newspapers in a democracy form the daily agenda of public affairs, and their controllers wield jointly, within limits, three important powers – the power of initiative, in putting subjects on the agenda at their option; the power of excluding from the agenda subjects which they choose to ignore; and the power of presentation. (PEP, 1938, S. 263)

Diese von der Agenda-Setting-Forschung kaum beachtete Quelle nimmt bereits die Terminologie und alle wichtigen Elemente der späteren Agenda-Setting-Hypothese vorweg (Rössler, 1997, S. 22): Es gibt eine Tagesordnung („Agenda") öffentlicher Probleme, die Medien beeinflussen durch das Festlegen ihrer Agenda auch die Agenda des Publikums, und diese Funktion beschreibt eine zentrale Wirkung der Massenmedien. Der amerikanische Soziologe Norton Long (1958, S. 260) griff in einer Abhandlung von 1958 ebenfalls den Grundgedanken des Ansatzes und seine klassischen Formulierungen auf. Trotz der unübersehbaren Parallelen weisen aber weder McCombs und Shaw (1972) noch die spätere Agenda-Setting-Literatur auf diese unmittelbaren Vorläufer hin. Bekanntlich hatte Maxwell McCombs den erwähnten Band von Cohen (s. o.) 1966 im Buchladen der UCLA erstanden (Tankard, 1990, S. 280); ob er und Shaw die PEP-Studie kannten, ist nicht bekannt. Sehr wohl bezieht sich beider Aufsatz allerdings auf die von ihnen mehrfach zitierte Studie von Trenaman und McQuail (in Anm. 3, 6, 7 und 9). Dass ihr Vorgehen quasi eine Replik des britischen Vorläufers darstellt, lässt sich aber bestenfalls aus dem Hinweis erschließen, sie hätten sich bei der Abfrage der Themenrelevanz daran angelehnt (McCombs & Shaw, 1972, S. 178).

Zusammenfassend kann also festgehalten werden (vgl. Rössler, 1997, S. 58-59), dass der Agenda-Setting-Grundgedanke, seine Terminologie und die methodische Vorgehensweise spätestens seit den frühen 1960er Jahren ausformuliert waren. Die enormen Verdienste von McCombs und Shaw liegen deswegen eher darin, diese Bruchstücke zu einem einheitlichen Forschungskonzept verschmolzen, empirisch getestet und in ihrem Aufsatz von 1972 unter einem markanten Begriff in den akademischen Diskurs eingeführt zu haben.

## 3 Bezug zum Gesamtwerk

Nach eigenen Angaben geht die Agenda-Setting-Idee auf Maxwell McCombs zurück, der an einem Nachmittag des Jahres 1966 gemeinsam mit seinem Kollegen John Smith im Café des Century Plaza Hotels von Los Angeles saß und feststellte, dass der aktuelle Skandal in der Regierung von Lyndon B. Johnson die Bevölkerung kaum zu berühren schien, wobei der Skandal auf der Titelseite der *Los Angeles Times* desselben Tages auch nur unter einer kleinen Überschrift und mit einem einspaltigen Bild beiläufig abgehandelt wurde. Aus dieser Beobachtung entwickelte er, so die Legende, jene weitreichende Annahme, wonach sich die Bedeutung, die die Medien einem Thema zubilligen, möglicherweise direkt auf die Bedeutung auswirkt, die das Publikum diesem Thema beimisst. Diese intellektuelle Keimzelle begründete das mit Donald Shaw bearbeitete Forschungsprojekt und im Anschluss den ersten Agenda-Setting-Aufsatz, dessen Manuskript zunächst von der „Theory and Methodology Division" der AEJ abgelehnt wurde (Tankard, 1990, S. 280-81).

Beide Forscher konzentrierten sich fürderhin darauf, den Agenda-Setting-Ansatz auszudifferenzieren und mit weiteren empirischen Untersuchungen zu stützen; insbesondere Maxwell McCombs fand hier sein akademisches Lebensthema. Eine erste umfassendere Folgestudie sollte unbedingt die Frage der kausalen Zusammenhänge klären, weil auch die umgekehrte Annahme eine durchaus plausible Alternativhypothese darstellt, wonach die Massenmedien in ihrer Berichterstattung jene Themenprioritäten spiegeln, die sie innerhalb ihres Publikums wahrzunehmen glauben. Im Zuge des darauffolgenden Präsidentschaftswahlkampfs 1972 wurden in der Stadt Charlotte in North Carolina deswegen verschiedene Panel-Untersuchungen durchgeführt, deren Befunde Shaw und McCombs in einem Sammelband (1977) dokumentierten. Zu den Wahlen 1976 publizierte das Team unter der Führung von David Weaver eine weitere richtungsweisende Studie (Weaver, Graber, McCombs, & Eyal, 1981); den grundsätzlichen Vorwurf aber, die elegante und einleuchtende Agenda-Setting-Metapher stelle zwar einen guten Ansatzpunkt für empirische Forschung, aber keine Theorie dar (vgl. z. B. Kraus & Davis, 1976, S. 214; Iyengar & Kinder, 1987, S. 3), konnte auch sie nicht ausräumen.

Eine Renaissance der Agenda-Setting-Forschung war zu Beginn der 1990er Jahre zu beobachten (vgl. Rössler, 1997, S. 61-63), wo aus Anlass des 20. „Geburtstags" der Originalstudie und unter Beteiligung von Maxwell McCombs und Donald Shaw wissenschaftliche Tagungen veranstaltet wurden, Fachzeitschriften Themenhefte zu Agenda-Setting auflegten, ein spezieller Reader die zentralen Aufsätze zum Thema gebündelt zugänglich machte (Protess & McCombs, 1991) und ein weiterer den aktuellen Stand der Forschung dokumentierte (McCombs, Shaw, & Weaver, 1997). Gemeinsam mit den Zeitreihenanalysen von Erbring, Goldenberg und Miller (1980), den Laborexperimenten aus dem Forscherkreis um Iyengar und Kinder (1987), den Feldexperimenten einer Forschungsgruppe der Northwestern University in Evanston (vgl. zuletzt Ettema et al., 1991) sowie den elaborierten Mehrebenen-Studien und Pfadanalysen aus der deutschen Agenda-Setting-Forschung (vgl. Brosius & Kepplinger, 1992; Hügel, Degenhardt, & Weiss, 1989; Rössler, 1997, 1999) hatte die Forschung zur klassischen Agenda-Setting-Hypothese bis dato eine Fülle von Befunden erbracht.

Im Rückblick wurden vier verschiedene Phasen der Agenda-Setting-Forschung identifiziert, die allerdings nicht in strenger zeitlicher Abfolge angeordnet sind, sondern teilweise parallel verlaufen und bis heute andauern: Ausgehend von der Originalstudie stand in den frühen siebziger Jahren zunächst (1) die Untersuchung der Basishypothese im Vordergrund. Schon bald wurde jedoch (2) die Analyse der

Randbedingungen forciert, die den Agenda-Setting-Effekt beeinflussen. In Phase (3) expandierte der Aussagebereich der Forschung auf andere Zielvariablen als nur die Publikumsagenda, und Abschnitt (4) war durch eine Verschiebung der Perspektive gekennzeichnet, in der die Medienagenda nicht mehr die unabhängige, sondern die abhängige Variable darstellte (vgl. McCombs, 1992, S. 815-816).

Aus heutiger Sicht wäre eine fünfte Phase nachzutragen, in der sich insbesondere Maxwell McCombs um eine substanzielle Erweiterung des Ausgangskonzepts bemühte: Seine Überlegungen zum Second Level-Agenda-Setting, die er mit verschiedenen Ko-Autoren anstellte (z. B. McCombs, Llamas, Lopez-Escobar, & Rey, 2000), rücken die Agenda-Setting-Forschung heute wieder näher an die Einstellungsforschung heran, von der sie sich ursprünglich so explizit abgegrenzt hatte. Das Konzept bezieht sich nämlich auf die Fähigkeit der Medien, durch ihre Berichterstattung nicht nur ganze Themen, sondern auch die Attribute zu setzen, mit denen ein bestimmtes Thema assoziiert wird. Aktuell spricht McCombs, der stets den Mehrebenen-Charakter des Konzepts betonte (McCombs, Holbert, Kiousis, & Wanta, 2011), bereits von einem „Third Level Agenda Setting", das die psychologische Vernetzung von Objekten und Attributen der Berichterstattung in den Blick nimmt (Guo, Vu, & McCombs, 2012).

## 4 Wirkungsgeschichte und Kritik

Die kritische Auseinandersetzung mit ihren Methoden und Befunden lassen die erste Untersuchung von McCombs und Shaw heute zwar bestenfalls als eine Pilotstudie erscheinen, aber die dort von ihnen formulierte Agenda-Setting-Hypothese entwickelte sich zu einem der populärsten und meist beforschten Ansätze in der Kommunikationswissenschaft. Ihre klar formulierte Grundaussage verweist trotz einer oberflächlichen Schlichtheit auf mögliche Auswirkungen von immenser Tragweite, während das klar strukturierte Analysemodell statistisch elaborierte empirische Untersuchungen fördert (vgl. den Überblick bei Rogers, Dearing, & Bregman, 1993). Neuere bibliometrische Studien untermauern die überragende Rolle, die gerade der Aufsatz von 1972 in der Agenda-Setting-Forschung einnimmt – es ist nicht nur die nach wie vor meistzitierte Quelle, sondern auch der zentrale Knoten innerhalb des Zitationsnetzwerks (Tai, 2009, S. 493-497). In ihrer vielbeachteten Auswertung der Literatur zur Medienwirkungsforschung insgesamt identifizieren Neuman und Guggenheim (2011, S. 180) ihn sogar als den mit Abstand meistzitierten Beitrag des gesamten Feldes (560 Verweise seit Erscheinen).

Ungeachtet ihrer breiten Resonanz haben schon zeitgenössische Beobachter die Grenzen der ursprünglichen Studie von McCombs und Shaw klar erkannt, wie Schönbach es bereits 1982 polemisch in Form eines Kochrezepts beschrieb:

> Man nehme – ...
> 1. eine kleine, unprätentiöse Inhaltsanalyse: ... Mit dieser Inhaltsanalyse stelle man die Häufigkeit fest, mit der etwa sechs oder sieben verschiedene Themen behandelt werden;
> 2. eine kurze Befragung – am preiswertesten telefonisch – von etwa 100 Bürgern der Stadt, in der man gerade lehrt oder forscht. Wichtigste und manchmal auch einzige Frage an die Interviewpersonen: Welches politische Thema ihnen persönlich zur Zeit am wichtigsten sei ...;
> 3. den Rangkorrelationskoeffizienten und berechne die Ähnlichkeit der Rangverteilungen der sechs oder sieben von den Medien und Befragten meistgenannten Themen.
>
> Ist der so gewonnene Koeffizient hoch, so hat man die »Themenstrukturierungsfunktion« der Medien nachgewiesen; wenn nicht, dann nicht." (Schönbach, 1982, S. 129)

Die Kritikpunkte lassen sich hier aus Platzgründen nicht im Einzelnen diskutieren, weshalb eine stichwortartige Aufzählung ausreichen muss (vgl. Brosius, 1994; Takeshita, 2005):

- Der in der Originalstudie verwendete Begriff des „Issues" kann auch weniger als Thema im weiteren Sinn, sondern enger als öffentliche Streitfrage aufgefasst werden (Weiss, 1989, S. 476). Diese Präzisierung verhilft dem Konzept zu einer größeren inhaltlichen Prägnanz; ob freilich alle in den empirischen Studien berücksichtigten Themen als besonders strittig, drängend und lösungsbedürftig anzusehen sind, wird meist nicht diskutiert (Jennings & Wlezien, 2011). Vielmehr ergeben sich die Themenabfragen im Publikum oft als Artefakte aus den Kategorien der Inhaltsanalyse (Shaw, McCombs, Weaver, & Hamm, 1999, S. 6).
- Die Wirkungsvermutung zielt eigentlich auf Prozesse innerhalb des Individuums ab, dessen tatsächliche Aufnahme von Medieninhalten durch die Inhaltsanalyse nur behelfsweise angenähert werden kann; dass das Publikum die untersuchten Inhalte auch tatsächlich zur Kenntnis nahm, bleibt in den meisten Studien spekulativ (vgl. z. B. Watt, Mazza, & Snyder, 1993). Umgekehrt erscheint es unrealistisch, in eine Studie tatsächlich alle wahrgenommenen Inhalte aller befragten Rezipienten in allen von ihnen genutzten Medien zu integrieren, aber der daraus resultierende argumentative Bruch wird in den wenigsten Forschungsberichten adressiert.
- Je nachdem, ob auf Themen- wie auf Publikumsseite eine Individual- oder eine Aggregatanalyse durchgeführt wird, verändert sich auch der Aussagehorizont der

Befunde, die in der Forschung dennoch undifferenziert unter „Agenda-Setting" subsumiert werden und gerade bei Aggregatanalysen auf der Basis von Rangkorrelationen der Gefahr eines „ökologischen Fehlschlusses" unterliegen (Zhu, 1992, S. 836). Schon der Originalbeitrag weist darauf hin, dass für eine Pilotstudie das aggregierte Datenniveau zwar ausreiche, die zukünftige Forschung jedoch auf individueller Ebene durchzuführen sei (McCombs & Shaw, 1972, S. 185).

- Ob die Verdichtung der Berichterstattung auf einige wenige thematische Überkategorien der Wahrnehmung dieser Berichterstattung durch den Rezipienten entspricht, muss bezweifelt werden. Die inhaltliche »Breite« einer Themenkategorie besitzt freilich einen direkten Einfluss auf das Ausmaß festgestellter Agenda-Setting-Effekte: Bereits die nachträgliche Aufteilung einer einzigen Kategorie der Originalstudie von McCombs und Shaw führte zu vollkommen anderen Ergebnissen (vgl. Lang & Lang, 1981, S. 449). Andererseits entscheiden am Ende der Agenda oft geringe Unterschiede in den Prozentanteilen über die Reihenfolge der Items, wenn beispielsweise in McCombs' und Shaws Charlotte-Studie von 1972 nur vier Prozentpunkte zwischen dem auf dem dritten Platz und dem auf dem sechsten Platz eingestuften Thema liegen, und Platz vier und sechs nur um 0.9 % differieren.
- Es besteht keine Einigkeit darüber, wie genau die Themenrelevanz als abhängige Variable des Prozesses zu operationalisieren ist – in der konkreten Umsetzung finden sich etwa offene und geschlossene Abfragen nach der persönlichen Wichtigkeit, der vermeintlichen Bedeutung für die Allgemeinheit oder nach der Nützlichkeit für die Anschlusskommunikation (Edelstein, 1993). Je nachdem werden unterschiedliche psychologische Wahrnehmungsphänomene angesprochen (Huck, Quiring, & Brosius, 2009). Schon die Originalstudie verwendete hier eine unglückliche Formulierung (s. o.), die zwei unterschiedliche Dimensionen vermischt (individuelle Betroffenheit und Handlungsbedarf der Regierung) und überflüssiger Weise die Befragten auffordert, sich unabhängig von Politikermeinungen zu äußern.
- Mit Messungen der Variablen zu nur einem Zeitpunkt wie in der Originalstudie sind kaum Aussagen über die kausale Ausrichtung der beobachteten Zusammenhänge möglich. Erst wenn Messungen von Medien- und Publikumsagenda zu mindestens zwei Zeitpunkten vorliegen, erlaubt die Berechnung von Überkreuzkorrelationen („cross-lagged correlation") oder Zeitreihenanalysen eine Aussage darüber, welche Agenda die andere beeinflusst („baseline"; vgl. zuletzt Gehrau, Väth, & Haake, 2014). Doch selbst dann ist unklar, welche Abstände zwischen den Wellen zugrundezulegen sind, d. h. welche Vermutung über die potenzielle Wirkungsspanne der Agenda-Setting-Hypothese zugrundezulegen ist.

Trotz dieser methodischen Unzulänglichkeiten muss heute die in der klassischen Studie von McCombs und Shaw formulierte – und durch zahlreiche empirische Studien bestätigte – Wirkungshypothese als Basiserkenntnis der Kommunikationsforschung anerkannt werden (Wanta & Ghanem, 2006). Aktuell steht die von McCombs und Shaw mit ihrem Aufsatz von 1972 begründete Agenda-Setting-Forschung vor der Herausforderung, die mit der Diffusion von Online-Medien explosionsartig gewachsenen Quellen für das Zustandekommen der Medienagenda einzubeziehen (vgl. zuletzt Stocking, 2014), speziell die Rolle von Twitter (Kushin, 2010) und der Blogosphäre (Meraz, 2011) für die Emergenz der öffentlichen Agenda. Gerade vor dem Hintergrund einer aktuell immer wieder konstatierten Informationsüberflutung durch die ubiquitär verfügbaren Online-Medien sei betont, dass die Agenda-Funktion der Massenmedien nicht per se als negativ, schädlich oder gesellschaftlich unerwünscht zu betrachten ist – im Gegenteil: Durch ihre Akzentuierung des Tagesgeschehens erfüllen die Massenmedien aus systemtheoretischer Sicht eine Primärfunktion des Journalismus (Rühl, 1980, S. 322-323). Sie leisten Orientierungshilfe für den gesellschaftlichen Diskurs, der ohne eine Verständigung über die jeweils lösungsbedürftigen Themen der Zeit zu fragmentieren droht, was den Prozess einer kollektiven Meinungsbildung durch politische Partizipation zum Erliegen brächte (Haake, Väth, & Klappert, 2014). „As a general functional requirement of society, agenda-setting is practically indispensable" (McCombs, 1981, S. 136).

## Literatur

### *Primärliteratur*

McCombs, M. E., & Shaw, D. L. (1972). The Agenda-Setting function of mass media. *Public Opinion Quarterly, 36*, 176–187.

McCombs, M. E., Shaw, D., & Weaver, D. (Hrsg.) (1997). *Communication and democracy: Exploring the theoretical frontiers in Agenda Setting theory.* Mahwah (NJ): Erlbaum.

Protess, D. L., & McCombs, M. (Hrsg.) (1991). *Agenda Setting. Readings on media, public opinion, and policymaking.* Hillsdale (NJ): Erlbaum.

Shaw, D. L., & McCombs, M. E. (Hrsg.) (1977). The emergence of American political issues: The Agenda-Setting function of the press. St. Paul (MN): West Publishing.

Tankard, J. (1990). Maxwell McCombs, Donald Shaw, and Agenda-Setting. In W. D. Sloan (Hrsg.), *Makers of the media mind: Journalism educators and their ideas* (S. 278–286). Hillsdale (NJ): Erlbaum.

Weaver, D. h., Graber, D., McCombs, M., & Eyal, C. (1981). Media Agenda-Setting in a presidential election: Issues, images, and interest. New York: Praeger.

### *Sekundärliteratur*

Brosius, H.-B. (1994). Agenda Setting nach einem Vierteljahrhundert Forschung: Methodischer und theoretischer Stillstand? *Publizistik, 39*, 269–288.

Brosius, H.-B., & Kepplinger, H. M. (1992). Linear and nonlinear models of Agenda-Setting in television. *Journal of Broadcasting & Electronic Media, 36*, 5–23.

Cohen, B. C. (1963). *The press and foreign policy.* Princeton University Press.

Dearing, J. W., & Rogers, E. M. (1996). *Agenda-Setting.* Thousand Oaks (CA): Sage.

Edelstein, A. S. (1993). Thinking about the criterion variable in Agenda-Setting research. *Journal of Communication, 43*(2), 85–99.

Erbring, L., Goldenberg, E. N., & Miller, A. H. (1980). Front-page news and real-world cues: A new look at Agenda-Setting by the media. *American Journal of Political Science, 24*, 16–49.

Ettema, J. S., Protess, D. L., Leff, D. R., Miller, P. V., Doppelt, J., & Cook, F. L. (1991). Agenda-Setting as politics: A case study of the press-public-policy connection. *Communication, 12*, 75–98.

Gehrau, V., Väth, J., & Haake, G. (2014). *Dynamiken der öffentlichen Problemwahrnehmung: Umwelt, Terrorismus, Rechtsextremismus und Konsumklima in der deutschen Öffentlichkeit.* Wiesbaden: VS.

Guo, L., Vu, H. T., & McCombs, M. (2012). An expanded perspective on Agenda-Setting effects. Exploring the third level of Agenda Setting. *Revista de Comunicación, 11*, 51–68.

Haake, G., Väth, J., & Klappert, S. (2014). Agenda-Setting in der multimedialen Medienwelt. In K. Kleinen-von Königslöw & K. Förster (Hrsg.), *Medienkonvergenz und Medienkomplementarität aus Rezeptions- und Wirkungsperspektive* (S. 147–161). Baden-Baden: Nomos.

Huck, I., Quiring, O., & Brosius, H.-B. (2009). Perceptual phenomena in the Agenda Setting process. *International Journal of Public Opinion Research, 21*, 139–164.

Hügel, R., Degenhardt, W., & Weiss, H.-J. (1989). Structural equation models for the analysis of the Agenda-Setting process. *European Journal of Communication, 4*, 191–210.

Iyengar, S., & Kinder, D. R. (1987). *News that matters: Television and American opinion.* University of Chicago Press.

Jennings, W., & Wlezien, C. (2011). Distinguishing between most important problems and issues? *Public Opinion Quarterly, 75*, 545–555.

Kraus, S., & Davis, D. (1976). *The effects of mass communication on political behavior.* Pennsylvania State University Press.

Kushin, M. J. (2010). Tweeting the issues in the age of social media? Intermedia Agenda Setting between the New York Times and Twitter (Dissertation). [http://search.proquest.com/docview/753491154] Abgerufen von der ProQuest-Datenbank für Abschlussarbeiten. (UMI-Nr. 3421635)

Lang, K., & Lang, G. E. (1959, 1966). The mass media and voting. In B. Berelson & M. Janowitz (Hrsg.), *Readers in public opinion and communication* (S. 455–472). New York: The Free Press.

Lang, K., & Lang, G. E. (1981). Watergate. An exploration of the Agenda-Building process. In G. Wilhoit & H. DeBock (Hrsg.), *Mass Communication Review Yearbook Vol. 2* (S. 447–468). Beverly Hills: Sage.

Long, N. E. (1958). The local community as an ecology of games. *American Journal of Sociology, 64*, 251–261.

McCombs, M. E. (1981). The Agenda-Setting approach. In D. Nimmo & K. Sanders (Hrsg.), *Handbook of Political Communication* (S. 121–140). Beverly Hills: Sage.

McCombs, M. E. (1992). Explorers and surveyors: Expanding strategies for Agenda-Setting research. *Journalism Quarterly, 69*, 813–824.

McCombs, M. E., Holbert, L., Kiousis, S., & Wanta, W. (2011). *The News and public opinion*. Cambridge: Polity.

McCombs, M. E., Llamas, J. P., Lopez-Escobar, E., & Rey, F. (2000). Candidate images in Spanish elections: Second-level Agenda-Setting effects. *Journalism & Mass Communication Quarterly, 74*, 703–717.

McQuail, D. (1987). Agenda-Setting. In D. McQuail (Hrsg.), *Mass communication theory. An introduction* (S. 275–276). London: Sage.

Meraz, S. (2011). Using time series analysis to measure Intermedia Agenda Setting influence in traditional media and political blog networks. *Journalism and Mass Communication Quarterly, 88*, 176–194.

Neuman, W. R., & Guggenheim, L. (2011). The Evolution of media effects theory: A six-stage model of cumulative research. *Communication Theory, 21*, 169–196.

Political and Economic Planning (PEP, 1938). *Report on the British Press. A survey of its current operations and problems with special reference to national newspapers and their part in public affairs*. London: PEP.

Rogers, E. M., Dearing, J. W., & Bregman, D. (1993). The anatomy of Agenda-Setting research. *Journal of Communication, 43*(2), 68–84.

Rössler, P. (1997). *Agenda-Setting: Theoretische Annahmen und empirische Evidenzen einer Medienwirkungshypothese*. Opladen: Westdeutscher Verlag.

Rössler, P. (1999). The individual agenda-designing process: How interpersonal communication, egocentric networks, and mass media shape the perception of political issues by individuals. *Communication Research, 26*, 666–700.

Rühl, M. (1980). *Journalismus und Gesellschaft*. Mainz: Hase & Koehler.

Schönbach, K. (1982). „The issues of the seventies". Computerunterstützte Inhaltsanalyse und die langfristige Beobachtung von Agenda-Setting-Wirkungen der Massenmedien. *Publizistik, 27*, 129–140.

Schönbach, K. (1983). *Das unterschätzte Medium. Politische Wirkungen von Presse und Fernsehen im Vergleich*. München: Saur.

Shaw, D. L., McCombs, M., Weaver, D., & Hamm, B. (1999). Individuals, groups, and Agenda Melding. A theory of social dissonance. *International Journal of Public Opinion Research 11*, 2–24.

Stocking, G. A. T. (2014). *A new Agenda-Setting: Hybrid agendas and new media*. Paper presented to the Annual Conference of the International Communication Association (ICA), Seattle, 24. Mai 2014.

Tai, Z. (2009). The structure of knowledge and dynamics of scholarly communication in Agenda Setting research, 1996-2005. *Journal of Communication, 59*, 481–513.

Takeshita, T. (2005). Current critical problems in Agenda-Setting research. *International Journal of Public Opinion Research, 18*, 275–296.

Trenaman, J., & McQuail, D. (1961). *Television and the political image*. London: Methuen.

Wanta, W., & Ghanem, S. I. (2006). Effects of Agenda-Setting. In R. W. Preiss, B. M. Gayle, N. Burrell, M. Allen, & J. Bryant (Hrsg.), *Mass media effects research: Advances through meta-analysis* (S. 37–51). Mahwah (NJ): Erlbaum.

Watt, J. H., Mazza, M., & Snyder, L. (1993). Agenda-Setting effects of television news coverage and the effects decay curve. *Communication Research, 20*, 408–435.

Weiss, H.-J. (1989). Öffentliche Streitfragen und massenmediale Argumentationsstrukturen. Ein Ansatz zur Analyse der inhaltlichen Dimension im Agenda Setting-Prozeß. In M. Kaase & W. Schulz (Hrsg.), *Massenkommunikation. Theorien, Methoden, Befunde* (S. 473–489). Opladen: Westdeutscher Verlag.
Zhu, J.-H. (1992). Issue competition and attention distraction: A zero-sum theory of Agenda-Setting. *Journalism Quarterly, 69*, 825–836.

# Living with Television: The Violence Profile

## von George Gerbner und Larry Gross (1976)

Christine E. Meltzer, Constanze Rossmann und Anna Schnauber

**Zusammenfassung**

Das Schlüsselwerk „Living with television: The violence profile" legt den Grundstein für die Kultivierungsforschung und stellt die Idee der Kultivierungsforschung von Gerbner und Kollegen umfassend dar. Die Autoren gehen davon aus, dass sich das Fernsehen auf die Wahrnehmung sozialer Realität seiner Zuschauer auswirkt. Es beeinflusst aufgrund seiner realitätsnahen Darstellung und weiten Verbreitung Vorstellungen (Kultivierung 1. Ordnung) und Einstellungen (Kultivierung 2. Ordnung): Vielseher nehmen die Welt eher so wahr, wie sie im Fernsehen dargestellt wird, Wenigseher hingegen haben ein Weltbild, das näher an der tatsächlichen Realität ist. Gerbners soziologisch geprägte Befürchtung war, dass das Fernsehen somit als Machtinstrument dienen kann. In der Kommunikationswissenschaft hat sich daraus einer der bis heute wichtigsten Medienwirkungsansätze entwickelt.

**Schlüsselbegriffe**

Cultural Indicators, Kultivierung, George Gerbner, Mainstreaming, Resonance, Mean World-Syndrom, Violence Profile

## 1 Kurzbiografie der Autoren

George Gerbner (1919-2005) wurde in Ungarn geboren und emigrierte 1939 mit dem Ziel USA. Er studierte an der University of California in Berkeley Journalismus und erwarb seinen Masterabschluss an der University of Southern California, wo er auch zu dem Thema „Toward a General Theory of Communication" promovierte. Seine wichtigste und längste akademische Position als Professor hatte er an der Annenberg School of Communication, University of Pennsylvania inne (1964-1994). Von 1964 bis 1989 war er dort Dekan und begründete und leitete das Cultural Indicators-Projekt, dessen Methode und Ergebnisse Gegenstand des hier vorgestellten Aufsatzes sind (Annenberg School for Communication at University of Pennsylvania, 2009; Morgan, 2012, S. 4-8).

Larry Gross (geboren 1953) arbeitet seit 2003 an der Annenberg School for Communication and Journalism der University of Southern California und ist dort Vizedekan und Direktor. Zuvor hat er 35 Jahre an der University of Pennsylvania gelehrt. Zusammen mit George Gerbner leitete er von 1971 bis 1991 das Cultural Indicators-Projekt.

## 2 Inhalt des Textes

Der 1976 erschienene Zeitschriftenaufsatz *Living with television: The violence profile* von George Gerbner und Larry Gross legte den Grundstein für die Kultivierungshypothese. Diese besagt, dass das Fernsehen die Vorstellungen und Einstellungen seiner Rezipienten über die Realität beeinflusst: Vielseher nehmen diese eher so wahr, wie sie im Fernsehen dargestellt wird, Wenigseher hingegen haben ein Weltbild, das näher an der tatsächlichen Realität ist.

Von zentraler Bedeutung sind nach Gerbner und Gross die Besonderheiten des zu dieser Zeit relativ jungen Massenmediums Fernsehen (Einführung in den USA: 1941). Demnach unterscheidet es sich in relevanten Punkten von anderen Medien: Es erfordert keine besonderen Kompetenzen (z. B. Lesefähigkeit), ist kostenfrei/kostengünstig und bequem – da zuhause – nutzbar und liefert audio-visuelle Eindrücke, die besonders realitätsnah sind. Das Fernsehen hat über alle Gesellschaftsschichten hinweg eine hohe Reichweite und bindet die Zuschauer zeitlich stark. Dabei erfolgt die Nutzung weitgehend unselektiv (S. 176-177). Diese Nutzungsmerkmale treffen auf spezifische inhaltliche Besonderheiten des Fernsehprogramms: Informations- und Unterhaltungsbedürfnisse des Publikums werden gleichermaßen bedient. Teilweise verschwimmen die Grenzen zwischen diesen beiden Bereichen, was nicht zuletzt am hohen Realitätsgrad der Darstellung liegt. Auch fiktionale Angebote prägen deshalb in ihrer Gesamtheit das Weltbild der Rezipienten. Besonders, aber nicht nur für Bereiche, in denen Individuen keine oder wenige direkte, reale Erfahrungen machen können, dienen Fernsehangebote als Informationslieferant und beeinflussen durch inzidentelles (zufälliges) Lernen so, welche Vorstellung sie von der Realität haben (S. 177-180).

Zentral für die Argumentation ist nun, welche Botschaft(en) das Fernsehen transportiert. Gerbner und Gross gehen davon aus, dass das Fernsehen die „zentrale kulturelle Waffe der amerikanischen Gesellschaft" (S. 175) ist. Über alle Sender und Angebote hinweg (dies waren zu dieser Zeit lediglich die Angebote der drei großen Medienkonzerne ABC, CBS und NBC, welche fast alle TV-Sender in den USA mit Programm versorgten) wird eine einheitliche symbolische Umwelt geschaffen, die bestehende gesellschaftliche Strukturen und Konventionen festigen und erhalten soll. Dies geschieht einmal durch die Vermittlung standardisierter Rollenmuster und Verhaltensweisen, aber auch und vor allem durch die im Fernsehen sehr präsente Darstellung von Gewalt (siehe Ergebnisse weiter unten): „TV violence is a dramatic demonstration of power which communicates much about social norms and relationships, about goals and means, about winners and losers, about the risks of life and the price for transgressions of society's rules" (S. 178).

Im Vergleich zu anderen Medienwirkungsansätzen geht die Kultivierungsforschung dementsprechend von einem langfristigen Sozialisationseffekt durch das Fernsehen als Gesamtsystem aus. Dies hat methodische Implikationen: Experimentelle Designs lehnen die Autoren zur Untersuchung von Kultivierung ab, da erstens aufgrund der Omnipräsenz des Fernsehens keine Kontrollgruppe zur Verfügung steht und zweitens als Stimulus immer nur einzelne Angebote eingesetzt werden können. Durch die Annahme, dass ein Sozialisationseffekt vom Gesamtsystem Fernsehen ausgeht, kann ein solches Forschungsdesign den Kultivierungseffekt nicht abbilden (S. 180-181). Dies führt zu dem für Kultivierungsstudien auch heute noch typischen zweiteiligen Studiendesign, das im Cultural Indicators-Projekt Anwendung fand (S. 180-185).

Erster Bestandteil ist eine *Inhaltsanalyse* des Fernsehprogramms („message system analysis"). Diese soll sich auf den Gesamtinhalt des Fernsehens beziehen, also nicht nur bestimmte Formate wie Nachrichten oder Krimis umfassen.[1] Seit 1967 wurde jährlich eine Programmwoche analysiert; der Aufsatz stellt die Ergebnisse von 1967 bis 1975 vor. Zweiter Bestandteil ist eine *Befragung* („cultivation analysis"), mit der festgestellt werden soll, ob Realitätseinschätzungen, Werte und

1 De facto wurden allerdings nur fiktionale Angebote (Serien, Cartoons und Filme) in der Primetime und im Kinderprogramm an Wochenendtagen (8-14 Uhr) untersucht.

Normen von Vielsehern im Vergleich zu Wenigsehern systematisch in Richtung der Fernsehdarstellung verzerrt sind. Beispiele, die auch im Rahmen des Aufsatzes aufgeführt werden, sind der Anteil an Personen, die in der Strafverfolgung arbeiten, das Vertrauen in Mitmenschen (siehe auch „Mean World-Syndrom“ in Kp. 3) und die Einschätzung der Höhe des Risikos, in Gewalthandlungen verwickelt zu werden.

Kern der Auswertung ist das sogenannte „Violence Profile“, das sich v. a. aus dem Violence Index,[2] den „Risk Ratios“ – beide Indikatoren stammen aus den Inhaltsanalysen – und den Kultivierungsdifferenzialen aus den Befragungen zusammensetzt (S. 185). Gerbner und Gross bezeichnen den *Violence Index* als „convenient illustrator of trends“ (S. 185), der den Vergleich verschiedener Jahre, Sender etc. erleichtern soll. Zusammenfassend stellen die Autoren fest, dass das Ausmaß an gewalthaltigen Inhalten zwischen 1967 und 1975 zwar fluktuiert, aber auf ähnlichem Niveau bleibt (S. 186-189).

Während der Violence Index einen Überblick über die Präsenz von Gewalt im Fernsehen allgemein gibt, spielt für die Annahme, dass deren Darstellung der Festigung und Sicherung gesellschaftlicher Strukturen dient, die Rollenverteilung innerhalb von Gewaltakten eine wichtige Rolle. Darüber geben die *Risk Ratios* Auskunft. Sie weisen für verschiedene (soziodemografische) Gruppen aus, ob sie im Fernsehen eher als Täter oder Opfer präsentiert werden (Gewalt allgemein oder Tötungsdelikt). Hier zeigt sich über die Jahre 1967 bis 1975 ebenfalls ein recht stabiles Muster, z. B. werden ältere Männer und Männer aus der Unterschicht häufiger als Opfer eines Tötungsdeliktes (und damit als Unterlegene) dargestellt als als Täter, während das Verhältnis bei jüngeren Männern umgekehrt ist.

Schließlich muss geklärt werden, ob die im Fernsehen gemessenen Gewaltdarstellungen auch auf die Vorstellungen und Einstellungen der Rezipienten Einfluss haben. Dies geschieht anhand des *Kultivierungsdifferenzials*, das Gerbner und Gross für verschiedene Gruppen – aufgeteilt nach Bildung, Zeitungsnutzung, Alter und Geschlecht – ausweisen, um diese Merkmale als Drittvariablen zu kontrollieren. Wenn auch auf unterschiedlichem Niveau, so zeigt sich, dass innerhalb aller Gruppen Vielseher (durchschnittlich mindestens vier Stunden Fernsehnutzung täglich) im Vergleich zu Wenigsehern (im Durchschnitt zwei Stunden täglicher Fernsehnutzung oder weniger) häufiger die in Richtung der Fernsehdarstellung verzerrte Antwort geben: Sie überschätzen den Anteil an Personen, die in der Strafverfolgung arbei-

2 Konkret besteht der Violence Index aus drei Komponenten: (1) Der Prävalenz von Gewalt, also dem Anteil gewalthaltiger Sendungen am Gesamtangebot, (2) der Gewaltrate, bestehend aus dem durchschnittlichen Anteil gewalthaltiger Akte (a) pro Sendung und (b) pro Stunde, und (3) dem Anteil an Hauptcharakteren, die als Opfer oder Täter (a) in Gewalt allgemein und (b) in Tötungsakte involviert sind. Die Gewaltrate und der Anteil an Charakteren werden für die Indexberechnung mit zwei multipliziert.

ten, zeigen ein höheres Misstrauen gegenüber anderen Personen und schätzen das Risiko, in Gewalthandlungen verwickelt zu werden, höher ein (S. 191-193). Somit sprechen die Ergebnisse des Cultural Indicators-Projekts für die von Gerbner und Gross angenommenen Auswirkungen des Fernsehkonsums auf die Bevölkerung.

## 3 Bezug des Textes zum Gesamtwerk der Autoren

Gerbner und Gross legen in diesem Aufsatz die konzeptionellen und methodischen Grundlagen der Kultivierungsforschung. Morgan bezeichnet ihn als „the most comprehensive ‚manifesto' of what cultivation theory and research are all about" (Morgan, 2012, S. 89). Somit stellt er einen der zentralen Aufsätze der von Gerbner begründeten und über Jahrzehnte im Rahmen des Cultural Indicators-Projekts weitergeführten Kultivierungsforschung dar. Genauso wie das beschriebene Schlüsselwerk fokussierten auch spätere Studien im Kontext des Projekts auf das Thema Gewalt.[3] Im Laufe der Zeit wurde das Themenspektrum jedoch um andere Themen erweitert, z. B. Geschlechter- und Berufsrollen, Altersgruppen, Minoritäten, Gesundheit und Politik (Gerbner, 1998).[4]

In einem Übersichtswerk von 1986 werden erstmals die Begriffe *Kultivierung 1. und 2. Ordnung* eingeführt. Sie unterscheiden, in Anlehnung an Hawkins und Pingree (1982), zwischen demografischen Fakten der Fernsehwelt (z. B. „Wie viel Prozent aller Erwerbstätigen sind bei der Polizei beschäftigt?"), die als Maße Kultivierung 1. Ordnung bezeichnet werden. Die aus den dargestellten Verhältnissen resultierenden Ableitungen in Form von Einstellungen oder Werten aus der Fernsehwelt werden hingegen als Kultivierung 2. Ordnung bezeichnet (z. B. „Nachts würde ich nicht alleine spazieren gehen"). Eines der drastischsten Beispiele für die Kultivierung von Einstellungen ist das vielzitierte „Mean World-Syndrom", nach dem Vielseher der gewalthaltigen Fernsehwelt ein feindliches Weltbild entwickeln sowie misstrauisch und ängstlich werden. Diese Tendenzen wurden in anderen Studien bestätigt (Gerbner, Gross, Signorielli, & Morgan, 1980).

3 Zwischen 1969 und 1993 wurden periodische „violence profiles" erstellt, die Überblick über die dargestellte Fernsehgewalt gaben. Ab 1972 enthielten die „violence profiles" auch Befragungsdaten (Gerbner, Morgan, & Signorielli, 1994).

4 Zum Cultural Indicators-Projekt gibt es an der Annenberg School der University of Pennsylvania umfangreiche Archive, die auch elektronisch zugänglich sind: http://www.asc.upenn.edu/Gerbner/Archive.aspx

Die Bezeichnung für die verschiedenen Kultivierungsmaße wurde von vielen Autoren übernommen und findet sich bis heute in der Literatur wieder. Die Annahme, dass Kultivierungseffekte 1. Ordnung zu Kultivierungseffekten 2. Ordnung führen, konnte jedoch nicht eindeutig belegt werden. Daher wichen George Gerbner und seine Kollegen von dieser Unterscheidung später wieder ab (Morgan, Shanahan, & Signorielli, 2012). Die Zusammenhänge zwischen Kultivierung 1. und 2. Ordnung sind bis heute theoretisch und empirisch nicht geklärt (vgl. im Überblick Rossmann, 2008; 2013).

Von Beginn an stützten Gerbner und seine Kollegen ihre Forschung auf die Grundannahme, dass das Fernsehen einheitliche Botschaften aussendet. Die Vorstellung von *genrespezifischen Kultivierungseffekten* lehnten die Forscher des Cultural Indicators-Projekts zwar nicht ab, verstanden diese jedoch nicht als Kultivierung (Morgan & Shanahan, 2010). Ihnen ging es immer um die Erfassung der Botschaften, die übergreifend vom gesamten „System" Fernsehen ausgehen und langfristig als Sozialisationsinstanz Vorstellungen in der Gesellschaft prägen. Eine wichtige Rolle spielte dabei immer auch die dritte Analyse-Ebene, die institutionelle Ebene, und der mit ihr einhergehende politische Rahmen. Für Gerbner stand fest, dass das Fernsehen eine symbiotische Beziehung mit dem Staat eingegangen ist, und die Fernsehbotschaften dazu dienen, die Belange des Staates und der Medienschaffenden in der Gesellschaft durchzusetzen: „We have noted that cultivation is not a unidirectional flow of influence from television to audience, but part of a continual, dynamic, ongoing process of interaction among messages and contexts" (Gerbner, 1998, S. 182).

Zu diesen komplexen Prozessen gehört die Einbeziehung weiterer Indikatoren. Ein gewichtiger Faktor war dabei die Berücksichtigung der realweltlichen Erfahrungen der Rezipienten, die Realitätseinschätzungen ebenso beeinflussen können wie das Fernsehen. Gerbner und Kollegen formulierten hierzu zwei mögliche Interaktionen zwischen realen und medialen Erfahrungen, *Mainstreaming* und *Resonance.* Mainstreaming beschreibt eine Angleichung der sozialen Realität unter Vielsehern, ganz unabhängig davon, wie die realen Erfahrungen ausgefallen sind. Fernsehen kann, sofern es viel konsumiert wird, eine reale Erfahrung „ersetzen" und „überschreibt" Unterschiede in der Bevölkerung, die durch Sozialisation, Erziehung, Bildung, soziales Umfeld und außermediale Institutionen entstehen (Gerbner, Gross, Morgan, & Signorielli, 1980). Dort, wo Wenigseher unterschiedliche Ansichten haben, sind sich Vielseher in ihrer Wahrnehmung der sozialen Realität ähnlicher. Das Fernsehen gleicht verschiedene soziale Schichten also an. Insofern bezieht Gerbner Mainstreaming nicht nur auf persönliche Erfahrung, sondern auf alle möglichen Unterschiede zwischen Gruppen einer Gesellschaft. Die spätere Forschung hat Mainstreaming hauptsächlich im Zusammenhang mit persönlicher

Erfahrung diskutiert. Die zweite mögliche Interaktion neben Mainstreaming ist Resonance. Wenn Vielseher Realitätserfahrungen machen, die der Fernseherfahrung entsprechen, wird durch eine „double dose" der Kultivierungseffekt sogar verstärkt (Gerbner, Gross, Morgan, & Signorielli, 1980). Menschen nehmen dann das durch das Fernsehen vermittelte Bild von der Welt umso mehr als Repräsentation der echten Welt wahr.

Obwohl die methodische Vorgehensweise Gerbners und seiner Kollegen (besonders zum damaligen Zeitpunkt) häufig kritisiert und infolge dessen auch verbessert wurde, hat sich bis heute an dem grundsätzlichen Aufbau von Kultivierungsstudien nichts geändert.

## 4 Wirkungsgeschichte und Kritik

Inspiriert durch die Erkenntnisse von George Gerbner und Kollegen wurden allein bis 2010 über 500 Kultivierungsstudien publiziert, ein Viertel davon seit Beginn des Jahrtausends (Morgan & Shanahan, 2010). Die Kultivierungshypothese zählt zu den meistzitierten Ansätzen der Kommunikationswissenschaft (Bryant & Miron, 2004; Potter & Riddle, 2007; für den deutschsprachigen Raum siehe Potthoff & Weischenberg, 2014). Kultivierungsforscher wendeten die Hypothese auf die verschiedensten Themenbereiche (neben Gewalt etwa auch Geschlechterrollen, Gesundheit, Politik, Umwelt, Wissenschaft) an, setzten sich mit der Bedeutung der Fernsehbotschaft und dem Einfluss von Botschaftsmerkmalen (z. B. Realitätsgrad, Glaubwürdigkeit, Ähnlichkeit zwischen Fernsehakteuren und Zuschauern) auseinander und prüften Einflüsse von Rezipientenmerkmalen und Rezeptionsmodalitäten (z. B. aktive versus passive Fernsehrezeption, wahrgenommener Realitätsgrad, Involvement, also die persönliche Relevanz des im Fernsehen gezeigten Themas, oder Transportation, also das kognitive und emotionale Eintauchen in die narrative Welt, durch die Inhalte intensiv, aber unkritisch verarbeiten werden).

Dabei haben sich zwei *Forschungstraditionen* herauskristallisiert. Die ursprüngliche Idee ist *soziologisch* geprägt und betrachtet die Zusammenhänge zwischen Fernsehen und Realitätswahrnehmung makroperspektivisch als gesamtgesellschaftlichen Prozess. Dieser Tradition wohnt häufig eine medienkritische Haltung inne, die das Fernsehen als Machtinstanz sieht (vgl. Morgan & Shanahan, 1997). Die zweite Tradition siedelt sich auf der Mikroebene an und versucht, Kultivierung als *psychologischen Prozess* zu verstehen. Erste Ansätze dieses Forschungszweigs finden sich bereits in den 1980er Jahren in den Publikationen von Hawkins und Pingree (1981). Potter (1988), Shrum (2009) und andere führten die Idee weiter und trugen damit erheblich zur Erklärung bei, wie es zu Kultivierungseffekten kommt. Folgt man Shrums „Heuristic Processing Model of Television Effects" (2009, S. 64), so ist davon auszugehen, dass Kultivierungseffekte erster Ordnung in Folge einer erinnerungsgestützten heuristischen Urteilsbildung entstehen und auf Verfügbarkeitsheuristiken basieren. Kultivierungsurteile zweiter Ordnung werden dagegen, so die Vermutung, größtenteils on-line, also während der Rezeption, gebildet und basieren beim Urteilsabruf auf der höheren Einstellungsverfügbarkeit. Weitere Erklärungsansätze beruhen auf Reality-Monitoring-Fehlern, chronisch verfügbaren Konstrukten, dem Elaboration-Likelihood-Ansatz (vgl. den Beitrag von Franziska Marquart & Brigitte Naderer i. d. B.), mentalen Modellen und Transportation. Fruchtbare Ergänzungen lieferten zudem Ansätze zur Integration von Kultivierungsforschung und verschiedenen anderen Medienwirkungs- oder Verhaltenstheorien, wie Theory of Planned Behavior, Theorie der Schweigespirale (vgl. den Beitrag von Hans Mathias Kepplinger i. d. B.), Third-Person-Effekte (vgl. den Beitrag von Marco Dohle i. d. B.), Agenda-Setting (vgl. den Beitrag von Patrick Rössler i. d. B.), Fallbeispielforschung oder soziales Kapital (im Überblick vgl. Rossmann, 2013).

Die skizzierten Fortschritte in der Kultivierungsforschung sind nicht zuletzt Folge der Tatsache, dass sich die Kultivierungsforschung einige *Kritik* gefallen lassen musste und teilweise immer noch muss (für eine ausführliche Diskussion vgl. Rossmann, 2008, S. 31-63). Vor allem in den Anfängen der Kultivierungsforschung wurde häufiger thematisiert, dass die Befunde von Gerbner und Kollegen nicht repliziert werden konnten, das Gros der heutigen Forschung bestätigt den Effekt jedoch. Auch die mangelnde Kontrolle von Drittvariablen, die der Gerbner-Gruppe vorgeworfen wurde, lässt sich zeitlich eher den Anfängen zuordnen und kann als überholt gelten. So sind in den aktuelleren Studien regressionsanalytische Verfahren zur Kontrolle von Hintergrundvariablen üblich. Viele Studien beschäftigen sich heute mit der Identifikation und Kontrolle von Moderatoren und Mediatoren. In den achtziger Jahren entbrannte eine hitzige Debatte zwischen Gerbner und Hirsch (z. B. 1980), der feststellte, dass die Zusammenhänge zwischen Fernsehnutzung und Realitätswahrnehmung nicht linear verliefen, und damit die Kultivierungshypothese als widerlegt ansah. Potter (1993) beschrieb später zwei weitere Anomalien in den Zusammenhängen zwischen Fernsehnutzung und Realitätswahrnehmung: Zusammenhänge gegen die Erwartungsrichtung und asymmetrische Zusammenhänge. Ein weiterer Kritikpunkt betrifft die Operationalisierung der Realitätseinschätzung. Diskutiert werden hier Forced-Error-Questions (keine der Antwortvorgaben entspricht der Realität oder Fernsehantwort), die vor allem in den früheren Studien durch Gerbner und Kollegen eingesetzt wurden, sowie die offene oder geschlossene Abfrage von Häufigkeiten und Prozentanteilen (für eine aktuelle Studie hierzu vgl. Hetsroni, 2007). Newcomb (1978) kritisierte, dass sich Kultivierungsforscher nicht ausreichend mit der unterschiedlichen Wahrnehmung und Interpretation der Fernsehbotschaft durch die Zuschauer beschäftigten. Dieser Aspekt wird auch in der aktuelleren Forschung häufig vernachlässigt (vgl. hierzu ausführlicher Rossmann, 2008, S. 99-154). Im Gegensatz zur frühen Kultivierungsforschung, die von genreübergreifenden Botschaften und nonselektiver Fernsehnutzung ausgeht, untersucht die aktuellere Forschung aufgrund der Ausdifferenzierung des Fernsehangebots und der selektiven Fernsehnutzung heute meist *genrespezifische Kultivierungseffekte*. Je nach Thematik und ihrer Darstellung im Fernsehen gilt es jedoch zu prüfen, ob Kultivierungseffekte eher auf Sendungs-, Genre- oder auf der Metaebene zu erwarten sind. Nicht zuletzt muss sich die Kultivierungsforschung, wie viele andere Medienwirkungstheorien auch, der Kausalitätsproblematik stellen. Ein Großteil der Kultivierungsstudien basiert auf korrelativen Querschnittdesigns, die keinen Kausalschluss zulassen. Es gibt verschiedene Ansätze, dieses Problem zu lösen (z. B. Prolonged-Exposure-Experimente, soziale Experimente, Strukturgleichungsmodelle, Zeitreihenanalysen), die allerdings ebenfalls Grenzen haben (im Überblick vgl. Rossmann & Brosius, 2004).

Diese Kritikpunkte machen die Kultivierungshypothese zwar immer noch angreifbar, konnten sie aber nie ganz widerlegen. In ihrer *Meta-Analyse* von 52 Kultivierungsstudien fanden Morgan und Shanahan (1997) einen zwar kleinen, aber beständigen Gesamteffekt (r=0,091, K=52) und resümierten: „Certainly not all of the issues are resolved, but, taken as a whole, the data show that cultivation theory has amply demonstrated the nature, importance, and resilience of its findings." (S. 38) Entsprechend konnten Dossche und Van den Bulck (2010), die über zehn Jahre später erneut eine Meta-Analyse (57 Studien) durchführten, den Gesamteffekt exakt bestätigen (r=0,090, K=76).

Das weite Spektrum an Studien und die Vielzahl an Belegen für Zusammenhänge zwischen Fernsehnutzung und Realitätsbild haben die Stimmen der Kultivierungskritiker deutlich reduziert. Methodik und Analysemethoden haben sich verbessert, basale Kritikpunkte konnten weitgehend ausgeräumt werden. Auch psychologische Erklärungen für die Entstehung von Kultivierungseffekten tragen erheblich dazu bei, dass die Kultivierungsforschung mittlerweile auf einem stabilen Fundament steht. Nichtsdestotrotz darf die umfangreiche empirische Evidenz nicht darüber hinwegtäuschen, dass viele Studien Einschränkungen aufweisen (Stichwort: Querschnittdesign und Kausalitätsproblem) und häufig ohne Analyse der Fernsehinhalte auszukommen scheinen. Auch ist die Forschungslage zum Einfluss von Botschafts- und Rezipientenmerkmalen angesichts divergierender Operationalisierungen und Befunde noch uneindeutig. Unverkennbar ist jedoch: Die Kultivierungsforschung hat sich weiterentwickelt, bietet neue Anknüpfungspunkte und fruchtbare Erweiterungen – über Realitätswahrnehmung und Einstellungen hinaus auf Verhaltensintentionen und Verhalten (Theory of Planned Behavior), wahrgenommenes Meinungsklima (Schweigespirale) oder wahrgenommene Einflüsse auf andere (Third-Person-Effekte).

## Literatur

### *Primärliteratur*

Gerbner, G. (1998). Cultivation analysis: An overview. *Mass Communication & Society, 1*, 175-194. doi:10.1207/s15327825mcs0103&4_4

Gerbner, G., & Gross, L. (1976). Living with television: The violence profile. *Journal of Communication, 26*(2), 171–199. doi:10.1111/j.1460-2466.1976.tb01397.x

Gerbner, G., Gross, L., Morgan, M., & Signorielli, N. (1980). The "Mainstreaming" of America: Violence Profile No. 11. *Journal of Communication, 30*(2), 10-29. doi:10.1111/j.1460-2466.1980.tb01987.x

Gerbner, G., Gross, L., Signorielli, N., & Morgan, M. (1980). Aging with television: Images of television drama and conceptions of social reality. *Journal of Communication, 30*(4), 37-47. doi:10.1111/j.1460-2466.1980.tb01766.x

Gerbner, G., Morgan, M., & Signorielli, N. (1994). *Television Violence Profile No. 16: The turning point from research to action*. The Annenberg School for Communications, University of Pennsylvania.

### *Sekundärliteratur*

Annenberg School for Communication at University of Pennsylvania (2009). George Gerbner Archive: Biography. Abrufbar unter: http://web.asc.upenn.edu/gerbner/archive.aspx?sectionID=18. Abrufdatum 12.11.2014

Bryant, J., & Miron, D. (2004). Theory and research in mass communication. *Journal of Communication, 54*, 662-704. doi:10.1093/joc/54.4.662

Dossche, D., & Van den Bulck, J. (2010, Juni). 30+ years of cultivation research. A meta analysis. Vortragspaper präsentiert auf der 60. Jahrestagung der International Communication Association, Singapur.

Hawkins, R. P., & Pingree, S. (1981). Using television to construct social reality. *Journal of Broadcasting, 25*(4), 347-364. doi:10.1080/08838158109386459

Hawkins, R. P., & Pingree, S. (1982). Television's influence on social reality. In D. Pearl, L. Bouthilet, & J. B. Lazar (Hrsg.), *Television and behavior. Ten years of scientific progress and implications for the eighties* (S. 224-247). Rockville, MD: National Institute of Mental Health.

Hetsroni, A. (2007). Open or closed – this is the question: The influence of question format on the Cultivation Effect. *Communication Methods and Measures, 1*, 215-226. doi: 10.1080/19312450701435018

Hirsch, P. (1980). The "scary world" of the nonviewer and other anomalies: A reanalysis of Gerbner et al.'s findings on Cultivation Analysis. Part I. *Communication Research, 7,* 403-456.

Morgan, M., & Shanahan, J. (1997). Two decades of Cultivation Research: An appraisal and meta-analysis. In B. R. Burleson & A. W. Kunkel (Hrsg.), *Communication Yearbook 20* (S. 1-45). Thousand Oaks: Sage.

Morgan, M., & Shanahan, J. (2010). The state of Cultivation. *Journal of Broadcasting & Electronic Media, 54,* 337-355. doi:10.1080/08838151003735018

Morgan, M., Shanahan, J., & Signorielli, N. (2012). Looking forward, looking backward: Ten questions about Cultivation. In Autoren (Hrsg.), *Living with television now. Advances in Cultivation Theory & Research* (S. 389-404). New York: Lang.

Morgan, M. (2012). *George Gerbner: A critical introduction to media and communication theory* (Vol. 3). New York: Lang.

Newcomb, H. (1978). Assessing the violence profile studies of Gerbner and Gross: A humanistic critique and suggestion. *Communication Research, 5,* 264-282. doi:10.1177/009365027800500303

Potter, W. J. (1988). Three strategies for elaborating the Cultivation Hypothesis. *Journalism Quarterly, 65,* 930-939. doi:10.1177/107769908806500415

Potter, W. J. (1993). Cultivation theory and research: A conceptual critique. *Human Communication Research, 19,* 564-601. doi:10.1111/j.1468-2958.1993.tb00313.x

Potter, W. J., & Riddle, K. (2007). A content analysis of the media effects literature. *Journalism & Mass Communication Quarterly, 84,* 90-104. doi:10.1177/107769900708400107

Potthoff, M., & Weischenberg, S. (2014). Fachliche Wandlungsprozesse in der deutschen Kommunikationswissenschaft. Ergebnisse einer zitationsanalytischen Spurensuche in den 1970er und 2000er Jahren. In B. Stark, O. Quiring, & N. Jackob (Hrsg.), *Von der Gutenberg-Galaxis zur Google-Galaxis. Alte und neue Grenzvermessungen nach 50 Jahren DGPuK* (S. 95-114). Konstanz: UVK.

Rossmann, C., & Brosius, H.-B. (2004). The problem of causality in Cultivation Research. *Communications: The European Journal of Communication Research, 29,* 379-397. doi:10.1515/comm.2004.024

Rossmann, C. (2008). *Fiktion Wirklichkeit. Ein Modell der Informationsverarbeitung im Kultivierungsprozess.* Wiesbaden: VS.

Rossmann, C. (2013). Kultivierungsforschung: Idee, Entwicklung und Integration. In W. Schweiger & A. Fahr (Hrsg.), *Handbuch Medienwirkungsforschung* (S. 207-223). Wiesbaden: VS.

Shrum, L. J. (2009). Media consumption and perceptions of social reality: Effects and underlying processes. In J. Bryant & M. B. Oliver (Hrsg.), *Media effects. Advances in theory and research* (S. 50-73). New York: Routledge.

# Wie informiert das Fernsehen? Ein Indizienbeweis

## von Bernward Wember (1976)

Andreas Wagenknecht

**Zusammenfassung**

„Wie informiert das Fernsehen? Ein Indizienbeweis“ erschien 1976 als Dokumentation der gleichnamigen Fernsehsendung aus dem Jahr 1975. In ihm entwickelt Bernward Wember das von ihm benannte Modell der Bild-Text-Schere. Dieses stellt die Beziehung von Off-Kommentar und Bildinhalt in dokumentarischen Filmen dar und unternimmt den Versuch, das Verhältnis in seiner Wirkung auf den Rezipienten einzuschätzen. Laut Wember führt das Auseinanderklaffen von dem auf der Tonebene vermittelten Kommentartext und dem Gehalt der Filmbilder in nuce zu einer verringerten Verständlichkeit und Erinnerbarkeit der aus Bild und Text komponierten Information. Die Bilder generieren aufgrund ihrer Bewegungsdarstellung mehr Aufmerksamkeit als der Text, sind aber eigentlich nicht die Träger der wesentlichen und wichtigen Informationen. Diese stecken laut Wember vor allem im Text der Off-Kommentare. Der erste Eindruck der Zuschauer, sich vor allem durch die bewegten Bilder gut informiert zu fühlen, klafft – wie die Bild-Text-Schere – stark auseinander gegenüber dem Verstehen und Erinnern der tatsächlich im Kommentartext transportierten Informationen. Das Modell der Bild-Text-Schere legte einen Grundstein für die empirische Erforschung dokumentarischer Fernsehberichterstattung hinsichtlich der Wirkung des Verhältnisses von Bild und Text bzw. Ton auf den Rezipienten und geht in seiner Strahlkraft weit über den Bereich der Medien- und Kommunikationswissenschaft hinaus.

**Schlüsselbegriffe**

Bild-Text-Schere, Fernsehdokumentation, Nachrichten, mediale Information, Medienpädagogik, mediale Wissensvermittlung, audiovisuelle Medien, filmische Bewegung

## 1 Kurzbiografie des Autors

Bernward Wember wurde 1941 in Berlin-Charlottenburg geboren und war von 1981 bis 2000 Professor für Theorie der Audiovisuellen Kommunikation am Institut für Geschichte und Theorie der Gestaltung der Universität der Künste Berlin. Nach dem Studium der Philosophie, Mediendidaktik und Psychologie an der Ludwig-Maximilians-Universität München begann er seine akademische Karriere als wissenschaftlicher Mitarbeiter am dortigen Institut für Pädagogik. Parallel dazu drehte er seit Mitte der 1960er Jahre vor allem Dokumentarfilme und Dokumentationen für das Fernsehen. Sein wissenschaftlich-theoretisches und sein filmpraktisches Schaffen sind auf das Engste miteinander verbunden. So veröffentlichte Wember die Ergebnisse seiner Forschungen, die sich schwerpunktmäßig mit der Informationsvermittlung im Fernsehen und deren Wirkung auf den Zuschauer beschäftigen, zumeist erst in Form von TV-Sendungen und Dokumentationen und erst anschließend in Buchform. Auch ließ er sich aus der Medienpraxis heraus zu wissenschaftlichen Beobachtungen und Reflexionen in Form von Vorträgen und Aufsätzen anregen, die in der Regel einen (medien)pädagogischen Einschlag haben. Er erhielt zahlreiche Auszeichnungen und Ehrungen, darunter den Grimme-Preis, den Deutschen Kritikerpreis und den Karl-Hofer-Preis.

## 2 Inhalt des Textes

„Wie informiert das Fernsehen? Ein Indizienbeweis" stellt im Wesentlichen eine Verschriftlichung der gleichnamigen Fernsehdokumentation dar. Diese wurde vom ZDF produziert und lief am 11. Dezember 1975 zur Primetime im Rahmen der Sendereihe *Betrifft: Fernsehen* des ZDFs. Der Film hat eine Länge von 134 Minuten und erfuhr nach seiner Ausstrahlung ein starkes und zumeist positives Echo in der Presse (vgl. Wember, 1983a, S. 153ff.). Auch wenn die Veröffentlichung als Buch und das Aufgreifen seiner Kerngedanken durch die Wissenschaftlergemeinschaft „Wie informiert das Fernsehen?“ nach den hier angelegten Kriterien zu einem Schlüsselwerk der Wirkungsforschung machen, bezieht es sich nicht exklusiv auf Medienwirkungsaspekte und entzieht sich sowohl aufgrund seines Inhalts als auch aufgrund seiner Form einer klaren Kategorisierung als wissenschaftliches Werk. Obwohl Film und Buch nicht voneinander zu trennen sind und die Vermutung nahe liegt, dass ein Großteil der Reputation und Wirkmächtigkeit auf den Film zurückzuführen sind (aus einem Film zitiert man aber in der Regel im Rahmen des akademischen Betriebs nicht), steht nachfolgend die Publikation im Mittelpunkt der Darstellung.

Das Buch ist erstmals 1976 im List Verlag München und bislang in drei Auflagen erschienen. Die erste und zweite Auflage bestehen aus zwei Teilen. Der erste Teil ist die Verschriftlichung bzw. von Wember „Dokumentation“ genannte Darstellung der Sendung in ihrem vollständigen Bild- und Tonverlauf. Auf komplexe Weise werden Fließtext, Einstellungsprotokolle und „Standfotos“ aus dem Film über 95 Seiten zu einem Ganzen verwoben.

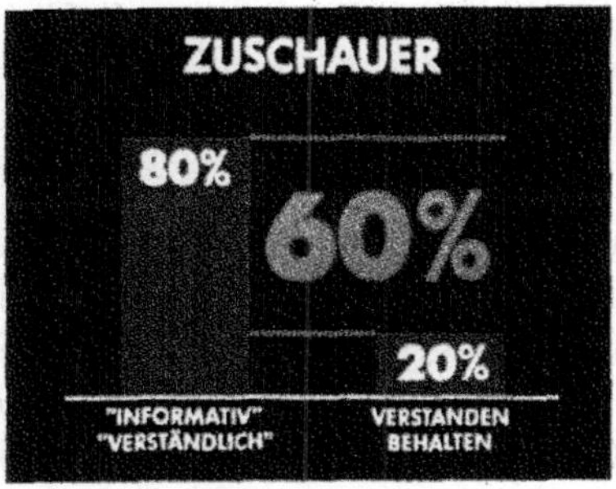


Die Säulendifferenz wird durch einlaufende Punktlinien markiert.
(Schreibmaschinen-Geräusch)
Die Zahl 60% springt ein.

Haben sich dann also 60% der Zuschauer getäuscht? Jedenfalls ist der Widerspruch zwischen hervorragendem Informations-Eindruck und enttäuschenden Informations-Ergebnissen erschreckend. Durch diese Testergebnisse drängte sich mir folgender Verdacht auf:

**Abb. 1** Ein Eindruck der außergewöhnlichen Form der Darstellung des Textes

Quelle: Wember, 1983a, S. 12; Anmerkung: Der die gesamte Breite der Seite einnehmende Text ist die Verschriftlichung des Moderationstextes. Das Bild ist ein „Standfoto“ aus der dem Buch zugrundeliegenden Fernsehsendung. Der Text rechts neben dem Bild skizziert und erläutert ergänzend den filmbildlichen Verlauf.

Der zweite Teil des Buches versammelt „Arbeitsmaterial“, so z. B. das Filmprotokoll einer gesamten von Wember für seine Arbeit analysierten und nur auszugsweise dargestellten sowie nicht näher betitelten Reportage zum Nordirland-Konflikt. Sie stammt aus dem *Auslands-Magazin* des ZDFs. Weiterhin befinden sich im zweiten Teil der Publikation Vorschläge und Fragestellungen zum Einsatz des Filmprotokolls im Unterricht. Während die Kernaussagen, Analysen und Schlussfolgerungen, die das Buch zu einem Schlüsselwerk machen, sich sämtlich im ersten Teil – also der Verschriftlichung des Films – finden, ist der zweite, 48 Seiten starke Teil mehr oder weniger eine medienpädagogische und -didaktische Handreichung „für die konkrete Durchführung im Unterricht" (S. 147). Den Abschluss des Buches bildet ein Anhang mit einer Auswahl von Pressestimmen, die die Fernsehdokumentation Wembers hervorgerufen hat.

Die dritte und letzte, 1983 erschienene Auflage, wurde um einen dritten, 27 Seiten starken Teil ergänzt. Dieser setzt sich im Wesentlichen mit der Kritik an den Ergebnissen, dem öffentlichen Echo und dessen Folgen auseinander.

Nach den für wissenschaftliche Publikationen geltenden Maßstäben wirkt es ungewöhnlich, dass Wember in Film und Text nicht zitiert bzw. keine konkreten Quellen und Autoren benennt. Dementsprechend enthalten alle drei Auflagen weder Quellennachweise noch Literaturverzeichnis, obgleich Wember sich – wie im Folgenden weiter ausgeführt wird – durchaus merklich auf wissenschaftliche Erkenntnisse anderer Forscher stützt.

## *Kernaussage(n)*

Das Schlüsselwerk von Wember ist – trotz weiterer interessanter und detaillierter Beobachtungen und Ausführungen – vor allem für das dort entwickelte Modell der Bild-Text-Schere bekannt. Dieses stellt die Beziehung von Off-Kommentar und Bildinhalt in dokumentarischen Filmen dar und unternimmt den Versuch, das Verhältnis in seiner Wirkung auf den Rezipienten einzuschätzen. Laut Wember führt ein Auseinanderklaffen von dem auf der Tonebene vermittelten Kommentartext und dem Gehalt der Filmbilder in nuce zu einer verringerten Verständlichkeit und Erinnerbarkeit der aus Bild und Text komponierten Information.

Wie kommt Wember darauf und worauf stützt er sein Modell? Um eines vorwegzunehmen: Auch wenn er von einer Inhaltsanalyse (S. 13) von 50 Filmen (u. a. aus dem ZDF Auslandsjournal, den Heute-Nachrichten und dem Magazin Drehscheibe) mit einer Gesamtdauer von 5 Stunden und 10 min zum Thema Nordirland bzw. zum Nordirland-Konflikt aus dem Zeitraum von 1969 bis 1973 spricht, arbeitet er nicht im wissenschaftlichen Sinne methodengeleitet, indem er beispielsweise eine konkrete Form der qualitativen oder quantitativen Inhaltsanalyse für die Untersuchung fruchtbar macht. Inhaltsanalytisch bedeutet hier, dass er den Inhalt der Sendung analysiert, indem er im Detail und vor dem Hintergrund seiner Erfahrung als Filmemacher die Form und Ästhetik der filmbildlichen Gestaltung, die Montage der Filmbilder und ihre Verknüpfung mit dem Off-Kommentar bis auf das Kleinste seziert. Daraus leitet er Schlussfolgerungen über die Wirkung von dokumentarischen Filmen – genauer über die Möglichkeit des Erinnerns an audio-visuell vermittelte Informationen – auf den Zuschauer ab.

Den Ausgangspunkt von Wembers Ausführungen bilden „Wirkungstests mit Zuschauern" (S. 11). Er spielte „850 Zuschauern verschiedener Altersstufen und Berufsgruppen" (S. 11) „Informationsfilme" (dokumentarische Formen des Fernsehens wie Reportagen, Nachrichten- und Magazinbeiträge) vor und überprüfte, „wieviele [sic!] Zuschauer entscheidende Aussagen eines Films verstanden und behalten hatten" (S. 11). Wember kam zu dem Ergebnis, dass nur 20 Prozent der Zuschauer die wichtigsten Informationen zu einem gewissen Grad verstanden und auch memoriert haben. 80 Prozent der Zuschauer fühlten sich unmittelbar nach der Vorführung der Filme dennoch gut über das Thema unterrichtet und schätzten den Film als informativ und verständlich ein. Laut Wember hätten sich demnach 60 Prozent der Zuschauer getäuscht – denn hier zeichnete sich eine Diskrepanz „zwischen hervorragendem Informationseindruck und enttäuschenden Informations-Ergebnissen" (S. 12) ab. Diese Ergebnisse veranlassten Wember zu der thesenartigen und für die weitere Untersuchung programmatischen Behauptung, dass in dokumentarischen Formen des Fernsehens „Schadstoffe" enthalten sein könnten.

> Die Schadstoffe erlebt der Zuschauer zunächst als angenehm, und das könnte den guten Eindruck bewirken. Gleichzeitig könnten die Schadstoffe aber die Information kaputt machen – ohne daß man es merkt. Deshalb die schlechte Leistung. Dieser Verdacht soll jetzt überprüft werden. (S. 13)

Einer dieser „Schadstoffe" ist jene per – wie Wember es formuliert – „Indizienbeweis" identifizierte und in der Medien- und Kommunikationswissenschaft und besonders innerhalb der Medienwirkungsforschung viel beachtete Bild-Text-Schere.

Doch wie verläuft dieser Indizienbeweis bzw. wie wird er dargestellt? Der Modus der Darstellung ist auch hier kein genuin wissenschaftlicher, sondern ein dem filmischen Ursprungsformat des Buches geschuldeter journalistischer und medienpädadogischer – ja, sogar ein normativer, leicht belehrender. Der Kern aller „Indizien" und „Befunde" ist die Feststellung, dass die untersuchten Fernsehsendungen im Wesentlichen über das Mittel der Bewegung innerhalb des Filmbilds und durch die Bewegung des Filmbilds selbst versuchen, Aufmerksamkeit zu generieren. Das bedeutet, dass das filmische Material, welches zu dokumentarischen Formen des Fernsehens zusammengeschnitten wird, in erster Linie danach ausgewählt wird, ob sich bewegende Personen oder Gegenstände in ihm zu sehen sind. Ist dies nicht der Fall, wird Bewegung künstlich erzeugt, indem beispielsweise viele kurze Einstellungen aneinander montiert werden oder indem während der Aufnahme Bildausschnitte fokussiert werden, in denen Bewegung vorhanden ist;

alternativ wird durch Kamera-Schwenks, -Fahrten oder -Zooms Bewegung illusioniert. Die Inszenierung von Bewegung schafft den – wie Wember es formuliert – nötigen „Augenkitzel", um sich „unterrichtet" und unterhalten zu fühlen. Bis auf die Bewegung sind die Bilder jedoch informationsarm, was dazu führt, dass nur wenig tatsächlich verstanden oder memoriert wird. Wesentlich unterstützt wird dieser Effekt auf der Ton- bzw. Text-Ebene dadurch, dass O-Töne selten verwendet werden und wenn, dann meist wenig konkrete Informationen enthalten; hinzu kommt, dass der Off-Kommentar häufig nichts oder nur wenig mit dem Inhalt der Bilder zu tun hat. Um die Wirkmächtigkeit der bewegten Bilder zu begründen, greift Wember auf Erkenntnisse aus der Wahrnehmungspsychologie und aus der Zeichentheorie zurück. So veranlasst der „orientierende Reflex", dass das Auge – entwicklungsgeschichtlich bedingt und früher überlebensnotwenig – seinen Blick in einer nahezu automatischen Reaktion auf die Bewegung richtet. Wember erklärt sich damit die Fixierung auf die filmische Darstellung von Bewegung und die damit verbundene Vermittlung eines Bewegungsreizes in den untersuchten Filmen selbst. Auch wenn „die Anwendung zumeist unbewusst passiert" (S. 23), wird so einer als unangenehm empfundenen Reiz- bzw. Bewegungsarmut entgegengewirkt. Je weniger sich die bewegten Bilder nun inhaltlich mit den sprachlichen Informationen des Off-Kommentars decken, desto mehr Aufmerksamkeit wird der Bewegung und damit dem Bild geschenkt. Das Gesagte geht sozusagen unter, selbst wenn die Bilder dem Text subsummiert sind und häufig nur illustrierenden Charakter haben. Der Bewegungsreiz ist zu dominant. Diesen Effekt führt Wember nun wiederum auf eine Erkenntnis aus der Zeichentheorie zurück, die „sich auf die semantische Beziehung von Sprache und Bild bezieht" (Renner, 2007, S. 413). Je mehr sich die Inhalte von Bild und Text voneinander entfernen, desto weniger kann sich auf beide Kanäle – die Bilder und die Töne – gleichberechtigt konzentriert werden. Bei zunehmender Diskrepanz zwischen Bild und Ton richtet sich die Aufmerksamkeit nur noch auf einen Kanal. Bei den untersuchten Filmen – so postuliert Wember – richtet sich das Interesse auf die Bilder, da diese aufgrund ihres Bewegungsreizes die Aufmerksamkeit auf sich ziehen. Da die Bilder aber eigentlich nicht die Träger der wesentlichen und wichtigen Informationen sind – diese stecken im Text und vor allem in den Off-Kommentaren – fühlen sich die Rezipienten unterhalten, aber nicht tiefgründig und Verstehen generierend informiert. Der erste Eindruck der Zuschauer, sich informiert zu fühlen, klafft – wie die Bild-Text-Schere – stark auseinander gegenüber dem Verstehen und Erinnern der tatsächlich transportierten Informationen. Zur Untermauerung der Kernaussage des Schlüsselwerkes – der Bild-Text-Schere – führte Wember schriftliche Tests mit Rezipienten zum Erinnern an ausgewählte Inhalte vorher vorgespielter Szenen aus einem von Wember bearbeiteten und manipulierten dokumentarischen Film durch.

Sind die Informationen auf Bild- und Tonebene nahezu identisch (wird also über das berichtet, was auch auf den Filmbildern zu sehen ist), wurden rund 80 Prozent der Textaussagen verstanden und erinnert. Fallen die Inhalte weit auseinander, so dass die Bilder zwar einen Bewegungsreiz liefern, aber inhaltlich wenig mit dem Inhalt des Off-Kommentars zu tun haben, begreifen und memorieren nur ca. 30 Prozent der Testpersonen die Aussagen des gezeigten Filmausschnittes.

> Wenn sich aber Bild und Text inhaltlich voneinander entfernen, wird es schwierig. Der Zuschauer muß sich sehr anstrengen, wenn er gleichzeitig zusehen und zuhören soll. Bis zu einer gewissen Grenze kann man das durchhalten. Diese Grenze der Belastbarkeit ist bei den einzelnen Menschen unterschiedlich. Aber wenn sich Bild und Text inhaltlich weit voneinander entfernen, dann bleibt die Aufmerksamkeit jedes Zuschauers hoffnungslos auf der Strecke. Bild und Text gehen wie eine Schere auseinander. Die gemeinsame Aufmerksamkeit von Sehen und Hören zerbricht. (S. 46f.)

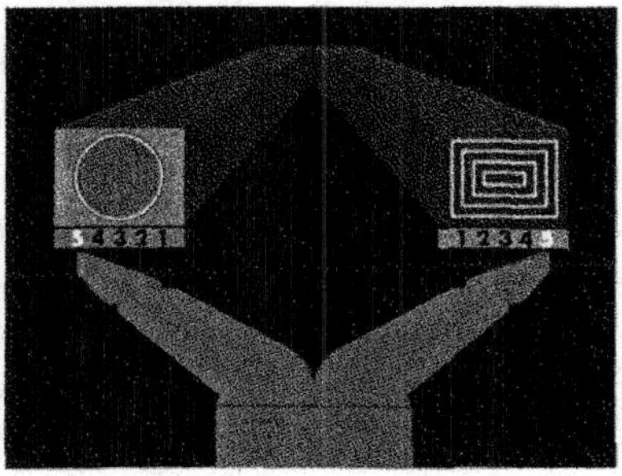

Im Scherenmodell sind Bild- und Textast extrem weit auseinander. Beide Skalen stehen auf Wert 5. Entsprechend sind Seh- und Hörpfeil weit auseinander gezogen.

Bei diesem Abschnitt ist der Augenkitzel extrem stark. Der Text ist schwierig. Außerdem sind Bild und Text inhaltlich sehr weit auseinander. Falls diese Begründung tatsächlich stimmt, dann müßte folgendes Experiment möglich sein:

**Abb. 2** Originalgrafik zur Veranschaulichung der Bild-Text-Schere
Quelle: Wember, 1983a, S. 50

Die Schlussfolgerungen, die Wember aus seinem Modell der Bild-Text-Schere zieht, sind zweierlei Natur – normativer und journalistischer bzw. filmpraktischer. Das grundsätzliche Auftreten der Bild-Text-Schere als auch die Bewegungs- und Intensitätsfixierung der Filmbilder führt er nicht auf eine gewollte Effekthascherei der Filmemacher zurück, sondern auf den Zeitdruck und den Produktionszwang, denen die Journalisten durch die Sendeanstalten ausgesetzt sind. Wird diese Form der Berichterstattung zum Standard, sieht Wember die „demokratische Urteilsbildung“ in Gefahr und den Bildungsauftrag des öffentlich-rechtlichen Rundfunks (privates Fernsehen gab es zum Zeitpunkt von Wembers Studien noch nicht) nicht mehr erfüllt.

Im letzten Abschnitt des ersten Teils des Buches liefert er einen Gegenvorschlag in Form eines Filmprotokolls. Dieses Protokoll macht Wembers Ideal eines verständlichen und Sachverhalte erklärenden Informationsfilms – welcher als Abschluss der dem Buch zugrundeliegenden Fernsehsendung gezeigt wurde – in Textform nachvollziehbar. Der Film kommt ohne dokumentarische filmische Aufnahmen aus und arbeitet ausschließlich, an Lehr- und Schulfilme erinnernd, mit Grafiken und einem erklärenden Off-Kommentar.

## 3 Bezug des Textes zum Gesamtwerk des Autors

Wembers Œuvre ist recht überschaubar und bewegt sich – wie das hier diskutierte Schlüsselwerk – größtenteils an den Grenzen zwischen Wissenschaft, Medienpädagogik, journalistischer Filmpraxis und Kritik am Rundfunksystem. Das Modell der Bild-Text-Schere nimmt dabei eine zentrale Stellung ein – sowohl was seine Weiterverwertung und -entwicklung in anderen Werken des Autors selbst betrifft als auch hinsichtlich nachfolgender empirischer Arbeiten anderer Wissenschaftler aus dem Bereich der Medien- und Kommunikationswissenschaft oder auch der Germanistik und Linguistik, die sich mit dem Verhältnis von Bild und Text bzw. Ton oder der Wirkung von Informations- und Nachrichtensendungen beschäftigen.

In „Wie informiert das Fernsehen?“ lässt Wember einerseits Erkenntnisse aus seiner in dem Buch „Objektiver Dokumentarfilm“ (1972) veröffentlichten Untersuchung des Dokumentarfilms *Bergarbeiter im Hochland von Bolivien* zur filmischen Möglichkeit einer neutralen und unparteiischen Berichterstattung einfließen. Andererseits baut die dem Schlüsselwerk zugrundeliegende Fernsehsendung dramaturgisch und inhaltlich auf Wembers für das ZDF realisierten Film *Wieso denn ideologisch? Eine Analyse filmischer Fehlleistungen* aus dem Jahr 1972 auf. Nach Publikation des Schlüsselwerks verwirklicht Wember weitere kritische Filme zur journalistischen Berichterstattung im Fernsehen, die er ebenfalls in Buchform dokumentiert herausbringt. Das bekannteste ist „Vergiftet oder arbeitslos?“ (Wember, 1983). Der zugrundeliegende Film wurde 1982 im ZDF gezeigt und erhielt den Deutschen Kritiker-Preis.

Das Modell der Bild-Text-Schere entwickelt Wember in dem essayistischen Aufsatz „Die Bauch-Kopf-Schere oder: Was machen Menschen mit Informationen“ (Wember, 1993) – dem keinerlei empirische Studien oder Verweise auf wissenschaftliche Werke zugrundeliegen – vor dem Hintergrund der Entstehung des dualen Rundfunksystems und der Etablierung privater Fernsehsender weiter. Der in der filmischen Berichterstattung und vor allem im Privatfernsehen noch immer aktuellen Bild-Text-Schere spielt laut Wembers Beobachtung die Informationsverarbeitung der Zuschauer in die Hände, da Informationen einerseits unseren Kopf, aber andererseits auch unseren Bauch adressieren können. „Der Kopf wird umgangssprachlich gemeinhin als Ort angesehen, wo rationales Denken angesiedelt ist, während der Bauch üblicherweise als die Körperregion genannt wird, in der emotionales Erleben passiert" (Wember, 1993, S. 33). Dem aktuellen Fernsehen attestiert Wember nun eine Bauch-Kopf-Schere. Das heißt, die Berichterstattung ziele mit ihrer Emotionalisierung vorwiegend auf eine oberflächliche Rezeption (quasi den Bauch) ab, statt mit tiefgründigen Informationen den rational und kritisch arbeitenden Verstand (quasi den Kopf) zu adressieren. „Die Bereitstellung von großen und kleinen Gefühlen für jedes Thema und für jeden Anlaß scheint unerschöpflich. Demgegenüber sind Reflexionen über die Ursachen der gezeigten Realitäten extreme Mangelware" (Wember, 1993, S. 33).

Die Reflektionen zur Bauch-Kopf-Schere, das Modell der Bild-Text-Schere und seine Erkenntnisse zur Dominanz der Bewegungsdarstellung im dokumentarischen Film lässt Wember 1999 noch einmal in dem Buchbeitrag „Können Bildschirm-Medien aufklären?" Revue passieren. Dabei stellt er fest, dass die in den Modellen thematisierten Missverhältnisse vor allem beim Privatfernsehen, aber auch bei den öffentlich-rechtlichen Sendern weiterhin vorliegen. Inhalt und Form der filmischen Berichterstattung haben sich – zu Wembers Bedauern – seit seiner Untersuchung und seinem „Verbesserungsvorschlag" nicht geändert. Im Gegenteil sei festzustellen, dass „die Symptome einer grassierenden RTLisierung immer zahlreicher werden." (Wember, 1999, S. 26) Das bedeutet für die privaten wie für die öffentlich-rechtlichen Fernsehsender: „Es muß sich rechnen, das ist alles – Inhalte spielen eigentlich keine Rolle mehr! Das Inhaltskriterium heißt wie immer: ‚Hauptsache, es bewegt sich was'!" (Wember, 1999, S. 22).

Hieraus wird mehr als deutlich, dass das Schlüsselwerk und seine Hauptaussagen der Kern Wembers wissenschaftlicher Arbeit sind und in ihrer Diagnose für ihn quasi zeitlos bleiben. Eventuell und kritisch formuliert auch einfach deshalb, weil sie seit Beginn des Films gängige und bewährte Mittel der Konstruktion filmischer Narrationen darstellen.

## 4 Wirkungsgeschichte des Schlüsselwerks, Weiterentwicklung & Kritik

Die nachhaltigste Wirkung von Wembers Buch ist sicherlich, dass man an ihm bis heute – zumindest im deutschsprachigen Raum – nicht vorbeikommt, wenn es um das Verhältnis von filmischen Bildern und Texten bzw. Tönen geht. Das Modell der Bild-Text-Schere wurde von Wember entwickelt, von ihm benannt und auf ihm beruht seine nachhaltige wissenschaftliche Reputation. Er legte damit einen Grundstein für die empirische Erforschung dokumentarischer Fernsehberichterstattung hinsichtlich der Wirkung des Verhältnisses von Bild und Text auf den Rezipienten. Dieses nachhaltige Ansehen Wembers ist einerseits erstaunlich, da das Schlüsselwerk im engeren Sinne gar keine genuin wissenschaftliche Arbeit darstellt und in seiner ursprünglichen Form kein Buch, sondern eine medienkritische Fernsehsendung ist. Andererseits war das Werk wohl gerade aufgrund seines eher journalistischen und damit leicht verständlichen Stils sowie seiner Bekanntheit aus Rundfunk und Fernsehen anschlussfähig für zahlreiche wissenschaftliche Disziplinen.

Die Bewertung von Wembers Modell im Rahmen der Medien- und Kommunikationswissenschaft ist dagegen recht ambivalent. So verweist ein Großteil der Autoren, die sich mit dem Verhältnis von filmischen Bildern und Texten oder mit (politischen) Informationssendungen beschäftigen, unkommentiert und ohne wesentliche Reflektion auf das Modell der Bild-Text-Schere, wobei es so scheint, als sei dies vor allem Wembers Pionierleistung auf diesem Gebiet geschuldet. Diejenigen Autoren hingegen, die sich tiefgehender mit der Bild-Text-Schere auseinandersetzen und eigene empirische Forschungen anschließen, gehen recht kritisch mit dem Werk um.

Einige wesentliche Kritikpunkte seien hier kurz vorgestellt. So bemängeln Muckenhaupt (1986) und Renner (2007) ganz grundsätzlich die Anlage von Wembers Studie. Es fehlten eine theoretische Fundierung und Definitionen zentraler Begriffe, die in Wembers Tests eine wesentliche Rolle spielen, darunter *verstehen* und *erinnern*. Ergänzend verweist Renner (2007) darauf, dass Wember wahrnehmungspsychologische und zeichentheoretische Erkenntnisse zur Herleitung und Begründung seiner Ergebnisse verwendet, die jedoch nicht so zusammengedacht werden dürfen, wie Wember es tut.

> Für den zeichentheoretischen Zusammenhang ist diese Metapher [die der Bild-Text-Schere] jedoch unzureichend. Denn eine Schere kennt nur zwei Zustände: Sie ist offen oder geschlossen. Die semantische Beziehung von Text und Bild kennt jedoch drei verschiedene Zustände: Text und Bild können sich gegenseitig bestätigen, sie können sich widersprechen und nebeneinander herlaufen, ohne sich zu bestätigen oder widersprechen. (Renner, 2007, S. 413)

Explizit das methodische Vorgehen kritisiert Brosius (1998), der vor allem bemängelt, dass das qualitative Vorgehen keine verallgemeinerbaren Rückschlüsse auf die tatsächliche Wirkung der Bild-Text-Schere zulasse. Und während niemand die Existenz der Bild-Text-Schere in Medienangeboten in Frage stellt, wird Wembers stark generalisierte Beschreibung ihres Einflusses auf die Verstehens- und Erinnerungsleistung der Zuschauer nicht nur von Brosius kritisiert. So weisen beispielsweise Kamps (1999) und Drescher (1997) darauf hin, dass der Gegenstand der Untersuchung ausschließlich Nachrichten- und Informationsfilme waren, die politische Berichterstattung im Fernsehen aber auch noch andere Sendeformen und Formate nutzt. Des Weiteren könne keinesfalls über Kausalzusammenhänge argumentiert werden, wenn es um die Wirkungsbeziehung von Bild-Text-Schere und dem Verstehen und Erinnern von audiovisuellen Informationen geht. So weist Drescher (1997) in detaillierten empirischen Studien zur Bild-Text-Schere nach, dass „eine ‚Text-Bild-Schere' [.] die Textverarbeitung von Nachrichten nicht weniger oder mehr zu beeinflussen [scheint] als eine ‚Text-Bild-Komplementarität'" (Drescher, 1997, S. 2014). Ballstaedt (1990) macht zudem darauf aufmerksam, dass eine Bild-Text-Schere in manchen Fällen auch verständnisbildend wirken kann, da sie den Rezipienten zum Nachdenken und Reflektieren anregt.

Schließlich wurde mittlerweile auch die in *Wie informiert das Fernsehen?* teils implizit und teils explizit vertretene Annahme aufgegeben, dass es eine Zielkategorie von Medienproduzenten sein müsse, einen möglichst unverfälschten Transport von Informationen zum Zuschauer zu gewährleisten, während seitens des Publikums ein aktives, stark involviertes, hinterfragendes Rezipieren von Informationssendungen und eine möglichst umfassende Erinnerung an die Inhalte generell wünschenswert und zielführend für die „demokratische Urteilsbildung" (Wember, 1983a, S. 11) seien. Die theoretischen und empirischen Gründe hiergegen, welche u. a. von Brosius (1995, vgl. den Beitrag von Alexander Haas i. d. B.) und Früh (1994; vgl. Sebastian Hagen & Felix Frey i. d. B.) ermittelt wurden, lassen sich dabei auf folgenden Punkt bringen: „Wir wollen uns offenbar durchaus ein Bild von den Zuständen und aktuellen Ereignissen in dieser Welt verschaffen, aber nicht dadurch, daß wir einfach Medieninformation ‚auswendig lernen'." (Früh, 1994, S. 9)

Anzumerken ist zuletzt, dass der Text von Wember – im Gegensatz zu anderen Büchern und Aufsätzen, die im vorliegenden Band als Schlüsselwerke vorgestellt und diskutiert werden – selbst in deutschsprachigen Überblicks- und Einführungswerken zur Medienwirkungsforschung nicht zwingend zitiert, geschweige denn detailliert vorgestellt wird – so z. B. aktuell nicht in Schenk (2007) oder in Schweiger & Fahr (2013). Erfolgt doch eine Erwähnung – so wie beispielsweise bei Bonfadelli & Friemel (2011), dann unkommentiert und in einer Reihung mit anderen Autoren. Hier konkret im Rahmen eines Unterkapitels zur Medienrezeption, welches auf

Forschungen zur „Informationsverarbeitung und zum Verstehen" (Bonfadelli & Friemel, 2011, S. 117) verweist, die sich am Beispiel von TV-Nachrichten mit der konkreten Form der audiovisuellen Präsentation und deren Wirkung auf das Erinnern von Inhalten beschäftigen. Die so erfolgte Subsummierung Wembers bzw. der Bild-Text-Schere unter die Medienwirkungsforschung zu Fernsehnachrichten ist typisch für die medien- und kommunikationswissenschaftliche Rezeption und Kanonisierung der Bild-Text-Schere im deutschsprachigen Raum. Sie bringt zum Ausdruck, dass von einer Übertragbarkeit der Annahmen, die Wember zur Wirksamkeit von Informationsfilmen entwickelte, auf den breiteren Bereich der Wirksamkeit audiovisueller Medienberichterstattung ausgegangen wird. Dem wiederum wird es zuzuschreiben sein, dass Wembers Buch zumindest im deutschsprachigen Raum – nicht allerdings international – stärker wahrgenommen wurde und über eine bibliometrische Analyse Einzug in diesen Band zu den Schlüsselwerken der Medienwirkungsforschung gehalten hat.

## Literatur

### *Primärliteratur*

Wember, B. (1972). *Objektiver Dokumentarfilm?* Berlin: Colloquium.
Wember, B. (1983a). *Wie informiert das Fernsehen? Ein Indizienbeweis.* München: List.
Wember, B. (1983b). *Vergiftet oder arbeitslos?* Frankfurt am Main: Eichborn.
Wember, B. (1993). „Die Bauch-Kopf-Schere" oder: Was machen Menschen mit Informationen. *Medium spezial. Zeitschrift für Hörfunk, Fernsehen, Film, Presse, Spezialheft: Nachrichten- und Informationsprogramme im Fernsehen, 1993,* 31-36.
Wember, B. (1999). Können Bildschirm-Medien aufklären? In P. Ludes & H. Schanze (Hrsg.), *Medienwissenschaften und Medienwertung* (S. 21-34). Opladen: Westdeutscher Verlag.

### *Sekundärliteratur*

Ballstaedt, S.-P. (1990). Wenn Hören und Sehen vergeht: Grenzen der audiovisuellen Integration. In D. Meutsch & B. Freund (Hrsg.), *Fernsehjournalismus und die Wissenschaften* (S. 29-46). Opladen: Westdeutscher Verlag.
Bonfadelli, H., & Friemel, T. N. (2011). *Medienwirkungsforschung.* Konstanz: UVK.
Brosius, H.-B. (1995). *Alltagsrationalität in der Nachrichtenrezeption. Ein Modell zur Wahrnehmung und Verarbeitung von Nachrichteninhalten.* Opladen: Westdeutscher Verlag.
Brosius, H.-B. (1998). Visualisierung von Fernsehnachrichten. Text-Bild-Beziehungen und ihre Bedeutung für die Informationsleistung. In K. Kamps & M. Meckel (Hrsg.), *Fernsehnachrichten. Prozesse, Strukturen, Funktionen* (S. 213-224). Opladen: Westdeutscher Verlag.

Drescher, K. H. (1997). *Erinnern und Verstehen von Massenmedien Empirische Untersuchungen zur Text-Bild-Schere.* Wien: WUV.

Früh, W. (1994). *Realitätsvermittlung durch Massenmedien. Die permanente Transformation der Wirklichkeit.* Opladen: Westdeutscher Verlag.

Kamps, K. (1999). *Politik in Fernsehnachrichten. Struktur und Präsentation internationaler Ereignisse – Ein Vergleich.* Baden-Baden: Nomos.

Muckenhaupt, M. (1986). *Text und Bild. Grundfragen der Beschreibung von Text-Bild-Kommunikation aus sprachwissenschaftlicher Sicht.* Tübingen: Narr.

Renner, K. N. (2007). *Fernsehjournalismus. Entwurf einer Theorie des kommunikativen Handelns.* Konstanz: UVK.

Schenk, M. (2007). *Medienwirkungsforschung.* Tübingen: Mohr Siebeck.

Schweiger, W., & Fahr, A. (2013). *Handbuch Medienwirkungsforschung.* Wiesbaden: Springer.

# The Variable Nature of News Media Influence
## von Harold Gene Zucker (1978)

Matthias Potthoff


### Zusammenfassung

Der 1978 erschienene Aufsatz *The variable nature of news media influence* des Autoren Harold Gene Zucker ist vor allem bekannt für die darin enthaltene These, dass Medienwirkungen von dem Ausmaß an Erfahrungen, die eine Person selbst mit einem in der Berichterstattung behandelten Thema machen kann, moderiert werden. Ist das Thema im alltäglichen Leben von Rezipienten gegenwärtig, sei keine Wirkung von Medienangeboten zu erwarten, weil die Rezipienten sich dann bereits über die Informationen, die sie im Alltag zu diesem Thema sammeln, eine Meinung bilden. Dafür, dass Medienwirkungen nur bei Themen entstehen, mit denen Rezipienten in ihrem Alltagsleben keine Berührungspunkte haben, präsentierte Zucker erste empirische Belege. So analysierte er, ob sich bei drei Themen mit hohem Potenzial für eigene Erfahrungen von Rezipienten und bei drei Themen, bei denen eben dies nicht der Fall ist, ein sogenannter Agenda-Setting-Effekt zeigt, d.h. eine Abhängigkeit der Relevanzeinschätzung von Themen durch Rezipienten von dem Ausmaß an Berichterstattung über diese Themen in den Medien. Thesengemäß konnte dieser Effekt nur bei den Themen, bei denen in der Regel keine Möglichkeit eigener Erfahrungen besteht, eindeutig nachgewiesen werden. Der Beitrag erläutert diese wichtigste und weitere Thesen Zuckers im Detail und macht sowohl auf Kritikpunkte sowie auf Weiterentwicklungen von Zuckers Arbeit aufmerksam.



### Schlüsselbegriffe

Harold Gene Zucker, Obtrusiveness-These, Diffusional Time Lag Model, Agenda-Setting-Hypothese, Zweistufenfluss der Kommunikation, öffentliche Meinung

# 1 Kurzbiographie des Autors

Harold Gene („Hank") Zucker studierte von 1968 bis 1972 Anthropologie an der Cornell University und absolvierte nach seinem dortigen Bachelor-Abschluss einen Master-Studiengang in demselben Fach an der State-University of New York at Buffalo (1974-1975). Anschließend widmete er sich seiner Promotion im Fach Sozialwissenschaft an der University of California, Irvine, die er 1978 abschloss. Weil sich hiernach keine unmittelbare Gelegenheit ergab, eine universitäre Karriere weiterzuverfolgen, nahm Zucker eine Stelle in der freien Wirtschaft an und kehrte trotz eines späteren Angebotes einer Professur nicht in die Wissenschaft zurück. Dem Themengebiet der Fernseh- und Umfrageforschung, mit der er sich auch während seiner Promotion beschäftigt hatte, blieb er jedoch treu. Zucker arbeitete von 1978 bis 1980 zunächst als Wahlumfragenanalyst und später dann als Direktor der Abteilung „News Research" bei dem Fernsehsender CBS. Es folgten zwei Jahre als Forschungsdirektor der Firma *Audience Research and Development*, bevor Zucker 1982 die Firma *Creative Research Systems* gründete, deren Präsident er bis heute ist. Von Kalifornien aus entwickelt und vertreibt seine Firma Software für die Umfrageforschung. Den Kontakt zur Wissenschaft hat Zucker dabei nie ganz aufgegeben – so ist er bis heute aktives Mitglied der American Association for Public Opinion Research (AAPOR).[1]

# 2 Inhalt des Texts

Der Aufsatz *The variable nature of news media influence* war Teil der Dissertation von Hank Zucker (1978b) und wurde als einziges der drei darin enthaltenen Paper noch einmal gesondert publiziert (1978a). Seine Inhalte wurden 1978 auch auf der Tagung der International Communication Association (ICA) präsentiert und brachten Zucker den Preis für das „Best Student Paper" sowie eine Auszeichnung der Fachgruppe Massenkommunikation ein, die sein Paper zu einem der drei besten der Tagung ernannte.

Ausgangspunkt von Zuckers Überlegungen waren die Ergebnisse bekannter Studien und Theorien, welche nahelegen, dass von den Medien nur eine geringe

1 Ich bedanke mich herzlich bei Bill Maurer und Steve MacLeod von der University of California, Irvine dafür, dass Sie einen Kontakt mit Hank Zucker herstellten. Vor allem aber gilt mein Dank Hank Zucker selbst, der in einem Interview wesentliche Hintergrundinformationen für den vorliegenden Beitrag lieferte.

Wirkung auf die öffentliche Meinung ausgeht. Konkret genannt (1978a, S. 225) werden diesbezüglich u. a. die Studie *The People's Choice* von Lazarsfeld, Berelson und Gaudet (vgl. den Beitrag von Monika Taddicken i. d. B.) und die Ausführungen von Klapper in seinem Werk *The Effects of Mass Communication* (vgl. den Beitrag von Michael Schenk i. d. B.). Obgleich diese Studien die Annahme geringer Wirkungen stützten, seien ihre Ergebnisse kontraintuitiv. Somit schickt der Autor sich an, folgende Frage zu prüfen: „In the belief that the consequences of media content are not minimal, the question was asked ‚Why have media impact studies failed to find significant media impact?'" (1978b, S. 1).

Zuckers Antwort auf die genannte Frage lautet, dass Designfehler hierfür verantwortlich seien. Der Autor bezieht sich dabei auf den Umstand, dass diese Studien hauptsächlich Viel- und Wenignutzer von Medieninhalten verglichen und festgestellt haben, dass zwischen den beiden Gruppen keine signifikanten Unterschiede hinsichtlich ihres Wissens oder hinsichtlich solcher Meinungen bestanden, die sich auf die Medienberichterstattung hätten zurückführen lassen. Daraus war abgeleitet worden, dass die Medien keinen Einfluss auf Wissen und Meinungen hätten. Zucker argumentiert jedoch, dass daraus auch geschlossen werden könne, dass die Medien Viel- und Wenignutzer gleichermaßen beeinflussen. Dies begründet er mit der Annahme des Zweistufenflusses der Kommunikation (vgl. den Beitrag von Jens Woelke & Sebastian Koch i. d. B.). Dieses Konzept besagt, dass die Medien nicht alle Menschen in direkter Weise beeinflussen. Meinungsführer würden Medien in stärkerem Maße nutzen bzw. durch ihren starken Medienkonsum einen Informationsvorsprung erlangen und dadurch überhaupt erst zu Meinungsführern werden. Anders als in der ursprünglichen Version des Zweistufenflusses der Kommunikation angenommen, vermutet Zucker (1978a, S. 226; 1978b, S. 36), dass Meinungsführer Informationen aus den Medien eventuell *unverzerrt* an solche Menschen weitergeben, die Medien weniger stark nutzen. Letztere würden dann – vermittelt über die interpersonale Kommunikation mit den Meinungsführern – ebenfalls die von den Medien verbreiteten Informationen als Wissen bzw. die von den Medien nahegelegten Meinungen annehmen.

Doch auch die Methodik von Studien, die von starken Medienwirkungen ausgehen, wird von Zucker kritisiert – so unter anderem die der ersten Agenda-Setting-Studie von McCombs & Shaw (vgl. den Beitrag von Patrick Rössler i. d. B.). Die Agenda-Setting-Hypothese besagt grundsätzlich, dass die Medien beeinflussen, welche Themen das Publikum für relevant hält bzw. dass sich die Publikums-Agenda der Medien-Agenda anpasst (McCombs & Shaw, 1972). Zucker bemängelt, dass die genannte und andere Studien hierzu nur synchrone Korrelationen zwischen Medien-Agenda und Publikums-Agenda aufzeigten in dem Sinne, dass das Publikum ein Thema *zu demselben Zeitpunkt* für wichtig hält, zu dem es umfassend in der

Medienberichterstattung behandelt wird. Für den Nachweis einer Wirkung sei es hingegen notwendig, nachzuweisen dass die Medienberichterstattung der Publikumseinschätzung *vorausgeht*. Ansonsten könne man alternativ auch annehmen, dass umgekehrt die Publikums-Agenda die Medien-Agenda bedingt, d.h. dass die Medien über etwas berichten, weil das Publikum es für wichtig hält. Weiterhin moniert Zucker, dass in diesen Studien potenzielle Einflüsse von Drittvariablen, die sowohl Medienberichterstattung als auch Publikumseinschätzung synchron beeinflussen, nicht ausgeschlossen werden konnten (Zucker, 1978a, S.226).

In nachfolgenden Studien, im Rahmen derer Messungen zu zwei Zeitpunkten durchgeführt worden waren, fanden sich nur schwache Belege für die Agenda-Setting-Hypothese, wobei Zucker dies darauf zurückführt, dass die Hypothese eventuell nicht bei allen Themen der Berichterstattung gelte. Die Hauptleistung seines Aufsatzes ist es dann, vorzuschlagen und erste empirische Nachweise dafür zu erbringen, dass der Einfluss der Medien auf die öffentliche Meinung[2] mit dem Thema, zu dem berichtet bzw. die Meinung gebildet wird, variiert. Eine wesentliche Rolle spiele hierbei die „obtrusiveness“ (engl. für Aufdringlichkeit/Auffälligkeit) des Themas: „The less the people have direct experience with a given issue area, the more they will rely on the news media for information and interpretation in that area.“ (1978a, S.227) „Aufdringliche“ Themen sind dabei solche, zu denen die Rezipienten in ihrem Alltagsleben Informationen sammeln bzw. mit denen sie direkte Erfahrungen machen können (z.B. steigende Lebenshaltungskosten). Stärkere Medienwirkungen sind demnach bei sogenannten *non-obtrusive issues* anzunehmen.

Als weiteren Aspekt führt Zucker an, dass die Dauer der Berichterstattung entscheidend für das Zustandekommen einer Medienwirkung sei. Nachdem ein Thema über einen längeren Zeitraum in den Medien prominent gewesen sei, hätten sich die meisten Personen ihre Meinung zu einem Thema bereits gebildet. Solange die Medien dann keine neuen Informationen mehr lieferten, sei ihr Einfluss auf die öffentliche Meinung somit schwächer als zu einem Zeitpunkt, an dem das Thema neu und die Meinungen noch nicht existent bzw. gefestigt sind (Zucker, 1978a, S.227).

Nach diesen theoretischen Erörterungen präsentiert Zucker eine empirische Studie, die auf drei unterschiedlichen Datenquellen basiert: Zunächst dem *Television News Index*, der aufzeigt, wie viele Beiträge monatlich zu aktuellen Themen in den Nachrichtensendungen der großen Television Networks der USA gezeigt wurden. Diesen Wert verwendet Zucker zur Messung der Medien-Agenda, während er zur

2 Dabei ist zu berücksichtigen, dass Zucker hier die Relevanzeinschätzung eines Themas durch das Medienpublikum meint, wenn er von der öffentlichen Meinung (bzw. *public opinion*) spricht.

Messung der Publikums-Agenda die Umfragen des Gallup-Instituts heranzieht. Das Institut wollte monatlich von seinen Befragten wissen „What is the most important problem facing the country today?" (Zucker, 1978a S. 228). Die dritte Datenquelle stellen vereinzelte sonstige Messungen dar, mit denen Zucker die „real-world importance of the problem areas" (1978a, S. 236) zu erfassen sucht. Über deren Kontrolle versucht er auszuschließen, dass sowohl die Publikums- als auch die Medienagenda synchron von dem denkbaren dritten Faktor der tatsächlichen Relevanz der Themen beeinflusst werden, anstatt dass die Medien- die Publikumsagenda beeinflusst. Sechs Themen wurden für einen gewissen Zeitraum sowohl von dem Television News Index als auch den Gallup-Umfragen abgedeckt und eigneten sich somit für Zuckers Analyse: Umweltverschmutzung, Drogenmissbrauch, die damalige Energiekrise in den USA, Lebenshaltungskosten, Arbeitslosigkeit und Kriminalität. Die drei erstgenannten Themen klassifizierte er aufgrund inhaltlicher Erwägungen als *unobtrusive*, die drei letztgenannten hingegen als *obtrusive*.

In seiner Auswertung berechnet Zucker u. a. die Korrelation zwischen dem Umfang der Medienberichterstattung und der einen Monat später festgestellten Höhe der Relevanzeinschätzung des Publikums zu jedem Thema mit dem Produkt-Moment-Korrelationskoeffizienten und zeigt den Zusammenhang graphisch auf (vgl. exemplarisch Abb. 1). Durch die Ergebnisse sieht er seine Hypothesen bestätigt. Bei den „unobtrusive issues" (insb. Umweltverschmutzung und Drogenmissbrauch) zeigt sich hypothesengemäß eine hohe Korrelation zwischen der Medienberichterstattung und der einen Monat später gemessenen Relevanzeinschätzung des Publikums, was Zucker als „lead effect" (1978a, S. 235) bezeichnet. Eine ebenfalls berechnete Korrelation zwischen dem Umfang der Medienberichterstattung zu einem Thema und der *im selben Monat* gemessenen Relevanzeinschätzung fällt durchgängig geringer aus (1978a, S. 235), was den *lead effect* nochmals als solchen bestätigt. Gemäß der zweiten Hypothese, dass die Medienberichterstattung jeweils nur zum Anfang einer Debatte einen Einfluss auf die Relevanzeinschätzung hat, zeigt sich die hohe Korrelation der beiden Variablen jeweils nur in der ersten Hälfte des gewählten Untersuchungszeitraums, bleibt jedoch in der zweiten Hälfte des Untersuchungszeitraums aus oder ist dort schwächer. Bei zwei von drei aufdringlichen Themen hingegen findet sich hypothesengemäß keine Korrelation zwischen dem Umfang der vorangegangenen Berichterstattung und der Relevanzeinschätzung des Publikums, während die bestehende Korrelation bei dem verbleibenden Thema durch Drittvariablen erklärt werden kann (1978a, S. 237).

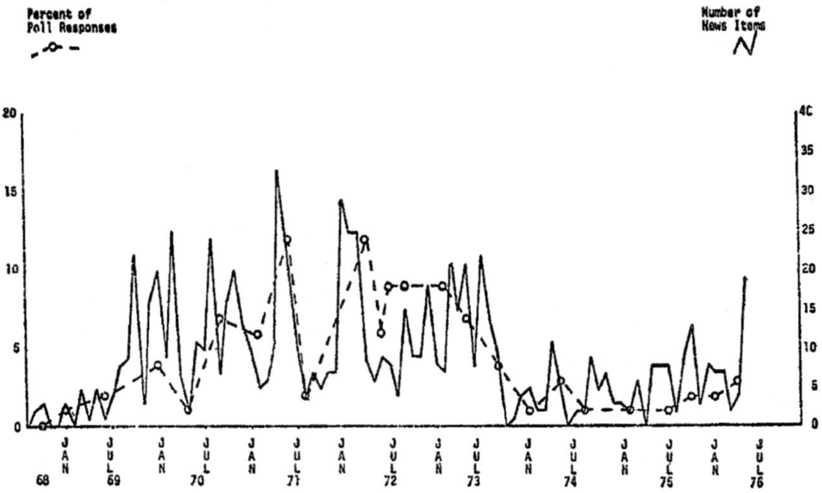


**Abb. 1** Erkennbarer Zusammenhang von Medienberichterstattung und Relevanzeinschätzung beim Thema *Drogenmissbrauch* in der ersten Hälfte des untersuchten Zeitraums (Zucker, 1978b, S. 30)

## 3 Bezug des Textes zum Gesamtwerk des Autors

Der Aufsatz *The variable nature of news media influence* ist die einzige der insgesamt wenigen Publikationen Zuckers, welche größere Aufmerksamkeit erlangt hat. Sein Bezug zum Gesamtwerk des Autors ist damit schnell geklärt: Im Wesentlichen gilt es hier die beiden anderen Aufsätze aus Zuckers Dissertation (1978b) zu besprechen, die nur im Rahmen dieser und auf Mikrofiche publiziert wurden.

Der zweite Aufsatz der Dissertation trägt den Titel *News media influence: a diffusional time lag model.* In diesem wird noch einmal der Gedanke vertieft, dass Medien zunächst Vielnutzer beeinflussen und dass diese Vielnutzer dann wiederum nach Maßgabe des Medienhalts auf Personen aus ihrem persönlichen Umfeld einwirken, welche die Medien weniger stark nutzen. Viel- und Wenignutzer von Medieninhalten würden damit in gleichem Maße beeinflusst werden, Wenignutzer jedoch auf indirektem Wege und deshalb zeitlich verzögert. Nur bei den zahlenmäßig wenigen Intensivnutzern sei der Einfluss eines Medienangebotes daher zum Zeitpunkt seines Erscheinens am größten und anschließend graduell abnehmend. Bei den Wenignutzern hingegen sei der Einfluss eines Medienangebotes nach dem

Zeitpunkt seines Erscheinens zunächst langsam ansteigend, bis er einen Höhepunkt erreicht hat und danach wieder graduell abfällt. Gesamtgesellschaftlich (d. h. Viel- und Wenignutzer umfassend) gestalte sich die Stärke des Medieneinflusses über die Zeit daher wie in Abbildung 2 aufgezeigt, wofür Zucker auch empirische Belege anbringt (1978b, S. 39-43).

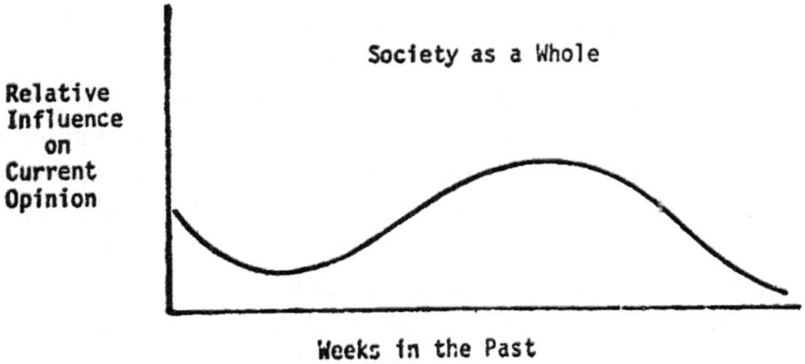


**Abb. 2** *Long Diffusional Lag Model* der Medienwirkung nach Zucker (1978b, S. 53)

Der dritte Aufsatz aus Zuckers Dissertation beschäftigt sich unter dem Titel *Network television news and the 1976 presidential primaries* mit drei Modellen, welche das Ausmaß erklären, mit dem sich die Medienberichterstattung bestimmten Ereignissen widmet. Nach dem „mirror model" (S. 58) reflektiert die Berichterstattung die Realität, nach dem „ideological model" (S. 58) präferieren die Medien eine bestimmte politische Partei und nach dem „organizational model" (S. 58) bestimmen Berufsnormen des Journalismus sowie ökonomische Zwänge die Gestaltung der Berichterstattung. Die Widerspruchsfreiheit dieser Modelle mit der Realität überprüfte Zucker am Fallbeispiel der Berichterstattung über die 1976er Präsidentschaftsvorwahlen in den USA. Im Ergebnis wurde – nach dem heutigen Forschungsstand nicht überraschend – keines der drei Modelle von den Daten klar gestützt (S. 69). Daneben findet sich in diesem Paper aber auch ein zweiter erfolgreicher Test des *diffusional time lag model.*

## 4 Wirkungsgeschichte des Textes und Kritik

George Gerbner, 1977 Herausgeber des *Journal of Communication* und bekannt durch seine Postulierung der *Kultivierungshypothese* (vgl. den Beitrag von Meltzer, Rossmann & Schnauber i. d. B.), erhielt frühzeitig eine Kopie von *The Variable Nature of News Media Influence* und kommentierte den Aufsatz grundsätzlich sehr positiv, hatte aber auch Einwände im Detail, welche sich aus der Perspektive seiner Kultivierungsforschung ergaben. Insbesondere monierte er, dass sich die Vorstellungen des Publikums von der Realität – insbesondere beim Thema *Kriminalität* – nicht nur aus Nachrichtensendungen, sondern auch aus fiktionalen TV-Inhalten speisen würden, welche in Zuckers Design jedoch unberücksichtigt blieben. Die von Gerbner per Brief (siehe Anhang 1) vorgeschlagenen Änderungen wurden jedoch ebenso wenig umgesetzt wie die in Aussicht gestellte Veröffentlichung im *Journal of Communication*, da der Aufsatz zwischenzeitlich bereits zur Publikation im *Communication Yearbook* angenommen worden war.

Später wurde *he Variable Nature of News Media Influence* vor allem im Kontext der Agenda-Setting-Forschung aufgegriffen, u. a. auch von Maxwell McCombs, einem der Gründerväter dieses Forschungsstrangs (u. a. in Weaver, Graber, McCombs, & Eyal, 1981). Im Wesentlichen erhielt der Artikel für seine Unterscheidung zwischen aufdringlichen und unaufdringlichen Themen Aufmerksamkeit (vgl. z. B. Vliegenthart & Walgrave, 2011; Yagade & Dozier, 1990; Hügel, Degenhardt, & Weiss, 1989), seltener für Zuckers Ausführungen zu der zeitlichen Verzögerung, mit der sich die Publikumsagenda der Medienagenda anpasst (vgl. z. B. Kiosius, 2005; Winter & Eyal, 1981). Das starke Interesse der Agenda-Setting-Forschung an Zuckers Arbeit ist wohl damit zu erklären, dass seine empirische Studie einen Test der Agenda-Setting-Hypothese darstellt. Wie aber der allgemein gehaltene Titel des Aufsatzes bereits offenbart, hatte Zucker eigentlich im Sinn, die eigenen Erfahrungen der Rezipienten mit einem Thema sowie die Dauer der Berichterstattung als Moderatoren diverser Arten von Medienwirkungen vorzustellen, wobei der Agenda-Setting-Ansatz ihm lediglich als Fallbeispiel diente. Aus diesem Grund ist der Aufsatz letztlich nicht eindeutig der Agenda-Setting-Forschung zuzurechnen.

Ungeachtet der Tatsache, dass er vor dem Hintergrund eines damals anderen Mediensystems entstanden ist, besitzt der Aufsatz auch heute noch Aktualität und wird weiterhin häufig zitiert (vgl. z. B. Palau & Davesa, 2013; Nguyen Vu & Gehrau, 2010; Vliegenthart & Walgrave, 2011) und in Lehrbüchern besprochen (Schenk, 2007, S. 479). Dabei lässt sich diese Aufmerksamkeit in der Regel als Ausdruck positiver Anerkennung für die Überlegungen Zuckers verstehen. Es gab jedoch auch Kritik. So schreibt z. B. Soroka (2002, S. 17) zu der empirischen Studie: „Zucker's data bear some proof of his hypothesis, although the evidence is only mildy convincing." Er und auch Demers, Craff, Choi und Pessin (1989, S. 803) kritisieren, dass bei der Analyse der Zeitreihendaten das mögliche Problem einer Autokorrelation unberücksichtigt geblieben ist. Blood (1981, S. 27), der sich in seiner Dissertation intensiv mit der *Obtrusiveness*-These auseinandersetzt, moniert außerdem, dass Zucker die Einteilung der Themen in solche, zu denen viele Menschen im Alltag Erfahrungen sammeln und solche, bei denen dies nicht der Fall ist, nur aufgrund eigener Erwägungen vornimmt und die Themen als *generell* aufdringlich oder unaufdringlich deklariert. Dem setzt er entgegen: „It is not that the issue is obtrusive per se, rather it is the audiences' experiences or contact with the issue that makes it obtrusive or not." (S. 30, Hervorh. im Original) *Obtrusiveness* variiere somit nicht nur zwischen Themen, sondern auch zwischen Individuen und zusätzlich noch über die Zeit, da Menschen im Zuge konkreter Ereignisse mit manchen generell unaufdringlichen Themen zeitweilig direkte Erfahrungen machen können (S. 31). In Folgestudien wurde somit dazu übergegangen, im Rahmen eigener Befragungen die Salienz bestimmter Themen beim Publikum zu bestimmen und dabei gleichzeitig individuell zu erfassen, wie viele direkte Erfahrungen die Befragten mit den Themen gemacht haben (vgl. z. B. Blood, 1981, S. 48).

Außerdem ist anzumerken, dass Zucker für seine Nachweise – wie es häufig in Agenda-Setting-Studien getan wurde – Aggregatdaten verwendete und damit einen sogenannten *ökologischen Fehlschluss* riskierte (Rössler, 1999). Letztlich basiert die Agenda-Setting-Hypothese auf der Idee, dass ein Individuum die Relevanz eines Themas daraus erlernt, wieviel Aufmerksamkeit die Medien diesem Thema schenken. Um dies nachzuweisen, muss untersucht werden, wieviel Medienberichterstattung eine einzelne Person zu einem Thema betrachtet hat und als wie relevant sie es anschließend einschätzt. Stattdessen werden jedoch oft zwei voneinander unabhängige Datenquellen verwendet: Zum einen eine Inhaltsanalyse repräsentativer Teile der Medienberichterstattung, die aufzeigt, welche Themen zu einem Zeitpunkt allgemein viel Beachtung erhalten haben und zum anderen eine repräsentative Bevölkerungsumfrage, durch die aufgezeigt wird, welche Themen die Befragten zu einem Zeitpunkt für wichtig befanden. Daraus, dass die Beachtung eines Themas durch die Medien mit der Relevanzeinschätzung der Befragten auf der Makroebene korreliert ist, wird geschlossen, dass ein Lerneffekt auf der Individualebene eingesetzt hat. Dieser Schluss ist jedoch spekulativ, da bei einem solchen Design nicht sichergestellt ist, dass diejenigen die das Thema für wichtig befanden, der Medienberichterstattung überhaupt ausgesetzt waren.[3] Dies

3 Gegen die Möglichkeit eines ökologischen Fehlschlusses wendete Zucker in einem Interview mit dem Verfasser dieses Aufsatzes ein, dass ein direkter Kontakt mit einem Medienangebot für ihn keine notwendige Bedingung für einen Einfluss sei, da dieser

ist hier deswegen zu berücksichtigen, weil Zucker (1978b, S. 1) mit seiner Studie nachweisen wollte „that the consequences of media content are not minimal". Starke Agenda-Setting-Effekte fanden sich bislang jedoch oft nur unter Verwendung von Aggregatdaten, während ansonsten gilt: „Real individual-level tests of the agenda-setting approach (...) yielded only little support for a powerful media effect." (Rössler, 1999, S. 669)

In Folgestudien hat sich die Annahme, dass Medienwirkungen sich auf *unobtrusive issues* beschränken, häufig wieder bewährt (vgl. z. B. Zhu, Watt, Snyder, Yan, & Jiang, 1993; Hügel et al., 1989; Smith, 1988), allerdings nicht in jedem Fall. So schlugen z. B. Demers et al. (1989) vor, dass das Gegenteil von Zuckers Hypothese gelten müsse, nämlich dass Agenda-Setting-Effekte bei alltäglich erfahrbaren Themen stärker sein müssten. Hierfür fanden sie ebenfalls empirische Belege, wodurch ihre Studie gegen die Annahmen Zuckers spricht. Soroka (2002, S. 17) zieht daher folgendes Fazit: „While the body of accumulated research tends to favour the obtrusiveness hypothesis, (...) Zucker's hypothesis has not been unchallenged." Auch wurde in Folgestudien vorgeschlagen, dass *obtrusiveness* nicht die einzige Eigenschaft eines Themas ist, welche potenziell darüber entscheidet, ob es zu einem Agenda-Setting-Effekt kommt. So ermittelten z. B. Yagade & Dozier (1990, S. 4-5), dass es ebenso eine Rolle spielt, ob das Thema abstrakt oder auf einen konkreten Sachverhalt bezogen ist. Bei abstrakten Themen werde der Agenda-Setting-Prozess gehemmt, weil diese schwerer zu verstehen sind.

Insgesamt ist Zuckers Dissertation beispielhaft für den in den 1970er Jahren einsetzenden Umschwung weg von der Annahme schwacher und wieder hin zu der Annahme bedeutsamer Medienwirkungen, die seitdem in differenzierter Weise vertreten wird. Dabei ist anzunehmen, dass sein Aufsatz deshalb so viel Aufmerksamkeit erhielt, weil er eine Erklärung dafür anbot, dass sich – entgegen plausiblen Erwartungen – in vielen vorherigen empirischen Studien nicht die erwarteten Medienwirkungen gezeigt hatten. Wenngleich Details von Zuckers Arbeit durchaus stichhaltig kritisiert wurden, muss man sie doch dafür schätzen, dass sie es durch Hinterfragen der in den 1970er Jahren bestehenden, kritikwürdigen Gewissheiten der Medienwirkungsforschung ermöglicht hat, zu Theorien mit höherem Erklärungspotenzial zu gelangen.

---

schließlich auch vermittelt über Meinungsführer zustande kommen könne. Dies ist grundlegend ein plausibler Einwand, der allerdings auf einer empirisch ungesicherten Annahme basiert. So ist nicht allgemein geklärt, inwieweit Personen, die einen bestimmten Teil des medialen Diskurses nicht selbst verfolgt haben, doch auf anderem Wege von den darin enthaltenen Informationen erreicht werden.

## Literatur

### *Primärliteratur*

Zucker, H. G. (1978a). The variable nature of news media influence. In B. D. Ruben (Hrsg.), *Communication Yearbook 2* (S. 225-240). New Brunswick: Transaction.

Zucker, H. G. (1978b). *The influence of network television news on public opinion.* Auf Microfiché veröffentlichte Dissertation. Irvine: University of California.

### *Sekundärliteratur*

Blood, W. (1981). *Unobtrusive issues in the Agenda-Setting role of the press.* Unveröffentlichte Dissertation, Syracuse University.

Demers, D. P., Craff, D., Choi, Y.-H., & Pessin, B. M. (1989). Issue obtrusiveness and the Agenda-Setting Effects of national network news. *Communication Research, 16*, 793-812.

Hügel, R., Degenhardt, W., & Weiss, H.-J. (1989). Structural equation models for the analysis of the Agenda-Setting Process. *European Journal of Communication, 4*, 191-210.

Kiousis, S. (2005). Compelling arguments and attitude strength. Exploring the impact of Second-Level Agenda Setting on public opinion of presidential candidate images. *Press/Politics 10*(2), 3-27.

McCombs, M. E., & Shaw, D. L. (1972). The Agenda-Setting Function of mass media. *Public Opinion Quarterly, 36*, 176–187.

Nguyen Vu, H. N., & Gehrau, V. (2010). An integrated model of agenda setting and interpersonal communication. *Journalism & Mass Communication Quarterly, 87*, 100-116.

Palau, A. M., & Davesa, F. (2013). The impact of media coverage of corruption on spanish public opinion. *Revista Española de Investigaciones Sociológicas, 144*, 97-124.

Rössler, P. (1999). The individual agenda-designing process: How interpersonal communication, egocentric networks, and mass media shape the perception of political issues by individuals. *Communication Research, 26*, 666-700.

Schenk, M. (2007). *Medienwirkungsforschung.* Tübingen: Mohr Siebeck.

Smith, K. A. (1988). Effects of coverage on neighborhood and community concerns. *Newspaper Research Journal, 9*(4), 35-47.

Soroka, S. N. (2002). *Agenda-Setting dynamics in Canada.* Vancouver: UBC Press.

Vliegenthart, R., & Walgrave, S. (2011). When the media matter for politics: Partisan moderators of the mass media's Agenda-Setting influence on parliament in Belgium. *Party Politics, 17*, 321–342.

Weaver, D. H., Graber, D. A., McCombs, M. E., & Eyal, C. H. (1981). *Media Agenda-Setting in a presidential election. Issues, images and interest.* New York: Praeger.

Winter, J. P., & Eyal, C. H. (1981). Agenda Setting for the civil rights issue. *Public Opinion Quarterly, 45*, 376-383.

Yagade, A., & Dozier, D. M. (1990). The Media Agenda-Setting Effect of concrete versus abstract issues. *Journalism Quarterly, 67*, 3-10.

Zhu, J.-H., Watt, J. H., Snyder, L. B., Yan, J., & Yansong, J. (1993). Public issue priority formation: Media Agenda-Setting and social interaction. *Journal of Communication, 43*(1), 8-29.

## Anhang 1: Persönlicher Brief von George Gerbner an Harold Gene Zucker, 2.11.1977

*UNIVERSITY OF PENNSYLVANIA THE ANNENBERG SCHOOL OF COMMUNICATIONS*

3620 WALNUT STREET CS
PHILADELPHIA, PA. 19174
TELEPHONE: 215 243 - 7041

November 2, 1977

Harold Gene Zucker
School of Social Sciences
University of California, Irvine
Irvine, CA., 92717

Dear Mr. Zucker:

Thank you for your letter of October 24 and your manuscript "The Variable Nature of News Media Influence." I think your work is a significant piece of critical research that should make a major contribution. For that reason, let me point out a few problems that I perceive with it. The first line makes reference to "the mass media" but soon after that becomes "the news media." The use of these two terms as equivalent reveals, I believe, a false assumption.

The assumption is that most media users, and particularly television viewers, derive most of their information, even about public affairs, from news. I think that is a false assumption. I believe that it is more correct to assume that most television viewers derive most of their information from dramatic programming.

The usual statistics about television being the most used or most trusted source of news similarly hides the same questionable assumption. It is true that television viewers generally report television as their source of news, but most of these viewers have no other source of news (they do not read newspapers, or at least news in the newspapers) and they may watch even television news sporadically. At any rate, those who watch television news also watch other programming, and probably derive more information from that than from news. News may serve as a confirming element of viewers' conceptions of reality, but I doubt that it is the primary source.

This consideration becomes most critical in your findings concerning the public perception of crime. You explain your findings as probably reflecting local rather than national news. An alternative and, to me, more convincing explanation is that they reflect incidents of crime on television drama rather than news. At least, we have some evidence to that effect in our own studies of television viewing and its cultivation of perceptions of social reality.

I hope these comments make sense to you and can be reflected in your important article. If you care to send me a revised manuscript of about 15 double-spaced pages, I will be pleased to consider it for publication in the Journal of Communication.

Thank you for keeping me posted on your work.

Sincerely yours,

George Gerbner
Professor of Communications
and Dean

GG:ab

# Die Schweigespirale. Öffentliche Meinung – unsere soziale Haut
## von Elisabeth Noelle-Neumann (1980)

Hans Mathias Kepplinger


### Zusammenfassung

In ihrem Buch *Die Schweigespirale* stellte Elisabeth Noelle-Neumann 1980 ausführlich ihre gleichnamige Theorie vor, die Aspekte der Individualpsychologie (Isolationsangst) und der Sozialpsychologie (Umweltwahrnehmung) mit der Theorie politischer Herrschaft (politische Meinungs- und Willensbildung) verbindet. Ihre theoretischen Grundlagen bilden Annahmen und Beobachtungen von Klassikern der politischen Philosophie (John Locke, David Hume, Alexis de Tocqueville, Walter Lippmann), ihre empirische Basis sind Ergebnisse der repräsentativen Meinungsforschung. Verkürzt dargestellt besagt die Theorie, dass Menschen ihre Umwelt – teils vermittelt über Massenmedien – beobachten und einschätzen, welche Meinungen vorherrschen. Sehen sie sich bei moralisch relevanten Themen mit ihrer Meinung im Widerspruch zur wahrgenommenen Mehrheitsmeinung, verschweigen sie ihre Meinung in der Öffentlichkeit, um sich nicht zu isolieren. Dadurch erscheint ihr Meinungslager schwächer als es tatsächlich ist, und die Neigung zum Verschweigen der eigenen Meinung nimmt weiter zu („Schweigespirale"). Das Ziel des vorliegenden Beitrags ist eine gut nachvollziehbare Darstellung der Elemente der Theorie der Schweigespirale und der wichtigsten methodischen Vorgehensweisen bei ihrer Anwendung auf der Basis von Noelle-Neumanns Werk. Ergänzend enthält er Hinweise auf die Entstehung der Theorie sowie ihre theoretische und methodische Weiterentwicklung.



### Schlüsselbegriffe

Schweigespirale, Elisabeth Noelle-Neumann, Öffentliche Meinung, Meinungsklima, Isolationsfurcht, Journalismus, politische Willensbildung, Demoskopie

# 1 Kurzbiographie

Elisabeth Noelle wurde am 19. Dezember 1916 in Berlin geboren. Nach dem Abitur 1935 reiste sie durch den damals noch unwegsamen Balkan und begann anschließend in Berlin ihr Studium der Geschichte und Zeitungswissenschaft, das sie in Königsberg und München fortsetzte. Dort wurde sie Mitglied der „Arbeitsgemeinschaft nationalsozialistischer Studentinnen" (ANSt). Im September 1937 ging sie mit einem Stipendium des DAAD an die Journalistenschule der University of Missouri in Columbia. Nach Ende ihres Studienaufenthaltes reiste sie über Japan, Korea, China, Manila, Sumatra, Ceylon und Ägypten zurück nach Deutschland. Mit ihrem Doktorvater, Emil Dovifat, hatte sie eigentlich eine Dissertation über frauenspezifisches Zeitungsmarketing in den USA vereinbart. Als sie die repräsentativen Bevölkerungsumfragen George Gallups kennengelernt hatte, änderte sie aber kurz entschlossen ihr Thema und promovierte 1940 über „Amerikanische Massenbefragungen über Politik und Presse".

Nach Abschluss ihres Studiums begann Noelle mit 24 Jahren im zweiten Kriegsjahr ihre erste berufliche Karriere. Sie wurde Volontärin bei der *Deutschen Allgemeinen Zeitung*, die mehrere Berichte über ihre Weltreise gedruckt hatte und Ende 1940 Redakteurin bei der neu gegründeten Wochenzeitung *Das Reich*. In ihrem viel zitierten, weil angeblich antisemitischen Portrait von „F. D. Roosevelt" (15.11.1942), charakterisierte sie den amerikanischen Präsidenten nach einigen abschätzigen Bemerkungen als charmanten Großbürger, der sich in die Politik verirrt hatte. Der Beitrag führte zu ihrer fristlosen Kündigung bei *Das Reich*. Im Frühjahr 1943 wurde sie Redakteurin bei der *Frankfurter Zeitung*. Ihr erster Beitrag war ein nach Meinung des Propagandaministeriums „positiver Artikel über Frau Roosevelt" („Porträt einer Amerikanerin", 18.04.1943). Das Ministerium sprach eine Rüge aus und warnte davor, dem „Artikel etwa nachzueifern und solche Gedankengänge vielleicht auch zu verbrechen (sic!)" (Wilke, 2007, S. 227). Nach dem Verbot der *Frankfurter Zeitung* arbeitete Noelle bis zum Kriegsende für zwei Zeitschriften ohne Relevanz, das *Illustrierte Blatt* und die in schwedischer Sprache gedruckte *Tele*.

Im Mai 1947 begann Noelle-Neumann im Alter von 30 Jahren ihre zweite berufliche Karriere. Ohne praktische Erfahrungen, aber gestützt auf ihr Wissen um die amerikanische Meinungsforschung, führte sie im Auftrag der französischen Militärregierung ihre erste Umfrage durch. Gegenstand waren die politischen Einstellungen der Jugend. Ein Jahr später gründete sie mit Erich Peter Neumann, den sie 1946 geheiratet hatte, das *Institut für Demoskopie Allensbach*. Im Alter von 46 Jahren begann die dritte berufliche Karriere von Noelle-Neumann. Nachdem sie einige Jahre an der Freien Universität Berlin als Lehrbeauftragte tätig war, erhielt sie 1963 einen Ruf auf ein neu eingerichtetes Extraordinariat an der Universität

Mainz. Ein Jahr darauf begann sie ihre Lehrtätigkeit, 1965 wurde sie zur Professorin ernannt. Wieder ein Jahr später gründete sie das *Institut für Publizistik*, das sie bis zu ihrer Emeritierung 1983 leitete.

In den fünfziger und sechziger Jahren war Noelle-Neumann zu einem Medienstar geworden. *Der Spiegel* hatte zwei Titelgeschichten über sie veröffentlicht (1953 und 1957). Ihre Fernsehauftritte an den Wahlabenden waren nationale Medienereignisse. Wenige Minuten nach Schließung der Wahllokale trat sie vor die Kameras. Ein Notar übergab ihr einen versiegelten Umschlag mit ihrer einige Tage vorher hinterlegten Prognose, und sie sagte mit verblüffender Genauigkeit das Wahlergebnis voraus. Die positive Medienresonanz erreichte in den sechziger Jahren ihren Höhepunkt und wich einer gelegentlich extrem polarisierten Darstellung. Einen Wendepunkt bildete 1969 ihr Vortrag bei den Mainzer Tagen der Fernsehkritik, in dem sie unter dem Titel „Der getarnte Elefant. Über die Wirkung des Fernsehens" darlegte, weshalb die aus den vierziger und fünfziger Jahren stammende These von den minimalen Medienwirkungen auf das Fernsehen nicht übertragbar ist (Noelle-Neumann, 1979b). Damit griff sie die in der Wissenschaft herrschende Lehre von den „minimal effects" frontal an und brach zudem ein unausgesprochenes Medientabu – die Thematisierung ihres Einflusses auf die Meinungen der Bevölkerung. Die zunächst noch moderate Kritik entwickelte sich zu einem Sturm der Entrüstung als sie bei der Bundestagswahl 1976 dokumentierte, dass die häufigen Zuschauer von politischen Fernsehsendungen zunehmend die SPD als Sieger und die Union als Verlierer sahen, obwohl Fragen nach den tatsächlichen Wahlabsichten weiterhin ein Kopf-an-Kopf-Rennen zwischen SPD und CDU/CSU auswiesen. Dagegen änderten die seltenen Fernsehzuschauer ihre Sichtweisen nicht. Noelle-Neumann betrachtete ihre Befunde als Beleg für die Wirkung des Fernsehens, veröffentlichte sie noch vor der Wahl und löste damit eine aggressive öffentliche Diskussion aus (Noelle-Neumann, 2001). Begleitet wurde sie durch zwei gleichgerichtete Entwicklungen.

Noelle-Neumann, die sich von Beginn ihrer Tätigkeit an der Universität Mainz an intensiv um ihre Studierenden bemüht und ein gutes Verhältnis zu diesen aufgebaut hatte, wurde Ende der sechziger Jahre von einer kleinen, aber effektiven Gruppe heftig angegriffen, weil sie sich im Gegensatz zum raumgreifenden Wissenschaftsverständnis der Frankfurter Schule entschieden für die Anwendung quantitativer Verfahren einsetzte. Politische Brisanz erhielt diese Kritik während der Studentenbewegung, weil sie als Anwältin des politisch-wirtschaftlichen Systems der Bundesrepublik Deutschland und als Repräsentantin des Establishments galt. Im Wintersemester 1970/71 besetzte ein Teil der Opponenten das Mainzer Institut. Ihre Vorlesungen wurden durch Schreien und Hohngelächter massiv gestört. Zudem wurde sie jetzt von einigen Publizisten und Wissenschaftlern wegen ihrer

Tätigkeiten im Dritten Reich angegriffen, die bis dahin keine Rolle gespielt hatten. Grundlagen waren einzelne, selektiv zitierte Aussagen mit antijüdischem Tenor aus ihrer Dissertation und aus ihren Presseartikeln, die durch den Holocaust eine neue Qualität gewonnen hatten.

## 2 Inhalt des Textes

Noelle-Neumann hat sich die Theorie der Schweigespirale nicht am Schreibtisch ausgedacht, sondern durch die Kombination von zwei Serien disparater Umfrageergebnisse entwickelt. Die eine Serie betraf die größere Sichtbarkeit von Anhängern der SPD im Bundestagswahlkampf 1972 sowie die große Zahl der wahrgenommenen Beschädigungen von Wahlplakaten der Unionsparteien. Dies deutete auf ein höheres Engagement bzw. eine größere Aggressivität von Anhängern der SPD hin, verbunden mit einer Einschüchterung von Anhängern der Unionsparteien. Die andere Serie betraf die zuerst 1970 festgestellte Unterrepräsentierung von Unionswählern bei der Frage nach der Wahlentscheidung bei der vorangegangenen Bundestagswahl. Das wurde zunächst als Anzeichen dafür interpretiert, dass aus unbekannten Gründen zu wenige Unionsanhänger an der Befragung teilgenommen hatten. Dieser vermeintliche Mangel wurde in üblicher Weise durch die Doppelung einer Zufallsauswahl der Antworten der scheinbar fehlenden Unionsanhänger kompensiert. (Noelle-Neumann, 1980, S. 27-76) Den Schlüssel für die Entwicklung der Theorie der Schweigespirale lieferte die Erkenntnis, dass beides miteinander zusammenhing: Die Unionsanhänger waren in den Umfragen ab 1970 in Wirklichkeit nicht unterrepräsentiert. Einige von ihnen hatten aber auf eine entsprechende Frage ihre Entscheidung für die CDU/CSU bei der letzten Bundestagswahl verschwiegen, weil sie sich einem erheblichen sozialen Druck ausgesetzt sahen.

Noelle-Neumann hat die logische Abfolge der Annahmen und Folgerungen ihrer Theorie nie in einer vollständigen Reihe von aufeinanderfolgenden Sätzen dargestellt. Die Kernelemente kann man aber in acht Sätzen formulieren:

1. Menschen fürchten sich, weil sie soziale Wesen sind, vor Isolation (Isolationsangst);
2. Isolation droht bei Meinungen und Verhaltensweisen, die emotional bedeutsame Werte und Meinungen anderer Menschen infrage stellen (Meinungsklima);
3. Um Isolation zu vermeiden, beobachten Menschen permanent und meist unbewusst ihre Umgebung (quasi-statistische Wahrnehmung);

4. Dabei stützen sie sich auf zwei Quellen – Beobachtungen von Menschen in ihrer sozialen Umgebung sowie Darstellungen der sozialen Realität durch die Massenmedien. Beide können sich entsprechen oder voneinander abweichen (doppeltes Meinungsklima);
5. Menschen, die sich im Einklang mit dem Meinungsklima sehen, vertreten ihre Sichtweisen in der Öffentlichkeit häufiger als Menschen, die sich im Widerspruch dazu sehen;
6. Als Folge ihres unterschiedlichen öffentlichen Engagements erscheint das Lager der tatsächlichen oder vermeintlichen Mehrheitsmeinung – des Meinungsklimas – größer als es tatsächlich ist. Deshalb kann auch eine Minderheitenmeinung als Mehrheitsmeinung erscheinen;
7. Die vermutete Dominanz derjenigen, die das Meinungsklima vertreten, vergrößert den ohnehin vorhandenen Isolationsdruck auf die Vertreter der tatsächlichen oder vermeintlichen Minderheitenmeinung und setzt einen Spiralprozess in Gang, der sich selbst verstärkt;
8. Im Falle eines doppelten Meinungsklimas setzt sich der Medientenor gegen die gegebene Mehrheitsmeinung der Bevölkerung durch.

Methodische Kernelemente sind in der einfachsten Version der Theorieprüfung Fragen zur (1) eigenen Meinung zu einem kontroversen Thema mit moralischer Ladung; (2) wahrgenommenen Mehrheitsmeinung (alternativ: nach dem Gewinner im Meinungsstreit); (3) Bereitschaft zur öffentlichen Diskussion über das Thema bei einer längeren Eisenbahnfahrt („Eisenbahntest"). Hinzu kommt (4) eine Frage nach der moralischen Ladung des Themas (z. B. „Drohtest). Sie zeigt, ob die notwendige Bedingung für die Anwendung der Theorie der Schweigespirale gegeben ist. Die zu prüfende Annahme lautet: Wer sich in Opposition zur Mehrheitsmeinung sieht, ist weniger zur Diskussion bereit als andere, die die Mehrheitsmeinung auf ihrer Seite sehen. Dazu wird die Redebereitschaft bzw. Schweigeneigung der Befragten ermittelt. Weil die Medien nach Noelle-Neumann eine wichtige Quelle der Wahrnehmung der Mehrheitsmeinung sind, sind für eine umfassende Prüfung der Theorie der Schweigerspirale methodisch mit den Umfragen koordinierte, quantitative Inhaltsanalysen der Medienberichterstattung erforderlich. Erst dadurch kann man zeigen, ob und inwieweit die Wahrnehmung der Mehrheitsmeinung auf dem Medientenor oder der sozialen Umgebung beruht. Am ehesten gelingt das durch Trendanalysen, die mehrere Monate oder Jahre umfassen.

Die skizzierte Argumentationskette und die erwähnten Testfragen bilden den Kern der Theorie der Schweigespirale, die Voraussetzung für theoretische Erklärungen – das Explanans. Davon muss das Explanandum unterschieden werden – das, was erklärt werden soll, die öffentliche Meinung. Hierbei handelt es sich nach Noelle-Neumann um eine Wirkmacht, die sich auf alle wertgeladenen Aspekte des gesellschaftlichen Lebens erstreckt – die Mode, das Recht, die Politik usw. Öffentliche Meinung in diesem Sinne fördert Konformität und Stabilität und behindert Individualität und Wandel. Sie ist – anders als bei Wilhelm Hennis (1957) und Jürgen Habermas (2006) – keine öffentliche Sphäre des rationalen Diskurses gebildeter Bürger, sondern des auch emotional spürbaren Einflusses der Mehrheit der Anderen auf jeden Einzelnen. Noelle-Neumann hat diesen zentralen Aspekt der Theorie der Schweigespirale in zahlreichen Essays über die Beschreibung und Erklärung der öffentlichen Meinung in den Schriften von u. a. David Hume, Jean-Jaques Rousseau, Alexis de Tocqueville und Walter Lippmann nachgezeichnet. Man kann die Theorie der Schweigespirale deshalb als allgemeine Theorie sozialer Integrationsmechanismen (Noelle, 1966) bzw. als sozialpsychologische Fundierung normativer Demokratietheorien betrachten (Mutz & Silver, 2014; Kepplinger, 2014).

Noelle-Neumann hat die Bedingungen für die Anwendung der Theorie der Schweigespirale erst unter dem Eindruck von Studien expliziert, die die Redebereitschaft anhand von mehr oder weniger unstrittigen und deshalb ungeeigneten Themen untersucht haben. Zwar enthielt bereits die erste Auflage der Theorie der Schweigespirale Hinweise darauf, dass sie die Meinungsentwicklung nur in bestimmten Situationen erklärt – es muss sich um Äußerungen zu emotional aufgeladenen Themen handeln, durch die man sich sozial isolieren kann. Aber in den ersten Publikationen hatte es sich bei entsprechenden Hinweisen eher um Nebenbemerkungen gehandelt, weil man den Sachverhalt direkt aus den Testfragen und Antworten folgern konnte. Deshalb hat sie in den ersten Jahren die Bedingungen, unter denen die Theorie gelten sollte, nicht unabhängig von den sonstigen Testfragen geprüft, sondern den dazu gedachten „Drohtest" erst viel später eingeführt. Noelle-Neumann hat ihre Theorie anhand von unzähligen Themen überprüft, neue Testfragen eingeführt und weitere Anwendungsfelder erschlossen. Dazu gehört neben den Bekenntnissen zu Politikern und politischen Parteien die Bereitschaft zur Diskussion über das Rauchen und über die Zulässigkeit eines Schwangerschaftsabbruchs. Sie hat ihre Theorie insgesamt oder einzelne Annahmen aber keinem Falsifikationsversuch unterworfen, d. h. sie hat nicht gezielt überprüft, ob sie falsch sein könnten. Genau so wenig hat sie eine Bestätigung anhand von naheliegenden Folgerungen gesucht. Dazu gehört die Hypothese, dass sich die Schweigespirale schneller dreht, wenn statt eines unterschiedlichen (doppelten) ein gleichartiges Meinungsklima besteht, der Medientenor also mit der Mehrheitsmeinung übereinstimmt.

## 3 Bezug zum Gesamtwerk der Autorin

Bereits Noelle-Neumanns Antrittsvorlesung im Dezember 1965 über „Öffentliche Meinung und Soziale Kontrolle" (Noelle-Neumann, 1966) enthielt ihr thematisches und theoretisches Programm, das sie zielstrebig verfolgt hat. Mit ihrem Vortrag „Return to the Concept of Powerful Mass Media" (Noelle-Neumann, 1973) anlässlich des 20. Internationalen Psychologenkongresses 1972 in Tokio trug sie maßgeblich zu einem Paradigmenwechsel der Medienwirkungsforschung bei. Seine deutsche Fassung enthält 1973 in den drei Schlüsselwörtern des Titels „Kumulation, Konsonanz und Öffentlichkeitseffekt" (Noelle-Neumann, 1979c) schon wesentliche Elemente der Theorie der Schweigespirale. Zwei Jahre nach ihrem Vortrag in Tokio veröffentlichte sie eine erste systematische Darstellung der Theorie der Schweigespirale (Noelle-Neumann, 1974), 1980 erschien die *Theorie der Schweigespirale* als Buch (Noelle-Neumann, 2001).

Vorangegangen waren jahrzehntelange Erfahrungen mit der Durchführung von demoskopischen Untersuchungen und der Entwicklung von Testfragen zur Beantwortung komplexer Forschungsfragen. Ein Beispiel sind die Fragen zur Prüfung der Theorie der Schweigespirale, darunter der „Eisenbahntest", der in zahlreichen internationalen Studien eingesetzt wurde. Schon die erste Ausgabe des *Jahrbuchs der öffentlichen Meinung 1947-1955* enthielt eine auf die Literatur gestützte und mit eigenen Beispielen belegte Einführung in die Fragebogenkonstruktion (Noelle, 1956). Es folgte 1962 eine wegweisende Studie „Über den methodischen Fortschritt in der Umfrageforschung" (Noelle-Neumann, 1979a). Ihr wichtigster Beitrag zur Methodenentwicklung wurde ihre 1963 mit einer Startauflage von 20.000 Exemplaren erschienene Darstellung der Anlage und Durchführung von *Umfragen in der Massengesellschaft* (Noelle, 1976). Eine wesentlich überarbeitete Fassung erschien 1996 unter dem Titel *Alle, nicht jeder* (Noelle-Neumann & Petersen, 2005).

Zu den prägenden Aktivitäten Noelle-Neumanns gehörte neben der Lehre das von ihr entwickelte und herausgegebene *Fischer Lexikon Publizistik*. Es wurde das in Deutschland erfolgreichste Lehrbuch und Nachschlagewerk der Publizistik- und Kommunikationswissenschaft (Noelle-Neumann, Schulz, & Wilke, 2009). Durch ihre Beiträge zur Methodenentwicklung, ihre wissenschaftlichen Studien und ihre die Fachgrenzen überschreitenden Publikationen hat Noelle-Neumann das Selbstverständnis und die internationale Geltung der Publizistikwissenschaft in einem Maße geprägt, die dem Einfluss von Max Weber auf die Soziologie vergleichbar ist.

## 4 Wirkungsgeschichte und Kritik

Die Theorie der Schweigespirale hat schon vor ihrer Ankunft in der Wissenschaft öffentliche Kontroversen ausgelöst, weil Noelle-Neumann bereits mit einigen Kernelementen den Verlauf des Bundestagswahlkampfs 1972 nachgezeichnet und mit ihrer dann vorliegenden Theorie den Ausgang der Bundestagswahl 1976 differenziert erklärt hatte (Noelle-Neumann, 1980, S. 27-115). In beiden Fällen führte sie Meinungsänderungen der intensiven Fernsehzuschauer auf eine entsprechende Fernsehberichterstattung zurück, die sie mit den politischen Präferenzen von Journalisten erklärte. Inhaltsanalysen, die eine entsprechende Tendenz aufzeigten, lagen zunächst nicht vor, ihre Aussagen über die politischen Präferenzen von Journalisten beruhten noch auf der Befragung von wenigen Personen und waren entsprechend angreifbar. Die deutlich später einsetzende wissenschaftliche Kritik im engeren Sinn betraf u. a. die grundlegende theoretische Annahme der Isolationsfurcht von Menschen, die Operationalisierung zentraler Konzepte, etwa des Meinungsklimas, und ihre konkrete Messung, darunter die Redebereitschaft in der Öffentlichkeit (Scherer, Tiele, & Naab, 2006). Im Verlauf dieser Diskussion wurde deutlich, dass zwar einzelne Teile der Theorie erfolgreich geprüft und präzisiert werden können, die Theorie in ihrer Gesamtheit aber wegen ihrer ungewöhnlichen Komplexität gegenwärtig nicht prüfbar ist.

Die von Noelle-Neumann in den siebziger Jahren behauptete – im Vergleich zur Bevölkerung – einseitige Meinungskonzentration im Journalismus und der Zusammenhang zwischen ihren Meinungen und den Themen und Tendenzen ihrer Berichterstattung spielten in den Diskussionen um die Einführung des Privatfernsehens eine wichtige Rolle und erklären einen Teil ihrer Leidenschaft. Allerdings wird man rückblickend feststellen müssen, dass sich die Medienlandschaft aufgrund der technischen Entwicklung auch ohne die damaligen politischen und rechtlichen Entscheidungen ähnlich entwickelt hätte. Davon unberührt ist jedoch die politische und politikwissenschaftliche Brisanz des Einflusses einer Berufsgruppe – der Journalisten – und eines Wirtschaftszweigs – der Medien – auf die politische Meinungs- und Willensbildung der Bevölkerung.

Ungeachtet der teilweise massiven Kritik an der Theorie der Schweigespirale in Deutschland ist sie vermutlich die einzige sozialwissenschaftliche Theorie aus Deutschland, die nach dem Krieg breite internationale Resonanz fand. Wichtige Gründe hierfür dürften ihre Verbindung zentraler Fragen mehrerer Sozialwissenschaften und ihre heuristische Fruchtbarkeit sein. Die erste amerikanische Auflage erschien 1984, eine zweite ergänzte 1993. Die jeweils neuesten Auflagen wurde ins Japanische (1988), Koreanische (1990), Chinesische (1994), Spanische (1995), Russische (1996) und Türkische (1998) übersetzt. Von der American Association of Public Opinion Research (AAPOR) wurde die *Spiral of Silence* 1996 auf der Grundlage einer Befragung von Fachkollegen als einziges ursprünglich im Ausland veröffentlichtes Werk in die Liste der 50 wichtigsten Bücher zur öffentlichen Meinung aufgenommen (Noelle-Neumann, 2006, S. 263). In den international führenden Fachzeitschriften erschien zur Theorie der Schweigespirale eine große Zahl an Untersuchungen über ihre theoretischen Annahmen, methodische Umsetzung und empirischen Ergebnisse (Deisenberg, 1986; Roessing, 2008; Glynn & Huge, 2014). Daneben finden sich zahlreiche Studien, die die Überlegungen Noelle-Neumanns methodisch (Donsbach & Stevenson, 1986; Scherer, Tiele, & Naab, 2006; Eveland, 2014) und theoretisch (Weimann, 1991; Gunther, 2014; Fung & Scheufele, 2014) weiterführten und weiterführen.

## Literatur

### *Primärliteratur*

Noelle, E. (1940). *Amerikanische Massenbefragungen über Politik und Presse*. Limburg: Limburger Vereinsdruckerei. Zweite Ausgabe unter gleichem Titel im gleichen Jahr, Frankfurt: Diesterweg.

Noelle, E. (1956). Erläuterungen. In E. Noelle & E. P. Neumann (Hrsg.), *Jahrbuch der öffentlichen Meinung 1947-1955* (S. XI-XLII). Allensbach: Verlag für Demoskopie.

Noelle, E. (1976). *Umfragen in der Massengesellschaft. Einführung in die Methoden der Demoskopie* (7. Aufl.; Erstauflage 1963). Reinbek bei Hamburg: Rowohlt.

Noelle-Neumann, E. (1966). *Öffentliche Meinung und Soziale Kontrolle*. Tübingen: J.C.B. Mohr.

Noelle-Neumann, E. (1973). Return to the concept of powerful mass media. *Studies of Broadcasting, 9*, 67-112.

Noelle-Neumann, E. (1974). The Spiral of Silence: A theory of public opinion. *Journal of Communication, 24*(2), S. 43-51.

Noelle-Neumann, E. (1979a). Über den methodischen Fortschritt in der Umfrageforschung (1962). In E. Noelle-Neumann, *Öffentlichkeit als Bedrohung. Beiträge zur empirischen Kommunikationsforschung* (2. Aufl.; Erstauflage 1977) (S. 25-42). Freiburg i. Br.: Alber.

Noelle-Neumann, E. (1979b). Der getarnte Elefant. Über die Wirkung des Fernsehens. In E. Noelle-Neumann, *Öffentlichkeit als Bedrohung. Beiträge zur empirischen Kommunikationsforschung* (2. Aufl.; Erstauflage 1977) (S. 115-126). Freiburg i. Br.: Alber.

Noelle-Neumann, E. (1979c). Kumulation, Konsonanz und Öffentlichkeitseffekt. Ein neuer Ansatz zur Analyse der Wirkung der Massenmedien. In E. Noelle-Neumann, *Öffentlichkeit als Bedrohung. Beiträge zur empirischen Kommunikationsforschung* (2. Aufl.; Erstauflage 1977) (S. 127-168). Freiburg i. Br.: Alber.

Noelle-Neumann, E. (1980). *Wahlentscheidung in der Fernsehdemokratie*. Freiburg: Ploetz.

Noelle-Neumann, E. (1993). *The Spiral of Silence. Public opinion – our social skin* (2. Aufl.; Erstauflage 1984). The University of Chicago Press.

Noelle-Neumann, E. (2001). *Die Schweigespirale* (6. Aufl.; Erstauflage 1980). München: Langen Müller.
Noelle-Neumann, E. (2006). *Die Erinnerungen*. München: F.A. Herbig.
Noelle-Neumann, E., & Petersen, T. (2005). *Alle, nicht jeder. Einführung in die Methoden der Demoskopie* (4. Aufl.; Erstauflage 1996). Berlin: Springer.
Noelle-Neumann, E., Schulz, W., & Wilke, J. (2009). *Fischer-Lexikon Publizistik Massenkommunikation* (5. Aufl.; Erstauflage 1971). Frankfurt: Fischer.

## Sekundärliteratur

Deisenberg, A. M. (1986). *Die Schweigespirale – die Rezeption des Modells im In- und Ausland.* München: Minerva-Publikation.
Donsbach, W., & Stevenson, R. L. (1986). Herausforderungen, Probleme und empirische Evidenzen der Theorie der Schweigespirale. *Publizistik, 31*, 7-34.
Eveland, W. P. Jr. (2014). Linking social network analysis to the Spiral of Silence. Coorientation, and political discussion: The intersection of political perceptions and political communication. In W. Donsbach, C. T. Salmon, & Y. Tsfati (Hrsg.), *The Spiral of Silence. New perspectives on communication and public opinion* (S. 119-128). New York: Routledge.
Fung, T. K. F., & Scheufele, D. A. (2014). Social norms, Spirals of Silence and Framing Theory: An argument for considering cross-cultural differences in media effects research. In W. Donsbach, C. T. Salmon, & Y. Tsfati (Hrsg.), *The Spiral of Silence. New perspectives on communication and public opinion* (S. 131-144). New York: Routledge.
Glynn, C. J., & Huge, M. E. (2014). Speaking in spirals. An updated meta-analysis of the Spiral of Silence. In W. Donsbach, C. T. Salmon, & Y. Tsfati (Hrsg.), *The Spiral of Silence. New perspectives on communication and public opinion* (S. 65-72). New York: Routledge.
Gunther, A. C. (2014). The intersection of Third-Person Effect and Spiral of Silence. In W. Donsbach, C. T. Salmon, & Y. Tsfati (Hrsg.), *The Spiral of Silence. New perspectives on communication and public opinion* (S. 145-152). New York: Routledge.
Habermas, J. (2006). *Strukturwandel der Öffentlichkeit. Untersuchungen zu einer Kategorie der bürgerlichen Gesellschaft* (5. Aufl., Erstauflage 1962). Frankfurt am Main: Suhrkamp.
Hennis, W. (1957). *Meinungsforschung und repräsentative Demokratie. Zur Kritik politischer Umfragen*. Tübingen: J.C.B. Mohr.
Kepplinger, H. M. (2014). Normative theories of political communication. In C. Reinemann (Hrsg.), *Political Communication. Handbook of Communication Sciences* (S. 21-38). Berlin: Walter De Gruyter.
Mutz, D. C., & Silver, L. (2014). Normative implications of the Spiral of Silence: Hearing the other side in the 21st century. In W. Donsbach, C. T. Salmon, & Y. Tsfati (Hrsg.), *The Spiral of Silence. New perspectives on communication and public opinion* (S. 75-91). New York: Routledge.
Roessing, T. (2009). *Öffentliche Meinung – die Erforschung der Schweigespirale*. Baden-Baden: Nomos.
Scherer, H., Tiele, A., & Naab, T. (2006). Die Theorie der Schweigespirale: methodische Herausforderungen und empirische Forschungspraxis. In W. Wirth, A. Fahr, & E. Lauf (Hrsg.), *Anwendungsfelder in der Kommunikationswissenschaft* (S. 107-138). Köln: Halem.
Weimann, G. (1991). The influentials. Back to the concept of public opinion leaders. *Public Opinion Quarterly, 55*, 267-279.
Wilke, J. (2007). *Presseanweisungen im zwanzigsten Jahrhundert. Erster Weltkrieg – Drittes Reich – DDR*. Köln: Böhlau.

# Der dynamisch-transaktionale Ansatz. Ein neues Paradigma der Medienwirkungen

## von Werner Früh und Klaus Schönbach (1982)

Volker Gehrau

**Zusammenfassung**

Im Beitrag wird der Aufsatz *Der dynamisch-transaktionale Ansatz. Ein neues Paradigma der Medienwirkungen* von Werner Früh und Klaus Schönbach vorgestellt. Der in diesem Werk präsentierte gleichnamige Ansatz (kurz: DTA) wurde entwickelt, um die Eingeschränktheit und Unvereinbarkeit von Ansätzen der Medienwirkungs- und Mediennutzungsforschung zu überwinden. Zunächst wird kurz die Entstehung des zentralen Aufsatzes in der Fachzeitschrift *Publizistik* skizziert und dessen zentraler Inhalt wiedergegeben, wobei auch der Folgeaufsatz in der Fachzeitschrift *Rundfunk und Fernsehen* Berücksichtigung erhält. In den Aufsätzen werden Phänomene der Mediennutzung und -wirkung als Zusammenspiel von Publikumsfaktoren (insbesondere deren Wissen und Aktivation) mit Faktoren des Medienangebots als dynamische Prozesse modelliert. Anschließend wird diskutiert, welche Stellung der DTA im Werk und Wirken der beiden Autoren einnimmt sowie abschließend, wie der DTA in der wissenschaftlichen Community aufgenommen wurde. Hierbei steht vor allem die Frage im Zentrum, ob der DTA so umfassend und allgemeingültig angelegt ist, dass sich aus ihm kaum konkrete Hypothesen oder Prognosen über Mediennutzung und Medienwirkung ableiten lassen.

**Schlüsselbegriffe**

Mediennutzung, Medienwirkung, Dynamik, transaktionale Beziehung, molarer Kontext, Feedback, Kausalität, Werner Früh, Klaus Schönbach

*„Ende der 1970er-Jahre [...] diskutierten Klaus Schönbach und ich über Entwicklungen und Probleme der Medienwirkungsforschung, die uns aus verschiedenen Gründen Unbehagen bereiteten“* schrieb Werner Früh (2009, S. 47) in einem Band für Klaus Schönbach und Klaus Schönbach (2007, S. 262) in einem Band für Werner Früh: *„Der dynamisch-transaktionale Ansatz (DTA) [...] ist für mich aus einer Art Unbehagen entstanden.*

Das angesprochene Unbehagen resultiert aus den verkürzten Sichtweisen der damals vorherrschenden Medienwirkungsforschung und Mediennutzungsforschung. Die Medienwirkungsforschung argumentierte mit dem Medieninhalt, dem weitgehende Wirkungen auf das Publikum unterstellt wurden. Streng genommen können diese Wirkungen aber nur dann eintreten, wenn das Publikum die entsprechenden Angebote auch nutzt. Damit wäre der Nutzungswunsch des Publikums der Wirkung vorgeschaltet, was aber die entsprechenden Wirkungsmodelle nicht berücksichtigten. Allerdings sind auch die Modelle der Mediennutzungsforschung unzureichend, da sie rein aus der Perspektive der Publikumsbedürfnisse die Mediennutzung erklären. Doch dabei gerät die Wirkung aus dem Blick, ohne die eine zielgerichtete Nutzung streng genommen nicht zu erklären ist. Schließlich kann das Ziel der Rezipienten nur darin bestehen, durch die Mediennutzung etwas Bestimmtes zu erreichen, z. B. Wissen aufzubauen oder Emotionen zu intensivieren, sodass als Ausgangspunkt der Argumentation die Wirkung des Medienangebots anzusetzen ist. Der in dem gleichnamigen Aufsatz vorgestellte dynamisch-transaktionale Ansatz ist ein Versuch, beide Perspektiven gleichberechtigt zu verbinden, indem größere dynamische Prozesse betrachtet werden.

## 1 Biographische Einordnung: Die Entstehung des dynamisch-transaktionalen Ansatzes als Meilenstein im akademischen Werdegang Frühs und Schönbachs

Werner Früh und Klaus Schönbach[1] lernten sich in den 1970er Jahren am Institut für Publizistik in Mainz kennen, an dem beide studiert und promoviert haben. In Mainz entstanden die ersten Ideen dazu, die medienzentrierte Medienwirkungsforschung und die publikumszentrierte Mediennutzungsforschung sinnvoll miteinander zu verbinden.

1 Vgl. zur *Biographie Werner Frühs auch den Aufsatz von Sebastian Hagen & Felix Frey i. d. B. sowie zur Biographie Klaus Schönbachs den Aufsatz von Carsten Wünsch & Miriam Czichon*

Nach seiner Promotion bei Elisabeth Noelle-Neumann (vgl. den Beitrag von Hans Mathias Kepplinger i. d. B.) im Jahr 1975 wechselte Klaus Schönbach von Mainz zunächst zum Zentrum für Umfragen, Methoden und Analysen (ZUMA, heute GESIS-Leibniz-Institut für Sozialwissenschaften) nach Mannheim und leitete dort die Abteilung für Inhaltsanalysen, um dann 1978 für vier Jahre als Akademischer Rat an das Institut für Publizistik (heute Institut für Kommunikationswissenschaft) der Universität Münster zu gehen. Dort erhielt er 1982 die Venia Legendi für eine Arbeit, in der er das politische Wirkungspotential von Presse und Fernsehen miteinander verglich (vgl. den Beitrag von Wünsch & Czichon i. d. B.). Werner Früh hingegen übernahm nach Klaus Schönbachs Weggang die Abteilung Inhaltsanalyse des ZUMA und leitete sie bis 1987. Während dieser Zeit nahm er regelmäßig Lehraufträge am Institut in Münster wahr, so dass sich dort für beide Autoren die Möglichkeit ergab, gemeinsam mit Kollegen und Seminarteilnehmern weiter an den in Mainz entstandenen Ideen zu arbeiten. Um 1980 herum wurden die Ideen ausreichend konkret, was beide dazu bewog, einen größeren Beitrag bei der Fachzeitschrift *Publizistik* einzureichen. Dieser wurde zwar zur Publikation angenommen, allerdings mit der Bitte um Kürzung. Die Autoren entschlossen sich, das eingereichte Manuskript zu teilen und 1982 in der *Publizistik* zunächst den Hintergrund, die Grundidee sowie erklärende Szenarien dazu zu publizieren, um anschließend theoretische und methodische Konkretisierungen vorzunehmen und die Implikationen des Ansatzes zu diskutieren, die dann in den zweiten, 1984 in der Fachzeitschrift *Rundfunk und Fernsehen* (RuF) erschienenen Beitrag eingeflossen sind. Zudem traten einige Fragen und Fehlinterpretationen in Bezug auf die erste Publikation auf, die die Autoren dazu bewogen, das nicht publizierte Material aus dem ersten Beitrag um Klärungen der entsprechenden Punkte zu ergänzen.

Der erste Aufsatz wird bereits in derjenigen Ausgabe der *Publizistik* zitiert, in der er selbst erscheint und dort von Winfried Schulz (dem Betreuer von Schönbachs Habilitationsschrift) als einer der „Ansätze der neuen Wirkungsforschung" diskutiert. Zweifelsohne förderte er die wissenschaftlichen Karrieren der miteinander befreundeten Autoren, deren Zusammenarbeit sich jedoch weitgehend auf den DTA beschränkte und die in der Folgezeit auch nicht mehr gleichzeitig am selben Institut tätig waren. Klaus Schönbach erhielt 1983 einen Ruf an die Ludwig-Maximilians-Universität München (LMU), wechselte aber bereits 1985 an die Hochschule für Musik und Theater Hannover (heute: Hochschule für Musik, Theater und Medien), an der er Mitbegründer des dortigen Instituts für Journalistik und Kommunikationsforschung wurde. Ab 1998 folgten Stationen in Amsterdam, Friedrichshafen, Wien und Doha, wo Klaus Schönbach seit 2014 als Vizedekan für Forschung an der *Northwestern University in Qatar* wirkt. Werner Früh übernahm 1987 abermals eine frühere Stelle von Klaus Schönbach, indem er als Professor für angewandte Kommunikations- und Medienforschung an der LMU tätig wurde. Anschließend hatte er von 1994 bis zu seiner Emeritierung im Jahr 2013 die Professur für empirische Kommunikations- und Medienforschung an der Universität Leipzig inne.

## 2 Der Aufsatz in der *Publizistik* 1982 und der Folgeaufsatz in der *RuF* 1984

Da die beiden frühen Aufsätze von Früh und Schönbach zum DTA aus den oben genannten Gründen eine inhaltliche Einheit bilden, werden sie im Folgenden gemeinsam dargestellt. Der erste, 1982 in der Fachzeitschrift *Publizistik* erschienene Aufsatz trägt den Titel Der dynamisch-transaktionale Ansatz. Ein neues Paradigma der Medienwirkungen und ist in fünf Abschnitte unterteilt. Im ersten Abschnitt geben die Autoren einen Überblick über die Entwicklung der Medienwirkungsforschung bis Ende der 1970er Jahre, angefangen mit den frühen Vermutungen starker Medienwirkungen im Sinne des Stimulus-Response-Modells – gestützt z. B. durch die Reaktionen auf Orson Welles realistisch gestaltete Hörspielversion von H. G. Wells Roman The War of the Worlds (vgl. den Beitrag von Martin Herbers i. d. B.). Anschließend diskutieren sie deren Erschütterung durch die Studie The People's Choice von Lazarsfeld und Kollegen (vgl. den Beitrag von Monika Taddicken i. d. B.) und Klappers Metastudie The Effects of Mass Communication (vgl. den Beitrag von Michael Schenk i. d. B.). Diesen zufolge schienen direkte Medieneffekte eher unwahrscheinlich bzw. nur unter speziellen Bedingungen möglich zu sein. Das Augenmerk der Forschung richtete sich dann auf die Motive und Gratifikationen des Publikums als Steuerungsinstanz für mögliche Medienwirkungen. Später erbrachten Studien wiederum Hinweise auf stärkere Medienwirkungen, was zur Folge hatte, dass sich zwei Argumentationslager gegenüberstanden: die medienzentrierte und die publikumszentrierte Analyse medialer Phänomene; sprich Medienwirkungsforschung versus Mediennutzungsforschung. Im zweiten Abschnitt machen die Autoren den Unterschied zwischen beiden Sichtweisen an der Stellung der Variablen im Modell fest, insbesondere daran, ob das Medienangebot oder die Motive und Gratifikationen des Publikums als unabhängige Variable anzusehen sind, also als Grund für Medienwirkungen. Um zu verdeutlichen, wie im Alltag Aspekte von Mediennutzung und Medienwirkung zusammenkommen, entwickeln die Autoren ein Szenario unterschiedlicher Alltagshandlungen: Es beginnt mit der beiläufigen Rezeption eines Nachrichtenberichts im Fernsehen, der Interesse weckt. Deshalb könnte z. B. (a) die Lektüre der knappen Berichterstattung in einer Boulevardzeitung am nächsten Tag folgen, (b) der gezielte Kauf eines Print-Magazins, um genauere Informationen zu erhalten oder (c) die Zuwendung zu einem Fernsehbeitrag auf Anregung von Gesprächen mit Arbeitskollegen. In Gänze lassen sich solche alltäglichen Phänomene weder durch Wirkungsansätze noch durch Nutzungsansätze adäquat beschreiben. Beide könnten jeweils nur einen Ausschnitt erklären, selbst wenn man Aspekte des jeweils anderen Ansatzes als intervenierende Variable berücksichtigen würde. Die Forderung, beide Perspektiven zu integrieren, ist Gegenstand des dritten Abschnitts. Dabei müssen das Publikum sowie das Medienangebot bzw. die dahinterstehenden Kommunikatoren sowohl als aktive als auch als passive Komponenten eines dynamischen Prozesses begriffen werden. Passiv ist das Publikum z. B., wenn es von dem habituell genutzten Fernsehbeitrag angeregt wird und aktiv, wenn es sich weiteren Informationen zuwendet. Die Kommunikatoren sind aktiv, wenn sie Informationen auswählen bzw. präsentieren und passiv, wenn sie sich dabei z. B. von den typischen Nutzungsgewohnheiten ihres Publikums leiten lassen. Es findet aber nicht unbedingt ein Wechsel von aktiv zu passiv statt, sondern die zugrundeliegenden Prozesse vollziehen sich parallel, was in Konsequenz eine Integration der Zeitperspektive erfordert. Zur Veranschaulichung werden zwei Transaktionen skizziert, wobei eine Transaktion ein quasi gleichberechtigtes Zusammenspiel von mindestens zwei Komponenten beschreibt. Die erste Transaktion findet zwischen Medienangebot und Rezipient statt. Dabei bringt das Medienangebot das Potenzial zur Stimulation und Manipulation mit, wohingegen der Rezipient selektiert und interpretiert. Innerhalb des Rezipienten vollzieht sich eine zweite Transaktion zwischen Wissen und Aktivation des Rezipienten. Die Aktivation entscheidet, ob und wie intensiv sich der Rezipient mit dem Medieninhalt befasst und das individuelle Wissen bestimmt die Interpretation des Medieninhalts. Diese Transaktionen werden in einem weiteren Schritt zu einem dynamischen Modell erweitert. Dabei wird aus jedem Nutzungsakt eine Phase, an die Folgephasen anschließen, die jeweils immer ein Zusammenspiel aus Angebot und Zuwendung auf der Basis des individuellen Wissensstandes und Aktivationsniveaus sind, die wiederum auch ein Resultat der vorhergehenden Mediennutzung darstellen. Den heuristischen Nutzen des vorgestellten dynamischen Modells fassen die Autoren wie folgt zusammen: „Will man Wirkungsverläufe prognostizieren, so sind Ereignisketten im Wirkungsprozess mit spezifischen Übergangswahrscheinlichkeiten zu beschreiben" (Früh & Schönbach, 1982, S. 85), bei denen die jeweiligen Bedingungen und dazugehörigen Übergangswahrscheinlichkeiten zu bestimmen sind. Die sich daraus ergebenden Folgen skizzieren die Autoren im letzten Abschnitt anhand von zentralen Aspekten: (1) die Aufhebung der strikten Trennung von abhängigen und unabhängigen Variablen im Wirkungsmodell, (2) das transaktionale Zusammenspiel von Rezeptionsbereitschaft und Rezeptionsfähigkeit sowie (3) die Berücksichtigung dynamischer Verläufe im Modell.

Der Folgebeitrag heißt DER DYNAMISCH-TRANSAKTIONALE ANSATZ II: KONSEQUENZEN und wurde 1984 in der Fachzeitschrift *Rundfunk und Fernsehen* veröffentlicht. In ihm werden sowohl Missverständnisse aufgeklärt, die nach der ersten Publikation aufgetreten waren, als auch die in der ersten Publikation angekündigten Konkretisierungen vorgenommen. Zunächst wenden sich die Autoren gegen ein Verständnis von Transaktion als „kalkuliertes Aushandeln eines optimalen Kommunikationsnutzens zwischen Kommunikator und Rezipient“ (Schönbach & Früh, 1984, S. 314), das aufgrund ähnlicher Terminologie in anderen Modellen entstanden war. Auch handelt es sich nicht um eine Interaktion von Komponenten, da sich die Komponenten bei der Transaktion selbst verändern. Kritisiert wurde auch der in der ersten Publikation verwendete Wirkungsbegriff, da bei diesem Ursache und Wirkung austauschbar seien und damit die übliche Vorstellung von Kausalität aufgegeben würde. Das bestreiten die Autoren. Kausalität im Sinne zeitlicher Abfolgen sei auch im DTA vorgesehen, allerdings eingebettet in eine Dynamik unter angemessener Berücksichtigung von sonstigen Einflussfaktoren (molarer Kontext genannt) und insofern nicht reduktionistisch abbildbar. Darüber hinaus stellen die Autoren klar, dass es sich beim DTA nicht um eine Theorie handelt, sondern um ein Modell, das alltägliche Phänomene der Mediennutzung und -wirkung abbilden soll. Dabei findet auch im DTA eine Reduktion der Komplexität statt. Der DTA zwinge aber bei der jeweiligen Modellierung dazu, transaktionale Relationen zwischen den relevanten Komponenten (insbesondere Wissen, Aktivation und Aspekte des Medienangebots) ebenso mitzudenken wie deren dynamische Entwicklung.

Im dritten Abschnitt wird der heuristische Gehalt des DTA diskutiert. Zunächst gilt das Augenmerk Befunden aus Studien der Massenkommunikationsforschung, die weder mit den medien- noch mit den publikumszentrierten Ansätzen erklärt werden können. Hierzu zählen z. B. Harmonisierungsprozesse im Zeitverlauf zwischen Wissen und Einstellungen des Publikums und ihrem Mediennutzungsverhalten. Ähnlich sind auch Integrationsversuche von Nutzungs- und Wirkungsperspektive anzusehen, in deren Modellen nicht mehr das Medienangebot als Input gesehen wird, sondern das individuell vor dem Hintergrund der jeweiligen Bedürfnislage Genutzte. Nicht zuletzt lässt sich auch das Zusammenspiel von kognitiven Prozessen, die durch das Medienangebot angeregt werden, wie z. B. die Aktivierung vorhandenen Wissens, und kognitiven Prozessen, die vom Mediennutzer ausgehen, wie z. B. Interpretationen auf der Basis des eigenen Vorwissens, bei der Medienrezeption im DTA abbilden. Beispiele für neue Fragen und Perspektiven führen die Autoren in drei Bereichen an: (a) Bildung individueller sowie gesellschaftlicher Wirklichkeitsvorstellungen unter Medieneinfluss, (b) Prozesse der Verbreitung medialer Informationen in der Gesellschaft, (c) Effekte von Massenkommunikation im Zeitverlauf. Neben dem vornehmlich skizzierten Schwerpunkt in der Rezeptionsforschung stellen die Autoren ihre Überlegungen in der Kommunikatorforschung dar. Die Transaktion 2 der ersten Publikation (Transaktion zwischen Wissen und Aktivation des Rezipienten) wird nun Intra-Transaktion genannt und nicht mehr nur beim Rezipienten, sondern auch beim Kommunikator modelliert. Kommunikatoren erstellen demnach Medienbotschaften vor dem Hintergrund ihres individuellen Wissens und der jeweiligen Aktivation, sodass insbesondere ihre Vorstellungen des Publikums in den Prozess mit eingehen und so die Intertransaktion zwischen Kommunikatoren und ihren Medienbotschaften sowie den Rezipienten durch Para-Feedback mitbestimmen. Das Para-Feedback entsteht aus der Erfahrung bzw. Erwartungen von Medienschaffenden in Bezug auf ihr Publikum, wodurch die üblichen Wünsche und Verhaltensweisen des Publikums Input für die Medienproduktion liefern. Als Fazit gilt für Klaus Schönbach und Werner Früh: „[D]ie Effekte der Massenmedien [sind] weder als alleiniges Produkt von Medienbotschaften noch als beliebige Kreation des Publikums zu betrachten." (1984, S. 327)

## 3 Spuren des DTA in den Arbeiten ihrer Autoren

Der DTA hat Spuren im Werk beider Autoren hinterlassen, wenngleich in deutlich unterschiedlicher Weise. Im wissenschaftlichen Werk von Werner Früh stellt der DTA eine Art Gravitationszentrum dar, um das sich Vorläufer- und insbesondere Folgeforschung bewegen. Bereits seine Promotionsstudie zum Leseverhalten weist Aspekte des DTA auf (Früh, 1980). Nach Publikation der beiden Fachzeitschriftenbeiträge ist die Studie *Realitätsvermittlung durch Massenmedien* (vgl. den Beitrag von Sebastian Hagen & Felix Frey i. d. B.) als Teil des *DFG-Schwerpunktprogramms Medienwirkungen* zu nennen. Zum einen werden dabei die Inter- und die Intra-Transaktionen der Rezeption von Nachrichtenbeiträgen analysiert (Früh, 1994). Zum anderen entwickelte Früh mit der Semantischen Struktur- und Inhaltsanalyse eine Methode, die es erlaubt, sowohl Medieninhalte als auch Angaben aus der Befragung von Nutzern nach demselben Muster zu analysieren (Früh, 1989). Mit seinem Wechsel nach München ging eine neue Annäherung an den DTA einher, nämlich seine theoretische Fundierung und Konkretisierung, insbesondere in Bezug auf die Art und Stellung der Transaktion sowie die Einführung der Idee vertikaler Transaktionen, die in einem Band zur Medienwirkung vereinigt wurden (Früh, 1991). Vertikale Transaktionen bezeichnen transaktionale Beziehungen zwischen

Variablen auf unterschiedlichen Ebenen, also z. B. der Beziehung zwischen individuellem Wissen und öffentlicher Meinung bei der Meinungsbildung zu einer Aussage in den Medien. Es folgen Studien, in denen die Ideen und Instrumente des DTA auf unterschiedliche kommunikationswissenschaftliche Gegenstandsbereiche angewendet wurden. Den Anfang macht die in Leipzig umgesetzte Studie zur Mediengewalt, bei der die Idee im Zentrum steht, Mediengewalt als Resultat transaktionaler Beziehungen im Denken und Fühlen der Mediennutzer sowie zwischen Angebots- und Nutzermerkmalen zu bestimmen (Früh, 2001). Nach der Jahrtausendwende richtete sich dann der Fokus auf die Rezeption medialer Unterhaltungsangebote, die in enger Anlehnung an den DTA in der Formulierung der triadisch-dynamischen Unterhaltungstheorie (TDU) und der dazugehörigen Monographie gipfelte (Früh, 2002).

Die Spurensuche im Werk und Wirken von Klaus Schönbach gestaltet sich ungleich schwieriger, auch weil dieses breiter und vor allem durch deutlich mehr Wechsel von Arbeitskontexten und oft internationalen Kooperationen geprägt ist. Klare Konturen des DTA finden sich im gemeinsamen Projekt mit Siegfried Weischenberg im *DFG Schwerpunktprogramm Medienwirkungen*. In der Panelstudie zum Dortmunder Kommunalwahlkampf wurden mehrfach sowohl Leser als auch Journalisten einer Lokalzeitung befragt, um die Dynamik der Medien- und Rückkopplungseffekte zu untersuchen (Schönbach, 1989; Schönbach & Eichhorn, 1992). Ansonsten lässt sich der DTA bei Klaus Schönbach vielleicht mit einer Stufe vergleichen, die genommen werden musste, um in nachfolgenden Projekten theoretisch und methodisch elaborierter vorgehen zu können, ohne den DTA dabei selbst zum Forschungsparadigma zu machen. Grundfiguren des DTA finden sich in vielen Arbeiten von Klaus Schönbach wieder. Zum einen ist die Dynamik zu nennen, die Klaus Schönbach insbesondere in seinen Wahl- und Thematisierungsstudien interessiert. Zum anderen stehen die Feedback-Prozesse zwischen Rezipienten einerseits und Journalisten bzw. ihrem Medienangebot andererseits im Fokus. Außer der bereits erwähnten Dortmunder Studie könnte man auch die Journalistenstudie aus Hannoveraner Zeiten (Schönbach, Stürzebecher, & Schneider, 1994) oder die Studien zum Erfolg von Zeitungen dazu rechnen (Schönbach, 1997a). Nicht zuletzt lässt sich das Argumentieren von Klaus Schönbach gegen das rational aktive Publikum auf die Grundfigur der Intra-Transaktion zurückführen, nach der keineswegs unterstellt werden kann, dass das Publikum sich stets motiviert und gut informiert gewünschten Medieninhalten zuwendet, sondern statt dessen eher passiv und Routinen oder auch dem Zufall folgend Medieninhalte nutzt und in gewohntem Rahmen überrascht werden will (Schönbach, 1997b).

Beide Autoren betonen, dass die Umsetzung des DTA in empirischen Studien zur Wahl unterschiedlicher Ausschnitte aus dem Gesamtmodell zwinge. Zwischen den beiden werden dabei unterschiedliche Foki deutlich. Werner Früh interessiert sich vor allem für Phänomene der Intra-Transaktion beim Rezipienten (insbesondere in der TDU) in Kombination mit Aspekten der Inter-Transaktion zwischen Rezipient und Medienangebot. Klaus Schönbach untersucht zwar auch die Inter-Transaktion zwischen Rezipient und Medienangebot, allerdings in der Regel in Kombination mit Überlegungen zum Para-Feedback zwischen Publikum und Journalisten bzw. Mediensystem. Darüber hinaus findet sich ein zweiter Unterschied. Er betrifft die Konzeptualisierung der Transaktion und den damit einhergehenden Umgang mit dem DTA. Werner Früh betrachtet eine Transaktion in erster Linie als eine eigenständige Klasse von Relationen, die sich nicht in einzelne (Früh, 2009) Kausalschritte auflösen lässt. Sein Bestreben ist es deshalb, theoretische und methodische Instrumente zu entwickeln, mithilfe derer diese Relationen angemessen erhoben und analysiert werden können. Klaus Schönbach scheint demgegenüber gerade an den wechselnden Kausalbeziehungen interessiert zu sein, um trotz der Komplexität der ablaufenden Phänomene möglichst konkrete, praxisrelevante Handlungsanweisungen ableiten zu können. Eine indirekte Unterstützung für die genannte Unterscheidung könnte man in den Titeln sehen, die die jeweiligen Herausgeber für die Festschriften gewählt haben: DYNAMISCH-TRANSAKTIONAL DENKEN bzw. WISSENSCHAFT MIT WIRKUNG. Damit lässt sich dann vielleicht auch erklären, dass sich bei denjenigen, die für bzw. mit Werner Früh gearbeitet haben, deutliche Einflüsse des DTA finden (im Überblick Wirth, Stiehler, & Wünsch, 2007), was bei den entsprechenden Personen im Umfeld von Klaus Schönbach nur ansatzweise der Fall ist (im Überblick Holtz-Bacha, Reus, & Becker, 2009).

## 4 Wirkungsgeschichte des DTA in den Arbeiten Anderer

Der DTA hat bereits nach der ersten Publikation viel Resonanz hervorgerufen, die bis heute nicht nachgelassen hat. Sie hat sich aber merklich verändert. Bereits in der zweiten Publikation (Schönbach & Früh, 1984), mehr aber noch in der Zwischenbilanz (Früh & Schönbach, 2005) wurde die Kritik am DTA zusammengefasst, auf die deshalb an dieser Stelle nur in groben Zügen eingegangen wird. Viele Autorinnen und Autoren kritisierten, das Grundmuster im DTA sei zu komplex, um in empirischen Studien angemessen untersucht zu werden. Außerdem sei das Grundmuster im DTA zu allgemein gehalten und umfasse zu viele mögliche Effektwege, um daraus konkrete Hypothesen abzuleiten. Diese Kritik ist zwar richtig, trifft aber den Kern des DTA nicht. Er ist keine allumfassende Theorie, aus der sich je nach Anwendungsbereich eindeutig ableitbare Hypothesen ergeben, wie es z. B. beim

Rational-Choice-Ansatz der Fall ist (vgl. auch Scheufele, 2008). Der DTA skizziert stattdessen individuelle und gesellschaftliche Prozesse, die typisch sind für den Umgang mit Massenmedien, wobei er immer sowohl das Medienangebot als auch die mit dem Angebot konfrontierten Personen im Blick behält. Und genau das war das Ziel des DTA: Dass keine Komponente gänzlich aus dem Blick gerät. Der zu modellierende Ausschnitt kann und muss dabei unterschiedlich gewählt werden. Die konkreten Forschungshypothesen und deren methodische Umsetzung ergeben sich dann aus dem fokussierten Bereich (z. B. Rezeption medialer Unterhaltungsangebote) durch Integration von Ansätzen aus dem entsprechenden Bereich (z. B. Ansätzen zu Emotionen) und deren dynamisch-transaktionaler Verknüpfung (z. B. in der TDU; Früh, 2002).

In internationalen Publikationen finden sich weder Hinweise auf noch Arbeiten zum DTA, was daran liegt, dass die Autoren selbst nie etwas zum DTA in Englisch publiziert haben. Im deutschen Sprachraum findet sich demgegenüber eine Vielzahl von Publikationen und Projekten mit direktem Bezug zum DTA. Die bei weitem meisten fokussieren die transaktionale Beziehung unterschiedlicher Faktoren. Oft wird dabei die Intra-Transaktion zwischen unterschiedlichen Rezipienten- bzw. Erlebniseigenschaften wie Wissen, Interpretation, Emotion, Wahrnehmung, Unterhaltung, Wohlbefinden etc. betrachtet. Entsprechende Studien stammen naturgemäß aus dem Feld der Publikumsforschung und betreffen Aspekte der Mediennutzung, Medienrezeption oder Medienwirkung. Andere Studien untersuchen die Inter-Transaktion zwischen Rezipienten- und Angebotsmerkmalen bzw. das Zusammenspiel von Aspekten der Medienzuwendung mit Aspekten der Medienwirkung. Auch sie sind dem Bereich der Publikumsforschung zuzuordnen. (Beispiele finden sich in Früh, 1991 oder Wünsch, Früh, & Gehrau, 2008.) Über die klassische Nutzungs- und Wirkungsforschung hinaus gehen z. B. Überlegungen von Eilders (2007), die die Idee der vertikalen Transaktion nutzt, um individuelle Wirkungsprozesse mit dem Phänomen der Öffentlichkeit zu verknüpfen. In einigen DTA-Studien wird auch die Dynamik untersucht. Gehrau (2007) unterscheidet die Mikro-Dynamik innerhalb eines Rezeptionsaktes, die Meso-Dynamik zwischen Rezeptionsakten und die Makro-Dynamik als Veränderung von Medienangeboten und Rezeptionsweisen. Die Mehrzahl der Studien betrachtet die Meso-Dynamik, wenige neuere Studien auch die Mikroebene. Wie schon in Bezug auf die Transaktionen finden sich auch in Bezug auf die Dynamik praktisch keine Studien, die auf der Makroebene systemische Entwicklungen in den Blick nehmen.

Obgleich es die Grundanlage des DTA auch nahelegt, mit ihm Kommunikator- oder Mediensystemforschung zu betreiben, bleibt der DTA in der Art, wie er aufgegriffen und angewendet wurde, ein Paradigma der Medienwirkungsforschung.

## Literatur

### *Primärliteratur*

Früh, W. (1980). *Lesen, Verstehen, Urteilen. Untersuchungen über den Zusammenhang zwischen Textgestaltung und Textwirkung.* Freiburg: Alber.

Früh, W. (1989). Semantische Struktur- und Inhaltsanalyse (SSI). Eine Methode zur Analyse von Textinhalten und Textstrukturen und ihre Anwendung in der Rezeptionsanalyse. In M. Kaase & W. Schulz (Hrsg.), *Massenkommunikation: Theorien, Methoden, Befunde* (S. 490-507). Opladen: Westdeutscher Verlag.

Früh, W. (1991). *Medienwirkungen: Das dynamisch-transaktionale Modell. Theorie und empirische Forschung.* Opladen: Westdeutscher Verlag.

Früh, W. (1994). *Realitätsvermittlung durch Massenmedien. Die permanente Transformation der Wirklichkeit.* Opladen: Westdeutscher Verlag.

Früh, W. (2001). *Gewaltpotenziale des Fernsehangebotes. Programmangebot und zielgruppenspezifische Interpretation.* Opladen: Westdeutscher Verlag.

Früh, W. (2002). *Unterhaltung durch das Fernsehen. Eine molare Theorie.* Konstanz: UVK.

Früh, W. (2009). Transaktion und Kausalität. Ein Essay für Klaus Schönbach. In C. Holtz-Bacha, G. Reus, & L. B. Becker (Hrsg.), *Wissenschaft mit Wirkung. Beiträge zu Journalismus- und Medienwirkungsforschung* (S. 47-64). Wiesbaden: VS.

Früh, W., & Schönbach, K. (1982). Der dynamisch-transaktionale Ansatz. Ein neues Paradigma der Medienwirkungen. *Publizistik, 27,* 74-88.

Früh, W., & Schönbach, K. (2005). Der dynamisch-transaktionale Ansatz III: Eine Zwischenbilanz. *Publizistik, 50,* 4-20.

Schönbach, K. (2007). Zuverlässige Überraschungen, ein Lob der Faulheit und der dynamisch-transaktionale Ansatz: Ein Essay für Werner Früh. In W. Wirth, H.-J. Stiehler, & C. Wünsch (Hrsg.), *Dynamisch-transaktional denken. Theorie und Empirie der Kommunikationswissenschaft* (S. 262-267). Köln: von Halem.

Schönbach, K., & Früh, W. (1984). Der dynamisch-transaktionale Ansatz II: Konsequenzen. *Rundfunk und Fernsehen, 32,* 314-329.

Schönbach, K. (1989). Die Bekanntheit des Dr. Eiteneyer: Eine exemplarische Analyse der Erklärungskraft von Medienwirkungsmodellen. In M. Kaase & W. Schulz (Hrsg.), *Massenkommunikation: Theorien, Methoden, Befunde* (S. 459-472). Opladen: Westdeutscher Verlag.

Schönbach, K. (1997a). *Zeitungen in den Neunzigern: Faktoren ihres Erfolgs. 350 Tageszeitungen auf dem Prüfstand.* Bonn: ZV Zeitungs-Verlag Service GmbH.

Schönbach, K. (1997b). Das hyperaktive Publikum – Essay über eine Illusion. *Publizistik, 42,* 279-286.

Schönbach, K., & Eichhorn, W. (1992). *Medienwirkungen und ihre Ursachen: Wie wichtig sind Zeitungsberichte und Leseinteressen?* Konstanz: Universitätsverlag.

Schönbach, K., Stürzebecher, D., & Schneider, B. (1994). Oberlehrer und Missionare? Das Selbstverständnis deutscher Journalisten. *Kölner Zeitschrift für Soziologie und Sozialpsychologie, 34,* 139-161.

## *Sekundärliteratur*

Eilders, C. (2007). Der dynamisch-transaktionale Ansatz in öffentlichkeitstheoretischer Perspektive – Eine öffentlichkeitstheoretische Spezifizierung des dynamisch-transaktionalen Ansatzes für die politische Kommunikationsforschung. In W. Wirth, H.-J. Stiehler, & C. Wünsch (Hrsg.), *Dynamisch-transaktional denken. Theorie und Empirie der Kommunikationswissenschaft* (S. 59-83). Köln: von Halem.

Gehrau, V. (2007). Überlegungen zur Modellierung von Dynamik im dynamisch-transaktionalen Ansatz. In W. Wirth, H.-J. Stiehler, & C. Wünsch (Hrsg.), *Dynamisch-transaktional denken. Theorie und Empirie der Kommunikationswissenschaft* (S. 38-58). Köln: von Halem.

Holtz-Bacha, C., Reus, G., & Becker, L. B. (Hrsg.) (2009). *Wissenschaft mit Wirkung. Beiträge zu Journalismus- und Medienwirkungsforschung.* Wiesbaden: VS.

Scheufele, B. (2008). Fachspezifisch – interdisziplinär – integrativ? Der Stellenwert des dynamisch-transaktionalen Ansatzes in der Kommunikationswissenschaft im Vergleich mit der Sozialtheorie Essers in der Soziologie. In C. Wünsch, W. Früh, & V. Gehrau (Hrsg.), *Integrative Modelle in der Rezeptions- und Wirkungsforschung: Dynamische und transaktionale Perspektiven* (S. 45-64). München: Fischer.

Schulz, W. (1982). Ausblick am Ende des Holzweges. Eine Übersicht über die Ansätze der neuen Wirkungsforschung. *Publizistik, 27,* 49-73.

Wirth, W., Stiehler, H.-J., & Wünsch, C. (Hrsg.) (2007). *Dynamisch-transaktional denken. Theorie und Empirie der Kommunikationswissenschaft.* Köln: von Halem.

Wünsch, C., Früh, W., & Gehrau, V. (Hrsg.) (2008). *Integrative Modelle in der Rezeptions- und Wirkungsforschung: Dynamische und transaktionale Perspektiven.* München: Fischer.

# The Third-Person Effect in Communication

## von W. Phillips Davison (1983)

Marco Dohle


### Zusammenfassung

Der Aufsatz „The Third-Person Effect in Communication" von W. Phillips Davison erschien 1983 in der Zeitschrift *Public Opinion Quarterly*. In dem Aufsatz entwickelt Davison auf äußerst anschauliche Weise die Idee des Third-Person-Effekts. Dabei erörtert er unterschiedliche Deutungsweisen des Effekts, von denen sich eine schließlich durchgesetzt hat. Sie besteht aus zwei Kernannahmen: 1. Menschen gehen davon aus, dass andere Menschen stärker als sie selbst von Medien bzw. Medieninhalten beeinflusst werden. 2. Die Wahrnehmung starker Medieneinflüsse auf andere kann zu einer Beeinflussung des Verhaltens von Menschen führen. Mehrere Gründe sprechen dafür, den Text als ein Schlüsselwerk der Medienwirkungsforschung einzuordnen: Davison hat mit seinem Aufsatz einem theoretischen Ansatz, zu dem weiterhin intensiv geforscht wird, einen Namen gegeben. Die von ihm entwickelten Annahmen waren innovativ, auf vorhandene Belege aus der wissenschaftlichen Literatur konnte er kaum zurückgreifen. Ausschlaggebend für die Bedeutung des Textes ist zudem, dass die dort formulierten zentralen Annahmen zum Third-Person-Effekt bis heute gültig sind. Hervorzuheben ist außerdem, dass Davison in seinem Texte bereits Bezüge zwischen dem Third-Person-Effekt und anderen Wahrnehmungsphänomenen hergestellt und somit einer Verknüpfung dieser Ansätze frühzeitig den Boden bereitet hat.



### Schlüsselbegriffe

W. Phillips Davison, Third-Person-Effekt, Wahrnehmungsdifferenzen, Influence-of-Presumed-Media-Influence, Wahrnehmungsphänomene, Hostile-Media-Effekt, Pluralistic Ignorance, Schweigespirale

# 1 Kurzbiografie des Autors

W. Phillips Davison wurde 1918 in Bath im US-Bundesstaat New York geboren. Er starb im Jahr 2012. Davison studierte an der Princeton University, an der Universität Stockholm und an der Columbia University. Unterbrochen wurde diese akademische Ausbildung durch den Militärdienst. Die Zeit unmittelbar nach Beendigung des 2. Weltkriegs verbrachte Davison dabei größtenteils in Deutschland, er gehörte der *Information Control Division* der amerikanischen Militärregierung an (Davison, 2006). Nach verschiedenen Zwischenstationen – zum Beispiel als wissenschaftlicher Mitarbeiter der *RAND Corporation* – wurde er 1965 Professor für Journalismus und Soziologie an der Columbia University. Dort blieb er bis zur seiner Emeritierung.

Davison war unter anderem Präsident der *American Association for Public Opinion Research* (1971-1972) und gleich zweimal Herausgeber der Zeitschrift *Public Opinion Quarterly* (1948-1951 und 1968-1971). Die Schwerpunkte seiner wissenschaftlichen Arbeit waren Massenkommunikation und öffentliche Meinung. Außerdem befasste er sich mit internationaler Kommunikation, hier mit einem Fokus auf Konfliktlösungsstrategien. Auch in Deutschland führte er Studien durch. So finden sich Aufsätze von Davison zur öffentlichen Meinung in Deutschland und zum deutschen Mediensystem (Speier & Davison, 1957).

# 2 Inhalt des Textes

Der Aufsatz „The Third-Person Effect in Communication" erschien 1983 in der Zeitschrift *Public Opinion Quarterly.* Mit 14 Seiten Text ist er recht kurz. Auch die Literaturliste erstreckt sich lediglich über eine Seite. Der Aufsatz entzieht sich einer klaren Einordnung: Er ist einerseits durchsetzt von Anekdoten und hat nicht nur dadurch einen essayistischen Charakter. Andererseits leistet Davison Theoriearbeit, nennt präzise Definitionen und stellt Bezüge zu bestehenden Ansätzen her. Zudem präsentiert er Ergebnisse eigener Untersuchungen, über deren Aussagekraft er sich allerdings selbst kritisch äußert. Und am Ende des Textes weist Davison anhand von Beispielen auf die Relevanz des Third-Person-Effekts hin und formuliert auf diese Weise erste Ideen für ein Forschungsprogramm. Trotz oder gerade aufgrund dieser Vielfalt ist der Text sehr lesenswert, ein auch aus Sicht zentraler Third-Person-Forscher „brilliantly written paper" (Tal-Or, Tsfati, & Gunther, 2009, S. 100).

### *Kernaussagen*

Die zentralen Annahmen des Third-Person-Effekts und somit auch die Kernaussagen des Textes finden sich im ersten Teil des Artikels. Ihre eigentliche Formulierung umfasst weniger als eine Textseite. Davison leitet die Annahmen zunächst ausschließlich aus Begebenheiten ab, die er selbst erlebt hat oder über die ihm berichtet wurde. Diese Erfahrungen – von anderen Quellen wie etwa wissenschaftlicher Literatur ist zu Beginn nicht die Rede – hätten ihn zu dem gebracht, was als „third-person effect hypothesis" (S. 3) bezeichnet werden könne. Davison formuliert sie folgendermaßen:

> In its broadest formulation, this hypothesis predicts that people will tend to overestimate the influence that mass communications have on the attitudes and behavior of others. More specifically, individuals who are members of an audience that is exposed to a persuasive communication (whether or not this communication is intended to be persuasive) will expect the communication to have a greater effect on others than on themselves. And whether or not these individuals are among the *ostensible* audience for the message, the impact that they expect this communication to have on others may lead them to take some action. (S. 3)

Im Folgenden erörtert Davison zwei Deutungsweisen des Third-Person-Effekts. Die *erste Deutungsweise* ist diejenige, die das Zitat unmittelbar nahelegt und die sich in der Third-Person-Forschung durchgesetzt hat. Sie ist wiederum in zwei zentrale Annahmen zu trennen. Die *erste zentrale Annahme* lautet: *Menschen gehen davon aus, dass andere Menschen stärker als sie selbst von Medien bzw. Medieninhalten beeinflusst werden.* Im Kern stehen die Vorstellungen eines Mediennutzers bzw. einer Person, die sich unabhängig von ihrer eigenen Nutzung über den Einfluss von Medien Gedanken macht. Die Person selbst ist die First Person. Die Menge der anderen Mediennutzer sind die Third Persons. Dazwischen stehen, wenn auch von Davison nur indirekt erwähnt, die Second Persons – in späteren Studien wurden sie häufig als Personen aus dem unmittelbaren Umfeld der eigenen Person operationalisiert. Die von Davison beschriebene Differenz zwischen dem wahrgenommenen Einfluss auf die First Person und dem vermuteten Einfluss auf die Third Persons wird in der Literatur oft als Third-Person-Perception bezeichnet, oder alternativ als Perceptual Component bzw. Wahrnehmungskomponente des Third-Person-Effekts. Warum diese Wahrnehmungsdifferenz entsteht, wird von Davison nicht diskutiert. Er geht lediglich davon aus, dass Individuen den Einfluss auf andere Personen überschätzen – spekuliert dann aber im letzten Satz des Artikels (S. 14), dass möglicherweise auch der Einfluss auf die eigene Person unterschätzt wird.

Die Annahme zur Wahrnehmung wird von Davison um eine *zweite zentrale Annahme* ergänzt. Sie lautet: *Die Wahrnehmung starker Medieneinflüsse auf andere kann zu einer Beeinflussung des Verhaltens von Menschen führen.* Diese Annahme wird oft als Third-Person-Behavior bezeichnet, oder auch als Behavioral Component bzw. Verhaltenskomponente des Third-Person-Effekts. Sie macht die eigentliche Relevanz des Ansatzes aus: Dadurch, dass die Wahrnehmung medialer Einflüsse auch Folgen hat, wird der Third-Person-Effekt zu einem Ansatz zur Beschreibung und Erklärung von (indirekten) Medienwirkungen. Diese Wirkungen umfassen, anders als von Davison nahegelegt, nicht nur das Verhalten, sondern auch Vor- und Einstellungen. Insofern greift der oft verwendete Begriff der *Verhaltens*komponente zu kurz. Etwas Unklarheit besteht zudem in anderer Hinsicht: Laut Davison kann die Erwartung von Medieneinflüssen auf andere Menschen zu individuellen Folgen führen. Gleichwohl wurde es häufig so aufgefasst, dass die Wahrnehmungs*differenzen* verantwortlich für etwaige Konsequenzen sind: Folgenreich ist nach dieser Lesart die Vorstellung, dass andere stärker von Medien beeinflusst werden als die eigene Person. Erst in der jüngeren Vergangenheit hat sich die von Davison beschriebene Perspektive durchgesetzt, wonach allein die Annahme von Einflüssen auf andere für weitere Konsequenzen bedeutsam ist. An einem Beispiel von Davison wird dieser Gedanke deutlich: Er berichtet von seinem Einsatz als Wahlhelfer für einen Kandidaten. Kurz vor der Wahl fiel ihm eine Broschüre des Gegenkandidaten in die Hände. Die Broschüre war offensichtlich sehr gut gemacht und löste bei ihm die Befürchtung aus, durch sie könnten viele andere Wähler beeinflusst werden. Um dem etwas entgegenzusetzen, seien ihm, so Davison, sofort eigene Maßnahmen als notwendig erschienen. Und so intensivierte er sein Engagement und verbrachte den weiteren Tag damit, Unterlagen des von ihm unterstützten Kandidaten zu verteilen.

Ein anderes Beispiel aus dem Text ist wahrscheinlich bekannter, da es häufig aufgegriffen wird: Im 2. Weltkrieg war eine US-Einheit auf einer Pazifikinsel stationiert. Die Einheit bestand aus dunkelhäutigen Soldaten und weißen Offizieren. Eines Tages wurde die Einheit plötzlich abgezogen. Was war geschehen? Das japanische Militär hatte Flugblätter abgeworfen, adressiert an die dunkelhäutigen Soldaten. Diese sollten, so die Botschaft der Flugblätter, nicht ihr Leben in einem „white man's war" riskieren, die Offiziere würden sie nur ausnutzen. Direkte Wirkungen der Flugblätter auf die dunkelhäutigen Soldaten ließen sich nicht nachweisen. Es hatte aber offensichtlich die Befürchtung der Offiziere genügt, dass die Flugblätter zu Protesten und Aufständen der dunkelhäutigen Soldaten führen könnten.

Dieses Beispiel führt zu der *zweiten Deutungsweise* des Third-Person-Effekts, die Davison vorschlägt. Sie ist von der späteren Forschung kaum aufgegriffen worden – und sie spielt auch im Text von Davison nur eine untergeordnete Rolle. Nicht die Wahrnehmung eines gewöhnlichen Mediennutzers steht hier im Kern, sondern die Absicht „of a propagandist or other persuasive communicator" (S. 3). Dieser will eine bestimmte Personengruppe beeinflussen. Allerdings spricht er nicht die Gruppe direkt an, sondern nimmt den Umweg über Third Persons, um die erhofften Wirkungen zu erzielen. Im genannten Beispiel war es Ziel der Japaner, dass die Amerikaner ihre Einheit abziehen. Darüber hatten die Offiziere zu entscheiden. Aber nicht sie, sondern die dunkelhäutigen Soldaten wurden von den Japanern angeschrieben. Die Offiziere wiederum sollten unliebsame Wirkungen auf die Soldaten befürchten und zur Vermeidung solcher Reaktionen den Truppenabzug beschließen.

### *Empirische Belege und Verweise auf Vorläufer*

Dem ersten Teil des Artikels folgen zwei Kapitel, in denen Davison für seine Annahmen Belege aufführt, die über Anekdoten hinausgehen. Zunächst präsentiert er Ergebnisse eigener Experimente, danach greift er Beispiele aus der wissenschaftlichen Literatur auf.

Bei den Experimenten handelt es sich um von Davison selbst durchgeführte Ad-hoc-Untersuchungen. Er berichtet über die Studien nur kurz, die Angaben zum Vorgehen sind daher spärlich. Die Studien fanden „under informal conditions" (S. 4) statt, die Befragungsinstrumente umfassten offensichtlich nur wenige Items, die Fallzahlen waren sehr gering. Davison betont selbst, dass man diese Untersuchungen nicht als fundierte empirische Prüfungen der Annahmen bezeichnen kann („Elegant experiments they were not", S. 4). Zudem testete er nur die Wahrnehmung von Einflüssen, und somit nur die erste der beiden zentralen Annahmen des Third-Person-Effekts. Dennoch sind seine Ausführungen aufschlussreich, weil er zeigt, wie Third-Person-Perceptions gemessen werden können. So sollten die Probanden in einer der Untersuchungen einschätzen, wie stark die Botschaften eines Kandidaten die Wahlentscheidung der Bevölkerung beeinflusst hätten. Später sollten die Befragten angeben, wie stark der Einfluss auf sie selbst gewesen sei. Für beide Antworten standen Skalen von 0 (kein Einfluss) bis 7 (sehr starker Einfluss) zur Verfügung. Davison berechnete die Mittelwerte und konnte nachweisen, dass der Einfluss auf die Bevölkerung aus Sicht der Befragten spürbar höher war als der Einfluss auf sich selbst. Eine solche Form der Messung und des Vergleichs von Mittelwerten wurde in der Mehrzahl der späteren Third-Person-Studien ebenfalls angewendet.

Auch die Durchsicht der Literatur ist weniger aufgrund der Ergebnisse bemerkenswert, die Davison herausarbeitet. Er führt dort Aussagen aus Texten auf oder nennt Studien, deren Ergebnisse er im Sinne des Third-Person-Effekts interpretiert. Das Kapitel verdeutlicht vor allem, dass Davison bei der Entwicklung seiner Ideen wahrlich nicht aus dem Vollen schöpfen konnte. Zwar schreibt er: „Numerous scholars seem to have noted what has here been called the third-person effect, but none so far as I know has paused to comment on it" (S. 8). Aber es entsteht nicht der

Eindruck, dass Davison nur die Resultate vorheriger Forschung zusammengefasst und mit einem neuen Label versehen hätte.

### *Abgrenzung von und Verknüpfung mit anderen Theorien*

In einem weiteren Kapitel beschäftigt sich Davison mit verwandten Phänomenen. Er greift drei Ansätze heraus: den Hostile-Media-Effekt, Pluralistic Ignorance und die Theorie der Schweigespirale. Während der Third-Person-Effekt von einer verzerrten Wahrnehmung von Medien*einflüssen* ausgeht, postuliert der Hostile-Media-Effekt, dass Medien*inhalte* verzerrt wahrgenommen werden: Personen, die in eine Kontroverse involviert sind, haben das Gefühl, dass die Medien nicht ihre eigene, sondern die gegnerische Position positiver darstellen. Bemerkenswert ist, dass Davison dieses Phänomen bereits beschreibt, obwohl es erst später als Hostile-Media-Effekt benannt und systematisch getestet wurde (Vallone, Ross, & Lepper, 1985). Pluralistic Ignorance bezeichnet das Phänomen, wonach Individuen das Verhalten oder die Ansichten anderer Menschen falsch einschätzen – beispielsweise haben sie ein falsches Bild von der öffentlichen Meinung zu einem Thema. Oft sind eigenes Verhalten und eigene Ansichten der Ausgangspunkt für diese Fehleinschätzungen (z. B. Eveland, 2002). Die Schweigespirale besagt schließlich unter anderem, dass die gefühlte öffentliche Meinung zu einem Thema ein wichtiger Prädiktor dafür ist, die eigene Meinung zu eben diesem Thema öffentlich zu artikulieren (Noelle-Neumann, 1980). Alle Ansätze fokussieren somit Wahrnehmungen. Folglich erörtert Davison mögliche Verknüpfungen zwischen dem Third-Person-Effekt und den anderen Wahrnehmungsphänomenen. Die Verbindung mit der Schweigespirale beschreibt er zum Beispiel folgendermaßen: Medien vertreten in ihrer Berichterstattung oft eine spezifische Meinung. Geht eine Person davon aus, dass andere Menschen von dieser Berichterstattung stark beeinflusst werden, dann sollte sie zu der Auffassung gelangen, dass sich ein großer Teil der Bevölkerung der in den Medien vertretenen Meinung anpasst.

Im besagten Kapitel deutet Davison außerdem an, dass die Frage der Ähnlichkeit bzw. Distanz für die Entstehung von Third-Person-Perceptions wichtig sein kann. Wem wird die stärkste Beeinflussung durch Medien zugesprochen? Menschen, von denen man meint, dass sie einem ähnlich sind oder nahestehen, oder Menschen, zu denen man eine größere Distanz verspürt? Davison reißt diese Frage nur an und verweist, wie so häufig im Text, auf „plenty of room for research and speculation" (S. 12) – und tatsächlich wurde die Bedeutung der wahrgenommenen Distanz in der späteren Forschung sehr intensiv untersucht.

### *Relevante Fragestellungen*

Das letzte Kapitel beinhaltet keine Zusammenfassung oder grundsätzliche Diskussion. Stattdessen überlegt Davison, in welchen Bereichen Annahmen über die mediale Beeinflussung anderer Menschen wichtig sein könnten. Vor allem in diesem Kapitel befasst er sich primär mit den Folgen unterstellter Medieneinflüsse. Die Ausführungen lassen sich durchaus als erster Entwurf eines Forschungsprogramms lesen: Davison nennt Beispiele aus dem Finanz- und Wirtschaftsleben, wie etwa den Kauf von Aktien und von (angeblich) nur noch knapp vorhandenen Gütern. Ein weiteres Beispiel gilt der Zensur und anderen repressiven Maßnahmen zur Einschränkung öffentlicher Kommunikation: Zensur werde, so Davison, nicht gefordert oder umgesetzt, weil Menschen sich selbst gefährdet fühlen. Vielmehr gehe es darum, die vermeintlich beeinflussbare Masse der anderen Menschen zu schützen. Gerade die Furcht der Mächtigen vor den Einflüssen ihnen unliebsamer politischer und religiöser Botschaften „have caused countless people to be incarcerated, tortured, and killed“ (S. 14).

## 3 In welchem Bezug steht der Text zum Gesamtwerk des Autors?

Der Bezug des Textes zum Gesamtwerk von Davison ist gering. Zwar lässt sich der Third-Person-Effekt seinen allgemeinen Forschungsschwerpunkten Massenkommunikation und öffentliche Meinung zuordnen. Außerdem fällt auf, dass viele Beispiele im Text aus dem Bereich der Propaganda und der militärischen Kommunikation stammen – Gebiete, mit denen Davison aufgrund früherer Erfahrungen und Tätigkeiten vertraut war. Das ist aber auch schon alles. Als der Third-Person-Text erschien, war Davison über 60 Jahre alt. Mit dem Effekt hatte er sich zuvor nur am Rande beschäftigt. Und auch die Publikation des Artikels war für ihn kein Anlass, seine Forschungstätigkeiten zum Third-Person-Effekt auszuweiten.

Daher liegt nur ein einziger weiterer Text von Davison zum Third-Person-Effekt vor. Er erschien 1996. Anlass war die Einladung des *International Journal of Public Opinion Research*, einen einführenden Aufsatz zu einer Ausgabe zu verfassen, die sich dem Ansatz widmete. Davison geht in dem Text auf die bisherige Third-Person-Forschung ein und ergänzt dies durch eigene Überlegungen. Aufschlussreich (und selbstironisch) ist aber vor allem, was er zu seinem bahnbrechenden Aufsatz aus dem Jahr 1983 schreibt: Den habe er gar nicht so richtig schreiben wollen. Über Jahre hinweg habe er hin und wieder über den Effekt nachgedacht, die Ideen in Seminaren getestet und am Entwurf eines Artikels geschrieben. Aber warum auf dieses weniger wichtige Phänomen viel Zeit verschwenden, wenn Wichtigeres zu tun sei, insbesondere die Entwicklung der „grand theory that would clarify the social role of communication“ (Davison, 1996, S. 114). Allein, diese Theorie blieb „elusive and unformulated“ (S. 114). Der Third-Person-Effekt sei dagegen offenbar wichtiger und komplexer als von ihm vorhergesehen. Darüber, so Davison, würde er sich freuen. Es sei aber auch etwas peinlich, sich der Bedeutung des von ihm beschriebenen Effekts nicht richtig bewusst gewesen zu sein.

## 4 Wirkungsgeschichte des Schlüsselwerkes und Kritik

Es gibt mehrere Gründe für die große Bedeutung des Textes. Zunächst einmal hat Davison einem theoretischen Ansatz, zu dem weiterhin intensiv geforscht wird, einen Namen gegeben. Dabei hat er die zentralen Annahmen des Ansatzes nicht von anderen aufgegriffen, sondern selbst entwickelt. Ganz entscheidend ist außerdem, dass die Überlegungen von Davison zur Existenz von Wahrnehmungsdifferenzen und zur Folgenhaftigkeit vermuteter Medieneinflüsse bis heute gültig sind. Entsprechend häufig werden sie aufgegriffen. Der Text ist allein in über 350 Artikeln der im *Social Science Citation Index* erfassten Fachzeitschriften zitiert worden.

Die Wirkungsgeschichte des Textes lässt sich folgendermaßen zusammenfassen (ausführlicher: siehe u. a. Dohle, 2013; Tal-Or et al., 2009): Die erste Publikation einer Studie zum Third-Person-Effekt erfolgte 1988 durch Cohen, Mutz, Price und Gunther. Danach stieg die Zahl der Untersuchungen stetig an, spätestens seit Mitte der neunziger Jahre lässt sich von einer intensiven Forschungs- und Publikationstätigkeit sprechen. Third-Person-Studien fanden und finden sich regelmäßig in zentralen kommunikationswissenschaftlichen Zeitschriften (selten dagegen in Publikationen anderer Fächer). Bis über das Jahr 2000 hinaus stand eher die Analyse der ersten zentralen Annahme von Davison im Mittelpunkt: Untersucht wurde, ob, unter welchen Bedingungen und warum sich Third-Person-Perceptions nachweisen lassen. Der Nachweis gelang fast durchgängig und oft sehr eindeutig (z. B. Gunther, 1991; Metaanalyse: Sun, Pan, & Shen, 2008). Aber schon früh widmeten sich Studien auch der zweiten zentralen Annahme von Davison: Untersucht wurde, welche Folgen sich aus den Wahrnehmungsdifferenzen bzw. aus dem wahrgenommenen Einfluss auf andere Menschen ergeben (z. B. McLeod, Eveland, & Nathanson, 1997; Rojas, Shah, & Faber, 1996). Insbesondere die Befürwortung von Zensurmaßnahmen als mögliche Konsequenz der Einflusszuschreibungen fand Beachtung – ein Hinweis darauf, dass die Third-Person-Forschung auch die Vorschläge von Davison für relevante Fragestellungen aufgegriffen hat. In den letzten Jahren hat die Forschung zu den Folgen der Einflusswahrnehmungen gegenüber den reinen Analysen der Wahrnehmungsdifferenzen Oberhand bekommen. Die Vielfalt der gemessenen Konsequenzen ist dabei durchaus beachtlich. Damit einhergehend ist zu beobachten, dass der Begriff des Third-Person-Effekts etwas an Bedeutung verliert und verstärkt von der Influence-of-Presumed-Media-Influence-Forschung die Rede ist. Diese Bezeichnung wurde insbesondere durch einen Aufsatz von Gunther und Storey (2003) geprägt – die zentrale Aussage lautet: „People perceive some influence of a message on others and then react to that perception of influence" (S. 201). Nicht die Wahrnehmungsdifferenzen, sondern allein der vermutete Einfluss auf andere Menschen wird demnach als Prädiktor für Konsequenzen herangezogen. Diese letztere Perspektive hat gegenüber der erstgenannten mehrere Vorteile – weswegen ihr zunehmend gefolgt wird.

Der Influence-of-Presumed-Media-Influence-Approach wurde auch in gewisser Abgrenzung zu den Annahmen von Davison formuliert. Schaut man sich diese Annahmen jedoch an, entdeckt man kaum einen Widerspruch zu den scheinbaren Modifizierungen. Auch Davison hat nicht explizit geschrieben, dass die von ihm ausführlich thematisierten Wahrnehmungsdifferenzen Folgen haben, er schreibt allgemein vom „impact they expect this communication to have on others" (S. 3). Möglicherweise war diese Formulierung aber aufgrund des Kontextes nicht deutlich genug. Ebenfalls unklar bleibt, warum Davison zwei alternative Deutungsweisen des Third-Person-Effekts angeboten hat. Zudem lässt sich kritisieren, dass Davison fast ausschließlich Folgen auf das Verhalten in den Blick nahm, weniger dagegen Folgen für Vor- und Einstellungen. Diese Kritik lässt sich jedoch auch gegen weite Teile der Third-Person-Forschung wenden: Diese hat primär Vor- und Einstellungen als Konsequenzen vermuteter Medieneinflüsse fokussiert und nur selten tatsächliche Handlungen, obwohl bereits Davison hierfür genügend Anregungen gegeben hat.

Abschließend ist noch ein anderer Aspekt hervorzuheben – er geht oft unter, wenn die anschauliche Herleitung und die Formulierung der Kernannahmen des Third-Person-Effekts gewürdigt werden: Davison hat bereits zahlreiche Bezüge zu anderen Ansätzen hergestellt, die sich ebenfalls mit Wahrnehmungsphänomenen im Bereich öffentlicher Kommunikation befassen. Somit hat er auch den ebenso naheliegenden wie bislang eher spärlichen Versuchen einer Verknüpfung dieser Ansätze zu einer Theorie der Medienwahrnehmung (z. B. Tsfati & Cohen, 2013) schon frühzeitig den Boden bereitet.

## Literatur

### Primärliteratur

Davison, W. P. (1983). The third-person effect in communication. *Public Opinion Quarterly, 47*, 1–15.
Davison, W. P. (1996). The third-person effect revisited. *International Journal of Public Opinion Research, 8*, 113–119.
Davison, W. P. (2006). *A personal history of world war II. How a pacifist draftee accidentally became a military government official in postwar Germany.* Lincoln, NE: iUniverse.
Speier, H., & Davison, W. P. (1957). (Hrsg.). *West German leadership and foreign policy.* Evanston, IL: Row, Peterson and Company.

### Sekundärliteratur

Cohen, J., Mutz, D. C., Price, V., & Gunther, A. C. (1988). Perceived impact of defamation: An experiment on third-person effects. *Public Opinion Quarterly, 52*, 161–173.
Dohle, M. (2013). *Third-Person-Effekt.* Baden-Baden: Nomos.
Eveland, W. P. (2002). The impact of news and entertainment media on perceptions of social reality. In J. P. Dillard & M. Pfau (Hrsg.), *The persuasion handbook. Developments in theory and practice* (S. 691–727). Thousand Oaks, CA: Sage.
Gunther, A. C. (1991). What we think others think. Cause and consequence in the third-person effect. *Communication Research, 18*, 355–372.
Gunther, A. C., & Storey, J. D. (2003). The influence of presumed influence. *Journal of Communication, 53*, 199–215.
McLeod, D. M., Eveland, W. P., & Nathanson, A. I. (1997). Support for censorship of violent and misogynic rap lyrics. An analysis of the third-person effect. *Communication Research, 24*, 153–174.
Noelle-Neumann, E. (1980). *Die Schweigespirale. Öffentliche Meinung – unsere soziale Haut.* München: Piper.
Rojas, H., Shah, D. V., & Faber, R. F. (1996). For the good of others: Censorship and the third-person effect. *International Journal of Public Opinion Research, 8*, 163–186.
Sun, Y., Pan, Z. D., & Shen, L. J. (2008). Understanding the third-person perception: Evidence from a meta-analysis. *Journal of Communication, 58*, 280–300.
Tal-Or, N., Tsfati, Y., & Gunther, A. C. (2009). The influence of presumed media influence. Origins and implications of the third-person perception. In R. L. Nabi & M. B. Oliver (Hrsg.), *The SAGE handbook of media processes and effects* (S. 99–112). Thousand Oaks, CA: Sage.
Tsfati, Y., & Cohen, J. (2013). Perceptions of media and media effects: The third-person effect, trust in media, and hostile media perceptions. In A. N. Valdivia & E. Scharrer (Hrsg.), *The international encyclopedia of media studies. Media effects / Media psychology* (S. 5–19). Hoboken, NJ: Blackwell.
Vallone, R. P., Ross, L., & Lepper, M. R. (1985). The hostile media phenomenon: Biased perception and perceptions of media bias in coverage of the Beirut massacre. *Journal of Personality and Social Psychology, 49*, 577–585.

# Das unterschätzte Medium. Politische Wirkungen von Presse und Fernsehen im Vergleich

## von Klaus Schönbach (1983)

Carsten Wünsch und Miriam Czichon

### Zusammenfassung

In seiner Habilitationsschrift *Das unterschätzte Medium. Politische Wirkungen von Presse und Fernsehen im Vergleich* aus dem Jahr 1983 hinterfragt Klaus Schönbach die damals in der Kommunikationswissenschaft und auch in der (west-)deutschen Medienpolitik vorherrschende Vorstellung des wirkungsmächtigen Fernsehens, welches weit stärkeren Einfluss auf politische Vorstellungen, Einstellungen und Verhalten habe als die Printmedien. Dazu vergleicht er das Wirkungspotenzial beider Medien – zum einen auf Basis einer systematischen Aufbereitung des damaligen, vor allem aus den USA stammenden Forschungsstandes und zum anderen mit Hilfe einer dreiwelligen, repräsentativen Paneluntersuchung. Diese Befragungsstudie fand im Kontext der Europawahl 1979 in Deutschland statt. Das Wirkungspotenzial der Mediennutzung prüft er dabei auf Basis eines transaktionalen Wirkungsmodells, welches nicht nur zahlreiche moderierende Variablen berücksichtigt, sondern auch von einer simultanen Wirksamkeit von Medieninhalten und den Nutzungsmotiven der Rezipienten ausgeht. Er kommt zu dem Schluss, dass dem Fernsehen keineswegs eine dominante Rolle bei der Herausbildung politischer Verhaltensweisen sowie Vor- und Einstellungen zukommt, sondern Zeitungen und Zeitschriften mindestens ebenbürtig wirken.

### Schlüsselbegriffe

Politische Medienwirkung, dynamisch-transaktionaler Ansatz, Wahlforschung, Klaus Schönbach, politische Vorstellungen, politische Verhaltensabsichten, politische Einstellungen, Plafond-Effekt, Wirkungsmacht des Fernsehens, Wirkungsmacht von Printmedien

# 1 Kurzbiographie des Autors

Dass Klaus Schönbach (geb. 1949) der „Mainzer Schule" entstammt, mag angesichts seiner Habilitationsschrift erstaunen. Nach seinem Studium der Publizistik, Soziologie und Germanistik in Mainz promovierte er 1975 bei Elisabeth Noelle-Neumann mit einer Arbeit zu dem Thema *Trennung von Nachricht und Meinung. Empirische Untersuchung eines journalistischen Qualitätskriteriums*. 1978 nahm er eine Stelle als Akademischer Rat am Institut für Publizistik der Westfälischen Wilhelms-Universität Münster an, wo er sich 1982 bei Winfried Schulz habilitierte (Schulz, 1983). Mit *Das unterschätzte Medium. Politische Wirkungen von Presse und Fernsehen im Vergleich* grenzte sich Schönbach deutlich von seiner Doktormutter ab, die sich Zeit ihres Lebens auf das Fernsehen als entscheidende Einflusskomponente bei Wahlentscheidungen konzentrierte. Während andere ehemalige Noelle-Neumann-Schüler wie Hans Mathias Kepplinger in ihren Arbeiten die Idee des übermächtigen Fernsehens fortführten (vgl. den Beitrag von Potthoff & Wozniak i. d. B.), wurde Schönbach nie müde zu betonen, dass auch das Einflusspotenzial anderer Medien, speziell der Presse, zu berücksichtigen sei. Besonders prägend dürften in diesem Zusammenhang, so schreiben Holtz-Bacha, Reus und Becker (2009) in der Festschrift anlässlich des 60. Geburtstags von Schönbach, seine Forschungsaufenthalte in den USA gewesen sein (S. 9). Dort lernte er eine neue Wissenschaftskultur kennen und entwickelte eine kritische Sichtweise auf die damalige europäische Forschung zu Massenmedien und Wahlen (Holtz-Bacha, Reus, & Becker, 2009, S. 9). Nach den US-Aufenthalten und einer kurzen Zwischenstation in München (1983-1985) folgte Schönbach 1985 einem Ruf nach Hannover, um dort am Institut für Journalistik und Kommunikationsforschung die Studiengänge „Journalistik" und „Medienmanagement" aufzubauen. 1998 wechselte er dann als Inhaber des Lehrstuhls für allgemeine Kommunikationswissenschaft an die Universität Amsterdam. Anschließend leitete er von 2010 bis 2014 das Institut für Publizistik- und Kommunikationswissenschaft in Wien, wo er die Professur für allgemeine Kommunikationswissenschaft mit Schwerpunkt Politische Kommunikation innehatte. Auch nach seinem Weggang aus Wien bleibt Schönbach international umtriebig, derzeit ist er Vizedekan an der Northwestern University in Qatar. Aufgrund seiner Präsenz in der internationalen Forschungsgemeinschaft und seinen Arbeiten zum dynamisch-transaktionalen Ansatz (DTA) kann Klaus Schönbach zweifelsohne als einer der bekanntesten deutschen empirischen Kommunikationsforscher unserer Zeit bezeichnet werden (vgl. den Beitrag von Gehrau i. d. B.).

## 2 Inhalt des Textes

Die Fragestellung von Schönbachs Habilitationsschrift richtet sich auf den Vergleich der Wirkungsmacht von Fernsehen und Presse auf politische Vorstellungen, Einstellungen und Verhalten. Die Relevanz dieser Fragestellung erschließt sich mit einem Blick auf die kommunikationswissenschaftlichen Diskurse der siebziger und achtziger Jahre. So wird vor allem dem Fernsehen ein starker Einfluss auf politische Einstellungen und politisches Verhalten zugeschrieben. Noelle-Neumann (1979) bezeichnet das Fernsehen gar als „getarnten Elefanten" und die medienpolitische Debatte der siebziger Jahre dreht sich um das Ziel, „ein politisch angeblich so bedeutsames Medium endlich in den Griff zu bekommen" (Schönbach, 1983a, S. 139). Mit Blick auf die entsprechenden empirischen Befunde stellt Schönbach diese Überlegenheit des Fernsehens jedoch in Frage. Auf Basis einer umfassenden Bestandsaufnahme der bis dahin vorliegenden Forschung zum Thema als auch auf Basis der Befunde einer eigenen empirischen Befragungsstudie unterzieht er daher die Wirkungsstärke von Fernsehen und Presse einem systematischen Vergleich.

### 2.1 Forschungsstand

Der erste Teil der Arbeit liefert einen Überblick über die bis dato vorliegenden Studien. Schönbach systematisiert dabei den Forschungsstand in Bezug auf vier verschiedene abhängige Variablen: politische Vorstellungen, politisches Verhalten bzw. Verhaltensabsichten, politische Einstellungen und die Salience politischer Themen. Unter *politischen Vorstellungen* versteht Schönbach alle Attribute, die einem politischen Objekt zugewiesen werden, welche es (im Gegensatz zu Einstellungen) neutral beschreiben (Schönbach, 1983a, S. 26). Dazu zählt er insbesondere die Konstrukte des Fakten- und Strukturwissens und die Images von Politikern und politischen Institutionen. *Politische Verhaltensabsichten* bestehen für Schönbach vor allem in den Aspekten des (regelmäßigen) Wählens und dem politischen Engagement. Bezüglich der Wirkung auf *politische Einstellungen* berücksichtigt Schönbach die Bewertung von Politikern, von Parteien und von politischen Konzepten. Bei der *Salience politischer Themen* wiederum handelt es sich um das aus der Agenda-Setting-Forschung (vgl. den Beitrag von Rössler i. d. B.) bekannte Konstrukt, dem Schönbach hier ein eigenes Kapitel widmet. Insgesamt analysiert Schönbach fast 80, vorwiegend in den USA entstandene Studien und liefert damit ein sehr differenziertes Bild des damaligen Forschungsstandes, aus dem er folgendes Zwischenfazit zieht:

> Wenn in der Bundesrepublik seit einigen Jahren die Diskussion über politische Medienwirkungen sich fast ausschließlich mit den Einflüssen des *Fernsehens* beschäftigt, diesem kurzerhand Überlegenheit gegenüber anderen Medien zubilligend, so gibt es dafür in der Forschungsliteratur keinerlei empirisch fundierte Grundlage. Im Gegenteil: [...] Die Presse scheint [...] *einige* Domänen zu haben, in denen das Fernsehen geringere Wirkung besitzt – z. B. die Vermittlung von Faktenwissen und die Stimulierung politischer Partizipation. (1983a, S. 63)

Auch wenn sein Fazit aus der Literaturaufbereitung bereits eine sehr klare Antwort auf die Ausgangsfrage liefert, sieht Schönbach dennoch die Notwendigkeit einer weiteren vergleichenden empirischen Studie gegeben. Zum einen weisen die bisherigen Befunde vielfach darauf hin, dass die Wirkung der beiden Medien auch stark vom politischen, kulturellen und historischen Kontext abhängt. Insofern seien die bisherigen Befunde nur bedingt auf die Situation in Deutschland in den 70er und 80er Jahren übertragbar. Weiterhin kritisiert Schönbach (1983a, S. 63–64), dass den allermeisten Studien ein zu einfaches Stimulus-Response-Modell zugrunde liegt, welches die Rolle des Publikums nur unangemessen reflektiert und darüber hinaus häufig auch weitere intervenierende Variablen nur eklektisch berücksichtigt. Auch methodisch sieht Schönbach einige Probleme in diesen Studien. So sind z. B. die meisten Untersuchungen lediglich als Querschnittsstudien angelegt und lassen daher keine Kausalinterpretation zu.

## 2.2 Die empirische Studie

Für seine eigene empirische Studie formuliert Schönbach (1983a) folgende Forschungsfrage: „Welchen Einfluß hat die Nutzung von Presse und Fernsehen heute in der Bundesrepublik Deutschland auf politische Vorstellungen, politische Verhaltensabsichten und Einstellungen ihrer Rezipienten?“ (S. 64). In Bezug auf die theoretische Modellierung der politischen Wirkung von Fernsehen und Presse führt ihn dies zu einem transaktionalen Wirkungsmodell (Abb. 1). Dabei greift er auf das Konzept der Transaktion des von ihm und Werner Früh (Früh & Schönbach, 1982; Schönbach & Früh, 1984) ausformulierten dynamisch-transaktionalen Ansatzes (DTA) zurück (vgl. den Beitrag von Gehrau i. d. B.). Daneben geht Schönbach auch noch von weiteren moderierenden Variablen aus – also Variablen, die den eigentlich interessierenden Zusammenhang beeinflussen können. Das heißt, der Autor nimmt an, dass diese Merkmale den Einfluss der Mediennutzung abschwächen oder verstärken können oder einen eigenständigen Einfluss auf die politischen Vorstellungen und Meinungen haben. Dabei handelt es sich um Prädispositionen des Publikums, wie bspw. politische Sozialisation, Bildung, politisches Interesse und politisches (Vor-)Wissen.

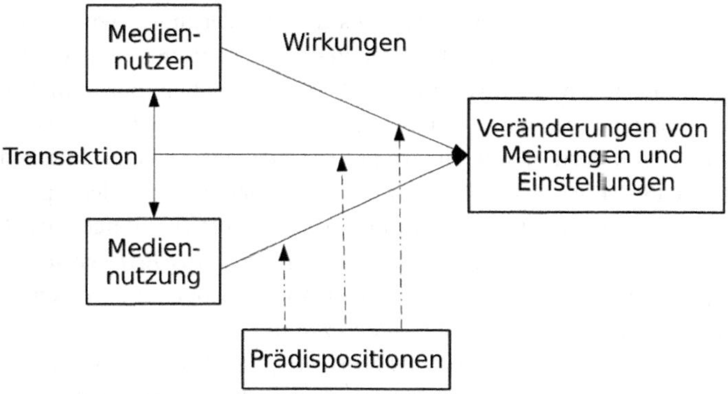


**Abb. 1** Transaktionales Wirkungsmodell (Schönbach, 1983a, S. 73)

## 2.2.1 Methodisches Vorgehen

Das – im Vergleich zum damaligen Forschungsstand sehr elaborierte – transaktionale Wirkungsmodell legt Schönbach seiner empirischen Studie zugrunde. Letztere entstand als eine dreiwellige, repräsentative Panelbefragung (d.h. es wurden dreimal dieselben Personen befragt) im Kontext der Europawahl am 6. und 10. Juni 1979. Die erste Befragungswelle fand ca. sechs Wochen vor der Wahl und die zweite Welle unmittelbar vor der Wahl statt; die letzte Befragungswelle begann acht Tage nach der Wahl. Insgesamt konnten 459 Personen zu allen drei Zeitpunkten mündlich befragt werden.

Zur Erfassung der ersten *unabhängigen Variable* – die Nutzung von Presse und Fernsehen – wurde sowohl die habituelle Mediennutzung (Nutzungshäufigkeiten von TV, politischen Fernsehmagazinen, Nachrichtensendungen, Tageszeitungen und Zeitschriften) als auch die gezielte Nutzung der Berichterstattung über die Europawahl („etwas zu den Europawahlen in […] gesehen/ gelesen") abgefragt. Da das zugrunde liegende Wirkungsmodell auf Seiten der unabhängigen Variable von einer transaktionalen Verknüpfung von Mediennutzen und -nutzung ausgeht[1], wurde

1 Schönbach geht davon aus, dass einerseits die Motivation zur Mediennutzung und auch die Nutzung an sich Wirkungen auf die politischen Einstellungen, Vorstellungen und Verhaltensabsichten haben. Andererseits können diese beiden Variablen auch gemein-

als zweite unabhängige Variable ein – hier relevantes – Nutzungsmotiv erfasst. Die Antwort auf die Frage, ob man sich über europäische Themen genügend oder nicht genügend informiert fühlt, wurde dabei als Indikator für ein themenspezifisches Ratsuche-Motiv verwendet.

Die *abhängigen Variablen* wurden jeweils als Veränderungen zwischen der ersten und der zweiten sowie zwischen der zweiten und der dritten Panelwelle bezüglich der Vorstellungen, Einstellungen und Verhaltensabsichten operationalisiert. Die *politischen Vorstellungen* wurden dabei durch Fragen nach Faktenwissen über die Wahl (z. B. der Wahltermin) und die europäische Gemeinschaft (z. B. Mitgliedsländer der EG), nach (Struktur-)Wissen über das Parteienimage (Anzahl der Eigenschaften, die für die antretenden Parteien genannt werden konnten) und nach der Relevanz des Themas Europapolitik erfasst. Zur Messung der *politischen Verhaltensabsichten* wurden Fragen nach der Bereitschaft, sich für Europa einzusetzen und nach der Wahrscheinlichkeit, wählen zu gehen bzw. in der 3. Welle die Frage, ob man gewählt hat, verwendet. Die *politischen Einstellungen* schließlich wurden mit Hilfe von Einschätzungen der Befragten, wie weit die europäische Integration gehen und wie schnell sie weiter voran schreiten solle, erfasst.

Insgesamt wurden fünf *moderierende Variablen* erhoben. Als erste Variable wurde immer der Ausgangszustand der abhängigen Variablen berücksichtigt. Hintergrund für die Berücksichtigung dieses Indikators ist, dass Schönbach in den Analysemodellen den von ihm so bezeichneten Plafond-Effekt – heute eher bekannt als Deckeneffekt oder „Regression zur Mitte“ – berücksichtigt. Er geht davon aus, dass Mediennutzung umso stärker wirken kann, je geringer das Ausgangsniveau der jeweiligen abhängigen Variable war. Wer also bspw. zu Beginn der Untersuchung sehr wenig über die Europäische Gemeinschaft wusste, hatte eine bessere Chance, durch die Mediennutzung etwas dazuzulernen als eine Person, die bereits von Beginn an gut informiert war. Als weitere vier moderierende Variablen gingen die Bewertung der europäischen Gemeinschaft (Bereitschaft, sich für Europa einzusetzen (siehe auch politische Verhaltensabsichten)), die Intensität von acht politischen Aktivitäten (z. B. regelmäßiges Wählen, aktiv in einer Partei arbeiten), das Alter und der höchste Schulabschluss ein.

---

sam – transaktional verknüpft – noch eine zusätzliche Wirkung entfalten: Wenn bspw. eine hohe Nutzungsmotivation *und* eine intensive Nutzung gemeinsam auftreten, dann tritt ein noch stärkerer Effekt auf. Andererseits kann eine geringe Nutzungsmotivation die Wirkung der Mediennutzung aber auch reduzieren.

### 2.2.2 Analysestrategie

Zur Beantwortung seiner Ausgangsfrage hat Schönbach schrittweise für jeden Indikator der drei abhängigen Variablen sein Wirkungsmodell (Abb. 1) mit Hilfe einer multiplen Klassifikationsanalyse (MCA) überprüft. Bei der MCA handelt es sich um eine Sonderform der Kovarianzanalyse, die es ermöglicht, den Einfluss intervenierender Variablen bei der Analyse des eigentlich interessierenden Zusammenhangs (hier: Mediennutzung, -nutzen und Veränderung politischer Vor- und Einstellungen und Verhaltensabsichten) konstant zu halten.

> Anders ausgedrückt: Die multiple Klassifikationsanalyse errechnet was als Wirkungspotential für die beiden Mediennutzungsformen und das Motiv noch übrigbleibt, wenn berücksichtigt wurde, daß Personen mit niedrigem Ausgangswissen, absolut gesehen, mehr hinzulernen als solche mit hohem Kenntnisstand [...] Welcher Mittelwert entsteht für regelmäßige Leser von Lokalzeitungen, wenn kontrolliert wurde, daß sie in unterschiedlichem Maß fernsehen, zum Medienkonsum motiviert sind und unterschiedlich viel Ausgangswissen mitbringen? (Schönbach, 1983a, S. 79).

Diese Analysen führte er dabei jeweils für die Veränderung zwischen erster und zweiter und für die Änderung zwischen zweiter und dritter Befragungswelle durch. Auch in Bezug auf die unabhängigen Variablen wurden je mehrere Analysemodelle berechnet: sowohl für den Einfluss der habituellen Nutzung als auch der gezielten Nutzung spezifischer Inhalte.

Angesichts dessen, dass damals die Verfahren der Strukturgleichungs-Modelle (SEM) der Forschung noch nicht zur Verfügung standen und die MCA den SEM-Verfahren der Logik nach ähnlich ist, kann die Datenanalyse per MCA als ein dem Forschungsproblem angemessenes Vorgehen angesehen werden. Neben der Kontrolle der zahlreichen intervenierenden Variablen ließen sich so auch der Interaktionseffekt zwischen Mediennutzung und Mediennutzen sowie der Plafond-Effekt modellieren.

Dieses analytische Vorgehen Schönbachs war sehr gut geeignet, die im Wirkungsmodell unterstellte Kausalität zu überprüfen: Durch den Einsatz der MCA konnte ausgeschlossen werden, dass es sich um eine Scheinkausalität zwischen Mediennutzung und politischen Vor- und Einstellungen aufgrund des Einflusses der moderierenden Variablen handelte. Auch ließ sich durch die Anlage der Untersuchung als Panelstudie die zeitliche Abfolge von Ursache und Wirkungen eindeutig identifizieren.

### 2.2.3 Befunde

Für die politischen Vorstellungen der Befragten lässt sich ein moderater Einfluss der habituellen und vor allem der thematischen Mediennutzung feststellen. Dies gilt gleichermaßen für alle berücksichtigten Indikatoren dieses Konstrukts. Für Schönbachs Ausgangsfrage ist hierbei besonders relevant, dass sich keine Überlegenheit in der Wirkung von Fernsehen oder Presse zeigt. Darüber hinaus spielen für die Herausbildung der politischen Vorstellungen die Prädispositionen (Alter, Schulabschluss usw.) der Befragten überraschender Weise kaum eine Rolle. Das Ratsuche-Motiv war hingegen relevant, wenn auch nur moderat: Je höher es ausgeprägt war, desto mehr nahm das politische Wissen zu. Die größte Erklärungskraft kam dem Plafond-Effekt zu: Die Personen mit dem geringsten Vorwissen konnten die stärksten Wissenszuwächse verbuchen. Interessant ist an diesem Befund besonders, dass er damit einer wachsenden Wissenskluft – d. h. dass vor allem Personen mit viel Vorwissen durch die Mediennutzung noch mehr Wissen aufnehmen (vgl. den Beitrag von Bonfadelli i. d. B.) – zumindest im Bereich des politischen Wissens widerspricht.

Auch hinsichtlich der Beeinflussung der politischen Verhaltensabsichten ähneln sich beide Medien – Fernsehen und Presse – in Bezug auf ihr Wirkungspotenzial. Hier besteht die Gemeinsamkeit allerdings in der Wirkungslosigkeit. Es ließen sich kaum Zusammenhänge zwischen den Verhaltensabsichten und der Mediennutzung feststellen, einzig für die Nutzung der Lokalzeitungen zeigte sich ein schwacher Effekt. Als einziger bedeutsamer Prädiktor für Veränderungen in den Verhaltensintentionen stellte sich der Plafond-Effekt heraus.

Auch in Bezug auf die Veränderung der politischen Einstellungen ermittelte Schönbach ein weitgehend ausgeglichenes Wirkungspotenzial für Presse und Fernsehen: Vor der Wahl, also zwischen der ersten und der zweiten Befragungswelle, verbesserte die Fernsehnutzung und etwas weniger die Nutzung von Printmedien die Einstellung zur europäischen Integration. Nach der Wahl zeigten sich hingegen kaum noch Effekte. Die Rolle aller moderierenden Variablen – inklusive des Plafond-Effekts – fiel hier analog zu den anderen Befunden aus. Allerdings zeigte sich bei dieser Wirkungsdimension ein deutlicher Interaktionseffekt zwischen Mediennutzung und dem Ratsuche-Motiv. Ein Muster ließ sich bei dieser Interaktion hingegen nicht erkennen. Auch unterscheidet es sich unsystematisch im Vorzeichen: Je nachdem, welches Medium und welcher Indikator für die politischen Einstellungen betrachtet wurde, kam es durch eine hohe Nutzungsmotivation zu einer besonders starken, in anderen Konstellationen zu einer besonders schwachen Wirkung der Mediennutzung. Und in einigen Fällen verbesserten sich dabei das politische Wissen oder die politischen Einstellungen, in anderen Fällen verschlechterten sie sich.

## 2.3 Fazit

Schönbach konnte mit den Befunden seiner Studie die vor allem aus den USA stammenden Befunde, dass Zeitungen in ihrer politischen Wirksamkeit dem Fernsehen mindestens ebenbürtig sind, für Deutschland bestätigen. Ein besonderes Merkmal dieser Studie ist es dabei, dass ihre empirischen Evidenzen wegen des ihr zugrunde liegenden elaborierten theoretischen Wirkungsmodells als auch wegen des angemessenen, Kausalaussagen ermöglichenden Untersuchungsdesigns als sehr hoch einzuschätzen sind. Durchaus überraschend sind die Befunde, dass die habituelle Mediennutzung und die gezielte Nutzung thematisch einschlägiger Medieninhalte quasi gleich erklärungskräftig sind. Dies widerspricht sowohl Schönbachs Ausgangsüberlegungen als auch Erkenntnissen der neueren Medienwirkungsforschung. Eine Erklärung dafür wäre, dass Schönbachs Indikatoren zur Messung der spezifischen Mediennutzung zu allgemein formuliert waren. Auch wenn die Tendenz aller vorgelegten Analyseergebnisse nachvollziehbar für Schönbachs Interpretation (ein ähnliches Wirkungspotenzial von Fernsehen und Presse) spricht, zeigen sich die zahlreichen Einzelbefunde zum einen mitunter widersprüchlich (z. B. zur Rolle der Interaktionseffekte bei der Herausbildung politischer Einstellungen) und zum anderen fällt die Anzahl der identifizierten Zusammenhänge angesichts der enormen Anzahl der getesteten Modelle (siehe Abschnitt „Analysestrategie") auch recht dürftig aus. Vor dem Hintergrund der daher zu berücksichtigenden alpha-Fehler-Inflation[2] sprechen die Befunde nicht nur gegen eine Überlegenheit der politischen Wirkungen des Fernsehens, sondern auch für eine insgesamt sehr schwache Medienwirkung – sowohl des Fernsehens als auch der Presse.

Auch Schönbach (1983a, S. 136–139) interpretiert seine Befunde zurückhaltend: Allgemeingültige Regeln zu der Wirkungsmacht des Fernsehens im Vergleich zu der Wirkungsmacht der Presse ließen sich aus den Daten nicht ableiten. Vielmehr dürfe die Frage nach dem „mächtigeren Medium" nicht pauschal gestellt werden, da sie eine Berücksichtigung bspw. der spezifischen medialen Darstellungsformen,

---

2 Bei der inferenzstatistischen Überprüfung von Hypothesen bzw. Zusammenhängen mit Hilfe einer Stichprobe (so wie in dieser Studie) besteht – wahrscheinlichkeitstheoretisch bedingt – das Risiko, dass sich in der Stichprobe zufällig Zusammenhänge zeigen, obwohl diese in der Grundgesamtheit gar nicht existieren. Werden daher sehr viele Zusammenhänge mit Hilfe einer Stichprobe (auf dem 95-prozentigen Signifikanzniveau überprüft – wie in dieser Studie), kann man davon ausgehen, dass ca. fünf von 100 identifizierten Zusammenhängen lediglich auf Grund dieses Zufallsfehlers in der Stichprobe festgestellt wurden, obwohl sie in der Grundgesamtheit nicht vorliegen.

des kulturellen und politischen Kontextes, des allgemeinen Informationsverhaltens und des Vorwissens der Rezipienten erfordere.

## 3 Bezug zum Gesamtwerk des Autors

Schönbachs Habilitationsschrift ist untrennbar mit dem von ihm und Werner Früh entwickelten Dynamisch-Transaktionalen Ansatz (DTA) verbunden (vgl. den Beitrag von Hagen & Frey i. d. B.). Im gleichen Jahr, in dem sich Schönbach habilitierte, präsentierten Früh und Schönbach in einem Sonderheft der Publizistik ein „neues Paradigma der Medienwirkungen" (1982), das sie zwei Jahre später in einem Aufsatz in Rundfunk und Fernsehen konkretisierten (Schönbach & Früh, 1984; vgl. auch den Beitrag von Volker Gehrau i. d. B.). In *Das unterschätzte Medium* stellte Schönbach das bisher nur theoretisch ausgearbeitete Modell erstmals auf eine breite empirische Basis (Schönbach, 1983b; Schulz & Schönbach, 1980). Der DTA diente hier jedoch noch nicht als forschungsleitender Ansatz; vielmehr wurden die anlässlich der Europawahl 1979 gewonnenen Daten erst im Nachhinein mithilfe des DTA interpretiert. Im Rahmen seiner Untersuchung zur Rolle der Presse im Transaktionsprozess, die Schönbach zusammen mit Wolfgang Eichhorn Mitte der 80er Jahre durchführte, bestimmte der DTA schließlich auch die Hypothesenbildung und das Design der Studie (Schönbach & Eichhorn, 1990; 1992).

Wie der DTA zieht sich auch die Frage nach dem Wirkungspotenzial einzelner Mediengattungen durch Schönbachs weitere Forschung. Während Printmedien und Fernsehen im Rahmen der Europawahl 1979 einen gleichgroßen Einfluss auf Faktenwissen, Partei-Images und Issue-Salience hatten (vgl. auch Schönbach, 1981; 1990) stellten Schönbach und Semetko (1992; Semetko & Schoenbach, 1994) bei der Bundestagswahl 1990 ein stärkeres Wirkungspotenzial der Presse fest (vgl. den Beitrag von Rössler i. d. B.). In aktuelleren Untersuchungen verglich Schönbach mit Kollegen den Einfluss von Zeitungen und Onlinenachrichten auf die Publikumsagenda und auch hier konnte das traditionelle Medium teils stärkere Agenda-Setting-Effekte erzielen als die Konkurrenz (Schoenbach, De Waal, & Lauf, 2005; De Waal & Schoenbach, 2008).

Dem in seiner Habilitationsschrift formulierten Appell, die Presse als Einflussfaktor nicht zu unterschätzen, ist Schönbach damit treu geblieben. Seine Forschungstätigkeiten beschränkten sich jedoch nicht nur auf den Bereich der Wirkungsforschung; vielmehr hat er sich mit seiner Dissertation zur journalistischen Berichterstattung (Schönbach, 1977), einer deutschlandweiten Journalistenbefragung mit Hannoveraner Kollegen (Schneider, Schönbach, & Stürzebecher, 1993a; 1993b;

Schönbach, Stürzebecher, & Schneider, 1994) und mit seinem Herausgeberband zu Erfolgsfaktoren von Zeitungen (Schönbach, 1997) auch in der Journalismusforschung verdient gemacht (vgl. den Beitrag von Gehrau i. d. B.).

## 4 Wirkungsgeschichte des Schlüsselwerkes und Kritik

Winfried Schulz, der das Habilitationsprojekt von Schönbach betreute und schon damals voll des Lobes für *Das unterschätzte Medium* war (vgl Schulz' Vorwort in Schönbach, 1983a), betrachtet die Arbeit auch ein Vierteljahrhundert später noch als „brillante Analyse der Wirkungen von Presse und Fernsehen" (Schulz, 2009, S. 161) und als ein „Musterbeispiel empirischer Forschung" (Schulz, 2009, S. 161). Mit seiner Habilitationsschrift steht Schönbach am Anfang einer ganzen Reihe von empirischen Studien, die den DTA als erkenntnisleitendes Paradigma zugrunde gelegt haben (u. a. Eilders, 1997; Sander, 1997; Weischenberg & Scholl, 1989; 1992). Gleichzeitig gilt *Das unterschätzte Medium* als eine der ersten Agenda-Setting-Studien, in der Befunde im Rahmen eines deutschen Wahlkampfs generiert werden konnten (Holtz-Bacha, Reus, & Becker, 2009; Schenk, 2007; vgl. auch den Beitrag von Rössler i. d. B.). Besondere Resonanz erfuhr *Das unterschätzte Medium* zudem in der Diskussion um das Wirkungspotenzial einzelner Mediengattungen. Hatte über lange Zeit das Paradigma der „minimal effects" (Lazarsfeld, Berelson, & Gaudet, 1944; vgl. den Beitrag von Taddicken i. d. B.) die Wirkungsdiskussion beherrscht, kultivierte Noelle-Neumann mit ihren Arbeiten zur Schweigespirale (vgl. den Beitrag von Kepplinger i. d. B.) und insbesondere mit ihrer Untersuchung zur Rolle des Fernsehens im Wahlkampf zur Bundestagswahl 1976 die Ansicht vom Fernsehen als prägende politische Kraft. Wagner (1993, S. 514) sieht die besondere Leistung Schönbachs darin, den damaligen Forschungsstand kritisch hinterfragt und den Fokus wieder auf die Printmedien gerichtet zu haben. Mit den Ergebnissen seiner Studie konnte schließlich die generell unterstellte Wirkungsüberlegenheit des Fernsehens gegenüber der Presse nicht mehr aufrechterhalten werden (Holtz-Bacha, 1988, S. 493).

Weßler (2002, S. 405) kritisierte allerdings in seiner Würdigung des Werks als Klassiker der Kommunikationswissenschaft die Übertragbarkeit der Ergebnisse auf andere Wahlen, da es sich bei der ersten Europawahl u. a. mangels Streitthemen keineswegs um einen typischen Wahlkampf gehandelt habe – ein Umstand, den Schönbach auch schon selbstkritisch in *Das unterschätzte Medium* anmerkte (Schönbach, 1983a, S. 66). Auch stellt sich die Frage, inwieweit die Ergebnisse von damals für die heutige Zeit noch Gültigkeit besitzen. Schönbach ging in seiner

Habilitationsschrift von einem völlig anderen Mediennutzungsverhalten aus. Seine Aussagen basierten noch auf einer Medienwelt, in der 85 Prozent der Deutschen ab 14 Jahren regelmäßig in Kontakt mit der Zeitung kamen und in der die Zeitung mit 60 Prozent deutlich mehr vermisst worden wäre als das Fernsehen mit 47 Prozent (Schönbach, 1983a, S. 13). Diese tiefe Verankerung der Tageszeitung im Medienrepertoire der Deutschen ist längst nicht mehr gegeben: Das Fernsehen hat die Tageszeitung schon vor Jahren an Beliebtheit überholt und die Zeitung erzielt mittlerweile nur noch eine Tagesreichweite von 44 Prozent (Engel & Mai, 2010). Wenn Menschen aber zunehmend weniger von einem Medium erreicht werden – vor allem im Verhältnis zu anderen Medien – sinkt auch das Wirkungspotenzial dieses Mediums.

## Literatur

### *Primärliteratur*

De Waal, E., & Schoenbach, K. (2008). Presentation style and beyond: How print newspapers and online news expand awareness of public affairs issues. *Mass Communication & Society, 11,* 161–176.

Früh, W., & Schönbach, K. (1982). Der dynamisch-transaktionale Ansatz. Ein neues Paradigma der Medienwirkungen. *Publizistik, 27,* 74–88.

Schneider, B., Schönbach, K., & Stürzebecher, D. (1993a). Westdeutsche Journalisten im Vergleich: Jung, professionell und mit Spaß an der Arbeit. *Publizistik, 38,* 5–30.

Schneider, B., Schönbach, K., & Stürzebecher, D. (1993b). Journalisten im vereinigten Deutschland: Strukturen, Arbeitsweisen und Einstellungen im Ost-West-Vergleich. *Publizistik, 38,* 353–382.

Schönbach, K. (1977). *Trennung von Nachricht und Meinung: Empirische Untersuchung eines journalistischen Qualitätskriteriums.* Freiburg: Alber.

Schönbach, K. (1981). Agenda-Setting im Europawahlkampf 1979: Die Funktionen von Presse und Fernsehen. *Media Perspektiven,* 7/1981, 537-547.

Schönbach, K. (1983a). *Das unterschätzte Medium: Politische Wirkungen von Presse und Fernsehen im Vergleich.* München: Saur.

Schönbach, K. (1983b). What and how voters learned. In J. G. Blumler (Hrsg.), *Communication to voters: Television in the first European parliamentary elections* (S. 299–318). Beverly Hills, CA: Sage.

Schönbach, K. (1990). Agenda-Setting im Europawahlkampf 1979: Die Funktionen von Presse und Fernsehen. In M. Kunczik & U. Weber (Hrsg.), *Fernsehen: Aspekte eines Mediums* (S. 151-165). Köln: Böhlau.

Schönbach, K. (Hrsg.). (1997). *Zeitungen in den Neunzigern: Faktoren ihres Erfolgs. 350 Tageszeitungen auf dem Prüfstand.* Bonn: ZV Zeitungs-Verlag Service GmbH.

Schönbach, K., & Früh, W. (1984). Der dynamisch-transaktionale Ansatz II. Konsequenzen. *Rundfunk und Fernsehen, 32,* 314–329.
Schönbach, K., & Eichhorn, W. (1990). Transaktionen im Medienwirkungsprozeß: Kognitive Konsequenzen von Zeitungsnutzung und Zeitungsnutzen. In K. Böhme-Dürr, J. Emig, & N. M. Seel (Hrsg.), *Wissensveränderung durch Medien* (S. 132–150). München: Saur.
Schönbach, K., & Eichhorn, W. (1992). *Medienwirkung und ihre Ursachen: Wie wichtig sind Zeitungsberichte und Leseinteressen?* Konstanz: Universitätsverlag.
Schoenbach, K., & Semetko, H. A. (1992). Agenda-setting, agenda-reinforcing or agenda-deflating? A study of the 1990 German national election. *Journalism Quarterly, 69,* 837–846.
Schönbach, K., Stürzebecher, D., & Schneider, B. (1994). Oberlehrer und Missionare? Das Selbstverständnis deutscher Journalisten. *Kölner Zeitschrift für Soziologie und Sozialpsychologie, Sonderheft 34,* 139–161.
Schoenbach, K., De Waal, E., & Lauf, E. (2005). Online und print newspapers: Their impact on the extent of the perceived public agenda. *European Journal of Communication, 20,* 245–258.
Schulz, W., & Schönbach, K. (1980). Die Rolle des Fernsehens bei der ersten Direktwahl zum Europäischen Parlament im Juni 1979. In T. Ellwein (Hrsg.), *Politikfeld-Analysen 1979* (S. 153–162). Opladen: Westdeutscher Verlag.
Semetko, H. A., & Schoenbach, K. (1994). *"Germany's unity election". Voters and the media.* Cresskill, NJ: Hampton Press.

## *Sekundärliteratur*

Eilders, C. (1997). *Nachrichtenfaktoren und Rezeption. Eine empirische Analyse zur Auswahl und Verarbeitung politischer Information.* Opladen: Westdeutscher Verlag.
Engel, B., & Mai, L. (2010). Mediennutzung und Lebenswelten 2010. Ergebnisse der 10. Welle der ARD/ZDF-Langzeitstudie Massenkommunikation. *Media Perspektiven,* 12/2010, 558–571.
Holtz-Bacha, C. (1988). Unterhaltung ist nicht nur lustig. Zur politischen Sozialisation durch unterhaltende Medieninhalte: eine Forschungsnotiz. *Publizistik, 33,* 493–504.
Holtz-Bacha, C., Reus, G., & Becker, L. B. (2009). Dynamisch. Transaktional. Ein Zwischenruf für Klaus Schönbach zum 60. Geburtstag. In Autoren (Hrsg.), *Wissenschaft mit Wirkung. Beiträge zu Journalismus- und Medienwirkungsforschung. Festschrift für Klaus Schönbach* (S. 9–12). Wiesbaden: VS.
Lazarsfeld, P. F., Berelson, B., & Gaudet, H. (1944). *The people's choice How the voter makes up his mind in a presidential campaign.* New York: Columbia University Press.
Noelle-Neumann, E. (1979). Der getarnte Elefant. Über die Wirkung des Fernsehens. In Autorin (Hrsg.), *Öffentlichkeit als Bedrohung* (S. 115–126). Freiburg: Alber.
Sander, I. (1997). How violent is TV violence? An empirical investigation of factors influencing viewers' perception of TV violence. *European Journal of Communication, 12,* 43–98.
Schenk, M. (2007). *Medienwirkungsforschung.* Tübingen: Mohr Siebeck.
Schulz, W. (1983). Habilitation von Dr. Klaus Schönbach. *Publizistik 28,* 101-102.
Schulz, W. (2009). Superbürger und chronisch Unwissende in der neuen Medienumwelt. Beziehungen zwischen politischer Mobilisierung und Informationsverhalten bei der Bundestagswahl 2005. In C. Holtz-Bacha, G. Reus, & L. B. Becker (Hrsg.), *Wissenschaft mit Wirkung. Beiträge zu Journalismus- und Medienwirkungsforschung. Festschrift für Klaus Schönbach* (S. 161–180). Wiesbaden: VS.

Wagner, H. (1993). Kommunikationswissenschaft – ein Fach auf dem Weg zur Sozialwissenschaft. Eine wissenschaftsgeschichtliche Besinnungspause. *Publizistik, 38,* 491–526.
Weischenberg, S., & Scholl, A. (1989). Kommunikationserwartungen und Medieneffekte. Wie Publikumsvariablen Wirkungsabläufe beeinflussen können. *Rundfunk und Fernsehen, 37,* 421–434.
Weischenberg, S., & Scholl, A. (1992). Dispositionen und Relationen im Medienwirkungsprozeß. Theoretische Exploration und empirische Evidenz für ein Interdependenzmodell zu den Folgen vermittelter Kommunikation. In W. Schulz (Hrsg.), *Medienwirkungen. Einflüsse von Presse, Radio und Fernsehen auf Individuum und Gesellschaft. Untersuchungen im Schwerpunktprogramm „Publizistische Medienwirkungen"* (S. 91–107). Weinheim: VCH.
Weßler, H. (2002). Eintrag zu Klaus Schönbach, Das unterschätzte Medium. Politische Wirkungen von Presse und Fernsehen im Vergleich. In C. Holtz-Bacha & A. Kutsch (Hrsg.), *Schlüsselwerke für die Kommunikationswissenschaft* (S. 404–406). Wiesbaden: Westdeutscher Verlag.

# Processing the News: How People Tame the Information Tide
## von Doris A. Graber (1984)

Hans-Bernd Brosius und Julian Unkel

**Zusammenfassung**

Doris A. Graber (*1923 in St. Louis) gehört zu den profiliertesten Forscherinnen im Bereich der politischen Kommunikation. In ihrem Schlüsselwerk „Processing the News. How People Tame the Information Tide“ widmet sie sich den Prozessen der Informationsselektion und -verarbeitung bei der Nachrichtenrezeption. Hierbei stützt sie sich auf die aus der Kognitionspsychologie stammende Schema-Theorie. Schemata besitzen nach Graber vier Funktionen: Sie bestimmen, welche Informationen wahrgenommen werden; sie unterstützen die Evaluation und Inkorporation dieser Informationen; sie beschleunigen die Verarbeitung unvollständiger Informationen; und sie sind dabei behilflich, Handlungsentscheidungen zu treffen. Der Beitrag fasst Grabers umfassende Studie zusammen, ordnet sie in das Gesamtwerk der Autorin ein und zeichnet die kommunikationswissenschaftliche Wirkungsgeschichte der Arbeit nach.

**Schlüsselbegriffe**

Doris A. Graber, Informationsvermittlung, Informationsverarbeitung, Schema-Theorie, Nachrichtenrezeption, politische Kommunikation, Fernsehnachrichten, Nachrichtenselektion

## 1 Einleitung

Die frühe Kommunikationswissenschaft bzw. die früh an Themen der Kommunikationswissenschaft Forschenden benachbarter Disziplinen haben häufig eine große Nähe zur angewandten Medienforschung gehabt. Paul Lazarsfeld, um hier nur einen von vielen zu nennen, hat mit seinem *Bureau of Applied Social Research* zahlreiche Forschungsaufträge aus der Medienbranche bearbeitet. Dadurch standen bei vielen Studien die Nutzung und der Nutzen von Radio- und Fernsehprogrammen im Mittelpunkt; methodisch wurden häufig repräsentative Umfragen eingesetzt. Wirkung wurde dabei oftmals unterstellt, ohne dass sie detailliert gemessen wurde (als Beispiel sei hier „The People's Choice" von Lazarsfeld (1944, vgl. den Beitrag von Monika Taddicken i. d. B.) aufgeführt). Dies galt lange Zeit auch für die Untersuchung von Fernsehnachrichten (vgl. den Überblick in Brosius, 1995). Die zentrale abhängige Variable war die „Informationsvermittlung", also der Anteil behaltener im Vergleich zu abgefragter Information. Gerade öffentlich-rechtliche Sender sahen die Informationsvermittlung unter normativen Gesichtspunkten als die Voraussetzung für politische Meinungsbildung. Dass Rezipienten aus Fernsehnachrichten ganz andere als die abgefragte Information extrahieren, dass nicht nur Information, sondern auch Urteile, Vorstellungen und Interpretationen vermittelt wurden, stand im Hintergrund.

Ende der sechziger Jahre setzte in der Psychologie die sogenannte „kognitive Wende" ein. Autoren wie Ulric Neisser (1967) und andere betonten die Bedeutung von Kognitionen im Vergleich zu anderen Zielvariablen wie Einstellungen und vor allem Verhalten. Dadurch gelangten das menschliche Gedächtnis und die Art menschlicher Informationsverarbeitung ins Zentrum der Forschung. Die anderen Sozialwissenschaften haben dies mit einigem Zeitabstand nachvollzogen, so auch die Politik- und Kommunikationswissenschaft. Doris Graber war eine der Protagonistinnen.

## 2 Kurzbiographie der Autorin

Auch wenn sie mittlerweile auf eine rund ein halbes Jahrhundert währende Karriere in der Kommunikationsforschung zurückblicken kann, sieht sich Doris Graber doch vorrangig als Politikwissenschaftlerin, dem Fach, in dem auch ihre akademischen Wurzeln liegen. 1923 in St. Louis, Missouri als Kind einer Malerin und eines Lehrers geboren, studiert Graber zuerst Politikwissenschaft an der Washington University in ihrer Heimatstadt und arbeitet als Journalistin für verschiedene

Lokal- und Justizzeitungen. Es folgt die Promotion in Internationalem Recht und Internationalen Beziehungen an der Columbia University mit einer Arbeit zur Entwicklung der Gesetzgebung in militärisch besetzten Gebieten. 1970 wird Graber Professorin für Politikwissenschaft an der University of Illinois, Chicago, der sie bis zur Emeritierung und darüber hinaus verbunden bleibt Lehraufträge und Forschungsaufenthalte führen sie außerdem u. a. an die University of Chicago, die Northwestern University und die Harvard University (vgl. Brosius, 2002; McLeod, 1996; Meyen, 2012; Semetko, 2008).

Zur (politischen) Kommunikationsforschung kommt Graber über ihr Interesse an der Ausgestaltung von Politikvermittlung und deren zugrundeliegenden Interaktionen. Im Zentrum ihres Forschungsinteresses steht dabei zuerst die verbalsprachliche Vermittlung politischer Inhalte (Graber, 1976), ehe sie sich mit *Processing the News* (Graber, 1984) den Aufnahmeprozessen von medial vermittelten, politischen Informationen zuwendet. 1992 wird sie zudem Mitgründerin und erste Herausgeberin der angesehenen Fachzeitschrift *Political Communication*, die, getragen von den beiden wichtigsten Fachgesellschaften *APSA* (American Political Science Association) und *ICA* (International Communication Association), einen großen Beitrag zum interdisziplinären Austausch zwischen der Politik- und der Kommunikationswissenschaft leistet.

Graber hat bis heute 15 Bücher als Autorin oder Herausgeberin sowie je ca. 50 Buchkapitel und Aufsätze in Fachzeitschriften veröffentlicht, die sich zahlreichen Facetten der politischen Kommunikation widmen. Neben dem hier besprochenen *Processing the News*, dem mit der damit verbundenen Inklusion der Schema-Theorie in die Kommunikationsforschung sicherlich die größte Bedeutung in Grabers Werk zukommt, gelten dabei besonders die ebenfalls mehrfach aufgelegten *Mass Media and American Politics* (2010, 8. Aufl.) und *Media Power in Politics* (2011, 6. Aufl.) als Standardwerke der politischen Kommunikationsforschung. Für *Processing Politics* (2001), in dem sie sich mit der Eignung und den Möglichkeiten des Fernsehens für die politische Informationsvermittlung auseinandersetzt, erhielt Graber 2003 zudem den renommierten Goldsmith Book Prize für das beste akademische Buch im Bereich der politischen Kommunikation.

Graber ist Mutter von fünf Kindern und lebt in Chicago.

## 3 Inhalt des Textes

Die Datenbasis, auf der *Processing the News: How People Tame the Information Tide* (1984, 1988)[1] fußt, wurde Mitte der 70er-Jahre erhoben; das zugrundeliegende Forschungsinteresse, wie Menschen die im Untertitel stehende Informationsflut bewältigen, ist im Internetzeitalter jedoch aktueller denn je. Grabers extensive Beschäftigung mit den Aufnahmeprozessen politischer Informationen fokussiert dabei nicht nur darauf, wie und welche Informationen selektiert werden, sondern vor allem auch, wie diese Informationen verarbeitet werden und welche Wirkungen auf Wissen und Vorstellungen der Rezipienten sich aus diesen Prozessen ergeben.

Zur Beantwortung dieser Fragen wählt Graber einen eher qualitativ zu nennenden Ansatz. Inspiriert durch Robert E. Lanes (1962) Analyse der Entstehung politischer Ideologien in der Arbeiterschicht anhand von Tiefeninterviews, wurde eine eher kleine Stichprobe gezogen, diese aber über den Zeitraum eines Jahres hinweg sehr umfassend untersucht. 21 Bürger der Universitätsstadt Evanston, Illinois mit unterschiedlichem demografischen Hintergrund wurden ausgewählt und anhand der Variablen „Politikinteresse" (hoch/niedrig) und „Zugang zu Medieninformationen" (einfach/schwer) in vier gleichgroße Gruppen unterteilt (Graber, 1988, S. 13–14). Die Daten setzten sich sodann aus drei Quellen zusammen: Erstens führten alle Teilnehmer von Januar 1976 bis Januar 1977 ein Tagebuch, in dem sie die Nachrichten, mit denen sie im Laufe des Tages konfrontiert wurden – egal ob durch Medien oder persönliche Konversationen und Erfahrungen – festhielten. Zweitens wurden mit allen Teilnehmern innerhalb des Jahres je zehn ca. zweistündige Interviews geführt, in denen die Nachrichtenselektion und der Umgang mit den ausgewählten Informationen erfragt wurden. Schließlich wurden die Hauptnachrichtenquellen der Panel-Teilnehmer aus Fernsehen, Radio und Print einer täglichen Inhaltsanalyse unterzogen, um zu erfassen, zu welchen Informationen die Teilnehmer grundsätzlich Zugang gehabt hätten und auf welche Weise diese Nachrichten präsentiert wurden (S. 22–27).

Theoretisch stützt sich Graber auf die aus der Kognitionspsychologie stammende Schema-Theorie, die Informationsverarbeitung angelernten Gedächtnisstrukturen – sogenannten Schemata – zuschreibt. Schemata sind demnach hierarchisch orga-

1 Der Erstveröffentlichung von *Processing the News* 1984 folgt vier Jahre später eine zweite Auflage, die sich neben sprachlichen Korrekturen und Verdichtungen vor allem in zwei Punkten von der Erstauflage unterscheidet. Zum einen wurden zahlreiche Sekundärquellen herangezogen, die die Ergebnisse auf Basis breiterer Stichproben untermauern. Zum anderen wurden für die zweite Auflage auch visuelle Aspekte der untersuchten Fernsehnachrichten kodiert. Die folgenden Ausführungen stützen sich auf die auch hierzulande weiter verbreitete zweite Auflage.

nisierte, kognitive Strukturen, in denen Wissen über bestimmte Objekte (Personen, Situationen, Konzepte etc.) aus vorhergehender Erfahrung abgelegt ist. Wird eine Person nun mit einem Stimulus, zum Beispiel einer Medienbotschaft, konfrontiert, werden die dazu passenden Schemata im Gedächtnis gesucht und die neuen Informationen anhand dieser verarbeitet und eingeordnet. Da Menschen nach der Schema-Theorie als „kognitive Geizhälse" agieren und ihnen nur beschränkte Verarbeitungskapazitäten zur Verfügung stehen, sind sie auf generalisierende und simplifizierende Wissensstrukturen wie Schemata angewiesen, um Informationen nicht in ihrer Gesamtheit verarbeiten zu müssen (S. 27–31).

Nach Graber besitzen Schemata vier Hauptfunktionen: Sie determinieren erstens, welche Informationen eines Stimulus überhaupt wahrgenommen, aufgenommen und verarbeitet werden. Sie sind dann zweitens dabei behilflich, diese neuen Informationen zu evaluieren und sie in bestehende Wissensstrukturen einzuordnen, ersparen demnach die mit kognitivem Mehraufwand verbundene Erstellung neuer Strukturen. Sie beschleunigen drittens die Verarbeitung unvollständig kommunizierter Informationen, indem Informationslücken anhand des im Schema abgelegten Vorwissens aufgefüllt werden. Schemata sind viertens und schließlich dabei behilflich, Handlungsentscheidungen zu treffen und Probleme zu lösen, indem sie mögliche Szenarien und Handlungsalternativen bereitstellen. Demnach steuern Schemata sowohl die Informationsselektion als auch die Informationsinkorporation in das Gedächtnis (S. 29).

Um dies zu belegen, betrachtet Graber zunächst das Informationsangebot und den Wissensgewinn der Probanden. Innerhalb des einjährigen Untersuchungszeitraums hatten die Panel-Teilnehmer allein durch ihre Hauptinformationsquelle, die Tageszeitung *Chicago Tribune*, Zugang zu knapp 20.000 Nachrichtenartikeln, die sich mit 33.000 Themen beschäftigten (pro Artikel wurden bis zu drei Themen codiert). Hinzu kamen zahlreiche weitere Informationsquellen wie andere Tageszeitungen und die Fernsehnachrichten verschiedenster TV-Sender (S. 71–74). Es liegt auf der Hand, dass diese Informationsflut nicht in ihrer Gesamtheit aufgenommen, geschweige denn erinnert werden kann. Zum einen werden viele Nachrichten entweder gar nicht erst selektiert oder wieder vergessen. Zum anderen bleiben auch von den behaltenen Informationen zumeist nur bestimmte Aspekte im Gedächtnis. In Grabers Untersuchung zeigten sich dabei zahlreiche Muster. Auslandsnachrichten wurden beispielsweise in nur sehr geringem Umfang überhaupt erinnert. Vom US-Präsidentschaftswahlkampf 1976 nahmen die Panel-Mitglieder vor allem Informationen über die Persönlichkeit der Kandidaten mit, die eigentlichen politischen Inhalte des Wahlkampfs spielten hingegen eine geringe Rolle (S. 82–85).

Woraus resultieren diese Muster? Den ersten Schritt im Prozess der Informationsverarbeitung stellt die Selektion der Inhalte dar. Im Panel zeigte sich, dass zwei Drittel der in der Zeitung verfügbaren Artikel komplett ignoriert wurden. Das restliche Drittel der Artikel wurde je zu ca. der Hälfte ganz bzw. nur partiell gelesen. Die Auswahl der gelesenen Artikel folgte dabei in erster Linie einem Primacy-Effekt, d. h. Artikel, die weit vorne in der Zeitung standen, wurden auch eher gelesen. Allerdings existieren durchaus Abweichungen von diesem Muster. Am ehesten betrifft dies, wie bereits oben angesprochen, Auslandsnachrichten, die trotz in der Regel besserer Platzierung weitaus weniger Aufmerksamkeit bekamen als regionale Verbrechensnachrichten. Zwar existieren neben der Platzierung zahlreiche weitere Faktoren, die über die Selektion von Nachrichten entscheiden (z. B. weitere formale Reize wie Bilder und Überschriften sowie Hinweise von Dritten), Graber führt das Nicht-Beachten bestimmter Inhalte aber übergeordnet auf das Fehlen passender Schemata zurück, die überhaupt erst dazu führen, dass diese Reize auch wahrgenommen werden könnten. Bei den Fernseh- und Radionachrichten zeigte sich gar ein noch größerer Ausschluss der gesendeten Beiträge aus der Informationsaufnahme – von durchschnittlich rund 15 Beiträgen wurde hier zumeist nur ein einziger Beitrag erinnert (allerdings werden Beiträge in TV- und Radionachrichten mehrfach täglich wiederholt, sodass die Inhalte einiger nicht beachteter Beiträge den Teilnehmern bereits bekannt waren). Schemata sorgen nach Graber also für eine rigorose Verknappung des steten Informationszuflusses (S. 96–100).

Es ist aber der zweite Schritt der Informationsverarbeitung, die Inkorporation der Information in das Gedächtnis, die zur zentralen Aufgabe von Schemata gehört. Ob und wie neue Informationen dabei in das Gedächtnis integriert werden, hängt von einer Reihe von Fragen ab. Existiert zu dem Thema bereits Vorwissen? Ergeben die neuen Informationen basierend auf vorgehenden Erfahrungen Sinn, ent- oder widersprechen sie also den eigenen Erwartungen? Handelt es sich um redundante Informationen? Wenn anhand dieser Fragen festgestellt werden kann, dass es sich um sinnvolle Informationen handelt und ein passendes Schema existiert (oder gar mehrere Schemata, in die jeweils bestimmte Aspekte der neuen Informationen passen), so werden diese in die jeweiligen Schemata integriert, weitere Aspekte der Information gehen verloren. Ist dies nicht der Fall, können entweder bestehende Schemata angepasst oder, was wahrscheinlicher ist, die Quelle diskreditiert werden (S. 147–150). Existiert beispielsweise bereits ein Schema zur politischen Korruption, kann eine Nachricht über einen in einen Finanzskandal verwickelten Jungpolitiker dieses bestärken. Die Vermutung, dass alle Politiker bestechlich sind, kann aufrechterhalten werden. Wird in der Nachricht dagegen die Unschuld des betroffenen Politikers festgestellt, kann das bestehende Schema angepasst werden („Alle Politiker sind bestechlich, aber die jungen haben noch Ideale)“ – oder der Beitrag wird als unglaubwürdig eingestuft oder als irrelevanter Einzelfall abgetan. In allen Fällen werden konkrete Einzelheiten wieder vergessen.

Graber findet in ihrer Studie zahlreiche Belege für eine solche schematische Verarbeitung. In den Interviews und Tagebüchern der Probanden konnte herausgearbeitet werden, dass alle politischen Schemata grundsätzlich auf dieselben sechs Schema-Dimensionen zurückgriffen. Diese Dimensionen legen fest, wie eine Nachricht verarbeitet wird, ob also (1) die faktische Abfolge der Ereignisse erinnert wird, (2) Gründe für diese Ereignisse gesucht werden, ob Werturteile über die Nachricht betreffende (3) Personen, (4) Institutionen oder (5) kulturelle Normen gebildet werden, oder (6) ob die Nachricht das persönliche Einfühlungsvermögen anspricht, weil beispielsweise Rückschlüsse auf die eigene Lebenswelt gezogen werden (S. 188). Die Aussagen der Panel-Teilnehmer zu Nachrichten aus neun Themenkomplexen wie z. B. Bildungs-, Steuer- oder Nahost-Politik offenbarten sodann zum einen, dass diese vorrangig nur eine dieser Dimensionen ansprachen. Vor allem aber zeigte sich zum anderen, dass dieselben Teilnehmer dieselben Dimensionen verwendeten, wann immer im Laufe des Jahres eine Nachricht aus dem gleichen Themenkomplex angesprochen wurde – wer z. B. einmal eine bildungspolitische Nachricht aus Personenperspektive betrachtete („Die Schüler heutzutage sind alle undiszipliniert"), nahm diese Perspektive zumeist auch dann ein, wenn in den folgenden Interviews nach anderen Bildungsnachrichten gefragt wurde. Graber führt diese Konsistenz auf die Aktivierung ausgebildeter Schemata zurück, die interindividuell variierend jeweils andere Dimensionen des jeweiligen Themenkomplexes in den Vordergrund stellen. Auch die komplexitätsreduzierende Funktion von Schemata wurde auffällig. So konnten die meisten Probanden auch auf mehrfache Nachfrage zu den meisten Themenkomplexen nur ein bis zwei (Sub-)Themen nennen, auch wenn in den Medien deutlich mehr angesprochen wurden. Die angesprochenen Themen wiesen zudem oftmals einen direkten Bezug zur Lebenswelt der Teilnehmer auf, was wiederum darauf schließen lässt, dass der jeweilige Fokus schematisch auf bestimmte Aspekte eines Themenkomplexes gelenkt wurde (S. 228–236).

Nach Graber lässt sich kognitive Informationsverarbeitung am besten durch die Schema-Theorie erklären. Sie liefert Erklärungen dafür, wie Menschen aus der titelgebenden Informationsflut – die zum heutigen Zeitpunkt noch deutlich größer sein dürfte als zum Zeitpunkt der Studie – für sie relevante Informationen extrahieren und daraus Bedeutungen gewinnen können. So schaffen es die meisten Menschen trotz steter neuer Informationen zumindest einen Überblick über die „wichtigsten" Themen zu behalten. Das Ziel schematischer Verarbeitung sei nicht Auswendiglernen von Fakten, sondern die Ursprünge und Hintergründe von Problemen zu erfassen. Sie ermöglicht, Einschätzungen und Urteile zu Sachverhalten zu bilden, auch wenn deren spezifische Einzelheiten nicht mehr erinnert werden. Im Laufe der Zeit entwickeln Menschen so einen Fundus an Einstellungen und Wissen, obwohl die Fakten, auf denen diese basieren, vergessen sind (S. 249–251).

Graber schließt mit einer optimistischen Einschätzung. Trotz des unterschiedlichen demografischen Hintergrunds zeigten alle Probanden die Fähigkeit, sich substantielles politisches Wissen anzueignen. Personen mit hohem politischen Interesse behielten dabei zwar mehr Details und erinnerten sich an mehr Nachrichten, wendeten aber letztlich die gleichen Selektions- und Verarbeitungskriterien an wie Personen aus den Gruppen mit geringem politischen Interesse. Insgesamt zeige sich daher, dass Amerikaner im Allgemeinen über genügend politisches Wissen verfügen würden, um ihren demokratischen Bürgerpflichten und gesellschaftlichen Erwartungen ausreichend nachzukommen. Die oft in anderen Studien nachgewiesene dürftige politische Informationsvermittlung der Medien stellt für Graber ein Artefakt der Messung dar, da hier nach für die Rezipienten bedeutungslosen Details gefragt werde: Man müsse weder den Namen von bestimmten Senatoren kennen, um zu verstehen, wie der amerikanische Kongress funktioniere, noch müsse man Afghanistan auf einer Weltkarte finden können, damit einem bewusst sei, dass die Sowjetunion in den Nachbarländern interveniere (S. 252–254).

Gleichzeitig sieht Graber auch die Schattenseiten schematischer Informationsverarbeitung, wenn Informationen durch Lücken in den Schemata falsch interpretiert oder wegen fehlender adäquater Schemata erst gar nicht verarbeitet werden. Das Ergebnis, dass Auslandsnachrichten trotz stärkerer Betonung durch die Massenmedien in einem geringeren Maße verarbeitet werden als Verbrechensnachrichten, lässt sich durch die unterschiedliche Bedeutung dieser Themenkomplexe in der amerikanischen Kultur erklären. Dies verweist auf die große Bedeutung der frühkindlichen Sozialisation, da bereits zu diesem Zeitpunkt die im Erwachsenenalter prävalenten Schemata gebildet werden. Den Massenmedien kommt als Sozialisationsinstanz auch hier eine gewichtige Rolle zu, besonders in den Bereichen, in denen keine anderen Informationsquellen bereitstehen. Graber sieht hier die Medien in der Pflicht, besser auf die Bedürfnisse der Rezipienten einzugehen und die Nachrichtenvermittlung stärker an deren Fähigkeiten und Vorlieben zu orientieren (S. 263–266).

## 4 Bezug zum Gesamtwerk der Autorin

Doris Graber zählt zu den profiliertesten Forscherinnen und Forschern der politischen Kommunikationsforschung. Douglas McLeod (1996, S. 162) bescheinigt ihr sogar, die Agenda des Forschungsfeldes mitbestimmt zu haben. Entsprechend facettenreich sind ihre gesammelten Arbeiten; die Verbindung zwischen Politik- und Kommunikationswissenschaft hat sie in vielfältiger Weise gepflegt. Ein Blick in ihre Vita zeigt die zahlreichen interdisziplinären Bezüge ihrer Arbeiten und Aktivitäten. Ihre Lehrbücher deuten immer auf die Verbindung von *Mass Media* und *Politics* hin. Somit war es auch naheliegend, dass sie die erste Herausgeberin der Fachzeitschrift *Political Communication* wurde. Insgesamt ist Grabers Werk deutlich von dem Anspruch geprägt, politische Kommunikation in ihrer Gesamtheit zu erklären und keinem methodologischen Monismus zu folgen. Neben breit gefächerten Lehrbüchern, die sich zu Standardwerken der Disziplin entwickelten, und umfassenden Studien zu Themenkomplexen wie eben der Politikvermittlung, widmete sie sich auch eher spezifischen (z. B. der Darstellung von Folter in der Kriegsberichterstattung, Graber & Holyk, 2009) und randständigen (z. B. dem politischen Humor, Graber, 2008) Forschungsgebieten.

Es wäre daher verkürzt, würde man Graber lediglich zu einer Protagonistin der kognitiven und am Individuum orientierten politischen Kommunikationsforschung machen. Sie war in ihren Interessen und ihren Publikationen deutlich breiter aufgestellt. Die Forschung zur politischen Informationsvermittlung zieht sich allerdings als roter Faden durch das Werk, beginnend bei ihrer ersten kommunikationswissenschaftlichen Monographie *Verbal Behavior and Politics* (1976) bis hin zu ihren jüngsten Veröffentlichungen. *Processing the News* kann daher als der innovative Kern ihrer Arbeit bezeichnet werden, der den Grundstein für viele Folgewerke gelegt hat. Zugleich ist es auch ihr (abgesehen vom thematisch deutlich vielfältigeren Lehrbuch *Mass Media and American Politics*) mit Abstand am häufigsten in der wissenschaftlichen Literatur zitiertes und dementsprechend auch bedeutsamstes Werk.

## 5 Wirkungsgeschichte des Schlüsselwerkes & Kritik

*Processing the News* fällt zeitlich – wie viele andere wegweisende, ebenfalls in diesem Buch vorgestellte Werke – in die „Phase der neuen Konzepte" (Bonfadelli, 2004, S. 28) der Medienwirkungsforschung. In dieser grenzten sich Kommunikationswissenschaftler zusehends von dem Paradigma der wirkungsschwachen bzw. -losen Medien ab und begannen, Medienwirkungen nicht mehr als lineare Prozesse zu verstehen, sondern sie als Folgen psychologischer Interaktionen zwischen Rezipienten, Situationen und Medienbotschaften zu konzipieren. Einen großen Beitrag hierzu lieferten die Arbeiten der Soziologie und Sozialpsychologie (z. B. Goffman, 1974; Tversky & Kahneman, 1973), die Mitte der 70er-Jahre zeigten, dass Menschen Informationen mithilfe kognitiver und semantischer Makrostrukturen wie eben Schemata oder den verwandten Frames und Heuristiken verarbeiten. Grabers größter Verdienst liegt in der konsequenten Übertragung der Schema-Theorie auf die (politische) Nachrichtenrezeption. Auch in der Rezeptionsforschung war zuvor von einer linearen Informationsvermittlung durch die Massenmedien ausgegangen worden, unter der Annahme, dass Nachrichten entweder eins zu eins oder gar nicht aufgenommen bzw. erinnert werden (Brosius, 2002, S. 160). Graber zeigt überzeugend, dass die Qualität der Informationsvermittlung nicht durch die einfache Differenz aus rezipierten und erinnerten Informationen bestimmt werden kann.

Medienrezeption und Realitätskonstruktion wurden in der Folgezeit in einer Vielzahl kommunikationswissenschaftlicher Arbeiten anhand von Schemata und anderen kognitiven Strukturen untersucht. Auch die hier im Buch vorgestellten Werke von Donsbach (1991, vgl. den Beitrag von Cornelia Mothes & Susan Schenk i. d. B.), Brosius (1995, vgl. den Beitrag von Alexander Haas i. d. B.) und Scheufele (2003, vgl. den Beitrag von Stefan Geiß & Christian Schemer i. d. B.) stützen sich auf diese theoretischen Überlegungen und verweisen dabei auf Grabers Arbeit. Zudem bietet *Processing the News* auch Anknüpfungspunkte für andere Ansätze. Graber selbst verweist u. a. auf Agenda-Setting-Effekte (1988, S. 127–129, vgl. den Beitrag von Patrick Rössler i. d. B.), die sich auch bei ihren Probanden finden. Ebenso sind Anschlüsse an Kultivierungs- und Medienintegrationstheorien denkbar (Brosius, 2002, S. 161).

Zeitgenössische Kritik an *Processing the News* (vgl. Compaine, 1984; Grossman, 1985; Hochheimer, 1985) wurde vor allem am Untersuchungsdesign und der Übertragbarkeit der Ergebnisse festgemacht. Hier sind vor allem die geringe Stichprobengröße von nur 21 Personen sowie die ausschließliche Betrachtung politischer Nachrichten und Schemata – Graber selbst verweist auf die Besonderheit politischer Schemata, die simpler als andere Schemata konstruiert sind (1988, S. 189) – zu nennen. Als Reaktion darauf wurden in der zweiten Auflage zahlreiche quantitative Drittstudien inkludiert, die die Ergebnisse unterstützen. Auch wird die Schema-Theorie im Allgemeinen als konzeptionell schwammig und empirisch nur schwer überprüfbar kritisiert (Matthes, 2004, S. 552–557). So bleibt auch bei Graber offen, wodurch genau sich die Schemata ihrer Probanden auszeichnen bzw. wie diese operationalisiert werden. Der Grundgedanke, dass sich das Vorwissen auf die Informationsverarbeitung auswirkt, hat aber Bestand. *Processing the News* kann hier als Schlüsselwerk gelten, das zu einer „kognitiven Wende" in der Medienwirkungs- und Rezeptionsforschung beigetragen hat.

## Literatur

### *Primärliteratur*

Graber, D. A. (1976). *Verbal behavior and politics*. Urbana: University of Illinois Press.
Graber, D. A. (1984). *Processing the news: How people tame the information tide*. New York, NY: Longman.
Graber, D. A. (1988). *Processing the news: How people tame the information tide* (2. Aufl.). New York, NY: Longman.
Graber, D. A. (2001). *Processing politics: Learning from television in the internet age*. University of Chicago Press.
Graber, D. A. (2008). Why political humor is serious business. In J. C. Baumgartner & J. S. Morris (Hrsg.), *Laughing matters: Humor and American politics in the media age* (S. 333–342). New York, NY: Routledge.
Graber, D. A. (2010). *Mass media and American politics* (8. Aufl.). Washington, DC: CQ Press.
Graber, D. A. (Hrsg.). (2011). *Media power in politics* (6. Aufl.). Washington, DC: CQ Press.
Graber, D. A., & Holyk, G. (2009). What explains torture coverage during war-time? A search for realistic answers. In W. G. K. Stritzke, S. Lewandowsky, D. Denemark, J. Clare, & F. Morgan (Hrsg.), *Terrorism and torture. An interdisciplinary perspective* (S. 221–245). Cambridge University Press.

### *Sekundärliteratur*

Bonfadelli, H. (2004). *Medienwirkungsforschung I. Grundlagen und theoretische Perspektiven*. Konstanz: UVK.
Brosius, H.-B. (1995). *Alltagsrationalität in der Nachrichtenrezeption: Ein Modell zur Wahrnehmung und Verarbeitung von Nachrichteninhalten*. Opladen: Westdeutscher Verlag.
Brosius, H.-B. (2002). Graber: Processing the News. In C. Holtz-Bacha & A. Kutsch (Hrsg.), *Schlüsselwerke für die Kommunikationswissenschaft* (S. 160–162). Wiesbaden: Westdeutscher Verlag.
Compaine, B. M. (1984). Processing the news: How people tame the information tide. *Political Science Quarterly*, *99*, 751–752.
Donsbach, W. (1991). *Medienwirkung trotz Selektion: Einflussfaktoren auf die Zuwendung zu Zeitungsinhalten*. Köln: Böhlau.
Goffman, E. (1974). *Frame analysis: An essay on the organization of experience*. Cambridge, MA: Harvard University Press.
Grossman, M. B. (1985). Processing the news: How people tame the information tide. *The American Political Science Review*, *79*, 528-529.
Hochheimer, J. L. (1985). What's fit to know. *Journal of Communication*, *35*(4), 206–208.
Lane, R. E. (1962). *Political ideology: Why the American common man believes what he does*. Oxford: Free Press of Glencoe.
Lazarsfeld, P. F., Berelson, B., & Gaudet, H. (1944). *The people's choice. How the voter makes up his mind in a presidential campaign*. New York, NY: Columbia University Press.
Matthes, J. (2004). Die Schema-Theorie in der Medienwirkungsforschung: Ein unscharfer Blick in die „Black Box"? *Medien & Kommunikationswissenschaft*, *52*, 545–568.
McLeod, D. M. (1996). Doris Appel Graber (1923- ). In N. D. Signorielli (Hrsg.), *Women in communication: A biographical sourcebook* (S. 162–172). Westport, CT: Greenwood Press.

Meyen, M. (2012). 57 interviews with ICA fellows | Doris Graber. *International Journal of Communication, 6*, 1617–1622. Abgerufen von http://ijoc.org/index.php/ijoc/article/download/1650/764

Neisser, U. (1967). *Cognitive psychology*. Englewood Cliffs: Prentice-Hall.

Scheufele, B. (2003). *Frames – Framing – Framing-Effekte: Theoretische und methodische Grundlegung des Framing-Ansatzes sowie empirische Befunde zur Nachrichtenproduktion*. Wiesbaden: Westdeutscher Verlag.

Semetko, H. A. (2008). Graber, Doris A. (1923-). In L. L. Kaid & C. Holtz-Bacha (Hrsg.), *Encyclopedia of political communication* (Bd. 1, S. 281). Thousand Oaks, CA: Sage Publications.

Tversky, A., & Kahneman, D. (1973). Availability: A heuristic for judging frequency and probability. *Cognitive Psychology, 5*, 207–232.

# Communication and Persuasion: Central and Peripheral Routes to Attitude Change

## von Richard E. Petty & John T. Cacioppo (1986)

Franziska Marquart und Brigitte Naderer

**Zusammenfassung**

Das Elaboration Likelihood Modell (ELM) wurde in den 1980er Jahren von den Sozialpsychologen Richard E. Petty und John T. Cacioppo mit dem Ziel entwickelt, die prozesshafte Verarbeitung persuasiver Botschaften zu erklären und Einstellungsveränderungen in Abhängigkeit von der Rezeptionssituation, den Eigenschaften einer persuasiven Botschaft und individuellen Voraussetzungen des Rezipienten vorherzusagen. Die zentrale Veröffentlichung dieser Persuasionstheorie ist das 1986 erschienene Buch *Communication and persuasion: Central and peripheral routes to attitude change.* In diesem Schlüsselwerk der Medienwirkungsforschung werden das ELM und seine Basiskonzepte theoretisch definiert und durch eine Vielzahl empirischer Studien untermauert. Darüber hinaus diskutieren die Autoren methodische Schwierigkeiten bei der Überprüfung ihrer Annahmen sowie Konsequenzen der verschiedenen Elaborationsrouten. *Communication and persuasion* bietet damit einen detaillierten Überblick zu einem der wichtigsten Zwei-Prozess-Modelle der persuasiven Kommunikationsforschung.

**Schlüsselbegriffe**

Richard E. Petty, John T. Cacioppo, Elaboration Likelihood Modell (ELM), Zwei-Prozess-Modell, Persuasionsforschung, Einstellungsänderungen, Verarbeitungsroute, need for cognition

# 1 Einleitung

Das Elaboration Likelihood Modell (ELM) hat sich in den vergangenen Jahrzehnten als eines der zentralen Zwei-Prozess-Modelle für die Kommunikationswissenschaft, die Persuasions- bzw. Werbeforschung und die Sozialpsychologie etabliert. Richard E. Pettys und John T. Cacioppos Buch von 1986, *Communication and persuasion*[1], stellt eine Zusammenfassung der bereits in früheren Aufsätzen entwickelten Idee verschiedener Verarbeitungsrouten von persuasiven Botschaften dar (z. B. Cacioppo & Petty, 1984; Petty, 1977; Petty & Cacioppo, 1979; Petty, Cacioppo, & Schumann, 1983). Grundsätzlich soll das ELM als Rahmenmodell Veränderungen von Einstellungen und Verhalten in Abhängigkeit von Merkmalen einer persuasiven Botschaft, der Rezeptionssituation und individuellen Eigenschaften des Rezipienten erklären und voraussagen. Das ELM ist folglich als ein Ansatz zu verstehen, der beschreibt, (1) welche Prozesse Einstellungsveränderungen zugrunde liegen, (2) welche Variablen diese Prozesse verursachen und beeinflussen, und (3) welche Stärke die daraus resultierenden Urteile haben.

# 2 Kurzbiografie der Autoren

Richard E. Petty schloss 1977, im selben Jahr wie sein Kollege Cacioppo, seinen Ph.D. an der Ohio State University ab. Es folgte eine Anstellung als Assistenz-Professor an der University of Missouri, wo er im Jahr 1985 eine ordentliche Professur erhielt. Nach kurzem Aufenthalt in Yale kehrte er 1987 als Professor für Psychologie und Vorstand des sozialpsychologischen Promotions-Programms nach Ohio zurück, wo er wiederum mit Cacioppo zusammenarbeitete. 1995 war Petty Gastprofessor in Princeton; seit 2008 ist er erneut Vorstand des psychologischen Instituts in Ohio, nachdem er diese Position bereits von 1998 bis 2002 innehatte. Richard Petty hat für mehrere staatliche Institutionen als Berater fungiert, unter anderem unterstützte er das *National Institute on Drug Abuse*. Ebenso wie Cacioppo erhielt Petty für seine wissenschaftlichen Leistungen zahlreiche Auszeichnungen.

John T. Cacioppo schloss seine Promotion in Sozialpsychologie 1977 an der Ohio State University ab, wo er im ersten Jahr seiner Doktorandenzeit Richard

---

1 Nicht zu verwechseln mit dem im Haupttitel gleichnamigen Werk von Carl I. Hovland, Irving L. Janis und Harold H. Kelley (1953), welches sich ebenfalls mit der Wirkung persuasiver Botschaften befasst und eine der Grundlagen des hier besprochenen Werkes bildet (vgl. den Beitrag von Jackob & Hueß i. d. B.).

Petty kennenlernte. Anschließend arbeitete Cacioppo am Institut für Psychologie der University of Notre Dame und wechselte 1981 von dort an die University of Iowa, wo er 1985 eine ordentliche Professur erhielt. Er kehrte 1989 an die Ohio State University zurück, um dort am Psychologie- und Psychobiologie-Programm mitzuarbeiten. Im Jahr 1999 zog Cacioppo nach Chicago und war dort wesentlich an der Neuorientierung des Psychologie-Programms beteiligt. Bis heute leitet er in Chicago das von ihm gegründete *Center for Cognitive and Social Neuroscience*. Als einer der Pioniere der sozialen Neurowissenschaften hat Cacioppo diesen Bereich durch zahlreiche Publikationen entscheidend geprägt. Seine Forschung wurde kontinuierlich durch nationale Förderungsprogramme unterstützt.

## 3 Inhalt des Textes

In *Communication and persuasion* präsentierten Petty und Cacioppo 1986 nochmals die Grundzüge des ELMs und stellten eine große Zahl empirischer Studien zusammen, die dessen Annahmen untermauern. Die Autoren schlagen im ELM vor, zwischen zwei Arten kognitiver Verarbeitung von persuasiven Botschaften zu unterscheiden, die sie den *zentralen* und den *peripheren* Elaborationspfad nennen (vgl. Abbildung 1). Elaboration wird in diesem Zusammenhang als die Stärke der kognitiven Beschäftigung mit einer Botschaft verstanden. Anders formuliert beschäftigt sich Elaboration mit der Frage, wie intensiv eine Person zielgerichtet über themenrelevante Informationen nachdenkt (Petty & Cacioppo, 1986, S. 7). Jede Form der kognitiven Auseinandersetzung mit einer persuasiven Botschaft erfolgt auf einem Kontinuum der Elaborationswahrscheinlichkeit. Motivation und Fähigkeit zur Verarbeitung geben jeweils diese Wahrscheinlichkeit an und bestimmen den eingeschlagenen Verarbeitungsweg, wobei eine hohe Motivation und Fähigkeit zur Elaboration eine Verarbeitung auf dem zentralen Elaborationspfad wahrscheinlich machen. Die in *Communication and persuasion* präsentierten Studien beschäftigen sich vor allem damit 1) welche Faktoren diese Motivation und Fähigkeit steigern bzw. beeinträchtigen und somit mitverantwortlich dafür sind, welcher der beiden Elaborationspfade gewählt wird, sowie 2) welche unterschiedlichen Konsequenzen sich aus der Informationsverarbeitung auf den beiden Elaborationspfaden ergeben. Es wird gezeigt, dass je nach Art der Verarbeitung andere Faktoren ausschlaggebend für die auf Basis der persuasiven Botschaft erfolgende Meinungsbildung sind: So spielt die Qualität der präsentierten Argumente bei einer Verarbeitung auf der *zentralen Route* (hoher kognitiver Aufwand) eine wesentliche Rolle, da die Argumente in diesem Fall mit großer Sorgfalt beurteilt und gegen andere abgewogen werden.

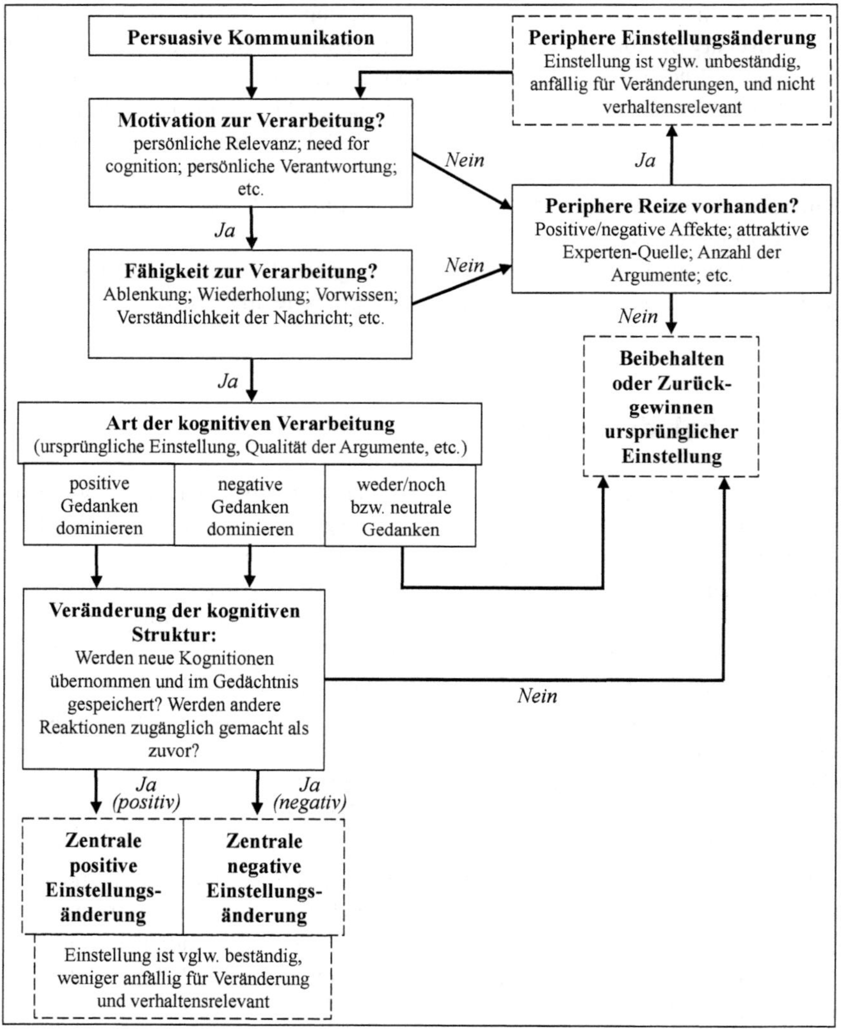


**Abb. 1** Schematische Darstellung der zwei Persuasions-Routen nach dem ELM (Petty & Cacioppo, 1986, S. 4)

Die entstandenen Meinungen sind stabiler und handlungsrelevanter als bei einer Verarbeitung der Botschaft auf der *peripheren Route* (geringer kognitiver Aufwand), bei welcher der Inhalt der Botschaft selbst eine untergeordnete Rolle spielt. Für die Persuasion entscheidend sind hier vielmehr kognitiv leicht zu verarbeitende Hinweise darauf, ob man der präsentierten Argumentationsweise folgen sollte, wie z. B., ob der Sender der Botschaft wie eine Experte auf dem entsprechenden Gebiet wirkt (vgl. auch Abb. 1). Grundlegend erheben Petty und Cacioppo (1986, S. 3) den Anspruch, mit dem ELM die bis dato vorherrschende Diversität sozialpsychologischer Ansätze zur Persuasionsforschung in einem Rahmenmodell zu vereinen. Auf Basis des ELM sollten sich die grundlegenden Prozesse effektiver persuasiver Kommunikation organisieren und bisherige – mitunter uneinheitliche – Forschungsergebnisse zu Einstellungsveränderungen erklären lassen.

Einen wichtigen Teil des Werkes stellt die Diskussion methodischer Herausforderungen dar, die sich aus der Erforschung von Einstellungen und der kognitiven Verarbeitung von Botschaften ergeben (Petty & Cacioppo, 1986, S. 25). Ein Großteil der von Petty und Cacioppo durchgeführten Untersuchungen wurde als Laborexperimente mit studentischen Teilnehmern konzipiert, wobei die Messungen in der Regel auf Selbstaussagen der Probanden beruhen (z. B. dem subjektiv wahrgenommenen kognitiven Aufwand, mit dem sich Versuchsteilnehmer mit einer Botschaft befassen). Darüber hinaus wurden Erinnerungs- und Gedankenprotokolle sowie physiologische Messungen (z. B. von Muskelkontraktionen oder Hirnströmen) eingesetzt um festzustellen, ob Individuen die präsentierten Inhalte zentral verarbeiten. Die Autoren geben detaillierte Informationen zu den unterschiedlichen Messverfahren, mit denen die wichtigsten Konstrukte des ELM erhoben werden und diskutieren einige der Probleme, die mit der Operationalisierung einhergehen, z. B. die umfangreichen Pretests, die erforderlich sind, um Stimuli zu konstruieren, die gute, d. h. inhaltlich überzeugende Argumente beinhalten (Petty & Cacioppo, 1986, S. 32). Die eingesetzen Stimuli (persuasive Botschaften) sind dabei äußerst vielfältig: Probanden wurden beispielsweise Audiobotschaften vorgespielt, in denen starke bzw. schwache Argumente für die Einführung neuer verpflichtender Abschlussprüfungen an ihrer Universität präsentiert wurden (S. 71). In anderen Experimenten wurden den Teilnehmern Argumente zur Erhöhung von Studiengebühren dargeboten (S. 64) und im Hinblick auf verschiedene Variablen (z. B. Überzeugungskraft, Anzahl der Quellen, persönliche Relevanz) variiert. Auch Werbebotschaften für Produkte wurden als Stimuli eingesetzt (z. B. für Füllfederhalter, S. 146). Die Bandbreite der verwendeten Medien und Inhalte macht dabei deutlich, dass die Theorie der zentralen und peripheren Verarbeitungsrouten in den unterschiedlichsten Kontexten zur Anwendung kommen kann.

In ihren Experimenten überprüften Petty und Cacioppo bei einer Reihe von Faktoren, ob sie entweder die Motivation und/oder Fähigkeit zur Elaboration oder alternativ eine objektive bzw. voreingenommene Verarbeitung beeinflussen. Objektive Verarbeitung meint dabei, dass eine Person sich bemüht, einer Sache sachlich und unparteiisch auf den Grund zu gehen und die Stärken nachvollziehbarer Argumente dabei ebenso (an)erkennt wie die Schwächen nicht schlüssiger Argumente. Im Falle einer voreingenommenen Verarbeitung hingegen besteht von vorneherein – d. h. ungeachtet des Inhalts der persuasiven Botschaft – eine größere Wahrscheinlichkeit, dass eine Person eine bestimmte Einstellung zu einem Thema einnimmt (Petty & Cacioppo, 1986, S. 19). Die Autoren stellten u. a. fest, dass bereits die reine Wiederholung einer Botschaft dazu führen kann, dass Individuen sie besser verarbeiten können. Wird die Frequenz der Wiederholung allerdings zu hoch, so lehnen Personen die dargebotenen Inhalte eher ab. Je stärker Individuen andererseits in eine Aufgabe involviert sind, desto geringer ist der Einzelne motiviert, sich umfangreich Gedanken zu machen (persönliche Verantwortung). Darüber hinaus spielen Rezipientenvariablen eine wichtige Rolle: Beispielsweise besagt das Konzept des *„need for cognition"*, dass manche Menschen prinzipiell intrinsisch motiviert sind, gern und viel nachzudenken. Diese Personen werden auch motivierter sein, sich im Sinne des ELM mit einer Botschaft zu befassen, was die Elaboration erhöht. Zu einer Voreingenommenheit bei der Verarbeitung von Botschaften kann es kommen, wenn Personen bereits über ein umfangreiches Vorwissen zu einem Thema verfügen: Neue Informationen werden dann so verarbeitet, dass sie in bestehende Schemata (zum Konzept des Schemas vgl. den Beitrag von Brosius & Unkel i. d. B.) hineinpassen, und Individuen sind dann in der Lage, ihre bestehende Meinung gegenüber einem Persuasionsversuch zu verteidigen. Werden Personen vor einer Rezeptionssituation mit Vorabinformationen über das Thema und die Position der nachfolgenden Botschaft zu diesem Thema konfrontiert, kann dies dazu führen, dass Personen sich Gegenargumente zur Botschaftsposition überlegen und die von vornherein bestehende Ablehnung der Botschaftsargumente verstärkt wird. Dies setzt allerdings – neben einer persönlichen Relevanz des Themas und einem Konflikt zwischen der eigenen und der angekündigten Position der Botschaft – voraus, dass zwischen der Vorabinformation und der Präsentation der eigentlichen Botschaft Zeit für Überlegungen besteht (Petty & Cacioppo, 1986, S. 116-126). Werden Individuen hingegen vorab darüber informiert, dass eine nachfolgende Botschaft sie von etwas überzeugen will (also eine persuasive Intention besteht, jedoch ohne Thema und Position der Botschaft zu nennen), so können sie eine grundsätzliche Abwehrhaltung gegen die folgende Botschaft, sogenannte Reaktanz, entwickeln (Petty & Cacioppo, 1986, S. 126-130).

In weiteren Experimenten testeten Petty und Cacioppo (1986, S. 141) die Effektivität verschiedener peripherer Hinweisreize für die Persuasion. Zu solchen Hinweisreizen gehören beispielsweise die Expertise, Glaubwürdigkeit und Attraktivität der Quelle: Wenn ein Thema lediglich eine geringe persönliche Relevanz aufweist (d. h. eine geringe Motivation zur intensiven Verarbeitung einer Botschaft besteht) werden der Qualifikation bzw. dem Aussehen, der Prominenz oder dem Status des Sprechers/Testimonials ebenso wie deren non-verbalem Verhalten mehr Bedeutung zugeschrieben. Auch eine erhöhte Anzahl der dargebotenen Argumente, eine bei den Versuchsteilnehmern induzierte positive Stimmung oder eine angenehme Hintergrundmusik bei TV-Spots können bei peripherer Verarbeitung als Hinweisreize dienen und zu einer positiven Bewertung von Dargebotenem führen. Die Studien zeigen, dass periphere Hinweisreize u. a. dann wichtiger werden, wenn eine gering ausgeprägte *need for cognition* vorliegt oder die Probanden während der Rezeption abgelenkt werden, was die aktuelle Fähigkeit zur Elaboration senkt. Die Art des Mediums, in dem eine Botschaft präsentiert wird, spielt ebenfalls eine Rolle: Kann der Rezipient die Verarbeitungsgeschwingkeit von in Printmedien präsentierten Informationen selbst bestimmen, so ist dies bei Fernsehen und Radio nicht möglich, was ihm im letzteren Fall eine geringere Chance zur Elaboration einzelner Argumente gibt (Petty & Cacioppo, 1986, S. 164). Außerdem tragen periphere Hinweisreize stärker zu Einstellungsänderungen bei, wenn Individuen ein geringes (Vor-)Wissen zu einem Thema haben, da Personen mit viel Vorwissen dazu tendieren, ihre bestehenden Meinungen zu verteidigen.

Komplex wird die Anwendung des Modells dadurch, dass die selben Variablen verschiedene Rollen im Persuasionsprozess einnehmen und sowohl als periphere Hinweisreize als auch als Argumente fungieren können. Als Beispiel sei die Attraktivität der Quelle einer persuasiven Botschaft genannt: Ist der Empfänger zu einer Elaboration der Botschaft nicht motiviert oder fähig, dient die Attraktvität als peripherer Hinweisreiz und schlechte Argumente vermögen bei hoher Attraktvität der Quelle eventuell dennoch zu überzeugen. Verläuft die Verarbeitung der Botschaft hingegen auf der zentralen Route, so spielt die Argumentqualität eine größere Rolle als die Attraktivität der Quelle. Handelt es sich jedoch bei der Botschaft z. B. um eine Produktwerbung für eine Hautcreme, stellt die positive Aussage zur Effektivität dieser Creme von einem attraktiven Testimonial (hier: mit schöner Haut) ein gutes Argument für den Kauf dar. Dann wird demnach die Attraktivität der Quelle selbst als Argument wirksam und nicht nur als peripherer Hinweisreiz (Petty & Cacioppo, 1986, S. 205). Zudem erhöhen manche Faktoren die Elaboration unter bestimmten Bedingungen, behindern sie aber unter anderen. So erhöht z. B. der Gebrauch von rhetorischen Fragen („Johnny was a peaceful boy, wasn't he?"; Petty & Cacioppo, 1986, S. 199) die Elaborationswahrscheinlichkeit, wenn die persönliche Relevanz des Themas für eine Person gering ist, verringert sie jedoch, wenn die persönliche Relevanz hoch ist. Dies gilt vor allem bei auditiver Präsentation der Botschaft und wird dadurch begründet, dass die rhetorische Frage die Gedanken der Rezipienten bei hoher Elaboration (induziert durch eine hohe persönliche Relevanz) unterbricht. Ist die persönliche Relevanz hingegen gering, motiviert die rhetorische Frage zum Nachdenken über die Qualität des Arguments, da die Rezipienten sich zumindest innerlich die Frage beantworten. Wie hier ersichtlich wird, hängt die Art der Wirkung, die eine Variable entfaltet, somit immer auch von der Ausprägung anderer Variablen ab. Die Komplexität des ELM wird noch zusätzlich erhöht durch das Zusammenspiel der verschiedenen Einflussvariablen in natürlichen Umgebungen, das heißt außerhalb der kontrollierten Laborsituation. In diesem Zusammenhang weisen Petty und Cacioppo (1986, S. 215) außerdem darauf hin, dass die Extreme des Verarbeitungsspektrums nur selten erreicht werden: Personen finden sich meist irgendwo zwischen der peripheren und der zentralen Verarbeitungsroute und/oder in Situationen wieder, in denen sie den Argumenten von mehr als nur einer Seite ausgesetzt werden.

Welche Persuasionsroute verfolgt wird, hat schließlich auch längerfristig Konsequenzen für die Effektivität einer persuasiven Botschaft (Petty & Cacioppo, 1986, S. 173): Einstellungsänderungen, die über die zentrale Route erreicht werden, sind auch bis zu zwei Wochen nach der Stimulus-Konfrontation noch beständiger, denn sie sind mit mehr kognitivem Aufwand und themenrelevanten Gedanken verbunden. Petty und Cacioppo gehen zudem davon aus, dass die Einstellungen in diesem Fall eher verhaltensrelevant sind, was beispielsweise im Kontext von Kauf- oder Wahlentscheidungen bedeutend ist: Wird z. B. eine Produktwerbung mit hohem kognitivem Aufwand verarbeitet, so steigt die Wahrscheinlichkeit, dass sich Individuen in einer nachfolgenden Situation auch für das Produkt entscheiden. Dieser Effekt wird ebenfalls durch das *need for cognition* moderiert (Petty & Cacioppo, 1986, S. 189). Darüber hinaus lassen sich Einstellungen, die über den zentralen Elaborationspfad gebildet werden, vergleichsweise schwieriger revidieren als die weniger stabilen Meinungen, die bei einer Verarbeitung auf der peripheren Route gebildet werden.

Insgesamt bestätigen die berichteten Studien die zentralen Annahmen des ELM und geben einen Einblick in das komplexe Zusammenspiel der Variablen im Verarbeitungsprozess persuasiver Botschaften. Neuere Studien bauen auf diesen ursprünglichen theoretischen Überlegungen und methodischen Erkenntnissen auf und entwickeln sie weiter (für einen Überblick vgl. Choi & Salmon, 2003; Schumann, Kotowski, Ahn, & Haugtvedt, 2012).

## 4 Eingliederung ins Gesamtwerk

Richard E. Petty hat sich in seiner weiteren wissenschaftlichen Arbeit stark auf die Verbesserung des ELM konzentriert (Petty, 2004) und sich in erster Linie mit individuellen und situationsbedingten Faktoren beschäftigt, die Meinungen, Einstellungen und Verhalten in der persuasiven Kommunikation beeinflussen (Petty, 2001; Petty & Briñol, 2014). Auch in aktuelleren Werken publizieren Petty und Cacioppo noch gemeinsam zu dem von ihnen entwickelten Modell (z. B. Petty, Cacioppo, Strathman, & Priester, 2005; Petty, Rucker, Bizer, & Cacioppo, 2004). John T. Cacioppo hat den Großteil seiner wissenschaftlichen Karriere an der Entwicklung der sozialen Neurowissenschaften gearbeitet, die die neuronalen, hormonellen, zellulären und genetischen Mechanismen sozialen Verhaltens erforschen und den Zusammenhang zwischen sozialen und biologischen Prozessen zu verstehen suchen (Cacioppo & Decety, 2011, S. 163). Cacioppos Arbeit geht damit heute über die fokussierte Betrachtung psychologischer Mechanismen, wie im ELM, hinaus und bezieht sich stärker auf biologische Reaktionen.

## 5 Wirkungsgeschichte des Schlüsselwerkes und Kritik

Die Beiträge *Communication and persuasion* und *The Elaboration Likelihood Model of persuasion* aus dem Jahr 1986 stehen noch immer noch an der Spitze der zahlreichen Veröffentlichungen Pettys und Cacioppos und haben die Medienwirkungsforschung entscheidend geprägt (Klimmt, 2011). Die Annahmen der Autoren – ebenso wie viele ihrer Studien – wurden in den rund drei Jahrzenten, die seit der Veröffentlichung des Buchs vergangen sind, jedoch auch hinterfragt.[2]

Einer der häufigsten Kritikpunkte betrifft die konzeptuelle Flexibilität des ELMs, d. h. seine Fähigkeit, eine Vielzahl an Ergebnissen zu integrieren, was auf Kosten seiner Präzision und Vorhersagekraft geht und es nur schwer möglich macht, das Modell zu falsifizieren (Choi & Salmon, 2003, S. 55; Erb & Kruglanski, 2005; Schumann et al., 2012). Als problematisch wird dabei vor allem betrachtet, dass sich die Funktion ein- und derselben Variablen von Fall zu Fall ändern und eine Information entweder als zentrales Argument oder als peripherer Reiz auftreten

2 Lesenswerte Debatten zwischen den Kritikern des Modells und seinen Entwicklern finden sich u. a. in Ausgabe 3 des 54. Jahrgangs der Fachzeitschrift *Communication Monographs* (1987) und in Ausgabe 1 des 3. Jahrgangs der Fachzeitschrift *Communication Theory* (1993).

kann. Dies wurde oben bereits in Bezug auf die Attraktivität eines Testimonials erklärt, die im Kontext eines Werbespots einmal als peripherer Hinweisreiz und einmal als Argument dienen kann. In einem solchen Fall sehen Kritiker des Modells eine Falsifikation als nicht möglich an, denn:

> If under high relevance conditions the stimulus had a statistically significant effect on attitudes, then Petty and Cacioppo could argue that the stimulus must have provided a central cue. Conversely, if under high relevance conditions the stimulus had no statistically significant effect on attitudes, then Petty and Cacioppo could argue that the stimulus must have provided a peripheral cue. (Stiff & Boster, 1987, S. 251, vgl. auch Erb & Kruglanski, 2005, S. 125)

Dieser Hinweis wirkt grundsätzlich berechtigt, zumindest solange der Forscher nicht nachvollziehen kann, ob der Proband die Attraktivität des Testimonials als Argument angesehen hat oder nicht, berührt jedoch nur einen Ausschnitt des Modells. Ein ähnlicher Punkt betrifft generell das konzeptuelle Verständnis von *Argumenten* im Sinne des ELM, d. h. von Informationen, die in einer Botschaft enthalten sind und von Individuen für die Urteilsbildung als wichtig eingestuft werden (Petty & Cacioppo, 1986, S. 16). Werden diese inhaltlichen Argumente einer gründlichen Prüfung unterzogen, so sollten stärkere Argumente als überzeugender wahrgenommen werden und entsprechend mehr zur Einstellungsänderung beitragen (‚bottom-up' Verarbeitung, die sich aus der Botschaft und ihren Argumenten speist; Petty & Cacioppo, 1986, S. 19). Starke Argumente sind jedoch per definitionem diejenigen, die als überzeugend *wahrgenommen* werden; ihre Qualität ergibt sich folglich nicht aus den Inhalten der Informationen selbst, sondern aus dem Resultat ihrer Verarbeitung (Choi & Salmon, 2003, S. 58; vgl. auch O'Keefe, 2003; Schumann et al., 2012). Zudem unterschieden sich Argumente von peripheren Hinweisreizen in ihrer Operationalisierung häufig durch Länge und Komplexität, was ihre Vergleichbarkeit in experimentellen Studien erschwert (Erb & Kruglanski, 2005).

Vor dem Hintergrund der hier auszugsweise präsentierten Kritik mag es zunächst überraschen, dass sich das ELM weiterhin als eines der dominanten Rahmenmodelle in der Persuasionsforschung behauptet. Petty und Cacioppo haben jedoch vielfach auf die kritischen Einschätzungen reagiert und ihre ursprünglichen Annahmen expliziert (z. B. Petty et al., 2004; Petty, Wegener, Fabrigar, Priester, & Cacioppo, 1993; Petty & Wegener, 1999). Dadurch konnten die grundlegende Theorie weiterentwickelt und Missverständnisse vielerorts aus dem Weg geräumt werden (Choi & Salmon, 2003; Schumann et al., 2012). Einige Punkte geben nach wie vor Anlass für Diskussionen; eine solche Theorie bietet für die Forschung jedoch einen bedeutsamen Vorteil: Das ELM präsentiert einen Überblick über die verschiedenen Faktoren, die auf allen Ebenen des Persuasionsprozesses eine Rolle spielen (können). Es bietet damit nicht zuletzt eine bedeutende Organisationsfunktion für Forscher und Praktiker verschiedener Disziplinen. Petty und Cacioppo haben mit ihrem Werk einen wesentlichen Beitrag zu unserem heutigen Verständnis der Persuasionsforschung geliefert, und ihre Arbeit ist noch immer maßgeblich für zahlreiche Studien auf diesem Gebiet.

## Literatur

### *Primärliteratur*

Cacioppo, J. T., & Petty, R. E. (1984). The Elaboration Likelihood Model of persuasion. *Advances in Consumer Research, 11*, 673-675.

Petty, R. E. (1977). The importance of cognitive responses in persuasion. *Advances in Consumer Research, 4*, 357-362.

Petty, R. E. (2001). Subtle influences on judgments and behaviors: Who is most susceptible? In J. Forgas & K. D. Williams (Hrsg.), *Social influence: Direct and indirect processes* (S. 129-146). Philadelphia, PA: Psychology Press.

Petty, R. E. (2004). Multi-process models in social psychology provide a more balanced view of social thought and action (comment). *Behavioral and Brain Sciences, 27*, 353-354.

Petty, R. E., & Briñol, P. (2014). The Elaboration Likelihood and meta-cognitive models of attitudes: Implications for prejudice, the self, and beyond. In J. Sherman, B. Gawronski, & Y. Trope (Hrsg.), *Dual-process theories of the social mind* (S. 172-187). New York, NY: Guildford Press.

Petty, R. E., & Cacioppo, J. T. (1979). Issue involvement can increase or decrease persuasion by enhancing message-relevant cognitive responses. *Journal of Personality and Social Psychology, 37*, 1915-1926.

Petty, R. E., & Cacioppo, J. T. (1986). *Communication and persuasion: Central and peripheral routes to attitude change*. New York: Springer.

Petty, R. E., Cacioppo, J. T., & Schumann, D. W. (1983). Central and peripheral routes to advertising effectiveness: The moderating role of involvement. *Journal of Consumer Research, 10*, 135-147.

Petty, R. E., Cacioppo, J. T., Strathman, A. J., & Priester, J. R. (2005). To think or not to think: Exploring two routes to persuasion. In S. Shavitt & T. C. Brock (Hrsg.), *Persuasion: Psychological insights and perspectives* (S. 81-116). New York: Allyn & Bacon.

Petty, R. E., Rucker, D., Bizer, G., & Cacioppo, J. T. (2004). The Elaboration Likelihood Model of persuasion. In J. S. Seiter & G. H. Gass (Hrsg.), *Perspectives on persuasion, social influence and compliance gaining* (S. 65-89). Boston: Allyn & Bacon.

Petty, R. E., & Wegener, D. T. (1999). The Elaboration Likelihood Model: Current status and controversies. In S. Chaiken & Y. Trope (Hrsg.), *Dual process theories in social psychology* (S. 41-72). New York: Guilford Press.

Petty, R. E., Wegener, D. T., Fabrigar, L. R., Priester, J. R., & Cacioppo, J. T. (1993). Conceptual and methodological issues in the Elaboration Likelihood Model of persuasion: A reply to Michigan State critics. *Communication Theory*, *3*, 336-342.

### Sekundärliteratur

Cacioppo, J. T., & Decety, J. (2011). Social neuroscience: Challenges and opportunities in the study of complex behavior. *Annals of the New York Academy of Sciences*, *1224*, 162-173.

Choi, S. M., & Salmon, C. T. (2003). The Elaboration Likelihood Model of persuasion after two decades: A review of criticism and contributions. *The Kentucky Journal of Communication*, *22*(1), 47-77.

Erb, H., & Kruglanski, A. W. (2005). Persuasion: Ein oder zwei Prozesse? *Zeitschrift für Sozialpsychologie*, *36*, 117–131.

Klimmt, C. (2011). *Das Elaboration-Likelihood-Modell.* Baden-Baden: Nomos.

O'Keefe, D. J. (2003). Message properties, mediating states, and manipulation checks: Claims, evidence, and data analysis in experimental persuasive message effects research. *Communication Theory*, *13*, 251-274.

Schumann, D. W., Kotowski, M. R., Ahn, H. A., & Haugtvedt, C. P. (2012). The Elaboration Likelihood Model: A 30-year review. In S. Rodgers & E. Thorson (Hrsg.), *Advertising theory* (S. 51-68). Routledge: New York.

Stiff, J. B., & Boster, F. J. (1987). Cognitive processing: Additional thoughts and a reply to Petty, Kasmer, Haugtvedt, and Cacioppo. *Communication Monographs*, *54*, 250-256.

# Darstellungseffekte: Experimentelle Untersuchungen zur Wirkung von Pressefotos und Fernsehfilmen

## von Hans Mathias Kepplinger (1987)

Matthias Potthoff und Antal Wozniak

**Zusammenfassung**

Hans Mathias Kepplinger, von 1982 bis zu seiner Emeritierung 2011 Professor an der Johannes Gutenberg-Universität Mainz, ist einer der meistzitierten Forscher der deutschen Kommunikations- und Publizistikforschung. Sein 1987 erschienenes Werk „Darstellungseffekte: Experimentelle Untersuchungen zur Wirkung von Pressefotos und Fernsehfilmen" bietet eine Übersicht über elf experimentelle Studien zur Wirkung non-verbaler Aspekte der Medienkommunikation. Entlang eines mehrstufigen Wirkungsmodells visueller Medieninhalte werden Ergebnisse zum Einfluss von non-verbalen Verhaltensweisen dargestellter Politiker wie auch zum Einfluss produktionstechnischer Modifikationen sowie Voreinstellungen der Betrachter auf die Personenwahrnehmung vorgestellt. Die Studien zeigen die besondere Wirkmacht von durch Fernsehbilder oder Fotos vermittelten Charakterfiktionen auf die Wahrnehmung von Politkern durch die Betrachter. Kepplingers Experimente leisteten damit einen wichtigen Beitrag zur Grundlagenforschung über die Wirkmacht visuell kommunizierter Medienangebote.

**Schlüsselbegriffe**

Optische Kommentierung, Fernsehberichterstattung, nonverbale Kommunikation, Pressefotos, Charakterfiktionen, Kameraperspektiven, Personenwahrnehmung, Politikerdarstellungen, Hans Mathias Kepplinger

## 1 Biographie des Autors

Hans Mathias Kepplinger wurde 1943 in Mainz geboren. Er studierte Psychologie, Publizistik, Rechtsphilosophie, Politikwissenschaft und Geschichte in Mainz, München und Berlin. An der Universität Mainz zählte unter anderem auch Elisabeth Noelle-Neumann zu Kepplingers MentorInnen, für die er nach seiner Promotion im Fach Politikwissenschaft 1970 als Wissenschaftlicher Assistent arbeitete. 1977 habilitierte sich Kepplinger im Fach Publizistikwissenschaft und nahm 1982 einen Ruf auf eine neu geschaffene Professur für Empirische Kommunikationsforschung in Mainz an (Wilke, 2005). Damit blieb er dem Forschungsstandort Mainz und der sogenannten „Mainzer Schule" erhalten, die u.a. durch einen Fokus auf die Verwendung quantitativer empirischer Methoden zur Analyse von Medienwirkungen sowie eine kritische Distanz den Medien gegenüber charakterisiert ist.

Kepplinger beschäftigt sich primär mit den Zusammenhängen zwischen Eigenschaften von Journalisten (z.B. in Kepplinger, 1979a), Eigenschaften von Medieninhalten (z.B. in Kepplinger, 1989) und Wirkungen beim Publikum (z.B. in dem hier besprochenen Band zu *Darstellungseffekten*). Dabei nimmt er häufig die Perspektive der News-Bias-Forschung (Hackett, 1984) ein. Diese geht davon aus, dass die Medien zwar in der Lage und gesellschaftlich verpflichtet sind, objektiv und ausgewogen über die Realität zu berichten bzw. ein *unverzerrtes Abbild des Geschehens* zu liefern, dies jedoch u.a. aufgrund eigener Interessen und der Absicht, andere von der eigenen Meinung zu überzeugen, nicht (in ausreichendem Maße) tun. Außerdem ist in Kepplingers Arbeiten ein deutlicher Fokus auf politische Kommunikation auszumachen, insbesondere darauf, wie Medienwirkungen politisch und gesellschaftlich relevant werden (z.B. Kepplinger & Maurer, 2005).

Für seine Verdienste um die Methoden der Umfrageforschung erhielt Kepplinger 2012, d.h. ein Jahr nach seiner Emeritierung in Mainz, als vierter deutscher Forscher den *Helen Dinerman Award* von der *World Association for Public Opinion Research*.[1] Er gehört zu den meistzitierten (Potthoff & Kopp, 2013) und bekanntesten deutschen Kommunikationswissenschaftlern. Gleichzeitig gibt es laut Siegfried Weischenberg (2013, S. 113) „niemanden, der mit seinen Studien so sehr polarisiert hat wie er." So stellt Weischenberg (2013, S. 113) weiter fest, dass Kepplingers Publikationen „Beifall fanden oder (zum Teil heftigen) Widerspruch und auf jeden Fall eines erregten: Aufmerksamkeit."

1 Siehe für weitere Informationen zur Person Hans Mathias Kepplingers die umfangreichen Angaben unter www.kepplinger.de, Stand 12.02.2015 sowie Schulz (2003) und Esser (2008).

Besonders viel Aufmerksamkeit und Widerspruch entstanden anlässlich seiner Studie zur Bundestagswahl 1976 (Kepplinger 1979b, 1980), in der er zu dem Ergebnis kam, dass der damalige CDU-Kanzlerkandidat durch die Wahl bestimmter Kamerawinkel in der TV-Berichterstattung negativ, der SPD-Kanzlerkandidat hingegen positiv dargestellt worden sei. Dadurch, so vermutete er (1980, S. 175), habe sich für den Zuschauer das Bild ergeben können, dass der CDU-Kandidat von der Öffentlichkeit abgelehnt werde und keine Siegeschancen habe. Dies stützte „die von Elisabeth Noelle-Neumann geäußerte Vermutung … die CDU/CSU sei durch das vom Fernsehen ausgehende Meinungsklima um den Wahlsieg gebracht worden" (Schulz, 2003, S. 210).

Kepplingers Studien lösten Gegenreaktionen von Journalisten aus, die sich gegen den Vorwurf der mangelnden Objektivität wehrten (z. B. Der Spiegel, 1985). Wissenschaftler wiederum warfen Kepplinger – neben methodischen Fehlern (z. B. Merten, 1982, 1983; für eine Erwiderung siehe Kepplinger, 1983) – vor, jemand zu sein, der „Wahlkampf macht und das als Wissenschaft ausgibt" (Klaus Merten in Meyen & Löblich, 2007, S. 329; für eine widersprüchliche Einschätzung vgl. Stolte, 2013, S. 46-47). Der genannte Eindruck entstand wohl, weil Kepplinger weithin als „wertkonservativ" (Hans Wagner in Meyen & Löblich, 2007, S. 191) gilt und er gleichzeitig Forschungsergebnisse produzierte, welche die CDU/CSU für sich nutzen konnte – so wie etwa aus der erwähnten Studie zur optischen Kommentierung folgte, dass nicht die Politik der CDU schuld an der 1976er Wahlniederlage war, sondern eine tendenziöse Medienberichterstattung. Von der Kritik, die im Ton mitunter unangemessen polemisch ausfiel und in einen Bombenanschlag auf Kepplingers Büro im Jahr 1986 gipfelte (Wilke, 2005, S. 24), hat sich der Forscher jedoch nie einschüchtern oder entmutigen lassen, seine Thesen weiter zu vertreten. Zudem erfuhr seine Forschung von anderer Seite durchaus Zuspruch.

Kepplingers Sichtweise auf die Medien, seine 1979 und 1980 publizierten Studien sowie der durch sie ausgelöste Disput bildeten einen wesentlichen Ausgangspunkt für die in dem hier besprochenen Band enthaltene Forschung. So erschien der 1979/1980 nur auf Grundlage einer Befragung von Kameramännern formulierte Gedanke, dass die Kameraperspektive die Wahrnehmung der Kanzlerkandidaten beeinflusst haben könnte, anderen Forschern als eine eher „waghalsige Kausalannahme" (Weischenberg, 2013, S. 115). Die entsprechende Kritik gab wohl – wie man besonders deutlich an einer Vorabveröffentlichung ausgewählter Ergebnisse aus dem hier besprochenen Band (Kepplinger, 1985) erkennt – den Anstoß, entsprechende Wirkungen von Darstellungstechniken noch einmal experimentell zu überprüfen und eine belastbarere Argumentationsbasis zu schaffen.

Abschließend ist anzumerken, dass außer der Einleitung jedes Kapitel in Zusammenarbeit mit Mitarbeitern (namentlich Hans-Bernd Brosius und Wolfgang

Donsbach, vgl. die Beiträge von Haas sowie Mothes & Schenk i. d. B.) und/oder damaligen Examenskandidaten Kepplingers (Thomas Hartmann, Norbert Heine, Sabine Holicki, Ulrich Nies, Winfried Schindler, Hansjürgen Schneider, Karin Winning) verfasst wurde. Das Werk enthält eine Sammlung von elf einzelnen empirischen Studien (im vorliegenden Beitrag nur auszugsweise vorgestellt), die dadurch verbunden werden, dass sie verschiedene Aspekte eines einleitend vorgestellten Modells medialer Darstellungseffekte beleuchten.

## 2 Inhalt des Werkes

Kepplinger beschreibt in der Einleitung seines Buches den mehrstufigen Wirkungsprozess visueller Kommunikationsinhalte und unterscheidet dabei *reales Verhalten* (Sprechweise, Gestik, Mimik), *dargestelltes Verhalten* (das durch Aufnahme- und Editionstechniken gefilterte reale Verhalten), *wahrgenommenes Verhalten* (beeinflusst durch Merkmale der Betrachter) sowie abschließend das *attribuierte Verhalten* (bewusste und unbewusste Folgerungen aus den Wahrnehmungen zu Attributen der dargestellten Personen). Sein Modell der Darstellungseffekte beschreibt vier zentrale Faktoren, die das Verhalten der dargestellten Personen und deren Wahrnehmung durch Rezipienten betreffen, sowie weitere vier Faktoren, die für die Modifikation durch Produzent und Rezipient relevant sind. Wie bereits erwähnt, wurden in den nachfolgend in dem Werk beschriebenen Studien einzelne Aspekte des Modells empirisch überprüft.

### *Darstellungseffekte von Bewegtbildern*

Zur Ermittlung der *Bedeutung von Gestik und Mimik für die Einschätzung von Politikern* wurden zwei Experimentalgruppen Bild- und Tonaufnahmen respektive nur Tonaufnahmen der Politiker Helmut Schmidt, Hans-Dietrich Genscher, Helmut Kohl und Franz Josef Strauß aus einer Fernsehdiskussion kurz vor der Bundestagswahl 1976 gezeigt. Die Versuchspersonen bewerteten anschließend den Gesamteindruck der Politiker und die Sprechweise sowie, hatten sie die Bild- und Tonversion gesehen, Gestik und Mimik. Festgestellt werden konnte, dass die Fernsehversion einen anderen Gesamteindruck von den Politikern vermittelte als die Hörfunkversion, was grundlegend demonstrierte, dass Gestik und Mimik für die Einschätzung eines Politikers relevant sind. Zudem konnten Zusammenhänge zwischen bestimmten Aspekten der Gestik und Mimik der Politiker und dem von ihnen entstandenen Gesamteindruck festgestellt werden. So führten die Autoren

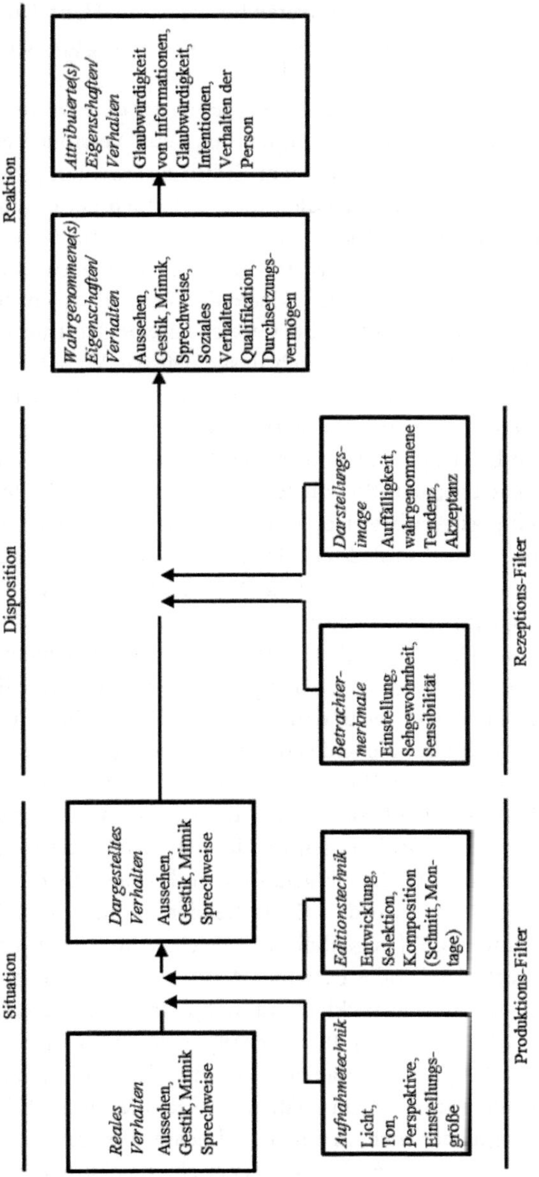


**Abb. 1** „Darstellungseffekte im Modell" (Kepplinger, 1987, S. 11

z. B. den in der Fernsehversion positiveren Eindruck von Hans-Dietrich Genscher darauf zurück, dass er Handgesten wohldosiert einsetzte und dadurch einen lebendigen Eindruck hinterließ.

Um den *Einfluss nonverbaler Verhaltensweisen auf die Personenwahrnehmung* in Fernsehinterviews zu untersuchen, wurden neun Versionen eines fingierten Interviews eines Journalisten mit einem Kulturdezernenten produziert. Neben drei Basisversionen, in denen sich die Interviewteilnehmer durchgängig entweder neutral, aggressiv oder defensiv verhielten, gab es sechs Schnittversionen, in denen entweder der Journalist oder der Kulturdezernent entweder dominierend, konternd oder eingeschüchtert auftrat. Jeder der neun Filme wurde einer Gruppe von jeweils 25 Studierenden vorgeführt, welche die beiden Interviewteilnehmer bewerten sollten. Im Ergebnis zeigte sich, dass defensives Verhalten einen positiven Eindruck vom sozialen Verhalten, jedoch einen negativen Eindruck vom Durchsetzungsvermögen einer Person hervorrief, während bei aggressivem Verhalten der umgekehrte Eindruck entstand. Außerdem war teilweise ein sogenannter *Kontrasteffekt* nachweisbar. So wurde z. B. das soziale Verhalten des defensiven Journalisten positiver bewertet, wenn der Kulturdezernent sich gleichzeitig aggressiv verhielt. Daraus folgerten die Autoren, dass das Verhalten des einen Gesprächspartners einen Einfluss auf die Wahrnehmung des sozialen Verhaltens des anderen Gesprächspartners ausübt.

Gemeinsam mit Donsbach führte Kepplinger eine Experimentreihe u. a. zum *Einfluss von Kameraperspektiven und Perspektivwechseln* durch. Stimulus war eine aus verschiedenen Perspektiven und in unterschiedlichen Einstellungsgrößen aufgenommene politisch neutrale Rede eines unbekannten Sprechers zu Problemen der Energieversorgung. Das *Wirkungspotential von Kameraperspektiven* wurde mittels sieben Versionen der Rede getestet, die den Sprecher aus unterschiedlichen Perspektiven zeigten. Dabei konnten für die sieben Winkelzonen Unterschiede in der Wahrnehmung einzelner Eigenschaften des Redners durch die Probanden festgestellt werden. So wurde z. B. ein Redner, der mit einem Kamerawinkel zwischen -11,5° und +11,5° (Augenhöhe bzw. leichte Unter-/Aufsicht) oder aber in extremer Untersicht (-31°) oder extremer Aufsicht (+31°) aufgenommen wurde, als (weitgehend) friedlich, zurückhaltend und gewaltlos eingeschätzt. Bei einem Unter- oder Aufsichtswinkel von -18° oder +18° hingegen erschien er angriffslustig, gewaltsam und aufdringlich. Die Kamerawinkel standen somit erwartungsgemäß in einem Zusammenhang mit der Einschätzung des Redners hinsichtlich bestimmter Eigenschaften, wenn auch nicht in einfacher linearer Weise.

Für die Untersuchung des *Einflusses von Perspektivwechseln* wurden vier Schnittfassungen der auch in dem vorherigen Experiment verwendeten Rede gezeigt, bei denen die Reihenfolge von starker Untersicht und Augenhöhen-Perspektive respektive starker Draufsicht und Augenhöhe-Perspektive jeweils variiert wurde. Die zunächst nahe liegende Vermutung, dass der bleibende Eindruck von einer Person (z.B. ob sie friedlich oder angriffslustig ist) sich aus einer Mischung der Eindrücke ergibt, welche die verschiedenen Perspektiven vermitteln, bestätigte sich nicht. Dementgegen konnte nachgewiesen werden, dass der bleibende Eindruck von den Eigenschaften des Redners weitgehend dem durch die jeweils zuletzt gezeigte Einstellung entstehenden Eindruck entsprach.

Schließlich untersuchten die Autoren auch den *Einfluss der Kameraperspektiven auf Anhänger und Gegner eines Politikers*. Dafür wurde neben dem Kamerawinkel auch die politische Ausrichtung durch die Vorstellung des Sprechers als entweder Vertreter der CDU/CSU respektive der SPD variiert. Es zeigte sich ein stärkerer Einfluss der Kameraperspektive auf die Wahrnehmung der Anhänger einer Partei als auf die der Gegner oder politisch neutraler Versuchspersonen. So erhielten die Anhänger z.B. einen besonders ungünstigen Eindruck vom Redner, wenn er aus einer ungünstigen Kameraperspektive gezeigt wurde. Wie auch zuvor wurde diese positive bzw. negative Wahrnehmung über die Einschätzung bestimmter Eigenschaften des Redners, wie etwa seine Zurückhaltung bzw. Aufdringlichkeit, erfasst. Kepplinger und Donsbach resümierten, dass die Wirkung von Kameraperspektiven umso größer sei, je größer die Ich-Beteiligung bzw. das Aktivationsniveau der Zuschauer ausfällt.

### Darstellungseffekte von Fotografien

Die Personenwahrnehmung anhand von Fotografien untersuchte Kepplinger in einer Reihe von Experimenten gemeinsam mit Thomas Hartmann. Die Basis für das Stimulusmaterial bildeten hier primär je 120 Schwarz-Weiß-Fotografien, die binnen einer Stunde von zwei Männern (von den Forschern ‚Horst Berger" und „Jürgen Schütz" genannt) bei der Arbeit gemacht wurden.

Im Rahmen der ersten Studie (*Das Identitätsproblem der Personenwahrnehmung anhand von Fotos*) untersuchten Kepplinger und Hartmann, ob kurzzeitig auftretende und dabei photographisch festgehaltene Mimik- und Gestikerscheinungen (z.B. ein Lidschlag, der auf einem Bild zu halbgeschlossenen Augenliedern führt) die Einschätzung vergleichsweise dauerhafter Eigenschaften (u.a. soziales Verhalten, Durchsetzungsvermögen) oder auch der Stimmung einer Personen anhand von Fotografien beeinträchtigen können. Dazu erstellten sie je fiktiver Person (Berger und Schütz) zwei 10-Bilder-Serien, die einen möglichst unterschiedlichen Eindruck hervorrufen sollten („Kontrastserien"). Den Versuchsteilnehmern wurde nacheinander jeweils ein Foto der beiden Personen gezeigt, woraufhin sie die jeweilige Person bewerten sollten. Dabei zeigte sich, dass die Einschätzung von sozialem Verhalten und Durchsetzungsvermögen anhand extrem unterschiedlicher Fotos aus den Kontrastserien teils sehr unterschiedlich ausfiel. Dies gab Anlass zu dem weitergehenden Befund, dass ein relativ großer Spielraum zur Beeinflussung des fotografisch vermittelten Eindrucks vom sozialen Verhalten und der Stimmung einer Person besteht. Die Autoren stellten fest, dass die Kontrastserien „Charakterfiktionen" zeigen, die sich deutlich voneinander unterschieden, obwohl die Fotos innerhalb eines kurzen Zeitraums aufgenommen worden waren. Ein sicherer Rückschluss auf Charakter und Stimmung einer Person anhand eines Fotos erscheine also nicht möglich.

Kepplinger und Hartmann widmeten ein weiteres Experiment der *Persistenz und Resistenz von Personenwahrnehmungen anhand von Fotos*, d. h. sie wollten herausfinden, ob die Eindrücke, die sich Personen von anderen Personen anhand von Photos bilden, dauerhaft oder aber flüchtig und durch konträre andere Eindrücke revidierbar sind. Dazu wurden in acht Wochen acht Sitzungen mit den Versuchsteilnehmern durchgeführt. In den ersten vier Wochen bekamen die Probanden jeweils ein Bild einer Person (u. a. wieder „ Horst Berger" & „Jürgen Schütz") gezeigt, das diese Person entweder z. B. aggressiv/bösartig oder aber friedlich/gütig darstellte. Anschließend wurden sie gebeten, die abgebildeten Personen hinsichtlich bestimmter Eigenschaften zu bewerten. In der fünften Woche wurden die Probanden nach kurzer Betrachtung eines neutralen Fotos gebeten, die abgebildeten Personen aus der Erinnerung heraus zu beschreiben, um die Persistenz des Eindrucks zu messen. In den Wochen sechs und sieben bekamen die Versuchsteilnehmer wieder die positiven oder negativen Bilder zu sehen, um die stereotypen Eindrücke zu festigen. Schließlich wurden die Probanden in der achten Woche persönlich mit „Horst Berger" und „Jürgen Schütz" konfrontiert, um die Resistenz der vorherigen Personenwahrnehmung gegenüber anderen Eindrücken zu erfassen. Im Ergebnis erwies sich die Personenwahrnehmung als stark persistent, aber nur als wenig resistent. Die Versuchspersonen beschrieben Berger und Schütz auch in der fünften Woche weitgehend so wie in den Wochen zuvor. Dabei waren die Eindrücke umso stabiler, je ausgeprägter sie waren; extremere Personendarstellungen, so die Schlussfolgerung, scheinen demnach einen nachhaltigeren Eindruck zu hinterlassen als gemäßigtere Darstellungen. Die Resistenz der Personenwahrnehmung war dagegen vergleichsweise gering. Die Versuchspersonen beschrieben die beiden vorgestellten Personen nach der Konfrontation deutlich anders als sie diese anhand der Fotos wahrgenommen hatten.

Für die Analyse der *Effekte von Text-Bild-Asymmetrien*, d. h. von Text-Bild-Kombinationen, bei denen eine inhaltliche Abweichung zwischen der Aussage des Textes und der Aussage des Bildes besteht (siehe auch den Beitrag von Wagenknecht i. d. B.), nutzten Kepplinger und seine Mitarbeiter Fotos und Texte von bzw. über vier Prominente(n) (Franz Josef Strauß, Helmut Schmidt, Franz Beckenbauer,

Udo Jürgens). Als Stimuli wurden sehr vorteilhafte Fotos mit sehr ungünstigen Texten, neutrale Fotos mit neutralen Texten und sehr unvorteilhafte Fotos mit sehr günstigen Texten kombiniert. Diese illustrierten Meldungen präsentierten sie 120 Versuchspersonen und befragten sie nach ihrer emotionalen Reaktion auf die Meldungen sowie danach, inwieweit sie den Inhalt der Meldungen als zutreffende Wiedergabe der Realität akzeptieren. Für die Texte konnten Effekte nachgewiesen werden, die dissonanztheoretische Annahmen stützen: Gegner und Anhänger der dargestellten Prominenten wiesen Texte zurück, die ihren bestehenden Einstellungen zu diesen Personen widersprachen. Dies galt jedoch nicht für die Fotos: Hier akzeptierten Anhänger und Gegner sehr vorteilhafte ebenso wie sehr unvorteilhafte Fotos fast gleichermaßen als faire Realitätsdarstellung, was auf die (vermeintlich) unzweifelhaftere Authentizität einer Bildinformation zurückgeführt wird. Die Autoren schlussfolgern hieraus, dass bei Fotos im Gegensatz zu Texten Selektionsmechanismen außer Kraft gesetzt werden, die üblicherweise eine Einstellungsveränderungen verhindern oder abschwächen (vgl. die Beiträge von Taddicken sowie Mothes & Schenk i. d. B.).

In der letzten Studie des Bandes, welche eine Untersuchung des *Einflusses der Bildberichterstattung über Politiker auf deren Wahrnehmung* darstellt, wird das Phänomen der *Charakterfiktionen* (s. o.) noch einmal aufgegriffen. Grundlage der Studie ist die Annahme, dass Nachrichtenredaktionen Bilder von Politikern gemäß ihrer eigenen politischen Linie auswählen, d. h. sie entsprechend günstig oder ungünstig darstellen. Daraus leiten die Autoren die Vermutung ab, dass Bilder von Politikern, die in Medien mit unterschiedlicher redaktioneller Linie erschienen sind, unterschiedliche Eindrücke von diesen Politikern hervorrufen. Um dies zu testen, sahen 200 Versuchsteilnehmer u. a. Pressefotos von Ronald Reagan (ehemaliger Präsident der Vereinigten Staaten) und Leonid Breschnew (ehemaliger sowjetischer Staats- und Parteichef) aus den Zeitschriften Stern (linksliberal) und Time (konservativ). Gemäß der Annahme der Autoren unterschied sich die anschließende Beurteilung der Politiker: Reagan wirkte anhand der Fotos in Time z. B. kompetenter und intelligenter, Breschnew hingegen verkrampfter und angriffslustiger als anhand der Fotos im Stern. Zusammenfassend stellen Kepplinger und seine Kollegen fest, dass die Zeitschriften Charaktereigenschaften der Politiker willkürlich akzentuiert und damit unterschiedliche Eindrücke erzeugt hätten.

## 3 Einordnung in das Gesamtwerk

Hans Mathias Kepplinger gilt als erster deutscher Forscher, der sich intensiv mit Darstellungseffekten beschäftigt hat (Esser, 2008), wobei in seiner diesbezüglichen Forschung stets eine Verbindung zur politischen Kommunikation bestand. Auf den hier besprochenen 1987er Band folgten in Kepplingers bisherigem Gesamtwerk noch regelmäßig weitere Veröffentlichungen zu dem Thema.[2] So untersuchte er z. B. gemeinsam mit Dahlem und Brosius (1993) sowie später mit Maurer (2003), welcher Anteil des Eindrucks, den Rezipienten von Politikern haben (z. B. bezüglich ihrer Vertrauenswürdigkeit), auf den visuellen Bestandteilen der Medienberichterstattung basiert. Wenn man allerdings betrachtet, wie und an welchen Stellen Kepplinger in seinen weiteren Veröffentlichungen auf die *Darstellungseffekte* zurückkommt, erkennt man, dass ihre Erforschung für ihn kein Selbstzweck ist. Vielmehr stellen die Darstellungseffekte ein Puzzlestück in der Antwort zu der eigentlichen, für sein Gesamtwerk programmatischen Frage dar, nämlich „Was geschieht mit einer Gesellschaft, die sich nicht an der Wirklichkeit, sondern an deren Darstellung orientiert?" (Jackob, Maurer, Ehmig, Geiß, & Daschmann, 2013, S. 7).

Wie bereits erwähnt, verbindet sich Kepplingers Forschung häufig auch mit einer Journalismuskritik (vgl. Weischenberg, 2013, S. 121). Diese wird in dem hier besprochenen Band nicht explizit geübt, ergibt sich jedoch letztlich durch den Kontext der Studie und die Wahl der Fragestellung. Nach dieser Lesart erscheinen die *Darstellungseffekte* als ein auf Selektions- und Akzentuierungsmöglichkeiten basierendes Instrument des Journalismus, das es ermöglicht, Personen in der Berichterstattung zu bevorzugen bzw. zu benachteiligen sowie dem Publikum bestimmte Vorstellungen von der Realität zu vermitteln, die ebenso gut anders hätten ausfallen können. Gleichzeitig erscheint das Publikum durch seine typisierbaren Reaktionen auf die bildlichen Darstellungsformen als partiell irrational und durch die Medienberichterstattung „steuerbar". Damit lässt sich der vorliegende Band auch stimmig in das Gesamtwerk der Mainzer Schule einordnen, lieferte er doch gewisse Evidenzen für die Angemessenheit des durch Elisabeth Noelle-Neumann (1973) initiierten *Return to the concept of powerful mass media*. Die Annahme starker Medienwirkungen wurde einstmals u. a. aufgrund der Erkenntnis aufgegeben, dass Menschen selektiv mit Medieninhalten umgehen und damit eine Konfrontation mit

---

2 Wobei manche der anderen Veröffentlichungen zum Thema *Darstellungseffekte* nochmals Teile der in dem 1987er Band veröffentlichten Ergebnisse enthalten bzw. andere Ergebnisse der gleichen bzw. gleich aufgebauter Studien (Kepplinger, Brosius, & Heine, 1990; Kepplinger & Donsbach, 1983, 1990). Wieder andere Veröffentlichungen Kepplingers zu nonverbalen Aspekten der Kommunikation (z. B. 1999, 2010) fassen überblicksartig den von ihm und seinen Mitarbeitern erzeugten Forschungsstand zusammen.

Informationen, die ihrer bereits bestehenden Meinung widersprechen, vermeiden können (vgl. die Beiträge von Taddicken und Schenk i. d. B.). Die Forscher, welche die Annahme starker Medienwirkungen re-etablierten, waren jedoch überzeugt, dass Wege existieren, auf denen die Medien die Selektivität der Rezipienten zu umgehen vermögen. Nach den in dem hier diskutierten Band vorgestellten Studien leisten die Verfahren der optischen Kommentierung eben dies. So hält der Autor als Quintessenz fest:

> Die Leser negativer Texte über eine Person erkennen die Tendenz der Aussagen sehr deutlich, und sie weisen derartige Aussagen, zumal wenn sie Personen betreffen, die sie schätzen, als nicht akzeptabel zurück. … Die Betrachter negativer Fotos und Filme von einer Person erkennen die Tendenz der Aufnahmen dagegen kaum, weil sie negative Eindrücke vermutlich nicht der Darstellung, sondern dem Dargestellten zuschreiben. (Kepplinger, 1987, S. 18)

Die Ergebnisse passen somit zu der von Noelle-Neumann vertretene Annahme, dass für das stark visuell geprägte Medium Fernsehen die Annahme minimaler Wirkungen nicht gelte (es somit ein „getarnter Elefant" sei; Noelle-Neumann, 1979). Damit wurde sie jedoch freilich nicht in ihrer Gesamtheit belegt und andere Forscher kamen in diesem Punkt durchaus auch zu abweichenden Schlüssen (vgl. u. a. den Beitrag von Wünsch & Czichon i. d. B.).

## 4 Kritik und Weiterentwicklung

Die 1987 publizierten Studien sind durch ihre methodische Gestaltung aussagekräftiger als Kepplingers Ausgangsstudie zur optischen Kommentierung (1979b, 1980). Vor allem konnten die verschiedenen Einflussfaktoren, die bei der Wahrnehmung von bildlich in der Medienberichterstattung dargestellten Personen gemeinsam eine Rolle spielen, durch das experimentelle Design der Studien isoliert betrachtet bzw. gegeneinander abgewogen werden (Frey, 1999). Dennoch lieferten auch die neueren Studien noch keine vollends beweiskräftigen Ergebnisse zu dem Phänomen. So bestehen im Rahmen von Experimentalforschung allgemein und besonders bei dem hier praktizierten Einsatz von u. a. Studierenden (S. 72) oder fast ausschließlich männlichen Polizeischülern (S. 106) als Probanden Einschränkungen bei der externen Validität, d. h. es ist nicht gesichert, dass die Ergebnisse auch auf reale Situationen und andere Personengruppen übertragbar sind. Bei der internen Validität wiederum könnten – trotz gewisser Kontrollen der Forscher bzgl. der Homogenität ihrer Experimentalgruppen hinsichtlich ausgesuchter Merkmale –

deshalb stellenweise Einschränkungen bestehen, weil teils „[a]us organisatorischen Gründen … eine Random-Zuweisung der Versuchspersonen auf die Testbedingungen nicht möglich“ (S. 106) war.

Da solcherlei Einschränkungen teils unvermeidbar sind und sie in dem Werk transparent dargestellt wurden, sprechen sie nicht generell gegen die Qualität der Studien. Allerdings trägt der Band klares Zeugnis davon, dass die „Suche nach Generalisierungen … zentrales Element von Kepplingers wissenschaftlicher Arbeit“ ist (Weischenberg, 2014, S. 216), wobei manche der auf den Studien basierenden Generalisierungen angesichts der genannten Einschränken verfrüht wirken. So wurde z. B. in der ersten Studie, in der 48 Studierende zuerst einen Ausschnitt aus einer Fernsehdiskussion von vier prominenten Politikern sahen, anschließend ihren (über Items eines semantischen Differentials erhobenen) Gesamteindruck der Politiker schilderten sowie angaben, was ihnen bei Gestik und Mimik der Politiker aufgefallen ist, festgestellt, dass bei zwei der vier Politiker eine positive Korrelation von häufigen Blicken der Politiker zu ihren Gesprächspartnern mit jeweils einem Item zur Erfassung des Gesamteindrucks bestand. In der Zusammenfassung der Ergebnisse wurde hieraus die Aussage abgeleitet: „Einen positiven Eindruck vermitteln bei Gesprächsrunden im Fernsehen häufige Blicke zum Gesprächspartner“ (S. 13). Während es die Formulierung hier wie eine Gewissheit erscheinen lässt, dass ein solcher Einfluss der Blickkontakt-Suche eines Redners immer und überall besteht, ist doch fraglich, ob die genannte empirische Studie als Grundlage einer solch generellen Aussage hinreichend ist. Ferner bleibt auch bei dem 1987er Band eine Kritik bestehen, die bereits an früheren Studien Kepplingers zu Darstellungseffekten geübt wurde, nämlich dass manche „Befunde als ein bloßes Kuriosum der Medienwirkung“ erscheinen (Frey, 1999, S. 82), weil sie rein empirisch sind und in keinen Theoriekontext eingefügt werden. So erklärt z. B. das in der Einleitung präsentierte – für seine Zwecke grundsätzlich überzeugende, aber nur eine begrenzte Reichweite aufweisende – Modell der Darstellungseffekte nicht, *warum eigentlich* (wie es sich empirisch zeigte) bei den Kameraperspektiven „[k]leine Veränderungen der Winkel … in bestimmten Winkel-Zonen zu großen Unterschieden in der Wahrnehmung“ (S. 148) der abgebildeten Personen führten. Ohne entsprechende Erklärung lässt sich dieses nicht unmittelbar plausible und zudem nur vor dem Hintergrund einer Randbedingung gültige Ergebnis kaum bewerten oder für weitere Kontexte nutzbar machen.

Viele der kommunikationswissenschaftlichen Folgestudien zu Darstellungseffekten im deutschsprachigen Raum stammen ebenfalls aus dem Mainzer Umfeld. So verglichen z. B. Holicki (1993) und Maurer (2009) das Wirkungspotenzial von Bildern mit dem Wirkungspotenzial von Texten bzw. verbalen Informationen im Hinblick auf die Wahrnehmung von medial dargestellten Politikern. Manchen der bei Kepplinger 1987 zwar beachteten, aber nicht zentral fokussierten Aspekten widmeten sich wiederum andernorts tätige Forscher recht intensiv, insbesondere dem Einfluss des Aussehens von Politikern auf Vorstellungen von ihrer Person sowie den sich daraus wiederum ergebenden Folgen für Wahlergebnisse (z. B. Klein & Rosar, 2005; Todorov, Mandisodza, Goren, & Hall, 2005). Insgesamt ist die entsprechende Forschung mittlerweile in den breiteren Kontext des derzeit prosperierenden Forschungsbereichs der *visuellen Kommunikation* einzuordnen, wobei hier teilweise auch die unter dem Titel *Visual Framing* betriebenen Studien als Fortführung der Pionierarbeit Kepplingers betrachtet werden können (vgl. z. B. den Sammelband von Geise & Lobinger, 2013).

## Literatur

### Primärliteratur

Kepplinger, H. M. (1979a). *Angepaßte Außenseiter. Was Journalisten denken und wie sie arbeiten.* Freiburg: Alber.

Kepplinger, H. M. (1979b). Ausgewogen bis zur Selbstaufgabe? Die Fernsehberichterstattung über die Bundestagswahl 1976 als Fallbeispiel eines kommunikationswissenschaftlichen Problems. *Media Perspektiven, 11*, 750-755.

Kepplinger, H. M. (1980). Optische Kommentierung in der Fernsehberichterstattung über den Bundestagswahlkampf 1976. In T. Ellwein (Hrsg.), *Politikfeld-Analysen 1979* (S. 163-179). Opladen: Westdeutscher Verlag.

Kepplinger, H. M. (1983). Erwiderung an Klaus Merten. In W. Schulz & K. Schönbach (Hrsg.), *Massenmedien und Wahlen* (S. 442-445). München: Ölschläger.

Kepplinger, H. M. (1985). Die Wirkung nonverbaler Faktoren. In W. A. Mahle (Hrsg.), *Fortschritte der Medienwirkungsforschung? Neue theoretische und methodische Ansätze und Fortschritte der Medienwirkungsforschung* (S. 29-33). Berlin Spieß.

Kepplinger, H. M. (1987). *Darstellungseffekte. Experimentelle Untersuchungen zur Wirkung von Pressefotos und Fernsehfilmen.* München: Alber.

Kepplinger, H. M. (1989). *Künstliche Horizonte. Folgen, Darstellung und Akzeptanz von Technik in der Bundesrepublik Deutschland.* Frankfurt a. M.: Campus.

Kepplinger, H. M. (1999). Nonverbal Communication. In H.-B. Brosius & C. Holtz-Bacha (Hrsg.), *German Communication Yearbook* (S. 9-38). New Jersey: Hampton.

Kepplinger, H. M. (2010) (Hrsg.). *Nonverbale Medien-Kommunikation.* Wiesbaden: VS.

Kepplinger, H. M., Brosius, H.-B., & Heine, N. (1990). Contrast effects of nonverbal behavior in television interviews. *Communications, 15*, 121-134.

Kepplinger, H. M., & Donsbach, W. (1983). Der Einfluß der Kameraperspektiven auf die Wahrnehmung eines Parteiredners durch Anhänger, Gegner und neutrale Zuschauer. In W. Schulz & K. Schönbach (Hrsg.), *Massenmedien und Wahlen* (S. 406-423). München: Ölschläger.

Kepplinger, H. M., & Donsbach, W. (1990). The impact of camera perspectives on the perception of a speaker. *Studies in Educational Evaluation, 16*, 133-156.

Kepplinger, H. M., Dahlem, S., & Brosius, H.-B. (1993). Helmut Kohl und Oskar Lafontaine im Fernsehen. Quellen der Wahrnehmung ihres Charakters und ihrer Kompetenz. In C. Holtz-Bacha & L. L. Kaid (Hrsg.), *Die Massenmedien im Wahlkampf* (S. 144-184). Opladen: Westdeutscher Verlag.

Kepplinger, H. M., & Maurer, M. (2003). Warum die Macht der Fernsehbilder wächst. Verbale und visuelle Informationen in den Fernsehnachrichten vor den Bundestagswahlen 1998 und 2002. In C. Holtz-Bacha (Hrsg.), *Die Massenmedien im Wahlkampf. Die Bundestagswahl 2002* (S. 82-97). Wiesbaden: Westdeutscher Verlag.

Kepplinger, H. M., & Maurer, M. (2005). *Abschied vom rationalen Wähler. Warum Wahlen im Fernsehen entschieden werden*. Freiburg: Alber.

## Sekundärliteratur

Der Spiegel (1985). „Kokolores aus der Mainzer Uni". Wie unionsnahe Wissenschaftler im deutschen Fernsehen einen Linkskurs entdeckten. *Der Spiegel, 51/1985*, S. 71-77.

Esser, F. (2008). Hans Mathias Kepplinger. In L. L. Kaid & C. Holtz-Bacha (Hrsg.), *Encyclopedia of Political Communication Research, Vol. 1* (S. 376). Thousand Oaks: Sage.

Frey, S. (1999). *Die Macht des Bildes Der Einfluß der nonverbalen Kommunikation auf Kultur und Politik*. Bern: Huber.

Geise, S., & Lobinger, K. (Hrsg.) (2013). *Visual Framing. Perspektiven und Herausforderungen der Visuellen Kommunikationsforschung*. Köln: Halem.

Hackett, R. A. (1984). Decline of a paradigm? Bias and objectivity in news media studies. *Critical Studies in Mass Communication, 1*, 229-259.

Holicki, S. (1993). Pressefoto und Pressetext im Wirkungsvergleich. Eine experimentelle Untersuchung am Beispiel von Politikerdarstellungen. München: Fischer.

Jackob, N., Maurer, M., Ehmig, S. C., Geiß, S., & Daschmann, G. (2013). Vorwort. In N. Jackob, M. Maurer, S. C. Ehmig, S. Geiß, & G. Daschmann (Hrsg.), Realismus als Beruf. Beiträge zum Verhältnis von Medien und Wirklichkeit (S. 7-8). Wiesbaden: Springer VS.

Klein, M., & Rosar, U. (2005). Physische Attraktivität und Wahlerfolg. Eine empirische Analyse am Beispiel der Wahlkreiskandidaten bei der Bundestagswahl 2002. *Politische Vierteljahresschrift, 46*, 263-287.

Maurer, M. (2009). Sagen Bilder mehr als tausend Worte? Die Relevanz verbaler und visueller Informationen für die Urteilsbildung über Personen im Fernsehen. *Medien & Kommunikationswissenschaft, 57*, 198-216.

Merten, K. (1982). Der wahlentscheidende Einfluss des Fernsehens auf die Bundestagswahl 1976 – oder Alchemie in der empirischen Sozialforschung. In H. Schatz & K. Lange (Hrsg.), Massenkommunikation und Politik. Aktuelle Probleme und Entwicklungen im Massenkommunikationssystem der Bundesrepublik Deutschland (S. 121-139). Frankfurt (Main): Haag und Herchen.

Merten, K. (1983). Wirkungen der Medien im Wahlkampf. Fakten oder Artefakte? In W. Schulz & K. Schönbach (Hrsg.), *Massenmedien und Wahlen* (S. 424-441). München: Ölschläger.

Meyen, M., & Löblich, M. (2007). *»Ich habe dieses Fach erfunden«. Wie die Kommunikationswissenschaft an die deutschsprachigen Universitäten kam. 19 biografische Interviews*. Köln: von Halem.

Noelle-Neumann, E. (1973). Return to the concept of powerful mass media. *Studies of Broadcasting, 9*, 67-112.

Noelle-Neumann, E. (1979). Der getarnte Elefant. Über die Wirkung des Fernsehens. In E. Noelle-Neumann (Hrsg.), *Öffentlichkeit als Bedrohung* (S. 115-126). Freiburg: Alber.

Potthoff, M., & Kopp, S. (2013). Die meistbeachteten Autoren und Werke der Kommunikationswissenschaft. Ergebnis einer Zitationsanalyse von Aufsätzen in Publizistik und Medien & Kommunikationswissenschaft (1970-2010). *Publizistik, 58*, 347-366.

Schulz, W. (2003). Hans Mathias Kepplinger 60 Jahre. *Publizistik, 48*, 210-211.

Stolte, D. (2013). Medienpolitische Auswirkungen kommunikationswissenschaftlicher Forschung – Mehr politisches Vorverständnis als Grundlagenforschung. In N. Jackob, M. Maurer, S. C. Ehmig, S. Geiß, & G. Daschmann (Hrsg.), *Realismus als Beruf. Beiträge zum Verhältnis von Medien und Wirklichkeit* (S. 39-48). Wiesbaden: Springer VS.

Todorov, A., Mandisodza, A. N., Goren, A., & Hall, C. C. (2005). Inferences of competence from faces predict election outcomes. *Science, 308*, 1623-1626.

Weischenberg, S. (2013). Journalismusforschung als Beruf – Viel Feind', viel Ehr' für einen wahren Botaniker. In N. Jackob, M. Maurer, S. C. Ehmig, S. Geiß, & G. Daschmann (Hrsg.), *Realismus als Beruf. Beiträge zum Verhältnis von Medien und Wirklichkeit* (S. 113-124). Wiesbaden: Springer VS.

Weischenberg, S. (2014). *Max Weber und die Vermessung der Medienwelt. Empirie und Ethik des Journalismus – eine Spurenlese.* Wiesbaden: Springer VS.

Wilke, J. (2005). Gründung und Entwicklung des Instituts für Publizistik. In J. Wilke (Hrsg.), *Die Aktualität der Anfänge. 40 Jahre Publizistikwissenschaft an der Johannes Gutenberg-Universität Mainz* (S. 13-40). Köln: von Halem.

# Medienwirkung trotz Selektion: Einflussfaktoren auf die Zuwendung zu Zeitungsinhalten
## von Wolfgang Donsbach (1991)

Cornelia Mothes und Susan Schenk

**Zusammenfassung**

Mit dem auf seiner Habilitationsschrift basierenden Buch *Medienwirkung trotz Selektion* legte Wolfgang Donsbach eine bis heute nachwirkende Systematisierung der Selektionsforschung vor, mit der er sich deutlich in der Tradition der Mainzer Schule verortete. Zum zentralen Ausgangspunkt macht er darin die Theorie der kognitiven Dissonanz von Leon Festinger, deren Güte er unter kommunikationswissenschaftlichen Gesichtspunkten theoretisch diskutiert und mit Hilfe einer komplexen Feldstudie zum Selektionsverhalten von Zeitungslesern prüft. Mit seinen Befunden versöhnte er nicht nur die in den 1980er Jahren vieldiskutierten, unterschiedlichen paradigmatischen Ansichten über die Wirkungsmacht von Medien. Seine Erkenntnisse zum Selektionsverhalten von Tageszeitungslesern sind weit über das gedruckte Medium hinaus auch oder gerade heute von Relevanz, um Entwicklungen des Informationsverhaltens im Internetzeitalter zu prognostizieren. Bis heute findet seine Studie ihren Nachhall in der theoretischen Auseinandersetzung und empirischen Konzeption weiter Teile kommunikationswissenschaftlicher Forschung.

**Schlüsselbegriffe**

Wolfgang Donsbach, Selective Exposure, Informationssuche, Informationsvermeidung, Kognitive Dissonanz, Konsonanzzustand, Dissonanzzustand, politische Einstellungen, Mainzer Schule, Mehr-Methoden-Design

## 1 Kurzbiografie des Autors

Wolfgang Donsbach (geb. 9. November 1949 in Bad Kreuznach, verheiratet, ein Sohn) ist Professor am Institut für Kommunikationswissenschaft der Technischen Universität Dresden, das er im Jahr 1993 gründete. Er studierte an der Johannes Gutenberg-Universität Mainz, an der er 1981 im Fachbereich Sozialwissenschaften promoviert wurde und sich 1989 habilitierte. Seine Forschung ist bis heute von dieser Mainzer Zeit und speziell seiner langjährigen akademischen Lehrerin Elisabeth Noelle-Neumann (vgl. den Beitrag von Hans Mathias Kepplinger i. d. B.) beeinflusst. Dies zeigt sich zum einen in seinen Forschungsschwerpunkten, die in den Bereichen Öffentliche Meinung, Journalismus, Politische Kommunikation und Wirkungsforschung liegen, und zum anderen an seiner theoretischen und empirischen Herangehensweise an wissenschaftliche Fragestellungen: Die Gesellschaft als Ganzes und die politische Dimension von Kommunikation im Blick, ist er stets auf der Suche nach der „Musik" in den Daten. Dabei greift er gern Widersprüchlichkeiten und Kontroversen auf. Das zeigt sich bereits in seinem frühen, hier zur Besprechung vorliegenden Werk „Medienwirkung trotz Selektion", das die damaligen wissenschaftlichen Auseinandersetzungen um die Wirkungsstärke der Medien zum Ausgangspunkt hat.

Sein Engagement in Wissenschaft und Gesellschaft hat Wolfgang Donsbach national wie international hohes Ansehen eingebracht: Wolfgang Donsbach übernahm Gastprofessorenschaften in den USA, Spanien und Singapur und zudem Präsidentschaften für zwei weltweite Fachgesellschaften (ICA, WAPOR). Für seine wissenschaftliche Arbeit wurde er 2010 zum Fellow der ICA ernannt. Diese Auszeichnung erhielt er neben Winfried Schulz bislang als einziger deutscher Kommunikationswissenschaftler.

## 2 Inhalt des Textes

Das Buch *Medienwirkung trotz Selektion: Einflussfaktoren auf die Zuwendung zu Zeitungsinhalten* (1991a) basiert auf der Habilitationsschrift von Wolfgang Donsbach. Sie ist in einer Zeit entstanden, die aus Sicht der Kommunikationswissenschaft von einer Reihe widersprüchlicher Forschungsergebnisse zur Wirkung von Massenmedien geprägt war. Ausgangspunkt für diesen „wissenschaftlichen Albtraum" (Noelle-Neumann, in Donsbach, 1991a, S. 9) waren die Befunde der Erie-County-Studie von Lazarsfeld, Berelson und Gaudet (1944, vgl. den Beitrag von Monika Taddicken i. d. B.). Die Forscher zeigten anhand des amerikanischen

Präsidentschaftswahlkampfes von 1940, dass Wähler vor allem solche Informationen zu beachten scheinen, die ihrer eigenen politischen Überzeugung entsprechen und sich gegenüber Argumenten, die diese Einstellung bedrohen, verschließen. Daraus leitete sich die Vermutung ab, dass Menschen das Angebot der Medien *selektiv* wahrnehmen und die Wirkung der Massenmedien daher nur als begrenzt gelten kann. Folgt man der Argumentation des sicherlich nicht unkritisch zu bewertenden Phasenmodells der Medienwirkungsforschung[1], so erschütterte der Befund der selektiven Wahrnehmung die bis dato oftmals von einer starken und unmittelbaren Medienwirkung ausgehende Wissenschaftsgemeinschaft und führte noch lange Zeit nach Erscheinen der Lazarsfeld-Studien zu paradigmatischen Unsicherheiten in Bezug auf die Wirkungsmacht der Medien. Diese Disparität wird zum Ausgangspunkt der Habilitationsschrift von Wolfgang Donsbach.

Wenn Donsbach in seinem Buch von Selektion spricht, dann bezeichnet er damit die unbewusste und bewusste Auswahl von Medien und deren Inhalten aufgrund von formalen und inhaltlichen Eigenschaften der Medienangebote (z. B. große Überschriften, negative oder überraschende Themen), individuellen Merkmalen des Rezipienten (z. B. Ängstlichkeit, Dogmatismus) und von deren Zusammenspiel (z. B. wahrgenommene Nützlichkeit der Information, Betroffenheit oder Vorwissen im Hinblick auf das Thema) (Donsbach, 1991a, S. 28).

Um sich dem Feld zu nähern, gibt Donsbach zunächst einen Überblick über die damalige Selektionsforschung. Im Fokus steht mit der *Theorie der kognitiven Dissonanz* (vgl. Festinger, 1957) dabei eine im Kern sozialpsychologisch orientierte Theorie. Gemäß ihrer Annahme streben Menschen nach einer Harmonie ihrer Kognitionen, die unter anderem durch eine selektive Aufnahme von einstellungskonformen (konsonanten) Informationen und dem Vermeiden von einstellungsdiskrepanten (dissonanten) Informationen erreicht werden kann. Ohne die Bedeutung der Dissonanztheorie zu schmälern widmet Donsbach den theoretischen und methodischen Schwächen der dissonanztheoretischen ‚Selective Exposure'-Forschung ein besonderes Augenmerk und macht die Schwierigkeiten deutlich, die sich bei dem Versuch einstellen, eine genuin psychologische Theorie auf kommunikationswissenschaftliche Fragestellungen zu übertragen. Zu den

1 Das Phasenmodell der Medienwirkungsforschung unterteilt die Geschichte der Wirkungsforschung in sich abwechselnde Phasen der starken und schwachen Medienwirkungen. Es wird viel zitiert und findet sich in einer Vielzahl von Lehrbüchern der Kommunikationswissenschaft wieder. Auch Donsbach greift in seinem Buch darauf zurück (Donsbach, 1991a, S. 19). Dennoch wird es aufgrund seiner vereinfachenden Darstellung von Erkenntnisständen und wissenschaftsgeschichtlichen Entwicklungen kritisch reflektiert (vgl. z. B. den Beitrag von Esser & Brosius, 2000, S. 55-70; Lang & Lang, 1993, S. 93).

theoretischen Schwierigkeiten gehört dabei zum Beispiel die Tatsache, dass Festingers Annahmen streng genommen nur für den Zustand der Dissonanz Gültigkeit beanspruchen. Das Selektionsverhalten zugunsten der eigenen Meinung im Zustand der Konsonanz – und damit dem für die alltägliche Mediennutzung relevanteren Zustand – bleibt von Festinger unbeachtet. Auch die Frage, ob der Mensch sich aktiv konsonanten Informationen zuwendet, um seine Einstellungen in Einklang zu bringen, oder dafür eher dissonante Informationen vermeidet, wird von Festinger nicht beantwortet. Beiden theoretischen „Lücken" nimmt sich Donsbach an: Um zu einer zumindest konzeptionellen Präzisierung der Unterscheidung zwischen Konsonanz- und Dissonanzzustand sowie zwischen aktiver Informationssuche und passiver Informationsvermeidung zu gelangen, skizziert Donsbach einen wahrnehmungspsychologisch begründeten, zweistufigen Prozess:

> Während im sensorischen Speicher für Bruchteile von Sekunden eine Dissonanz entsteht, bleiben die dauerhaften Kognitionen des Rezipienten davon unberührt. Diese Konstellation wäre dann als passives Vermeiden zu klassifizieren. In einer zweiten Phase könnte, unter der Bedingung, daß unbeabsichtigt oder aus anderen Gründen (z. B. Interesse oder Nützlichkeit), diskrepante Informationen dennoch aufgenommen und in den Kurzzeit- oder sogar Langzeitspeicher gelangen, der kurzfristig vorhandene Spannungszustand zu einer verstärkten Suche nach Informationen für den eigenen Standpunkt führen. Dieses Verhalten wäre dann als aktive Suche zu klassifizieren. (Donsbach, 1991a, S. 58)

Donsbach liefert auch gleich die methodischen Fallstricke eines solchen Modells mit, die sich vor allem aus der schwierigen Messbarmachung des hochgradig flüchtigen Informationsverarbeitungsprozesses ergeben und dazu führen, dass die selektive Wahrnehmung nie direkt, sondern nur ex post über die Erinnerung an die Botschaft – die dabei ebenso selektiv ist – gemessen werden kann. Andere methodische Schwierigkeiten hingegen betreffen insbesondere Validitätsprobleme, die sich durch die Konfundierung von Einflussfaktoren ergeben. So sei nach Donsbach in der Vernachlässigung von Drittvariableneinflüssen eine der Hauptursachen für die bis dato widersprüchlichen Befunde zur Geltung der Dissonanztheorie zu suchen. Diese Widersprüchlichkeiten werden sodann auch zum Ausgangspunkt seiner eigenen empirischen Untersuchung zu Einflüssen auf die Zuwendung zu Zeitungsinhalten.

Getreu seiner Definition von Selektion und nach systematischer Aufarbeitung einer Vielzahl an möglichen Einflussquellen leitet der Autor ein komplexes Variablenmodell ab, das die Selektion von Zeitungsinhalten sowohl durch Merkmale des Medieninhalts und Merkmale des Lesers als auch durch deren Zusammenspiel erklärt. Zur Prüfung seines Modells führte Donsbach im Sommer 1985 eine Feldstudie durch, die die Zuwendung zu Zeitungsinhalten für mehrere Selektionsstufen – nämlich für die Auswahl der Zeitung, die Auswahl des redaktionellen Beitrages und die Auswahl einzelner Informationen in den Beiträgen – untersucht. Um dabei stattfindende Konsonanz- und Dissonanzprozesse nachzuzeichnen, fokussierte sich Donsbach vor allem auf redaktionelle Beiträge, die politisch kontroverse Themen behandeln. Dies sind Themen, zu denen der Leser am ehesten eine Meinung hat, weswegen die einstellungsbedingte Selektivität dort am deutlichsten zu Tage tritt. Für seine Analyse wählte er drei aufeinanderfolgende Ausgaben der Frankfurter Allgemeinen Zeitung (FAZ), der Süddeutschen Zeitung (SZ), der Allgemeinen Zeitung Mainz (AZ) und des Südkurier Konstanz (SK) aus. Um die Untersuchungssituation so natürlich wie möglich zu gestalten, wurden die Probanden aus dem regelmäßigen Leserkreis der Zeitungen rekrutiert (vgl. Donsbach, 1991a, S. 108-120).

Die empirische Anlage der Studie basierte auf einem Mehr-Methoden-Design: Mittels quantitativer Befragungen wurden die Eigenschaften der Leser und deren Einstellungen zu den in der Berichterstattung behandelten Themen ermittelt. Um nachvollziehbar zu machen, welchen Beiträgen sich die Leser konkret zugewandt hatten, führte Donsbach Copytests durch. Copytests sind methodische Verfahren, die den Kontakt des Lesers mit bestimmten Medieninhalten (im vorliegenden Fall: redaktionellen Beiträgen) messen. Donsbach fragte seine Probanden dafür, ob sie den Beitrag „überwiegend oder ganz gelesen", „überflogen und teilweise gelesen", „nur die Überschrift" oder „nicht gelesen" haben (Donsbach, 1991a, S. 112). Schließlich wurde in quantitativen Inhaltsanalysen untersucht, welche Eigenschaften jene Medieninhalte aufweisen, denen sich die Leser zugewandt hatten. Das Kernstück der statistischen Analyse bildete damit eine Verknüpfung dreier Datensätze, die Donsbach auf Individualdatenebene vornahm.

Mit dieser groß angelegten Studie konnte Donsbach zeigen, dass es Zusammenhänge zwischen der redaktionellen Linie einer Zeitung und der politischen Einstellung ihrer Leser gibt. Des Weiteren ließen sich Hinweise darauf finden, dass sich Zeitungsleser auch innerhalb ihres jeweils präferierten Mediums intensiver mit solchen Artikeln beschäftigten, die ihrer Meinung entsprachen. So führten konsonante und dissonante Konstellationen zwischen den redaktionellen Inhalten und der Einstellung des Lesers zwar nicht zu einer unterschiedlichen *Beachtung* der Artikel, beeinflussten aber signifikant die *Menge* der wahrgenommenen Informationen (Donsbach, 1991a, S. 162). Der Leser, dessen Einstellung sich in bestimmten Artikeln widerspiegelte, las die Artikel demnach ausführlicher, während sich Leser, die ihre Einstellungen nicht wiederfanden, schneller anderen Beiträgen zuwandten. Dieser Zusammenhang zeigte sich allerdings nur unter zwei konkreten Bedingungen, die als wichtige Einschränkungen für das beobachtete Selektionsverhalten beachtet werden müssen: *Erstens* verhielten sich die Leser insbesondere dann zugunsten ihrer eigenen Meinung, wenn der Artikel über einen *Politiker* berichtete. Im Falle der Berichterstattung über politische Themen und Sachverhalte beeinflusste der Zusammenhang zwischen der Meinung des Lesers und dem Inhalt des Textes die Zuwendung weniger stark. *Zweitens* galt dieses Selektionsverhalten offensichtlich nur, wenn dem Leser *positive Informationen* über einen Politiker angeboten wurden. Waren die Informationen über einen Politiker negativ, so schenkten ihnen Anhänger und Gegner gleichviel Aufmerksamkeit. Donsbach resümiert, dass negative Informationen die dissonanztheoretisch prognostizierten Selektionsmechanismen demnach außer Gefecht zu setzen scheinen (Donsbach, 1991a, S. 164).

Neben dem Negativismus einer Nachricht zeigten auch die Vielfalt und Intensität anderer Nachrichtenfaktoren sowie der formale Betonungsgrad einer Meldung einen nivellierenden Effekt auf einstellungsbedingte Zuwendungsentscheidungen. Je mehr ein Beitrag also zum Beispiel durch eine prominente Platzierung oder in der Überschrift enthaltene Nachrichtenfaktoren redaktionell als wichtig gekennzeichnet war, desto weniger selektierten die Leser entsprechend ihrer eigenen Meinung. Weiterhin erbrachte die Studie, dass auch Personenmerkmale die einstellungsbedingte Selektion beeinflussen können. So wiesen etwa Leser, die der Zeitungslektüre wenig Zeit widmeten, wie auch Leser mit erhöhtem Dogmatismusgrad eine verstärkte Tendenz zur einstellungskonsistenten Informationsauswahl auf. In Bezug auf das Zusammenspiel zwischen Inhalts- und Lesermerkmalen fand Donsbach beispielsweise Hinweise auf einen die einstellungsbedingte Selektivität verstärkenden Effekt bei Themen, die Leser als relevant einstuften, und solchen, zu denen die Leser eine starke Einstellung ausgebildet hatten.

## 3 Einordnung in das Gesamtwerk des Autors

Als Schüler von Elisabeth Noelle-Neumann ist Wolfgang Donsbach seit seiner Zeit am Institut für Publizistik in Mainz einer Forschungstradition verbunden, die mediale Kommunikation vorrangig mit Hilfe quantitativer Designs – nicht selten unter Zuhilfenahme sozialpsychologischer Konzepte – abzubilden versucht und dabei oftmals die gesellschaftliche Legitimation von Medien und Journalismus in den Blick nimmt. Bei Noelle-Neumann wie auch ihren Schülern – neben Wolfgang Donsbach etwa Hans Mathias Kepplinger (vgl. den Beitrag von Matthias Potthoff & Antal Wozniak i. d. B.) und Hans-Bernd Brosius (vgl. den Beitrag von Alexander Haas i. d. B.) – standen hinter der wissenschaftlichen Beschäftigung mit Medienwirkungen und Nutzerverhalten so oft auch demokratiepraktische Fragen, etwa inwiefern Medien im Rahmen ihrer öffentlichen Aufgabe tatsächlich gesellschaftliche

Verantwortung übernehmen oder inwiefern die Bevölkerung ihre staatsbürgerlichen Pflichten in einer Demokratie wahrnimmt bzw. angemessen wahrnehmen kann. Die *Theorie der kognitiven Dissonanz* von Leon Festinger (1957) bildet in Donsbachs Schaffen hierfür auch später immer wieder einen zentralen Ausgangspunkt. So nutzt er das heuristische Potenzial der sozialpsychologischen Theorie etwa, um Gefahren gesellschaftlicher Fragmentierung abschätzbar zu machen.

In seiner in den 1980er Jahren durchgeführten Studie *Medienwirkung trotz Selektion* betrachtete er – wie oben beschrieben – konkret das einstellungskonsistente Nutzungsverhalten am Beispiel von Tageszeitungslesern. Durch die Ausbreitung des Internets und der damit einhergehenden Vervielfältigung von Selektions- und Vermeidungsmöglichkeiten für den Mediennutzer beschäftigt ihn das ‚Selective Exposure'-Phänomen heute auch in Bezug auf andere Nutzergruppen (vgl. Donsbach & Mothes, 2012; Knobloch-Westerwick, Mothes, Johnson, Westerwick, & Donsbach, in press). Dabei stellte er auch Bezüge zwischen dem ‚Selective Exposure'-Phänomen und verwandten kommunikationswissenschaftlich-sozialpsychologischen Konzepten her, etwa Noelle-Neumanns (1980, vgl. den Beitrag von Hans Mathias Kepplinger i. d. B.) *Theorie der Schweigespirale* (vgl. Donsbach, Salmon, & Tsfati, 2013).

Neben der andauernden Relevanz der Dissonanztheorie für Donsbachs Forschung im Bereich der Mediennutzung schlug Donsbach außerdem vor, Festingers Annahmen auch auf journalistische Auswahlprozesse zu übertragen (vgl. Donsbach, 2004). Bereits in *Medienwirkung trotz Selektion* heißt es: „Da Journalisten ebenso wie ihre Leser, Hörer und Zuschauer aus einem großen Angebot von Informationen auswählen, stellt sich die Frage, welche Rolle sozialpsychologische Mechanismen bei ihren Entscheidungen spielen" (Donsbach, 1991a, S. 105). Schon in seiner Dissertation befasste sich Donsbach mit den Einstellungen von Journalisten im Rahmen ihres beruflichen Handelns (vgl. Donsbach, 1982). Insbesondere zwei Arten von Einstellungsdimensionen sind es, die Donsbachs Journalismusforschung fortan prägten: einerseits die *professionellen Einstellungen* von Journalisten bezüglich ihrer beruflichen Ziele, also ihr Rollenselbstverständnis (z. B. Donsbach, 2005, 2010), andererseits die *politischen Einstellungen* von Journalisten in Bezug auf konkrete Parteien oder Berichterstattungsthemen, die Verzerrungen in der medialen Darstellung aufgrund dissonanztheoretischer Mechanismen oder instrumenteller Zielsetzungen im Journalismus wahrscheinlich machen (vgl. Donsbach, 2004). Gerade letzteren Einstellungseinflüssen näherte sich Donsbach empirisch über vielfältige methodische Ansätze, die sowohl Journalistenbefragungen (z. B. Donsbach, 1993) und Inhaltsanalysen der Berichterstattung zu Konfliktthemen (z. B. Donsbach & Weisbach, 2005) als auch quasi-experimentelle Designs zum Zusammenhang zwischen politischen Einstellungen von Journalisten und ihren Selektionsentscheidungen umfassten (z. B. Patterson & Donsbach, 1996). Parallel dazu entwickelte Donsbach auch Vorschläge zur wissenschaftlichen Messung und journalismuspraktischen Umsetzung von Objektivität als dem normativen Gegenstück zu subjektiven Einflüssen im Journalismus (vgl. Donsbach, 1990; Donsbach & Klett, 1993). Der Objektivitätsnorm schrieb Donsbach seit jeher eine zentrale Rolle als „kommunikationspolitische Leitidee" (Donsbach 1990, S. 18) wie auch als Kompetenz-Merkmal im Journalismus zu (z. B. Donsbach, 1981; Patterson & Donsbach, 2004). Gerade im Zuge der massiven Ausweitung des Informations- und Kommunikationsangebotes im Internet erkennt er der Objektivitätsnorm heute auch eine besondere Relevanz für die generelle Existenzsicherung des Journalismus als Profession zu (z. B. Donsbach, 2014).

## 4 Wirkungsgeschichte des Schlüsselwerkes & Kritik

In *Medienwirkung trotz Selektion* konnte Donsbach auf der Grundlage seines Mehr-Methoden-Ansatzes zeigen, dass die Motivation zur Einstellungskonsistenz aufgrund einer Vielzahl an wirkungsstarken Drittvariablen einen zwar signifikanten, aber doch vergleichsweise geringen Einfluss auf die Zuwendung zu Medieninhalten hat. Im Hinblick auf die epistemologische Entwicklung der Kommunikationswissenschaft leitet er daher im Schlusskapitel des Buches die Notwendigkeit einer differenzierteren Betrachtung von Medienwirkungen ab:

> Die Publizistikwissenschaft hat somit in der Zeit ihres Paradigmas der schwachen Medienwirkungen die Selektivität überschätzt und die Wirkungen unterschätzt. Sie hat dann die Selektionsregel zu vorschnell aus den Augen verloren und damit einen Faktor im Kommunikationsprozeß weitgehend unberücksichtigt gelassen, der neben anderen über die Kontakte der Rezipienten mit Medieninhalten und damit über die Voraussetzungen für Medienwirkungen entscheiden kann. (Donsbach, 1991a, S. 211)

Es scheint jenes Fazit zu sein, das Noelle-Neumann im Sinn hatte, wenn sie im Vorwort des Buches resümiert: „Wir stehen am Ende eines Kapitels Wissenschaftsgeschichte, aber auch am Anfang weiterer Fortschritte der Kommunikationsforschung" (Noelle-Neumann in Donsbach, 1991a, S. 11). In der Tat hat Donsbachs Habilitationsschrift in der Wissenschaftsgemeinschaft große Resonanz hervorgerufen. Insbesondere sein daraus hervorgegangener Beitrag im *European Journal of Communication* (vgl. Donsbach, 1991b) wird im Rahmen nationaler wie internationaler Publikationen bis heute in unterschiedlichsten Forschungsbereichen als Referenz herangezogen.

Auf theoretischer Ebene hat Donsbach die Kommunikationswissenschaft für den spezifischen Geltungsbereich dissonanztheoretischer Annahmen sensibilisiert, indem er eine klare Trennung zwischen dem Informationsverhalten von Mediennutzern im Konsonanz- und Dissonanzzustand vorschlägt und zwischen dem Suchen und Vermeiden von Informationen unterscheidet. Gerade die Differenzierung von Such- und Vermeidungsverhalten hat in aktuelleren Studien enorm an Relevanz gewonnen, um die Folgen des Internets als Informations- und Kommunikationsplattform besser abschätzbar zu machen (z. B. Garrett, Carnahan, & Lynch, 2013; Garrett & Stroud, 2014). Im Zuge der durch das Internet erneut ansteigenden wissenschaftlichen Relevanz des ‚Selective Exposure'-Phänomens haben auch Donsbachs Befunde zu Moderatoreneffekten ein Fundament für aktuelle Untersuchungen gelegt, die sich mit der spezifischen Wirkung von Drittvariablen – etwa Relevanz, Negativität oder Einstellungsstärke – im Kontext einstellungsbedingter Selektivität befassen (z. B. Knobloch-Westerwick, 2007; Meffert, Chung, Joiner, Waks, & Garst, 2006; Stroud, 2008).

Aufgrund seiner empirischen Herangehensweise konnte Donsbach den Selektionsprozess zwar nur ex post rekonstruieren und nicht kausal im jeweiligen konkreten Vollzug erfassen, sodass die heutige ‚Selective Exposure'-Forschung oftmals Experimenten und Panelbefragungen den Vorzug gibt (z. B. Knobloch-Westerwick, 2014; Stroud, 2008). Mit der operationalen Differenzierung verschiedener Selektionsphasen im Rahmen von Copytests und aufgrund des komplexen Feldcharakters der Studie lieferte er aber Befunde, die eine besonders hohe externe Validität aufweisen.

Seine theoretisch differenzierte wie auch empirisch komplexe Herangehensweise mag der Hauptgrund dafür sein, warum seine Arbeit bis heute als Standardwerk zitiert wird, wenn es um zentrale Erkenntnisse zur Informationsselektion von Rezipienten – neuerdings auch im Vergleich zu Journalisten – geht (z. B. Johnson & Kaye, 2013; Mothes, 2014; Wirth & Schweiger, 1999). Dabei greift eine Reihe von Studien auch konkret auf Donsbachs Befunde in Bezug auf das Zusammenspiel von Inhalts- und Rezipientenmerkmalen zurück (z. B. Camaj, 2014; Matthes, 2008), bedient sich dabei zum Teil ähnlicher Methodenkombinationen (z. B. Kepplinger & Daschmann, 1997; Peter, 2003) und führt Donsbachs Erkenntnisinteresse insofern weiter, als dass zunehmend auch Folgeeffekte dissonanter Informationsaufnahme zum Forschungsthema werden (z. B. Choi & Lee, 2013; Schulz & Rössler, 2012).

Trotz der vielfältigen Verweise auf Donsbachs Arbeit scheinen einige der dort sichtbar werdenden Potenziale auch heute noch nicht vollständig ausgeschöpft. Dies betrifft etwa den bereits erwähnten Befund, dass sich einstellungsbedingte Selektivität mit steigendem Zeitdruck verstärkt (Donsbach, 1991a, S. 166). Je weniger Zeit die befragten Zeitungsnutzer also für das Lesen der Tageszeitung aufwendeten, umso eher bevorzugten sie einstellungskonforme bzw. vermieden sie einstellungsinkonsistente Inhalte – ein Befund, der sich in der Sozialpsychologie auch experimentell bestätigen ließ (vgl. Smith, Fabrigar, Powell, & Estrada, 2007) und in Zeiten zunehmender Beschleunigung der Informationsumgebung von immer größerer Bedeutung werden könnte.

## Literatur

### *Primärliteratur*

Donsbach, W. (1981). Legitimacy through competence rather than value judgments: The concept of journalistic professionalization reconsidered. *International Communication Gazette, 27*, 47–67.

Donsbach, W. (1982). *Legitimationsprobleme des Journalismus: Gesellschaftliche Rolle der Massenmedien und berufliche Einstellungen von Journalisten*. Freiburg: Alber.

Donsbach, W. (1990). Objektivitätsmaße in der Publizistikwissenschaft. *Publizistik, 35*, 18–29.

Donsbach, W. (1991a). *Medienwirkung trotz Selektion. Einflussfaktoren auf die Zuwendung zu Zeitungsinhalten*. Köln: Böhlau.

Donsbach, W. (1991b). Exposure to political content in newspapers: The impact of cognitive dissonance on readers' selectivity. *European Journal of Communication, 6*, 155–186.

Donsbach, W. (1993). Journalismus versus journalism: Ein Vergleich zum Verhältnis von Medien und Politik in Deutschland und in den USA. Fallstudien und Analysen. In W. Donsbach, O. Jarren, H. M. Kepplinger, & B. Pfetsch (Hrsg.), *Beziehungsspiele – Medien und Politik in der öffentlichen Diskussion* (S. 283–315). Gütersloh: Verlag Bertelsmann Stiftung.

Donsbach, W. (2004). Psychology of news decisions: Factors behind journalists' professional behavior. *Journalism, 5*, 131–157.

Donsbach, W. (2005). Rollenselbstverständnis. In S. Weischenberg, H. J. Kleinsteuber, & B. Pörksen (Hrsg.), *Handbuch Journalismus und Medien* (S. 415–420). Konstanz: UVK.

Donsbach, W. (2010). Journalists and their professional identities. In S. Allan (Hrsg.), *The Routledge companion to news and journalism* (S. 38–48). London: Routledge.

Donsbach, W. (2014). Journalism as the new knowledge profession and consequences for journalism education. *Journalism, 15*, 661–677.

Donsbach, W., & Klett, B. (1993). Subjective objectivity: How journalists in four countries define a key term of their profession. *International Communication Gazette, 51*, 53–83.

Donsbach, W., & Mothes, C. (2012). The dissonant self: Contributions from dissonance theory to a new agenda for studying political communication. In C. Salmon (Hrsg.), *Communication Yearbook 36* (S. 3–44). New York, NY: Routledge.

Donsbach, W., Salmon, C. T., & Tsfati, Y. (Hrsg.) (2013). *The spiral of silence: New perspectives on communication and public opinion*. New York, NY: Routledge.

Donsbach, W., & Weisbach, K. (2005). Kampf um das Meinungsklima. Quellen und Inhalte der Aussagen über den möglichen Wahlausgang. In E. Noelle-Neumann, W. Donsbach,

& H. M. Kepplinger (Hrsg.), *Wählerstimmungen in der Mediendemokratie: Analysen auf der Basis des Bundestagswahlkampfs 2002* (S. 104–127). Freiburg: Alber.

Knobloch-Westerwick, S., Mothes, C., Johnson, B. K., Westerwick, A., & Donsbach, W. (in press). Political online information searching before the 2013 German federal election: Confirmation bias, source credibility, and attitude impacts. *Journal of Communication.*

Patterson, T. E., & Donsbach, W. (1996). News decisions: Journalists as partisan actors. *Political Communication, 13*, 455–468.

Patterson, T. E., & Donsbach, W. (2004). Political news journalists: Partisanship, professionalism, and political roles in five countries. In F. Esser & B. Pfetsch (Hrsg.), *Comparing political communication: Theory, cases, and challenges* (S. 251–270). New York, NY: Cambridge University Press.

## Sekundärliteratur

Camaj, L. (2014). Need for orientation, selective exposure, and attribute agenda-setting effects. *Mass Communication and Society, 17*, 689–712.

Choi, Y. J., & Lee, J. H. (2013). Cross-cutting effects of hypertext navigation on the convergence of attitudes. *Mass Communication and Society, 16*, 369–390.

Esser, F., & Brosius, H.-B. (2000). Auf der Suche nach dem Stimulus-Response-Modell. Ein kritischer Beitrag zur Geschichtsschreibung der Medienwirkungsforschung. In A. Schorr (Hrsg.), *Publikums- und Wirkungsforschung. Ein Reader* (S. 55–70). Wiesbaden: Westdeutscher Verlag.

Festinger, L. (1957). *A theory of cognitive dissonance.* Stanford University Press.

Garrett, R. K., Carnahan, D., & Lynch, E. K. (2013). A turn toward avoidance? Selective exposure to online political information, 2004–2008. *Political Behavior, 35*, 113–134.

Garrett, R. K., & Stroud, N. J. (2014). Partisan paths to exposure diversity: Differences in pro- and counterattitudinal news consumption. *Journal of Communication, 64*, 680–701.

Johnson, T. J., & Kaye, B. K. (2013). The dark side of the boon? Credibility, selective exposure and the proliferation of online sources of political information. *Computers in Human Behavior, 29*, 1862–1871.

Kepplinger, H. M., & Daschmann, G. (1997). Today's news–tomorrow's context: A dynamic model of news processing. *Journal of Broadcasting & Electronic Media, 41*, 548–565.

Knobloch-Westerwick, S. (2007). Kognitive Dissonanz „Revisited": Selektive Zuwendung zu einstellungskonsistenten und -inkonsistenten politischen Informationen. *Publizistik, 52*, 51–62.

Knobloch-Westerwick, S. (2014). The selective exposure self- and affect-management (SESAM) model: Applications in the realms of race, politics, and health. *Communication Research*, first published online, 18.06.2014. doi: 10.1177/0093650214539173

Lang, K., & Lang, G. E. (1993). Perspectives on communication. *Journal of Communication, 43*(3), 92–99.

Lazarsfeld, P. F., Berelson, B., & Gaudet, H. (1944). *The people's choice: How the voter makes up his mind in a presidential campaign.* New York, NY: Columbia University Press.

Matthes, J. (2008). Need for orientation as a predictor of agenda-setting effects: Causal evidence from a two-wave panel study. *International Journal of Public Opinion Research, 20*, 440–453.

Meffert, M. F., Chung, S., Joiner, A. J., Waks, L., & Garst, J. (2006). The effects of negativity and motivated information processing during a political campaign. *Journal of Communication, 56*, 27–51.

Mothes, C. (2014). *Objektivität als professionelles Abgrenzungskriterium im Journalismus: Eine dissonanztheoretische Studie zum Informationsverhalten von Journalisten und Nicht-Journalisten*. Baden-Baden: Nomos.

Noelle-Neumann, E. (1980). *Die Schweigespirale: Öffentliche Meinung – unsere soziale Haut*. München: Piper.

Peter, J. (2003). Konsonanz 30 Jahre später: Eine internationale vergleichende Studie zum Einfluss konsonanter Berichterstattung auf Meinungen zur europäischen Integration. *Publizistik, 48*, 190–208.

Schulz, A., & Rössler, P. (2012). The spiral of silence and the internet: Selection of online content and the perception of the public opinion climate in computer-mediated communication environments. *International Journal of Public Opinion Research, 24*, 346–367.

Smith, S. M., Fabrigar, L. R., Powell, D. M., & Estrada, M.-J. (2007). The role of information-processing capacity and goals in attitude-congruent selective exposure effects. *Personality and Social Psychology Bulletin, 33*, 948–960.

Stroud, N. J. (2008). Media use and political predispositions: Revisiting the concept of selective exposure. *Political Behavior, 30*, 341–366.

Wirth, W., & Schweiger, W. (1999). Selektion neu betrachtet: Auswahlentscheidungen im Internet. In W. Wirth & W. Schweiger (Hrsg.), *Selektion im Internet: Empirische Analysen zu einem Schlüsselkonzept* (S. 43–74). Opladen: Westdeutscher Verlag.

# Realitätsvermittlung durch Massenmedien. Die permanente Transformation der Wirklichkeit

## von Werner Früh (1994)

Sebastian Hagen und Felix Frey

**Zusammenfassung**

Der Beitrag stellt die Studie „Realitätsvermittlung durch Massenmedien" von Werner Früh (1994) vor. In einem ersten Teil steht die dynamisch-transaktionale Theorie der Entstehung von subjektiven Realitätsvorstellungen mitsamt ihren erkenntnistheoretischen Grundlagen im Mittelpunkt. Die Kernfrage, wie Medienrealitäten zu Publikumsrealitäten werden, wird dabei mittels eines Transformationsmodells erklärt, welches neben reduktiven (Selektion, Vergessen) auch produktive (Modifikationen, Elaborationen) Informationsverarbeitungsstrategien als elementare Bestandteile enthält. Die Vorstellung der von Früh zur empirischen Überprüfung eingesetzten und teils neu entwickelten Methoden (Semantische Struktur- und Inhaltsanalyse, SSI) sowie zentraler Ergebnisse bilden den zweiten Teil des Beitrages, bevor im abschließenden Teil die kritische Würdigung des Werkes im Fokus steht und dessen Wirkungsgeschichte anhand ausgewählter Rezeptionslinien nachgezeichnet wird.

**Schlüsselbegriffe**

Realitätsvorstellungen, Realitätsvermittlung, Medienrealität, Publikumsrealität, Transformationsmodell, Nachrichtenrezeption, Informationsverarbeitung, dynamisch-transaktionaler Ansatz (DTA), Semantische Struktur- und Inhaltsanalyse (SSI), Feldstudie

# 1 Kurzbiographie Werner Früh

Werner Früh (geb. 1947 in Gönnheim an der Weinstraße) erwarb nach einer Ausbildung zum Fernmeldemonteur und einer kurzen Berufstätigkeit als Fernmelderevisor bei Siemens das Abitur am Speyer-Kolleg. Anschließend studierte er an der Johannes Gutenberg-Universität Mainz Publizistik, Soziologie, Germanistik und Deutsche Volkskunde und war ebendort erster Promovend von Winfried Schulz (Abschluss der Promotion über den Zusammenhang von Textgestaltung und Textwirkung im Jahre 1978). Von 1978 bis 1987 war Früh beim Zentrum für Umfragen, Methoden und Analysen (ZUMA) in Mannheim als Leiter der Abteilung für Textanalyse, Medienanalyse und Vercodung tätig. In dieser Zeit nahm er Lehraufträge an verschiedenen Universitäten (Mannheim, Münster, Zürich, München, Hannover und Berlin) wahr und publizierte zu methodischen und theoretischen Grundlagenproblemen des Faches. So erschienen in dieser Zeit die erste Auflage des Lehrbuchs zur *Inhaltsanalyse* (2011, zuerst erschienen 1981) und erste Beiträge zum *dynamisch-transaktionalen Ansatz (DTA)* (vgl. den Beitrag von Volker Gehrau i. d. B.). Von 1987 bis 1994 hatte er die Professur für angewandte Kommunikations- und Medienforschung an der LMU München inne, von 1994 bis 2013 war er schließlich Inhaber des Lehrstuhls für empirische Kommunikations- und Medienforschung an der Universität Leipzig. Neben seinem wissenschaftlichen Wirken widmet sich Werner Früh unter anderem der Bildenden Kunst, speziell der Malerei und zuletzt der Plastik. Einige seiner Werke waren beispielsweise 2006 im Rahmen einer gemeinsamen Ausstellung mit seinem Leipziger Kollegen Hans-Jörg Stiehler in der Intendanz des Mitteldeutschen Rundfunks in Leipzig zu bewundern.

# 2 Inhalt des Werkes

Die hier vorgestellte Monographie „*Realitätsvermittlung durch Massenmedien*" stellt die Abschlusspublikation des gleichnamigen, bereits 1984 begonnenen Projektes dar, welches bis 1991 Teilprojekt des DFG-Schwerpunktprogrammes „Publizistische Medienwirkungen" war und danach als Einzelprojekt weiter gefördert wurde. Inhaltlich beschäftigt sich die Studie mit der Entstehung und Veränderung der Realitätsvorstellungen des Publikums und fragt dabei nach dem Stellenwert medialer und individueller Einflussfaktoren in diesem Prozess (Früh, 1994, S. 21). Neben Selbstbeobachtungen, Lücken und scheinbaren Widersprüchen in der bisherigen Forschung führten vor allem Überlegungen aus einer *dynamisch-transaktionalen Perspektive* dazu, dass Früh sich dieses Phänomens umfassend annahm.

### *Dynamisch-transaktionale Theorie der Realitätsvermittlung*

Ausgangspunkt von Frühs theoretischen Betrachtungen ist das Spannungsfeld zwischen „objektiver" Realität (=Außenwelt), Medienrealität und Publikumsrealität. Erkenntnistheoretisch grenzt er sich hierbei sowohl vom naiven Realismus (d.h. einem Bild der Außenwelt als direkt und unmittelbar zugänglich und somit der Wahrnehmung entsprechend), als auch von einem radikalen Konstruktivismus (d.h. einem Bild der Realität als vollständig subjektive und damit individuell spezifische kognitive Konstruktion) ab. Vielmehr wird davon ausgegangen, dass erstens eine *„objektive" Außenwelt* existiert und, auch wenn sichere Aussagen über deren Gestalt nicht möglich sind, es zweitens dennoch gewisse Merkmale bzw. Reize dieser Außenwelt gibt, welche deren subjektive Deutung teilweise systematisch strukturieren. (Früh, 1994, S. 22–25, S. 54–55) Demnach ist Wahrnehmung keine autonome kognitive Konstruktion, sondern eine Transaktion zwischen wahrgenommenen Eigenschaften der Außenwelt und individuellen Verarbeitungsweisen, da beide gleichzeitig erscheinen und sich gegenseitig bedingen (Früh, 1994, S. 54). Weil auch *Medienrealität* auf menschlichen Wahrnehmungen basiert, kann diese allein schon durch diese Restriktion kaum als simples, möglichst originalgetreues Abbild der Realität angesehen werden. Zusätzliche medientypische Strukturmerkmale (z.B. Nachrichtenfaktoren als Auswahl- und Relevanzkriterien) führen letztlich dazu, dass Berichterstattung immer selektiv, strukturierend, konstruktiv sowie evaluativ, daneben perspektivisch, eklektisch und episodisch ist. Medien transformieren und konstruieren somit immer auch Realität. Diese „Verzerrung" wird von Früh als neutrale Beschreibung der medialen Funktionslogik und nicht als Medienkritik verstanden: Medien können die Welt kaum unverzerrt darstellen. (Früh, 1994, S. 57) Das *subjektive Realitätsmodell* schließlich umfasst alle Vorstellungen der Individuen davon, was außerhalb der eigenen Person für real bzw. mehr oder weniger wahr gehalten wird. Diese verschieden komplexen, in Teilwelten gegliederten Weltbilder speisen sich dabei aus mehreren Quellen: Eigenen Wahrnehmungen (Primärerfahrungen) und daraus abgeleiteten Schlussfolgerungen, insbesondere aber medienvermittelten Sachverhalten (Sekundärerfahrungen). Mediendarstellungen bilden somit einen großen Teil des öffentlich geteilten Weltwissens (Früh, 1994, S. 67). Wie daraus entsprechende *Publikumsrealitäten* werden, steht im Zentrum von Frühs Betrachtung, in der „Medienberichterstattung lediglich ein Wirkpotential, einen medialen Realitätsvorschlag darstellt, den die Rezipienten erst in eine subjektive Realität umarbeiten müssen" (Früh, 1994, S. 68).

Die Entstehung der individuellen Realitätsvorstellungen wird als ein mittel- bis langfristiger Prozess angesehen, der sich nur aus *dynamischer Perspektive* adäquat beschreiben und erklären lässt. Nur diese Betrachtungsform ermöglicht u.a. Aussagen zum Wirkungsverlauf über mehrere Phasen hinweg, zur Dauerhaftigkeit etwaiger Wirkungen, ebenso wie zu Einflüssen von Primärerfahrungen und/oder weiteren direkten bzw. indirekten Medienkontakten zum jeweiligen Thema (Früh, 1994, S. 70, S. 74). *Transaktionen*, die sich dadurch kennzeichnen, dass nicht ein Faktor kausal einen anderen beeinflusst, sondern sich zwei Größen gegenseitig und gleichzeitig beeinflussen, erweisen sich dabei als ein in allen Phasen relevanter Beziehungstypus: In der Rezeptionsphase, also beim unmittelbaren Kontakt mit dem Medienbeitrag, treten Wahrnehmungs- und Verarbeitungsprozesse simultan auf (= Intertransaktion), wodurch die jeweilige Medienbotschaft erst ihre Identität erlangt. Innerhalb des Rezipienten bedingen sich währenddessen kognitive sowie motivationale Merkmale gegenseitig gleichzeitig (= Intratransaktion). (Früh, 1994, S. 70–72) In späteren Wirkungsphasen, etwa bei der Informationsverwendung (z. B. Erinnerungen, Reproduktionen) oder bei weiteren Rezeptionsvorgängen, transagieren zum einen zurückliegende und aktuelle Informationen, indem sie stets zueinander in Beziehung gesetzt werden. Zum anderen sind aufgrund der Begrenzung des menschlichen Bewusstseins komplexere Vorstellungsbilder nur als ein schrittweises Vergegenwärtigen von Einzelaspekten möglich (Früh, 1994, S. 73). Realitätsbilder stellen somit keine statischen, sich in gespeicherten Gedächtnisinhalten manifestierenden Zustände dar, sondern werden wie jegliches Wissen bei jeder Verwendung kognitiv neu konstituiert (*dynamisch-transaktionales Wissenskonzept*) (Früh, 1994, S. 72–73). Je häufiger aber entsprechendes Wissen verwendet wird, desto wahrscheinlicher wird eine zukünftig inhaltlich und strukturell ähnliche Realisierung.[1] Da dabei aber immer auch modifizierende Elemente Einzug halten, spricht Früh (1994, S. 74) von einer „permanenten Transformation" der ursprünglichen medienvermittelten Themenvorstellung.

Als Folge erscheint Früh (1994, S. 75) eine Sichtweise, die Information als feste Bedeutungsstruktur begreift und das Ideal eines möglichst unverfälschten ‚Transportes' dieser zum Rezipienten hat (wie sie z. B. Wembers Studie zur Erinnerung an Inhalte aus Informationsfilmen zugrunde liegt, vgl. den Beitrag von Andreas Wagenknecht i. d. B.), als unangemessen. Diesem kommunikatorzentrierten *Transportmodell*, welches nur die Verarbeitungsstrategie der Reduktion beinhaltet und sämtliche Veränderungen der Botschaft als Fehler bzw. Verzerrung ansieht, wird deshalb das *Transformationsmodell* der Informationsverarbeitung entgegengestellt. In diesem wird Information als permanenter Interpretationsprozess angesehen, der

1 Grundlage dafür ist laut Früh (1994, S. 73), „dass in der neuronalen Struktur des Gehirns bestimmte ‚Bahnen' oder ‚Muster' hinsichtlich ihrer elektrischen Leitfähigkeit so geprägt werden, dass diese […] später wieder leicht aktiviert werden können". Auch in dieser klaren Abgrenzung von Speichermodellen des Gedächtnisses wird der dynamische Charakter des Wissens sichtbar.

sich im Idealfall durch eine intensive Auseinandersetzung mit der ursprünglichen Botschaft auszeichnet. Neben der *Reduktion* (z. B. Selektion, Vergessen) beinhaltet dieses Modell auf einer zweiten Dimension explizit die transformativen Informationsverarbeitungsstrategien der *Modifikation* (z. B. Generalisierungen, Konkretisierungen) und *Elaboration* (z. B. kognitive und evaluative Schlussfolgerungen und Ergänzungen). Erklärungsrelevant werden aus dieser Perspektive neben Umfang und Art auch alle Ursachen und Quellen der Veränderungen der ursprünglichen Botschaft ebenso wie zugrundeliegende Transformationsregeln und konkrete Wirkungsverläufe. Daneben lassen sich z. B. ähnliche Verarbeitungstypen aber auch Faktoren, welche eher eine reduktive oder konstruktive Verarbeitung bedingen, untersuchen (Früh, 1994, S. 79–80). Um den Gesamtprozess der Herausbildung subjektiver Realitätsvorstellungen erklären zu können *(molare Sichtweise)* ist es unerlässlich, alle für den Entstehungsprozess subjektiver Realitätsvorstellungen relevanten Einfluss- und Wirkungsfaktoren in das Modell aufzunehmen und diese multikausal als potentielle Einflüsse zu analysieren. Auf *medialer Seite* sind dabei sowohl inhaltliche als auch strukturelle Darstellungsaspekte (z. B. Umfang, Abstraktheit, Wertungen) von Bedeutung. Auf *personaler Ebene* spielen intellektuelle Fähigkeiten (z. B. Bildung, Vorwissen, kognitive Strukturiertheit), habitualisierte Fertigkeiten (z. B. die kognitiven Stile Ambiguitätstoleranz, Suggestibilität und Entscheidungsfreude), motivationale Anreize aber auch Transaktionen dieser Faktoren eine zentrale Rolle – zum Beispiel bedingen sich Wissen und Interesse oft gegenseitig, was sich dann auch in einer bestimmten Rezeptionsmotivation widerspiegelt. Relevante *situative Einflussfaktoren* sind neben der eigentlichen Rezeptionssituation weitere Informationsquellen medialer Art, aber auch themenbezogene Primärerfahrungen, Gespräche und kognitive Aktivitäten. (Früh, 1994, S. 80–82)

Zusammengefasst besteht in Frühs Theorie der Einfluss der Mediendarstellungen auf die Entstehung subjektiver Realitätsvorstellungen darin, dass sie als wichtige (und oft auch einzige) Informationsquelle entsprechende Themenvorstellungen initiieren können. Zusätzlich spielen jedoch im gesamten Prozess zahlreiche situative und personale Faktoren eine Rolle, die isoliert und in Form von Transaktionen als relevante Wirkgrößen auftreten. Erst dadurch erhält die Botschaft während der Rezeptionsphase ihre eigentliche Bedeutung. Diese wird jedoch nicht als Kopie im Gedächtnis abgelegt, sondern unterliegt bei jeder Verwendung einem dynamischen, durch subjektive Verarbeitungsprozesse bedingten Wandel. Insgesamt ist der Medieneinfluss laut Früh (1994, S. 92) als umso stärker anzusehen, „je umfangreicher, komplexer, prägnanter und dauerhafter die von Medien initiierten Themenvorstellungen des Rezipienten sind.“ Dieses Verständnis beinhaltet sowohl starke direkte (z. B. in einem hohen Adaptionsgrad, d. h. einer hohen Übereinstimmung zwischen Mediendarstellung und subjektiver Themenvorstellung) als auch starke indirekte

(z. B. in Form umfangreicher kognitiver und evaluativer Auseinandersetzungen mit dem entsprechenden Thema) Medienwirkungen gleichermaßen (Früh, 1994, S. 91).

## *Empirische Überprüfung: Methodik und zentrale Ergebnisse*

Die aufgestellten Wirkungsannahmen zur Hauptforschungsfrage „Wie entstehen und verändern sich die Realitätsvorstellungen des Publikums, und welche Rolle spielen die Medien, welche die Rezipienten dabei?" (Früh, 1994, S. 21) wurden im Rahmen einer Feldstudie am Beispiel politischer Themen und Vorstellungsbilder empirisch überprüft.[2] Gemäß dem theoretischen Konzept lag ein multikausaler Ansatz zugrunde, der verschiedene Einflussfaktoren gleichermaßen berücksichtigte. Da die Überprüfung zudem unter möglichst realitätsnahen Bedingungen stattfinden sollte, wurden nur die jeweils individuell tatsächlich genutzten Medien*beiträge* und nicht das gesamte Medienangebot zum Thema betrachtet. Die relevanten Rezipienten- und Kontextmerkmale wurden fragebogenbasiert erhoben. Um den dynamischen Wirkverlauf und verschiedene Strategien der Informationsverarbeitung adäquat abbilden zu können, wurden in einem zweistufigen Paneldesign mit Vorabbefragung die individuellen Reproduktionen der ursprünglichen Medienbeiträge (Themen: „Sterbehilfe", „Parteispendenaffäre", „Streik der Metallindustrie") in Abständen von einem Tag (1. Welle) und einer Woche (2. Welle) erfasst. Die Erhebung dieser Verbalisierungen erfolgte leitfadengestützt relativ offen, aber dennoch soweit standardisiert um vergleichbar zu sein. Parallel wurden für die Untersuchungswoche die gesamte Medienberichterstattung sowie der individuelle Medienkonsum und Gespräche zum Thema dokumentiert. (Früh, 1994, S. 95–98) Im Rahmen der Datenauswertung stellte sich die Herausforderung, die verschiedenen Inhalte und Strukturmerkmale der Medienbeiträge sowie der individuellen Reproduktionen flexibel zu erfassen und in ein vergleichbares Format zu überführen (Früh, 1994, S. 95). Elementar hierbei war, nicht nur Textoberflächenstrukturen, sondern die zugrundeliegenden inhaltlichen Bedeutungs- und Wissensstrukturen unabhängig von ihrer jeweiligen Formulierung erfassen und vergleichen zu können. Als Konsequenz entstand mit der *Semantischen Struktur- und Inhaltsanalyse* (SSI) eine methodische Neuentwicklung, die textlinguistische sowie inhaltsanalytische Prinzipien kombiniert. Durch die Verwendung kommunikativer Propositionen, d. h. handlungs- bzw. zustandszentrierter Aussagen als Analyseeinheiten operiert diese strikt auf semantischer Basis (für Details zur SSI vgl. Früh, 1989; Früh 1994, S. 98–105).

---

2 Politisches Wissen ist in aller Regel medienvermittelt und daneben demokratietheoretisch von elementarer Bedeutung, weshalb es Früh (1994, S. 64) als ein besonders relevanter Untersuchungsgegenstand erschien.

Die im Rahmen der empirischen Prüfung analysierten Fragestellungen beleuchten das Phänomen Realitätsvermittlung aus verschiedenen Perspektiven, können hier jedoch nur auf ihre wesentlichen Ergebnisse reduziert wiedergegeben werden. Generell zeigt sich, dass die individuellen Reproduktionen der Medienbeiträge sehr deutliche Reduktionen inhaltlicher und struktureller Art darstellen. Sie sind in Bezug auf alle untersuchten Elemente (z. B. Personen, Zeitangaben, Eigenschaften der Ereignisse) bereits einen Tag nach der Rezeption deutlich weniger umfangreich als die zugrundeliegenden Medienbeiträge. Differenzierte Betrachtungen belegen aber auch, dass sich Rezipienten an bestimmten Kerninformationen orientieren. Deren Komplexität bleibt weitgehend erhalten, wobei sie gleichzeitig zahlreichen konstruktiven und modifizierenden Veränderungen (z. B. in Form von Schlussfolgerungen, Wertungen etc.) unterliegen. (Früh, 1994, S. 121–134) Vergleichende Analysen (Früh, 1994, S. 141–150) zeigen, dass persönliche Eigenschaften in Form von kognitiven Stilen, gefolgt von themenbestimmten Verarbeitungsschemata und Medieninhalten die stärkste Wirkung auf diese Reproduktionen haben – wobei der Einfluss der Medieninformationen im Verlauf des Informationsverarbeitungsprozesses immer geringer wird. Die Detailbetrachtungen für die vier möglichen Kommunikationsziele „komplexe Themenvorstellungen" (Früh, 1994, S. 193–202), „rationale Informationsverwendung" (S. 233–237), „Meinungsbildung" (S. 252–259) und „Einstellungswandel" (S. 263–267) verweisen allesamt auf eine Dominanz personaler Faktoren, insbesondere des Vorwissens. Einflüsse von Medienmerkmalen sind hingegen nur dominant, wenn „Ähnlichkeit von Medienbeitrag und subjektiver Themenvorstellung" als zentrales Kommunikationsziel betrachtet wird, wobei sich einzig eine klare Meinungs- bzw. Bewertungstendenz im jeweiligen Beitrag als eindeutig förderlich herausstellt (Früh, 1994, S. 219–223). Hinsichtlich der Art der Informationsverarbeitung identifiziert Früh (1994, Kap. 5.6) verschiedene Muster, welche sich aus übergeordneter Perspektive auf zwei elementare Hauptstrategien reduzieren lassen: Eine erste, bei der Reduktion deutlich dominiert, Themenvorstellungen dadurch mehr und mehr zerfallen und die Medieninformationen im Lauf der Zeit nahezu vollständig vergessen werden. Sowie eine zweite, bei der Medieninformationen einer permanenten Transformation unterliegen und so in die eigenen Weltbilder integriert werden. Vor allem für diese dem Transformationsmodell entsprechende Strategie finden sich zahlreiche empirische Belege. Realitätsvorstellungen, die sich auf diese Weise herausbilden, zeichnen sich durch eine hohe Komplexität sowie einen präzisen Bezug auf die Medienrealität, bei gleichzeitiger Relativierung dieser, aus. Zusätzlich enthalten sie eine Vielzahl an elaborativen und bewertenden Elementen, die sich darin zeigen, dass z. B. Kommentierungen und Ergänzungen erfolgen, Schlussfolgerungen gezogen werden sowie neues in bestehendes Wissen integriert wird. (Früh, 1994,

S. 370–371) Als positive Einflussfaktoren für diese Verarbeitungsstrategie erweisen sich auf personaler Seite v. a. gute intellektuelle Fähigkeiten, eine eigene Meinung und hohe Motivation. Daneben wurden aber auch relevante Medieneinflüsse identifiziert, z. B. die Art der Darstellung.

Früh (1994, S. 405) fasst seine zentralen Erkenntnisse wie folgt zusammen:

> Wirklichkeiten entstehen unter dem begrenzten, aber nachhaltigen Einfluss der Medien im Bewusstsein des Publikums unter mannigfachen Transformationen bei jedem Anlass neu und nicht immer auf dieselbe Art; auch interindividuell gibt es verschiedene Typen im Umgang mit Information. Soziale Realität unterliegt somit einer ständigen Transformation, sie entsteht durch ständige Transformation, d. h. die Transformation ist ihr essentieller Bestandteil.

## 3 Einordnung in den Schaffenskontext von Werner Früh

Werner Früh kann zweifelsfrei als einer der deutschen Kommunikationswissenschaftler angesehen werden, die sowohl methodische als auch theoretische Schlüsselwerke für das Fach publiziert haben. Zu ersteren ist insbesondere sein Standardwerk zur *Inhaltsanalyse* (2011, zuerst erschienen 1981) zu zählen. In theoretischer Hinsicht ist Werner Früh vor allem für den *dynamisch-transaktionalen Ansatz (DTA)* (vgl. den Beitrag von Volker Gehrau i. d. B.) und dessen permanente Weiterentwicklung bekannt. Bei Betrachtung seines Werkes wird ersichtlich, dass er sich zumeist den großen Themen des Faches zuwandte und diese dabei zum einen theoretisch explizierte (in aller Regel unter Rückgriff auf die dynamisch-transaktionale Perspektive), und diese Konzeptualisierungen zum anderen auch fast immer empirisch überprüfte. Zu nennen sind hier neben der *Realitätsvermittlung* unter anderem seine Dissertation im Bereich *Verständlichkeitsforschung* (Früh, 1980), sowie seine Auseinandersetzungen mit den Themen *Infotainment* (Früh & Wirth, 1997), *mediale Gewaltdarstellungen* (Früh, 2001), *Unterhaltung* (Früh, 2002; Früh & Stiehler, 2003) und *Narration* (Früh & Frey, 2014).

Dass Realitätsvermittlung dabei eines der ersten dieser Themen war, erscheint nicht zufällig sondern eher folgerichtig. Zum einen arbeitete er schon während seines Studiums zusammen mit Winfried Schulz an dessen Analysen zu „Konstruktion von Realität in den Nachrichtenmedien“ (1976), zum anderen führte Früh damit ein Forschungsinteresse fort, das schon seiner Dissertation im Bereich der Verständlichkeitsforschung zugrunde gelegen hatte. Dieses hatte sich noch dadurch gesteigert, dass er vor dem Hintergrund des inzwischen entwickelten dynamisch-transaktionalen Ansatzes die bisherige Behandlung dieses Themas als einseitig und unangemessen empfand (Früh, 1994, S. 9). Da im Rahmen des Werkes eine der ersten umfangreichen Anwendungen des dynamisch transaktionalen Ansatzes erfolgte, konnte einerseits gezeigt werden, wie diese Perspektive theoretisch und empirisch fruchtbar einsetzbar ist und dabei sowohl bestehende Befunde integrieren als auch neue Erkenntnisse hervorbringen kann. Andererseits erfuhr der Ansatz selbst im Rahmen dieser Studie einige Explizierungen und Erweiterungen, die für dessen weiteren Einsatz und die späteren Werke von Früh prägend waren.

## 4 Wirkungsgeschichte und Kritik

Das Werk wurde recht unmittelbar nach seinem Erscheinen im kommunikationswissenschaftlichen, in geringerem Umfang auch im politologischen, soziologischen und erziehungswissenschaftlichen Fachdiskurs rezipiert. Außerhalb des deutschsprachigen Raumes blieb die Resonanz jedoch trotz einer englischsprachigen Veröffentlichung von Teilergebnissen der Studie (Früh & Wirth, 1992) sehr gering.

Die Monographie wurde in beiden großen kommunikationswissenschaftlichen Fachzeitschriften *Rundfunk & Fernsehen* (Vorderer, 1995) und *Publizistik* (Staab, 1996), sowie vereinzelt außerhalb des Fachs, z. B. in der *Zeitschrift für Germanistik* (Tietze, 1997), rezensiert. Dort und in der weiteren Diskussion wurde die Arbeit trotz oder gerade wegen der durchaus vorhandenen Skepsis gegenüber der Realisierbarkeit des Vorhabens (Staab, 1996, S. 489 und Früh, 1994, S. 12) überwiegend positiv als Studie „auf sowohl theoretisch wie methodisch höchstem Niveau" (Vorderer, 1995, S. 578) aufgenommen. Gewürdigt wurden dabei neben dem „enormen Anspruch" des Vorhabens (Staab, 1996, S. 489) die Differenziertheit der theoretischen Grundlage in Form der Berücksichtigung kognitiver und motivationaler Komponenten sowie einer Reihe von Personenmerkmalen als Einflussfaktoren neben der Medienberichterstattung (z. B. Staab, 1996; Böhme-Dürr, 2003; Rösler, 2004; Vowe, 2009). Zusätzlich beeindruckte die methodische Ausgefeiltheit der empirischen Studie, wobei insbesondere das Paneldesign, die Codierung und Auswertung mit der speziell für das Projekt entwickelten SSI sowie die hohe externe Validität als eine der wenigen Feldstudien in diesem Bereich hervorgehoben wurden (Schönbach, 1998, S. 117; Schenk, 2007, S. 293).

Kritik bezog sich demgegenüber auf die für eine Rezeption durch die Medienpraxis zu hohe Komplexität des methodischen Ansatzes (Haller, 2007), auf die meta- bzw. erkenntnistheoretische Position der Studie und darauf, dass der Fokus auf den kognitiven Informationsverarbeitungsprozessen lag und emotionale Aspekte im Vergleich dazu kaum thematisiert wurden (Cornelißen, 1998, S. 82). Angesichts der definierten Zielsetzung der Studie ist jedoch ein methodischer Kritikpunkt einschlägiger: Die zur Analyse der Medienbotschaften und der freien Reproduktionen eingesetzte SSI verwendet, wie oben dargelegt, kommunikative Propositionen als Analyseeinheit. Dabei handelt es sich um elementare semantische Einheiten, die Sachverhalte abstrakt und von konkreten sprachlichen Formulierungen unabhängig als Verknüpfung relevanter Konzepte (z. B. Akteure, Handlungen, Objekte) repräsentieren (z. B. Frederiksen, 2001). Eine Codierung entlang dieser semantischen Einheiten hat gegenüber (noch) stärker an der Textoberfläche ansetzenden inhaltsanalytischen Verfahren den Vorteil, eher die in einem Text ausgedrückte bzw. „gemeinte" Bedeutung und weniger deren formal-stilistisch unterschiedlichen sprachlichen Ausdruck in den codierten Medienbotschaften und Rezipientenaussagen zu erfassen und somit untereinander vergleichbar zu machen. Daneben besteht die Attraktivität der Verwendung von Propositionen als inhaltsanalytische Einheiten darin, dass diese in einigen kognitionspsychologischen Modellen des Gedächtnisses und Sprachverstehens nicht nur als methodische Hilfskonstruktionen, sondern als grundlegendes mentales Repräsentationsformat angesehen werden (Frederiksen, 2001). Neuere Modelle des Textverstehens nehmen jedoch zusätzlich zu dieser propositionalen Ebene der Textrepräsentation weitere, erst auf dieser aufbauende Ebenen an, welche sich noch stärker von der Textoberfläche unterscheiden, z. B. die Ebene der sogenannten Situationsmodelle (Rinck, 2000). Deshalb wirft Scheufele (2003, S. 22) die Frage auf, ob mit der propositionalen Ebene nicht immer noch zu textnah codiert werde und die Studie damit insgesamt auf einer psychologisch nicht (mehr) als relevant angesehenen Repräsentationsebene argumentiere.

In Anbetracht des Umfangs von Studie und Forschungsbericht stellt sich die Frage, welche ihrer Erkenntnisse vom Fachdiskurs in welchem Kontext aufgegriffen wurden. Dabei lassen sich verschiedene Hauptrezeptionslinien identifizieren:

Eine erste, inzwischen allerdings weitgehend abgebrochene Rezeptionslinie bezieht sich auf die Methodik, insbesondere das eigens entwickelte Verfahren der SSI. Zwar wurde deren Eignung zur differenzierten Erfassung und computergestützten Auswertung komplexer Sinnstrukturen auf mehreren Ebenen durchaus gewürdigt, allerdings dürften der enorme manuelle Codierungsaufwand und das Erfordernis spezieller Software einer weiteren Verbreitung im Wege gestanden haben. So wurde sie nur in wenigen weiteren Studien eingesetzt (z. B. Hagen, 1995; Schlimbach, 2007), allerdings verschiedentlich nach wie vor als Ausgangspunkt und Inspiration für eigene Methodenentwicklungen herangezogen (z. B. Lepa, 2010).

Zweitens wurden Frühs Annahmen zum Verhältnis von medialen (insbes. nachrichtenjournalistischen) Realitätsdarstellungen zur außermedialen Realität rezipiert und die Studie damit in den Kontext von Forschungsfeldern wie der News-Bias- und Nachrichtenwertforschung gestellt, die sich als Ansätze der Kommunikatorforschung mit ebendiesem Verhältnis und insbesondere den die Nachrichtenberichterstattung im Sinne einer möglichen ‚Verzerrung' beeinflussenden Faktoren beschäftigen (z. B. Hermann, 2010; Weller, 2002; Loosen & Ravenstein, 2000).

Zum dritten wurde das Werk als Beitrag zur damals in der Kommunikationswissenschaft hoch kontrovers geführten erkenntnistheoretischen Debatte gelesen, die Ende der 1980er bzw. Anfang der 1990er Jahre durch die Einführung des Radikalen Konstruktivismus in das Fach ausgelöst worden war (siehe dazu z. B. Scholl, 2010), inzwischen aber deutlich an Brisanz verloren hat. Dabei wurde Frühs Position teilweise selbst als konstruktivistisch eingeordnet (Tietze, 1997; Thomsen, 2005), als den Konstruktivismus missverstehend kritisiert (z. B. Foscht, 1998), als in seinem Beharren auf einen medialen Stimulus zu wenig konstruktivistisch angesehen (Lindemann, 2008) und „als radikale Abrechnung mit dem (deutlich weniger radikalen) radikalen Konstruktivismus" (Staab, 1996, S. 489) begrüßt. Ob man Frühs Zwischenposition aber als „moderaten Konstruktivismus" (Vorderer, 1996, S. 242) oder als „(sehr kritische[n]) Realismus" (Frerichs, 2000, S. 311) bezeichnen will: Nicht nur in der Sache, nämlich mit der Betonung der „systematischen Beziehung unserer Wahrnehmung zur Außenwelt" (Früh, 1994, S. 25), sondern auch im Ton ist seine Distanzierung von radikal konstruktivistischen Positionen kaum zu übersehen.

Eine vierte Rezeptionslinie wiederum bezieht sich auf die Weiterentwicklung des dynamisch-transaktionalen Ansatzes und interpretiert die Studie vorrangig als theoretische Ausarbeitung und/oder empirische Prüfung – und letztlich auch Bewährung – der Annahmen dieses Ansatzes (z. B. Paus-Haase, Hasebrink, Mattusch, Keuneke, & Krotz, 1999; Rösler, 2004; Vowe, Kaase, Machura, Jesse, & Andersen, 2003).

Die fünfte und zugleich am stärksten ausgeprägte Rezeptionslinie rückt das zentrale Ergebnis der Studie, den Aspekt der Aktivität und Transformativität der subjektiven Aneignung von Medieninhalten in den Mittelpunkt. Obwohl von theoretisch grundsätzlich allgemeinerem Anspruch, steht die Studie dabei aufgrund des empirischen Untersuchungskontexts (Nachrichten) insbesondere in einer Reihe mit ähnlich gelagerten Studien zur Nachrichtenrezeption in diesem Zeitraum, z. B. von Graber (1984, vgl. den Beitrag von Hans-Bernd Brosius & Julian Unkel i. d. B.), Merten (1985), Ruhrmann (1989) und Brosius (1995, vgl. den Beitrag von Alexander Haas i. d. B.).

Insgesamt wurde Frühs Studie als eine derjenigen Arbeiten gewürdigt, die in den 1990er Jahren kognitionspsychologische Befunde für die Kommunikationswissenschaft fruchtbar gemacht haben (Scheufele, 2003, S. 222). Insbesondere habe sie die in der Psychologie damals bereits „unstrittige" Annahme von der Konstruktivität der menschlichen Informationsverarbeitung nicht nur theoretisch aufgegriffen, sondern vor allem auch zum Gegenstand einer längst überfälligen differenzierten und überzeugenden empirischen Untersuchung ihrer Mechanismen und Bedingungen gemacht (Vorderer, 1995, S. 577).

Umso verwunderlicher erscheint es daher, dass die Studie ohne direkte Nachfolgeuntersuchungen geblieben ist. Zwar wurden seither weiterhin Aneignungsprozesse allgemein und speziell im Kontext von Nachrichtenangeboten untersucht; allerdings unterscheiden sich die verschiedenen Forschungslinien von der Studie „Realitätsvermittlung durch Massenmedien" entweder in Erkenntnisinteresse und Methodik, wie im Falle der interpretativ orientierten Studien der Cultural Studies-Tradition und der strukturanalytischen Rezeptionsforschung, oder aber in Fokus und Perspektive, wie z. B. die stärker medienwirkungsorientierte Framing-Forschung (vgl. den Beitrag von Stefan Geiß & Christian Schemer i. d. B.) oder an einer pädagogischen Wissensvermittlungsperspektive orientierte Untersuchungen. Dabei kann die dem Projekt zugrundeliegende Forschungsfrage – „Wie werden Medienwelten zu Publikumswelten?" – keinesfalls schon als abschließend geklärt gelten: Vielmehr ergeben sich aus der Studie selbst direkte Anschlussfragestellungen und Erweiterungsmöglichkeiten, beispielsweise im Hinblick auf spezifische (Sub-)Typen der Informationstransformation während der Rezeption, auf (weitere) personale, situationale oder mediale Einflüsse auf diese Prozesse, den Zusammenhang mit Emotionen während der Rezeption oder mit Prozessen der Urteils- oder Meinungsbildung.

## Literatur

### *Primärliteratur*

Früh, W. (1989). Semantische Struktur- und Inhaltsanalyse (SSI). Eine Methode zur Analyse von Textinhalten und Textstrukturen und ihre Anwendung in der Rezeptionsanalyse. In M. Kaase & W. Schulz (Hrsg.), *Massenkommunikation. Theorien, Methoden, Befunde* (S. 59–89). Opladen: Westdeutscher Verlag.

Früh, W. (1994). *Realitätsvermittlung durch Massenmedien. Die permanente Transformation der Wirklichkeit.* Wiesbaden: Westdeutscher Verlag.

Früh, W., & Wirth, W. (1992). Looking into the black box: Intolerance of ambiguity and Dynamic-transactional Processes in the development of issue-related images. *European Journal of Communication, 7,* 541–569.

## *Sekundärliteratur*


Böhme-Dürr, K. (2003). Medienpsychologie. In G. Bentele, H.-B. Brosius, & O. Jarren (Hrsg.), *Öffentliche Kommunikation. Handbuch Kommunikations- und Medienwissenschaft* (S. 283–300). Wiesbaden: Westdeutscher Verlag.

Brosius, H.-B. (1995). *Alltagsrationalität in der Nachrichtenrezeption. Ein Modell zur Wahrnehmung und Verarbeitung von Nachrichteninhalten.* Opladen: Westdeutscher Verlag.

Cornelißen, W. (1998). *Fernsehgebrauch und Geschlecht. Zur Rolle des Fernsehens im Alltag von Frauen und Männern.* Opladen: Westdeutscher Verlag.

Foscht, T. (1998). *Interaktive Medien in der Kommunikation. Verhaltenswissenschaftliche und systemtheoretische Analyse der Wirkung neuer Medien.* Wiesbaden: Deutscher Universitäts-Verlag.

Frederiksen, C. H. (2001). Propositional representations in psychology. In N. J. Smelser & P. B. Baltes (Hrsg.), *International encyclopedia of the social and behavioral sciences* (S. 12219–12224). Amsterdam: Elsevier.

Frerichs, S. (2000). *Bausteine einer systemischen Nachrichtentheorie. Konstruktives Chaos und chaotische Konstruktionen.* Wiesbaden: Westdeutscher Verlag.

Früh, W. (1980). *Lesen, Verstehen, Urteilen. Untersuchungen über den Zusammenhang von Textgestaltung und Textwirkung.* Freiburg: Alber.

Früh, W. (2001). *Gewaltpotentiale des Fernsehangebotes. Programmangebot und zielgruppenspezifische Interpretation.* Opladen: Westdeutscher Verlag.

Früh, W. (2002). *Unterhaltung durch das Fernsehen. Eine molare Theorie.* Konstanz: UVK.

Früh, W. (2011). Inhaltsanalyse. Theorie und Praxis. Stuttgart: UTB.

Früh, W., & Frey, F. (2014). *Narration und Storytelling. Theorie und empirische Befunde.* Köln: Halem.

Früh, W., & Stiehler, H.-J. (Hrsg.). (2003). *Theorie der Unterhaltung. Ein interdisziplinärer Diskurs.* Köln: Halem.

Früh, W., & Wirth, W. (1997). Positives und negatives Infotainment. Zur Rezeption unterhaltsam aufbereiteter TV-Information. In G. Bentele & M. Haller (Hrsg.), *Aktuelle Entstehung von Öffentlichkeit. Akteure – Strukturen – Veränderungen* (S. 367–382). Konstanz: UVK.

Graber, D. A. (1984). *Processing the news. How people tame the information tide.* New York: Longman.

Hagen, L. M. (1995). *Informationsqualität von Nachrichten. Meßmethoden und ihre Anwendung auf die Dienste von Nachrichtenagenturen.* Opladen: Westdeutscher Verlag.

Haller, M. (2007). Kann gesellschaftliche Kommunikation gelingen? Vom Berichterstatter zum Kommunikator – Überlegungen zu einem überfälligen Funktions- und Rollenwandel im Journalismus. In W. Wirth, H.-J. Stiehler, & C. Wünsch (Hrsg.), *Dynamisch-transaktional denken. Theorie und Empirie der Kommunikationswissenschaft* (S. 231–255). Köln: Halem.

Hermann, M. C. (2010). Wahlkampf und Jugendliche: Nur Risiken und Nebenwirkungen? Ergebnisse einer internationalen Längsschnittstudie. *Zeitschrift für Parlamentsfragen, 41,* 818–838.

Lepa, S. (2010). *Jenseits des Films. Kritisch-realistische Rekonstruktion von Filmverstehen und Filmreflexion.* Wiesbaden: VS Verlag.

Lindemann, S. (2008). *Medienrezeption und Bewältigung. Studie in den Umfeldern des Literaturunterrichts der Jahrgangsstufe 6 einer Hauptschule* (Doktorarbeit). Abgerufen von DuEPublico (Dokument 18623).

Loosen, W., & Ravenstein, M. (2000). Sportberichterstattung im Fokus der Nachrichtenwertforschung: Fußball-WM '98 und Sport in der Printmedienberichterstattung. In A. Schorr

(Hrsg.), *Publikums- und Wirkungsforschung. Ein Reader* (S. 191–204). Wiesbaden: Westdeutscher Verlag.

Merten, K. (1985). Die Re-Rekonstruktion von Wirklichkeit durch Zuschauer von Fernsehnachrichten. *Media Perspektiven, 10*, 753–763.

Paus-Haase, I., Hasebrink, U., Mattusch, U., Keuneke, S., & Krotz, F. (1999). *Talkshows im Alltag von Jugendlichen. Der tägliche Balanceakt zwischen Orientierung, Amüsement und Ablehnung.* Wiesbaden: Leske + Budrich.

Rinck, M. (2000). Situationsmodelle und das Verstehen von Erzähltexten: Befunde und Probleme. *Psychologische Rundschau, 51*, 115–122.

Rösler, C. (2004). *Medien-Wirkungen.* Münster: Westfälisches Dampfboot.

Ruhrmann, G. (1989). *Rezipient und Nachricht. Struktur und Prozeß der Nachrichtenrekonstruktion.* Opladen: Westdeutscher Verlag.

Schenk, M. (2007). *Medienwirkungsforschung* (3., vollst. überarb. Aufl.). Tübingen: Mohr Siebeck.

Scheufele, B. (2003). *Frames – Framing – Framing-Effekte. Theoretische und methodische Grundlegung des Framing-Ansatzes sowie empirische Befunde zur Nachrichtenproduktion.* Wiesbaden: Westdeutscher Verlag.

Schlimbach, I. (2007). *Emotionen und Informationsverarbeitung bei der Medienrezeption. Entwicklung und Überprüfung eines neuen Ansatzes.* München: Fischer.

Schönbach, K. (1998). Politische Kommunikation – Publizistik- und kommunikationswissenschaftliche Perspektiven. In O. Jarren, U. Sarcinelli, & U. Saxer (Hrsg.), *Politische Kommunikation in der demokratischen Gesellschaft. Ein Handbuch mit Lexikonteil* (S. 114–137). Opladen: Westdeutscher Verlag.

Scholl, A. (2010). Radical constructivism in communication science. *Constructivist Foundations, 6*, 51–57.

Schulz, W. (1976). *Die Konstruktion von Realität in den Nachrichtenmedien. Analyse der aktuellen Berichterstattung.* Freiburg: Alber.

Staab, J. F. (1996). Werner Früh: Realitätsvermittlung durch Massenmedien [Buchbesprechung]. *Publizistik, 41*, 489–491.

Thomsen, H. (2005). Fälschung und Qualitätssicherung im Journalismus. Michael Born und Tom Kummer über die skandalöse Normalität des Fernsehens. In C. Gerhards, S. Borg, & B. Lambert (Hrsg.), *TV-Skandale* (S. 355–372). Konstanz: UVK.

Tietze, W. (1997). Werner Früh: Realitätsvermittlung durch Massenmedien [Buchbesprechung]. *Zeitschrift für Germanistik (Neue Folge), 7*, 449–451.

Vorderer, P. (1995). Werner Früh: Realitätsvermittlung durch Massenmedien [Buchbesprechung]. *Rundfunk und Fernsehen, 43*, 576–578.

Vorderer, P. (1996). Toward a psychological theory of suspense. In P. Vorderer, H. J. Wulff, & M. Friedrichsen (Hrsg.), *Suspense. Conceptualizations, theoretical analyses, and empirical explorations* (S. 233–254). Hillsdale (NJ): Erlbaum.

Vowe, G. (2009). Medien in Politik und Gesellschaft. In M. Henninger & H. Mandl (Hrsg.), *Handbuch Medien- und Bildungsmanagement* (S. 328–339). Weinheim: Beltz.

Vowe, G., Kaase, M., Machura, S., Jesse, E., & Andersen, U. (2003). Massenmedien. In U. Andersen & W. Woyke (Hrsg.), *Handwörterbuch des politischen Systems der Bundesrepublik Deutschland* (5., überarb. und aktualisierte Aufl., S. 385–408). Opladen: Leske + Budrich.

Weller, C. (2002). Friedensforschung zwischen Massenmedien und Krieg. Von der Manipulationsforschung zur konstruktivistischen Friedenstheorie. In U. Albrecht & J. Becker (Hrsg.), *Medien zwischen Krieg und Frieden* (S. 27–44). Baden-Baden: Nomos.

# Eskalation durch Berichterstattung? Massenmedien und fremdenfeindliche Gewalt

## von Hans-Bernd Brosius und Frank Esser (1995)

Bertram Scheufele

**Zusammenfassung**

Der Beitrag bespricht das von Hans-Bernd Brosius und Frank Esser entwickelte Eskalationsmodell. Das Modell beleuchtet die Rolle der Medienberichterstattung bei der fremdenfeindlichen Eskalation Anfang der 1990er Jahre, also im Zusammenhang der politischen Asyl- und Zuwanderungsdebatte, der Ängste der Bevölkerung, der Gewaltbereitschaft fremdenfeindlich motivierter Personen sowie der Schlüsselereignisse Hoyerswerda, Rostock, Mölln und Solingen. Das Modell wird empirisch in einem zeitreihenanalytischen Ansatz überprüft. Der Beitrag kritisiert das Schlüsselwerk konstruktiv und ordnet es in theoretisch-thematischer wie auch statistischer Hinsicht in andere Publikationen der Autoren sowie in die Kommunikationswissenschaft ein.

**Schlüsselbegriffe**

Hans-Bernd Brosius, Frank Esser, Fremdenfeindlichkeit, Asyl, Kriminalitäts- und Gewaltberichterstattung, mediale Anstiftungseffekte, ARIMA, Zeitreihen, Kreuzkorrelation, Schlüsselereignisse

## 1 Kurzbiographien der Autoren

Hans-Bernd Brosius studierte Psychologie an der Westfälischen Wilhelms-Universität Münster und schloss sein Studium zunächst mit einem Diplom, 1983 dann mit der Promotion ab. Im gleichen Jahr wandte er sich als Projektmitarbeiter bei Hans

Mathias Kepplinger an der Universität Mainz der Kommunikationswissenschaft zu, später war er Hochschulassistent in Mainz. Dort habilitierte er sich 1994 (Kepplinger, 1994) und folgte wenig später einem Ruf an die Ludwig-Maximilians-Universität München (Pürer, 1996), wo er bis heute tätig ist. Hans-Bernd Brosius prägte die Kommunikationswissenschaft mit bislang über 200 Veröffentlichungen und ist einer der in deutschsprachigen kommunikationswissenschaftlichen Fachzeitschriften am häufigsten zitierten Forscher (Potthoff & Kopp, 2013). Das hier besprochene Schlüsselwerk fällt in die letzten Jahre, die Brosius als Hochschulassistent am Mainzer Institut verbracht hat (vgl. zur Biographie von Hans-Bernd Brosius auch den Beitrag von Alexander Haas i. d. B.).

Frank Esser war zunächst Mitarbeiter an den Universitäten Mannheim und München. Aus der Münchener Zusammenarbeit mit Brosius entstand das Schlüsselwerk. Seine 1997 abgeschlossene Promotion wurde ein Jahr später unter dem Titel „Die Kräfte hinter den Schlagzeilen. Englischer und deutscher Journalismus im Vergleich" veröffentlicht und weist Esser bereits als komparativen Forscher aus. Habilitiert hat er über Metaberichterstattung bei deutschen, britischen und US-amerikanischen Wahlen. Von 2004 bis 2006 war er Assistant Professor an der University of Missouri-Columbia (USA). Seit 2006 ist Esser Professor für internationale und komparative Medienforschung an der Universität Zürich.

## 2 Inhalt

Das vorliegende Schlüsselwerk (vgl. im Folgenden auch Brosius, Esser, & Scheufele, 2002) greift die politisch-gesellschaftliche Ereignislage zu Fremdenfeindlichkeit, Zuwanderung und Asylpolitik der frühen 1990er Jahre auf. Ausgehend von den Übergriffen und Ausschreitungen in Hoyerswerda (1991) und Rostock (1992) sowie den Brandanschlägen mit Todesopfern in Mölln (1992) und Solingen (1993) fragen die Autoren, unter welchen Bedingungen die Medienberichterstattung über Fremdenfeindlichkeit, Zuwanderung und Asylpolitik zu einer (weiteren) Eskalation fremdenfeindlicher Gewalt beitragen kann. In den Untersuchungszeitraum fällt auch der politisch-gesellschaftliche Diskurs über Zuwanderung, Asyl und Fremdenfeindlichkeit in Deutschland. Eine zentrale politische Entscheidung war die Änderung von Art. 16 GG, mit der im Juli 1993 eine Verschärfung des Asylrechts einherging.

Die Autoren führen die soziale Lerntheorie und Erkenntnisse zu medialen Anstiftungseffekten etwa bei Suiziden oder Terrorakten zusammen und diskutieren die in der Gewaltforschung gängigen methodischen Zugänge. Ausgehend davon entwickeln sie ihr *Modell der Eskalation durch Medienberichterstattung*. Es postuliert

> eine Wechselwirkung zwischen (1) veränderten Bedingungen der Zuwanderung, (2) der wahrgenommenen Dringlichkeit einer Problemlösung in der Bevölkerung, (3) der Berichterstattung der Massenmedien und (4) der Gewaltbereitschaft gesellschaftlicher Problemgruppen und potentieller Straftäter. Nur wenn alle vier Faktoren in geeigneter Weise zusammentreffen, kommt es zu einem (epidemiehaften) Ansteckungseffekt durch die Berichterstattung. (Brosius & Esser, 1995, S. 83)

Zudem kontrastieren die Autoren zwei Szenarien: Das *erste Szenario* unterstellt lineare Kausalbeziehungen: Mit den Zuwanderungszahlen steige das Problembewusstsein in der Bevölkerung, zudem würden vermehrt öffentliche Forderungen nach einer Problemlösung aufkommen. Bestimmte Personen und Gruppen würden dies als Legitimation für ihr ohnehin schon fremdenfeindliches Denken und Handeln auffassen. Dadurch komme es zeitversetzt zu fremdenfeindlichen Straftaten. Das *zweite Szenario* führt die Medien ein. Die Wahrnehmung der Bevölkerung, wie dringlich das „Asylproblem" sei, hänge nicht allein von der faktischen Zuwanderungsentwicklung, sondern auch von der Berichterstattung darüber ab. Aber auch die Beziehung zwischen der Problemwahrnehmung der Bevölkerung und der Gewaltbereitschaft fremdenfeindlich motivierter Personen werde aufgebrochen: Wenn Medien über Ereignisse wie Rostock umfangreich berichten, könnten fremdenfeindliche Taten sprunghaft zunehmen. Denn die Täter können durch solche Medienberichte mehrfach motiviert werden – erstens durch die Annahme, die Bevölkerung, als deren ausführendes Organ sie sich selbst sehen, würde ihr Handeln legitimieren, zweitens durch die in ihren Augen erzielten ‚Erfolge', wie z. B. dass Asylbewerber verlegt werden, und drittens durch die Vermutung, durch ähnliche Taten vergleichbare ‚Prominenz' in der rechten Szene zu erfahren wie schon die Täter z. B. von Solingen.

Zur Überprüfung ihres Modells ziehen die Autoren mehrere *Datengrundlagen* heran. Dazu gehören Zuwanderungszahlen, Bevölkerungsumfragen, Statistiken zu fremdenfeindlichen Straftaten, der dpa-Basisdienst sowie eigene Inhaltsanalysen der Print- und Fernsehberichterstattung. Untersucht wurde zum einen die Berichterstattung von Frankfurter Allgemeiner Zeitung, Süddeutscher Zeitung, Bild-Zeitung und Spiegel. Codiert wurden fremdenfeindliche Straftaten, Gegenaktionen (z. B. Demonstrationen gegen rechte Gewalt), politisches und staatliches Handeln (z. B. Asylgesetzgebung), Gerichtsverfahren gegen rechte Straftäter, Rechtsradikalismus allgemein sowie Hintergrundinformationen zu Zuwanderung und Asyl. Zum anderen wurden die Fernsehnachrichten von ARD, ZDF, RTL und Sat.1 analysiert, wobei aber nur die Anzahl der Nachrichten zum Themenkomplex erfasst wurde.

Die Entwicklung der Zuwanderung und der Bevölkerungsansichten bilden die argumentative Grundlage für die *zeitreihenanalytischen Analysen.* Dazu haben die Autoren Zeitreihen auf Wochenbasis gebildet, die sich einerseits auf fremdenfeindliche Straftaten (z. B. wöchentliche Anzahl von Brandanschlägen), andererseits auf die Medienberichterstattung (z. B. wöchentliche Anzahl von Berichten über politisches Handeln) beziehen. Jede Zeitreihe wurde vorab ARIMA-modelliert und auf diese Weise um ihre Eigendynamik bereinigt (vgl. dazu z. B. Schmitz, 1987, S. 63-70; 1989, S. 43-117). Die bereinigten Zeitreihen wurden anschließend paarweise kreuzkorreliert (vgl. dazu z. B. Haugh, 1976; Haugh & Box, 1977; Pierce, 1977). Solche Kreuzkorrelationsanalysen erlauben Aussagen darüber, welche Zeitreihe sich zuerst verändert und damit als unabhängige Variable plausibel ist. Wenn z. B. zuerst die Anzahl der fremdenfeindlichen Straftaten zunimmt und eine Woche später die Anzahl der Berichte über solche Gewalt steigt, kann eine mediale Anstiftung ausgeschlossen werden. Plausibel ist stattdessen, dass die Medienberichte die Realität spiegeln. Wenn aber z. B. einem Anstieg an Berichten über Asyl und Zuwanderung eine Woche später ein Zuwachs fremdenfeindlicher Straftaten folgt, kann die These einer medial gespiegelten Realität ausgeschlossen werden. Plausibel ist dann eher die Eskalationsthese. Mit vorheriger ARIMA-Bereinigung sind Scheinzusammenhänge auszuschließen.

Zunächst betrachten die Autoren den gesamten Zeitraum (157 Wochen), danach unterscheiden sie zwei Phasen. Die erste reichte von August 1990 bis September 1992 (113 Wochen), die zweite von Oktober 1992 bis Juli 1993 (44 Wochen). In der ersten Phase (mit den Schlüsselereignissen Hoyerswerda und Rostock) ließen sich Hinweise darauf finden, dass die *Printmedien* die Realität ein bis zwei Wochen später medial aufgriffen. Allerdings gab es

> zwei bedeutsame Ausnahmen. Erstens geht die Gesamtzahl aller Beiträge zum Thema ‚Ausländer und Asylbewerber' der Anzahl der Straftaten um eine Woche voraus …, um dann zwei Wochen später dem Trend zu folgen …. Zweitens führen Artikel, die schwerpunktmäßig über Straftaten berichten, nach einer Woche zu weiteren Anschlägen. (Brosius & Esser, 1995, S. 151)

Letztlich hatte insbesondere die Primärberichterstattung, also die aktuelle, ereignisbezogene Berichterstattung über Hoyerswerda und Rostock eine anstiftende Wirkung, nicht aber die Sekundärberichterstattung, also die über die Ereignisse hinausgehende Berichterstattung z. B. über Zuwanderung oder das Asylrecht. Ganz anders in der zweiten Phase (mit Mölln und Solingen): Hier hatte „die politische Berichterstattung die Rolle des anstiftenden Moments übernommen …. Dies hängt vermutlich damit zusammen, daß [sic!] in der zweiten Phase die schier endlose Debatte zwischen den und innerhalb der Parteien zur Asylrechtsänderung stattfand" (Brosius & Esser, 1995, S. 159). Im Medienvergleich schien die *Fernsehberichterstattung* in der ersten Phase eine stärker anstiftende Wirkung als die Printmedien zu haben. Genauere Analysen waren aufgrund der fehlenden inhaltsanalytischen Differenzierung aber nicht möglich. Als Fazit lässt sich festhalten:

> In erster Linie wirkte nicht die Art und Weise der Berichterstattung, sondern ihre Massivität. Vor allem beim Ablauf der Ereignisse in Hoyerswerda und Rostock führte die Berichterstattung, so objektiv und zurückhaltend sie vielleicht in einzelnen Blättern war, zwangsläufig zu einer Nachahmungswirkung. Das Zeigen der überforderten Polizei, des applaudierenden Publikums, der nicht-geahndeten Straftaten, des ‚Erfolgs' der Straftäter (die Asylbewerber wurden verlegt), all dies erhöhte zwangsläufig die Gewaltbereitschaft der potentiellen Täter. Kommentierende und einordnende Stimmen gingen in diesem Gesamtbild völlig unter. (Brosius & Esser, 1995, S. 207)

Medien sind also keine Ursache für Fremdenfeindlichkeit. Aber in einem bestimmten politisch-gesellschaftlichen Klima wie Anfang der 1990er Jahre können sie Auslöser für weitere Gewalt sein.

## 3 Bezug zum Gesamtwerk der Autoren

Das Schlüsselwerk muss in eine Reihe weiterer Arbeiten gestellt werden, an denen Brosius beteiligt war. Dazu gehören zunächst *Studien zu Schlüsselereignissen*. So haben z. B. Brosius und Eps (1993) inhaltsanalytisch nachgezeichnet, wie sich mit den erwähnten Schlüsselereignissen die journalistischen Selektionskriterien verändert haben. Diese Aufsätze sind direkte Vorarbeiten zum Schlüsselwerk. Weitere Mainzer Studien aus jenen Jahren, die sich mit der Rolle von Schlüsselereignissen auseinandersetzen, stammen z. B. von Kepplinger und Habermeier (1995) sowie von Kepplinger und Hartung (1995). Die ersten Überlegungen zu Schlüsselereignissen gehen auf Fishman (1978) zurück, der in seiner Studie zur Kriminalitätsberichterstattung „*The Crime Wave Dynamic*" (Fishman, 1978, S. 537, Hervorhebung im Original) untersucht hat.

In *methodisch-statistischer Hinsicht* ist das Schlüsselwerk in eine längere Tradition von Mainzer Studien zu stellen, an denen Hans-Bernd Brosius beteiligt war. Der erste zeitreihenanalytische Zugriff datiert zehn Jahre früher, als Kepplinger, Donsbach, Brosius und Staab (1986) den Medientenor über Helmut Kohl in einem zeitreihenanalytischen Design mit Bevölkerungsumfragen in Verbindung brachten. Bereits hier wurden Kreuzkorrelationsanalysen durchgeführt, allerdings noch mit weitgehend unbereinigten Zeitreihen (vgl. Kepplinger et al., 1986, S. 262). Drei Jahre später überprüften Kepplinger, Gotto, Brosius und Haak (1989, S. 94-105) in einer zeitreihenanalytischen Agenda-Setting-Studie non-lineare Wirkungsmodelle.

Um die Nicht-Stationarität der Zeitreihen (vgl. dazu z.B. Fahrmeir & Kaufmann, 1987) zu beseitigen, wurde einfache Differenzbildung angewendet (vgl. dazu z.B. Schmitz, 1989, S.63). Ob die in dieser Publikation diskutierten Schwellen- und Beschleunigungsmodelle (vgl. Kepplinger et al. 1989, S.99-102) auch Pate für den Gedanken der Eskalation im Schlüsselwerk standen, muss offen bleiben. Ebenfalls mit Bezug auf reale gesellschaftliche Gewalt beleuchteten Brosius und Weimann (1991) in einem zeitreihenanalytischen Zugriff das Zusammenspiel aus terroristischen Anschlägen und Medienberichterstattung.

Mit der *Gewaltforschung* beschäftigt sich Brosius auch in späteren Arbeiten: In zwei aktuelleren Bänden (vgl. Brosius & Schwer, 2008; Brosius, Mangold, & Schwer, 2010) greift er den bereits im Eskalationsmodell ausformulierten Gedanken auf, dass Gewalt ein *multifaktorielles Phänomen* darstellt, bei dem gesamtgesellschaftliche, gruppenspezifische und individuelle Faktoren zu beleuchten sind. Die im Schlüsselwerk diskutierte Rolle der Medien bei der Imitation von Gewalt insbesondere bei Suiziden und dem sogenannten Werther-Effekt (vgl. z.B. Ruddigkeit, 2010) greift Brosius ebenfalls nochmals auf (vgl. Brosius & Ziegler, 2001; Schäfer, Althaus, Brosius, & Hegerl, 2006). Während Brosius und Esser (1995, S.208-221) die Konsequenzen ihrer Befunde für den Journalismus nicht ohne deutliche Kritik an manchen journalistischen Auswüchsen diskutieren, eröffnet die Studie von Schäfer et al. (2006) die Perspektive der Prävention. Das bereits im Schlüsselwerk angewendete *Intra-Extra-Media-Design* (vgl. Brosius & Esser, 1995, S. 92-94), das auf Rosengren (1970) zurückgeht (vgl. auch Haas & Scheufele, 2012), greifen Schönhagen und Brosius (2004, S.259-261) auf, um die Kriminalitäts- und Gewaltberichterstattung in Kurzmeldungen der Lokalberichterstattung mit Kriminalitätsstatistiken (Extra-Media-Daten) von 1949 bis 1989 in Verbindung zu bringen.

Zuletzt ist noch eine andere Einordnung vorzunehmen: Während Esser von Beginn an in der Kommunikationswissenschaft sozialisiert wurde, gehört Brosius zu jenen Fachvertretern, die erst später in die Kommunikationswissenschaft gewechselt sind. Brosius wurde noch in der Psychologie promoviert, hat sich dann aber auf die Kommunikationswissenschaft eingelassen. Eine psychologische Prägung ist in seinem Œuvre natürlich unverkennbar. Dennoch steht für ihn die kommunikationswissenschaftliche Fragestellung an erster Stelle – und nicht die psychologische Fragestellung, die dann eben nur an einem medialen Anwendungsbeispiel oder neuerdings an einem Beispiel der Social Media exemplifiziert wird.

## 4 Wirkungsgeschichte und Kritik

Als ehemaliger Mitarbeiter von Brosius und Co-Autor der Folgestudien mag man im Verdacht stehen, bei einer Würdigung zu gefällig zu sein. Diesen Verdacht sollten drei Argumente ausräumen: Erstens dürfte man in dieser Rolle die Schwachstellen eines Schlüsselwerkes bestens kennen. Zweitens trifft die Kritik auch mich selbst, da ich an Folgestudien beteiligt war. Drittens lebt der Kritische Rationalismus, als dessen Vertreter ich mich betrachte, von Kritik und Kritikfähigkeit. Auch wenn man in der Wissenschaft mitunter das Gegenteil antrifft, sollte man doch zwischen konstruktiver Kritik und persönlichem Angriff zu unterscheiden wissen.

Die üblichen Verweise auf Beschränkungen z. B. wegen eines begrenzten Samples ließen sich auch für das Schlüsselwerk vornehmen. Solche Kritik lässt sie sich aber auf jede Studie anwenden. Konstruktive Kritik sollte bei relevanten Punkten ansetzen: In *theoretischer Hinsicht* zeichnet sich das Schlüsselwerk dadurch aus, dass es Überlegungen und Befunde verschiedener Forschungsstränge verknüpft (vgl. Brosius & Esser, 1995, S. 39-81). Kaum beleuchtet werden dagegen sozialpsychologische Phänomene wie Stereotype, Vorurteile oder Diskriminierung (vgl. dazu z. B. Bar-Tal, Graumann, Kruglanski, & Stroebe, 1989). Dass Medien solche Vorstellungen bzw. Handlungen gerade im Kontext von Fremdenfeindlichkeit begünstigen können, ließe sich als Kultivierung (vgl. den Beitrag von Meltzer, Rossmann, & Schnauber i. d. B.) begreifen, auf die Brosius und Esser (1995, S. 43) zumindest am Rande verweisen.

In *zeitreihenanalytischer Hinsicht* vermeiden die Autoren jenes Vorgehen, das an den methodischen Vorgängerstudien kritisiert werden kann. Denn Brosius und Esser (1995, S. 132-143) haben nicht die ursprünglichen, sondern die ARIMA-modellierten Zeitreihen kreuzkorreliert. Haugh (1976, S. 384) bringt dieses Vorgehen als „lagged cross-correlation estimates between two independent white noise series" auf den Punkt (vgl. auch Haugh & Box, 1977, S. 122; Feige & Pearce, 1977, S. 522-525; Schmitz, 1989, S. 168-176). Ohne vorherige Modellierung kann es zur Überschätzung oder auch Fehlinterpretation des Zusammenhangs zwischen zwei Zeitreihen kommen (vgl. z. B. die Kreuzkorrelationen > 0.20 bei Schmitz, 1987, S. 202). Umgekehrt kann diese Bereinigung aber dazu führen, dass Korrelationen unterschätzt werden und die Gefahr des Beta-Fehlers steigt (vgl. z. B. Schmitz, 1987, S. 143). So betont z. B. Pierce (1977, S. 18) „[that] it is striking that many of the relationships, even where independence is clearly rejected, are … so weak". Freilich kann man auch sagen, dass der empirische Test dann positiverweise besonders streng ist. Kritisiert werden kann zudem, dass das Vorgehen nur bivariate Korrelationen erlaubt, nicht aber multivariate Analysen wie z. B. Vektor-ARMA-Modellierungen (vgl. dazu z. B. Tiao & Box, 1981, S. 803-805).

Schließlich argumentieren Brosius und Esser (1995) teils makro-, teils mikrotheoretisch. Ihre Analysen bewegen sich aber nur auf Aggregatdatenniveau. Damit bleiben viele der von ihnen diskutierten Prozesse eine *empirische Black-Box*. Auch Bezüge zwischen Makro- und Mikro-Ebene lassen sich nur beschreiben. Das alles ist aber schlicht nicht zu ändern (vgl. auch Scheufele, in Druck). Denn Zugänge zu Problemgruppen, mit deren Hilfe man z.B. deren Mediennutzung ermitteln könnte, sind kaum möglich und Experimentaldesigns forschungsethisch ausgeschlossen (vgl. dazu Brosius & Esser, 1995, S. 50-55). Auch das Meinungsklima oder politische Ereignisse lassen sich im Rahmen eines zeitreihenanalytischen Designs kaum modellieren, weil entsprechende Zeitreihendaten fehlen oder sich politische Prozesse nicht nur auf Einzelereignisse (als Interventionen) reduzieren lassen (vgl. auch Scheufele & Brosius, 2001, S.467-468).

Welchen *Stellenwert* hat nun das Schlüsselwerk? Am ehesten lässt es sich als *zeitdiagnostische Publikation* einordnen. Nicht nur Politiker und Journalisten, sondern auch zahlreiche Sozialwissenschaftler haben sich mit den oben beschrieben Ereignissen und Entwicklungen beschäftigt. Das belegen – um nur zwei Beispiele zu nennen – die Sammelbände von Scheffer (1997) sowie Falter, Jaschke und Winkler (1996). Das Schlüsselwerk lässt sich in teils theoretisch, teils methodisch ähnlich argumentierende Publikationen aus dieser Zeit einordnen (vgl. z.B. Weiss, 1997, S.59; auch Brosius et al., 2002, S.29-30). Beispielsweise berücksichtigt das Modell von Lüdemann und Erzberger (1994) ebenfalls Bedingungsfaktoren auf unterschiedlichen Ebenen (vgl. auch Ohlemacher, 2004, S.186-188; Sitzer & Heitmeyer, 2008, S.177-179). Neben vielen anderen Publikationen ist das Schlüsselwerk aber auch ein Beispiel dafür, wie unser Fach in der *breiten Öffentlichkeit* mit *gesellschaftlich relevanten Fragestellungen*, die zugleich am ‚Puls der Zeit' sind, Stellung beziehen kann – ohne Gefahr zu laufen, in den Ruf eines Faches zu kommen, das nur für weiche Zeitgeistthemen zuständig ist.

Die *Resonanz* in der Kommunikationswissenschaft betrifft Studien zur Kriminalitätsberichterstattung (vgl. z.B. Schönhagen & Brosius, 2004), zu medialen Anstiftungseffekten (vgl. z.B. Ruddigkeit, 2010; Roth, 2012), zur Rolle der Massenmedien bei Fremdenfeindlichkeit, Rechtsextremismus oder Rechtsradikalismus (vgl. z.B. Ohlemacher, 1998; Schafraad, Scheepers, & Wester, 2008) und zu Gewalt als Mehr-Ebenen-Phänomen (vgl. z.B. Scheufele, in Druck). Andere Autoren verweisen aber auch auf den zeitreihenanalytischen Zugriff (vgl. z.B. Fröhlich, Scherer, & Scheufele, 2007) oder sind davon inspiriert (vgl. z.B. Scheufele, Haas, & Brosius, 2011). Zu erwähnen sind auch die *direkten Nachfolgestudien*: Esser, Scheufele und Brosius (2002) beschäftigen sich in ihrem Buch, das mehrere Teilstudien versammelt, z.B. mit der Frage, ob mediale Anstiftungseffekte ausbleiben, wenn das politisch-gesellschaftliche Klima weniger aufgeheizt ist als Anfang der 1990er Jahre. Scheufele und Brosius (2001) untersuchten wiederum mit komplexeren Zeitreihenanalysen, ob die Berichterstattung über die Mitte der 1990er Jahre besonders von der PKK ausgehende Gewalt in Deutschland zu fremdenfeindlicher Gewalt beigetragen hat. Ihre theoretischen Überlegungen sind teilweise an das Schlüsselwerk angelehnt, erweitern es aber auch. Einige methodische Beschränkungen des Schlüsselwerkes gelten auch für diese Studie.

## Literatur

### *Primärliteratur*

Brosius, H.-B., & Eps, P. (1993). Verändern Schlüsselereignisse journalistische Selektionskriterien? Framing am Beispiel der Berichterstattung über Anschläge gegen Ausländer und Asylanten. *Rundfunk und Fernsehen, 41*, 512-530.

Brosius, H.-B., & Esser, F. (1995). *Eskalation durch Berichterstattung? Massenmedien und fremdenfeindliche Gewalt.* Opladen: Westdeutscher Verlag.

Brosius, H.-B., Mangold, R., & Schwer, K. (2010). *Ein Mehrebenenmodell der Mediengewaltforschung. Grundlagen für eine interdisziplinäre Untersuchung der Wirkung von Mediengewalt.* (Schriftenreihe der Landeszentrale für Medien und Kommunikation, Bd. 27). Baden-Baden: Nomos. doi:10.5771/9783845221380

Brosius, H.-B., & Schwer, K. (2008). *Die Forschung über Mediengewalt. Deutungshoheit von Kommunikationswissenschaft, Medienpsychologie oder Medienpädagogik?* (Schriftenreihe der Landeszentrale für Medien und Kommunikation, Bd. 26). Baden-Baden: Nomos. doi:10.5771/9783845208565

Brosius, H.-B., & Weimann, G. (1991). The contagiousness of mass-mediated terrorism. *European Journal of Communication, 6*, 63-75. doi:10.1177/0267323191006001004

Brosius, H.-B., & Ziegler, W. (2001). Massenmedien und Suizid: Praktische Konsequenzen aus dem Werther-Effekt. *Communicatio Socialis, 34*, 9-29.

Brosius, H.-B., Esser, F., & Scheufele, B. (2002). Eskalation durch Berichterstattung? Ein Erklärungsmodell für die Verbreitung fremdenfeindlicher Gewalt nach der Wiedervereinigung. In F. Esser, B. Scheufele, & H.-B. Brosius (Hrsg.). *Fremdenfeindlichkeit als Medienthema und Medienwirkung* (S. 27-37). Wiesbaden: Westdeutscher Verlag. doi:10.1007/978-3-322-90510-9_2

Esser, F., Scheufele, B., & Brosius, H.-B. (2002). *Fremdenfeindlichkeit als Medienthema und Medienwirkung.* Wiesbaden: Westdeutscher Verlag. doi:10.1007/978-3-322-90510-9

Kepplinger, H. M., Donsbach, W., Brosius, H.-B., & Staab, J. F. (1986). Medientenor und Bevölkerungsmeinung: Eine empirische Studie zum Image Helmut Kohls. *Kölner Zeitschrift für Soziologie und Sozialpsychologie, 38*, 247-279.

Kepplinger, H. M., Gotto, K., Brosius, H.-B., & Haak, D. (1989). *Der Einfluß der Fernsehnachrichten auf die politische Meinungsbildung.* (Alber-Broschur Kommunikation; Bd. 16). Freiburg: Alber.

Schäfer, R., Althaus, D., Brosius, H.-B., & Hegerl, U. (2006). Suizidberichte in Nürnberger Printmedien – Häufigkeit und Form der Berichterstattung vor und nach der Implementierung eines Medienguides. *Psychiatrische Praxis, 33*, 132-137. doi:10.1055/s-2005-915474
Scheufele, B., & Brosius, H.-B. (2001). Gewalt durch „Fremde" – Gewalt gegen „Fremde". Die Berichterstattung über PKK- und Kurden-Gewalt und fremdenfeindliche Straftaten. *Politische Vierteljahresschrift, 42*, 447-473. doi:10.1007/s11615-001-0074-1
Schönhagen, P., & Brosius, H.-B. (2004). Die Entwicklung der Gewalt- und Kriminalitätsberichterstattung im lokalen Raum. Hat sich die Selektionsschwelle langfristig verschoben? *Publizistik, 49*, 255-274. doi: 10.1007/s11616-004-0071-7

## Sekundärliteratur

Bar-Tal, D., Graumann, C. F., Kruglanski, A. W., & Stroebe, W. (Hrsg.). (1989). *Stereotyping and prejudice. Changing conceptions.* New York: Springer. doi:10.1111/j.2044-8309.1991.tb00951.x
Fahrmeir, L., & Kaufmann, H. (1987). Regression models for non-stationary categorical time series. *Journal of Time Series Analysis, 8*, 147-160. doi:10.1111/j.1467-9892.1987.tb00429.x
Falter, J. W., Jaschke, H.-G., & Winkler, J. R. (Hrsg.). (1996). *Rechtsextremismus. Ergebnisse und Perspektiven der Forschung.* (Politische Vierteljahresschrift, Sonderheft 27). Opladen: Westdeutscher Verlag. doi: 10.1007%2F978-3-322-97077-0
Feige, E. L., & Pearce, D. K. (1979). The casual causal relationship between money and income: Some caveats for time series analysis. *The Review of Economics and Statistics, 61*, 521-533. doi:10.2307/1935784
Fishman, M. (1978). Crime waves as ideology. *Social problems, 25*, 531-543. doi:10.1525/sp.1978.25.5.03a00080
Fröhlich, R., Scherer, H., & Scheufele, B. (2007). Kriegsberichterstattung in deutschen Qualitätszeitungen. *Publizistik, 52*, 11-32. doi:10.1007/s11616-007-0003-4
Haas, A., & Scheufele, B. (2012). Methoden-Kombinationen mit Extra-Media-Daten – Grundlagen, Systematisierung und kommunikationswissenschaftliche Fragestellungen. In W. Loosen & A. Scholl (Hrsg.), *Methodenkombinationen in der Kommunikationswissenschaft. Methodologische Herausforderungen und empirische Praxis* (Methoden und Forschungslogik der Kommunikationswissenschaft Bd. 7) (S. 263-288). Köln: von Halem.
Haugh, L. D. (1976). Checking the independence of two covariance-stationary time series: A univariate residual cross-correlation approach. *Journal of the American Statistical Association, 71*, 378-385. doi:10.1080/01621459.1976.10480353
Haugh, L. D., & Box, G. E. P. (1977). Identification of dynamic regression (distributed lag) models connecting two time series. *Journal of the American Statistical Association, 72*, 121-130. doi:10.1080/01621459.1977.10479920
Kepplinger, H. M. (1994). Habilitation von Hans-Bernd Brosius. *Publizistik, 39*, 337.
Kepplinger, H. M., & Habermeier, J. (1995). The impact of key events on the presentation of reality. *European Journal of Communication, 10*, 371-390. doi:10.1177/0267323195010003004
Kepplinger, H. M., & Hartung, U. (1995). *Störfall-Fieber. Wie ein Unfall zum Schlüsselereignis einer Unfallserie wird.* (Alber-Broschur Kommunikation; Bd. 20). Freiburg: Alber.
Lüdemann, C., & Erzberger, C. (1994). Fremdenfeindliche Gewalt in Deutschland. Zur zeitlichen Entwicklung und Erklärung von Eskalationsprozessen. *Zeitschrift für Rechtssoziologie, 15*, 169-190.

Ohlemacher, T. (1998). Fremdenfeindlichkeit und Rechtsextremismus. Mediale Berichterstattung, Bevölkerungsmeinung und deren Wechselwirkung mit fremdenfeindlichen Gewalttaten, 1991-1997. *Soziale Welt, 49*, 319-332.

Ohlemacher, T. (2004). „Wechselwirkungen nicht ausgeschlossen": Medien, Bevölkerungsmeinung und fremdenfeindliche Straftaten 1991-2000. In: M. Walter, H. Kania, & H.-J. Albrecht (Hrsg.), *Alltagsvorstellungen von Kriminalität. Individuelle und gesellschaftliche Bedeutung von Kriminalitätsbildern für die Lebensgestaltung* (S. 181-197). Münster: Lit.

Pierce, D. A. (1977). Relationships – and the lack thereof – between economic time series, with special reference to money and interest rates. *Journal of the American Statistical Association, 72*, 11-22. doi: 10.1080/01621459.1977.10479899

Potthoff, M., & Kopp, S. (2013). Die meistbeachteten Autoren und Werke der Kommunikationswissenschaft. Ergebnis einer Zitationsanalyse von Aufsätzen in Publizistik und Medien & Kommunikationswissenschaft (1970-2010). *Publizistik, 58*, 347-366.

Pürer, H. (1996). Hans-Bernd Brosius an die Universität München berufen. *Publizistik, 41*, 231.

Rosengren, K. E. (1970). International news: Intra and extra media data. *Acta Sociologica, 13*, 96-109. doi:10.1177/000169937001300202

Roth, D. (2012). *Zündstoff für den „Columbine-Effekt"? Die Berichterstattung über School Shootings in deutschen Print- und Online-Medien.* (Reihe Medien & Kommunikation; Bd. 30). Münster: Lit.

Ruddigkeit, A. (2010). Der umgekehrte Werther-Effekt. Eine quasi-experimentelle Untersuchung von Suizidberichterstattung und deutscher Suizidrate. *Publizistik, 55*, 253-273. doi:10.1007/s11616-010-0092-3

Schafraad, P., Scheepers, P., & Wester, F. (2008). Der Umgang mit den Dämonen der Vergangenheit. Berichterstattung über Rechtsextreme in der deutschen Presse (1987-2004). *Publizistik 53*, 362-385. doi: 10.1007/PL00022230

Scheffer, B. (Hrsg.). (1997). *Medien und Fremdenfeindlichkeit. Alltägliche Paradoxien, Dilemmata, Absurditäten und Zynismen.* Opladen: Leske + Budrich. doi:10.1007/978-3-322-93316-4_1

Scheufele, B. (im Druck). Die Mehr-Ebenen-Problematik der Medienwirkungsforschung am Beispiel sozialer Proteste und politischer Gewalt – Ein Problemaufriss vor dem Hintergrund klassischer Methoden und aktueller Vorschläge zur agentenbasierten Simulation. In H.-J. Stiehler, S. Hagen, F. Frey, M. Faust, & S. Koch (Hrsg.), *Inspiration und Systematik*. Leipziger Universitätsbuchverlag.

Scheufele, B., Haas, A., & Brosius, H.-B. (2011). Mirror or molder? A study of media coverage, stock prices, and trading volumes in Germany. *Journal of Communication, 61*, 48-70. doi:10.1111/j.1460-2466.2010.01526.x

Schmitz, B. (1987). *Zeitreihenanalyse in der Psychologie. Verfahren zur Veränderungsmessung und Prozessdiagnostik*. Weinheim: Deutscher Studienverlag/Beltz.

Schmitz, B. (1989). *Einführung in die Zeitreihenanalyse. Modelle, Softwarebeschreibung, Anwendungen*. (Methoden der Psychologie; Bd. 10). Bern: Huber.

Sitzer, P., & Heitmeyer, W. (2008). Right-wing extremist violence among adolescents in Germany. (Special issue: Youth, violence, and social disintegration). *New directions for youth development, 119*, 169-185. doi:10.1002/yd.279

Tiao, G. C., & Box, G. E. P. (1981). Modeling multiple time series with applications. *Journal of the American Statistical Association, 76*, 802-816. doi:10.1080/01621459.1981.10477728

Weiss, H.-J. (1997). Extreme right-wing racial violence – An effect of the mass media? *Communications, 22*, 57-68. doi:10.1515/comm.1997.22.1.57

# Alltagsrationalität in der Nachrichtenrezeption. Ein Modell zur Wahrnehmung und Verarbeitung von Nachrichteninhalten

## von Hans-Bernd Brosius (1995)

Alexander Haas

**Zusammenfassung**

Der Text ist die überarbeitete Fassung der Habilitationsschrift von Hans-Bernd Brosius. Der Autor entwickelt ein Modell zur Nachrichtenrezeption und -wirkung und überprüft die Modellannahmen in insgesamt zehn Teilstudien mit experimenteller Untersuchungsanlage. Ausgangspunkt ist die Abgrenzung vom Modell wissenschaftlicher Rationalität, das von einer vollständigen und unvoreingenommenen Verarbeitung von Nachrichteninhalten und einer rationalen Urteilsbildung aufgrund der Gesamtheit der präsentierten Informationen und Argumente ausgeht. Die einzelnen Studien überprüfen unterschiedliche Modellbestandteile, etwa den Einfluss emotionaler Bilder, von Fallbeispielen oder der Strukturierung (des Framings) eines Themas auf die Erinnerungsleistung, Relevanzurteile oder die Abschätzung von Mehrheitsverhältnissen durch die Versuchspersonen. Dabei zeigt sich, dass den variierten Merkmalen ein stärkerer Einfluss darauf zukommt, *welche* Informationen aus einem Nachrichtenbeitrag behalten werden und *wie* diese die Urteile der Rezipienten beeinflussen als darauf, *wie viele* Informationen erinnert werden.

**Schlüsselbegriffe**

Informationsvermittlung, Informationsverarbeitung, Nachrichten, Modell wissenschaftlicher Rationalität, Modell der Alltagsrationalität, social-cognition Ansatz, Schemata, Fallbeispiele, Involvement, Dual-Processing-Modell, Experiment

## 1 Kurzbiografie

Hans-Bernd Brosius wurde 1957 in Bocholt geboren. Ab 1976 studierte er Psychologie, Philosophie, Pädagogik und Medizin an der Westfälischen Wilhelms-Universität Münster und erlangte dort 1980 das Diplom in Psychologie. Er war anschließend in zwei Forschungsprojekten am Psychologischen Institut der Universität Münster beschäftigt. 1983 wurde er an der dortigen Philosophischen Fakultät mit einer Dissertation zum Thema Augenbewegung und Informationsverarbeitung zum Dr. phil. promoviert. In der Folgezeit war er Projektmitarbeiter im DFG-Forschungsprojekt „Instrumentelle Aktualisierung" und später Hochschulassistent bzw. Hochschuldozent am Institut für Publizistik der Johannes Gutenberg-Universität Mainz. 1991 erhielt er den Heinz-Maier-Leibnitz-Preis des Bundesministers für Bildung und Wissenschaft zur Förderung des wissenschaftlichen Nachwuchses. 1994 hat er sich mit einer Arbeit über Nachrichtenrezeption am Fachbereich 12 Sozialwissenschaften der Johannes Gutenberg-Universität Mainz habilitiert. Während der Zeit in Mainz war er zu Forschungsaufenthalten in London, Rhode Island und Alabama.

In den Wintersemestern 1994/95 und 1995/96 vertrat er jeweils eine Professur am Institut für Kommunikationswissenschaft (Zeitungswissenschaft)[1] der Ludwig-Maximilians-Universität München bevor er dort 1996 zum C3-Professor für empirische Kommunikationsforschung ernannt wurde. Ebendort erfolgte 1998 die Ernennung zum C4-Professor für Kommunikationswissenschaft. In den Folgejahren lehnte er eine Reihe von Rufen ab (Ilmenau, Jena, Erfurt, Salzburg und Zürich). Von 1996 bis 1998 war er stellvertretender Vorsitzender und von 1998 bis 2002 Vorsitzender der Deutschen Gesellschaft für Publizistik- und Kommunikationswissenschaft (DGPuK). Nebenamtlich leitete er von 1995 bis 2004 das Medien Institut Ludwigshafen, eine Einrichtung der angewandten Medienforschung. Seit 2001 ist er Dekan der Sozialwissenschaftlichen Fakultät der Ludwig-Maximilians-Universität München.

Er hat über 30 Monographien als Autor oder Herausgeber und über 100 Beiträge in Fachzeitschriften publiziert. Weiterhin ist oder war er Mitglied des Editorial Board einer Reihe von Fachzeitschriften (z. B. Communication Research, Communication Theory, International Journal of Public Opinion Research, Journal of Communication, Media Psychology) und ist unter anderem Herausgeber der Reihe *Angewandte Medienforschung* (Verlag Reinhard Fischer; bisher 55 Bände) und der Reihe *Konzepte. Ansätze der Medien- und Kommunikationswissenschaft* (Nomos; bisher 13 Bände). Er hat als Antragsteller über 25 (größtenteils von der DFG) geförderte Forschungsprojekte eingeworben. Die deutschsprachige Kommunikati-

1 Seit 2004 Institut für Kommunikationswissenschaft und Medienforschung

onswissenschaft geprägt hat er nicht zuletzt durch zahlreiche ‚Schüler_innen", die inzwischen Professuren und Lehrstühle in Deutschland und der Schweiz innehaben.

## 2 Inhalt des Textes

Im Zentrum des Textes stehen die Fragen nach der Wahrnehmung und der Verarbeitung von Nachrichten. Hans-Bernd Brosius (1995) entwickelt hierzu ein *Modell der Alltagsrationalität* und überprüft dieses anhand einer Serie von empirischen Studien mit experimenteller Untersuchungsanlage. Ausgangspunkt ist die kritische Auseinandersetzung mit dem *Modell wissenschaftlicher Rationalität*. Dieses geht im Kern davon aus, dass Menschen Nachrichteninhalte vollständig und unvoreingenommen verarbeiten, dass sie rational die Gesamtheit der präsentierten Informationen und Argumente abwägen und sich auf Basis der Resultate dieses Prozesses eine Meinung bilden. In dieser Tradition stehende empirische Forschung konzeptualisiert daher die Informationsvermittlung als zentrale Wirkung der Nachrichtenrezeption. Ein Mehr an vermittelter Information wird (zumindest implizit) mit einer höheren Qualität der Meinungsbildung gleichgesetzt (1995, S. 97-98) Dieser Forschungstradition ließe sich beispielsweise die Arbeit von Wember (1983; vgl. Wagenknecht i. d. B.) zuordnen. Wember untersucht den Einfluss sogenannter „Schadstoffe", in erster Linie der Bild-Text-Schere, im Zusammenhang mit dem Anteil der aus Nachrichten- und Magazinbeiträgen erinnerten Informationen.

Brosius stellt den Forschungsstand zur Wirkung der Rezeption von Nachrichten systematisch dar und arbeitet dabei die Rolle von Präsentations- und Rezipientenmerkmalen sowie von inhaltlichen Merkmalen der Nachrichten heraus. Natürlich fallen die Befunde nicht zuletzt aufgrund fehlender einheitlicher methodischer Standards heterogen aus. An diesem Befund dürfte sich bis heute nichts geändert haben. Die Aufarbeitung des Forschungsstandes liefert aber dennoch Hinweise darauf, dass und vor allem warum das Modell der wissenschaftlichen Rationalität der Realität der Nachrichtenrezeption und Nachrichtenwirkung nicht generell gerecht wird. Somit weist der Autor auch die dem Modell zugrundliegende normative Prämisse, dass das Fernsehen Informationen vermitteln, der Rezipient möglichst viele davon aufnehmen und die Wissenschaft bei der Optimierung dieses Prozesses helfen müsse, zurück. Eben weil aufgrund verfügbarer Forschungsergebnisse anzuzweifeln sei, dass Rezipienten generell Nachrichteninhalte nach dem Modell wissenschaftlicher Rationalität verarbeiten und somit die Qualität der Meinungsbildung mit der Menge der vermittelten Informationen ansteigt, sei es womöglich oft sinnvoller, „Wirkungen von Nachrichten in einem breiteren Kontext von abhängigen Variablen zu untersuchen" (1995, S.76).

Das vom Autor entwickelte Modell der Alltagsrationalität stellt gewissermaßen einen sozialpsychologischen Alternativentwurf zur Konzeptualisierung der Nachrichtenwirkung dar. Dabei steht nicht das Lernen von vermittelten Informationen im Vordergrund. Der Nachrichtenrezeption wird vielmehr Einfluss auf Personenwahrnehmung, Urteile und Schlussfolgerungen zugeschrieben. Es werden somit kognitive und affektive Wirkungen berücksichtigt. Um sich in der Menge an Informationen zurechtzufinden „haben Menschen Heuristiken, Schemata, Skripts oder ähnliche kognitive Strukturen entwickelt, mit denen die Informationsmenge sinnvoll reduziert werden kann" (1995, S. 18). Sie greifen also auf bewährte ‚Abkürzungen' zurück und strukturieren und ergänzen Informationen über Ereignisse anhand von Schablonen, die zu den jeweiligen Ereignissen passen und die sich im Laufe der Zeit gebildet haben. Zusammengefasst geht das Modell davon aus, dass Rezipienten Nachrichten meist mit geringem Involvement rezipieren und dabei nicht alle präsentierten Inhalte verarbeiten, da die berichteten Inhalte für sie meist geringe persönliche Relevanz haben. Vielmehr vereinfachen sie Sachverhalte, greifen auf bewährte Stereotype zurück und orientieren sich an ihnen aus dem Alltag vertrauten Informationen. Für die überwiegende Anzahl an Nachrichten existieren bereits Schemata, die die Rezeption und Wirkung der Nachricht selbst beeinflussen bzw. auf deren Basis nicht in der Nachricht enthaltene Informationen ergänzt werden. An dieser Stelle bezieht sich Brosius auf die Arbeit von Graber (1984; siehe Brosius & Unkel i. d. B.). Schließlich ziehen Rezipienten zur Urteilsbildung hauptsächlich in der Rezeptionssituation verfügbare (saliente) Informationen heran und bilden ihre Urteile bereits während der Rezeption (online). Das Modell der Alltagsrationalität hat neben den Bezügen zur Schema-Theorie weitere Schnittmengen mit anderen Schlüsselwerken der Medienwirkungsforschung. Brosius betont, dass sich das Modell wissenschaftlicher Rationalität und das Modell der Alltagsrationalität nicht ausschließen. Eine alltagsrationale Verarbeitung sei lediglich in der Mehrzahl der Rezeptionssituationen wahrscheinlicher. Ein hohes Maß an Involvement bzw. Aufmerksamkeit oder ein ausgeprägtes Bedürfnis nach entscheidungsrelevanten Informationen begünstigen eine vollständigere und elaboriertere Informationsverarbeitung, etwa in Ausnahmesituationen wie dem Ausbruch eines Krieges oder bei Nachrichten, die Rezipienten persönlich betreffen (1995, S. 121). Es lassen sich also Gemeinsamkeiten zu anderen Dual-Processing-Modellen, wie beispielsweise dem Elaboration-Likelihood-Modell (Petty & Cacioppo, 1986; siehe Marquart & Naderer i. d. B.), erkennen.

Auf Basis des eigenen Modells leitet Brosius forschungsleitende Annahmen ab, die er empirisch überprüft. Hierzu führt er eine Reihe von Experimenten durch.

Knapp zusammengefasst untersucht die erste Studie den Einfluss der Bebilderung von Fernsehnachrichten (vs. Sprechermeldungen) auf die Informationsaufnahme, Relevanzurteile oder die Betroffenheit seitens der Rezipienten. Insgesamt lassen sich hier mehrere Parallelen zu einem weiteren Schlüsselwerk erkennen. Auch Hovland und Kollegen haben eine Vielzahl von Studien mit zum Teil experimenteller Untersuchungsanlage durchgeführt (Hovland, Lumsdaine, & Sheffield, 1949; vgl. Roessing i. d. B.). Unter diesen Studien finden sich auch solche, die den Einfluss von Präsentationsmerkmalen (Tonfilm vs. Standbildsequenzen) auf die Behaltensleistung von Soldaten untersuchen. Allerdings fokussieren die Autoren dabei eindeutig auf die Wissensvermittlung als zentrale Wirkgröße, während Brosius aufgrund seines Modells der Alltagsrationalität noch weitere Größen mit in den Blick nimmt. Die zweite Studie von Brosius erweitert das Design der ersten. Den Versuchspersonen werden nun neben Sprechermeldungen auch zur Hälfte und vollständig bebilderte Meldungen präsentiert, wobei jeweils neutrale oder emotionale Bilder eingesetzt werden. Die dritte Studie fokussiert auf einen anderen Bereich des Modells. Untersucht wird der Einfluss der Strukturierung eines Themas auf die Schema-Aktivierung bei Rezipienten. Strukturierung bedeutet, dass zum Beispiel das Thema „Einführung von Computern im Beruf" entweder positiv (neue Arbeitsplätze für Arbeitslose und Umsteiger) oder negativ (Gefährdung der Arbeitsplätze von gelernten Sekretärinnen) gerahmt wurde. Die dritte Studie könnte somit rückblickend als frühe Framing[2]-Studie bezeichnet werden. Die Ergebnisse der zweiten und dritten Studie werden jeweils mit einer Replikation abgesichert. Die vierte Studie untersucht schließlich den Einfluss von Fallbeispielen (vs. summarische Realitätsbeschreibungen) auf die Verarbeitung der Nachrichten. Gleichzeitig wurden weitere Merkmale der Fallbeispiele (Lebhaftigkeit, Eindeutigkeit), der Erhebungssituation und auch des Mediums (Hörfunk vs. Zeitung) variiert, sodass im Rahmen der vierten Studie insgesamt fünf Experimente durchgeführt wurden.

Die Ergebnisse der Studien sprechen für das Modell der Alltagsrationalität, ohne dass alle Modellannahmen Bestätigung fänden. Es zeigt sich, dass lebhafte bzw. auffällige Informationen die Urteilsbildung in stärkerem Maße beeinflussen und die Bebilderung von Nachrichten das Behalten und Verständnis der Themen fördert. Die Urteile der Rezipienten orientieren sich eher an Fallbeispielen als an summarischen Realitätsbeschreibungen. Emotionale Bilder haben ebenfalls einen Einfluss auf die Interpretation eines Nachrichtenbeitrages und die Relevanzurteile der Rezipienten, indem sie beispielsweise zur Überschätzung der Wichtigkeit eines Sachverhalts führen. Keinen bedeutsamen Effekt auf Urteilsbildung und Informa-

2 Eine Begriffserklärung und eine Darstellung der Entwicklung des Ansatzes finden sich bei Scheufele (2003; siehe auch Geiß & Schemer i. d. B.).

tionsverarbeitung haben dagegen die erhobenen Personenmerkmale (z. B. politische Einstellungen, Vorwissen). Brosius schränkt allerdings ein, dass dies damit zusammenhängen könnte, dass als Versuchspersonen ausschließlich Studierende und Schüler rekrutiert wurden.[3] Bestätigung findet Brosius weiterhin für die Annahme, dass die Menge der nach der Rezeption behaltenen Informationen nicht die relevanteste Zielgröße darstellt, wenn die Qualität der Wirkung im Vordergrund steht. So führen emotionale oder neutrale Bilder zwar nicht zu einer unterschiedlichen Behaltensleistung, sehr wohl aber zu einer Überschätzung (emotionale Bilder) bzw. Unterschätzung (neutrale Bilder) der berichteten Inhalte. Das bedeutet, dass zwar in beiden Fällen die tatsächlich im Beitrag enthaltene Information (z. B. Zahl der jährlich im Straßenverkehr getöteten Kinder) von gleichvielen Personen nicht korrekt genannt wird, wenn sie Informationen aus dem Beitrag widergeben sollen, im Falle emotionaler Bilder allerdings mehr Personen eine höhere als die tatsächlich im Beitrag enthaltene Zahl nennen. Auch die Aktivierung unterschiedlicher Schemata resultiert nicht in einer unterschiedlichen Menge an behaltenen Informationen. Gleichwohl beeinflussen die Schemata, um *welche* Informationen es sich dabei handelt.

Schließlich findet Brosius Bestätigung für die Annahme, dass die Nachrichtenrezeption in der Regel mit geringem Involvement erfolgt. Nur in Ausnahmesituationen oder bei persönlicher Betroffenheit werden Nachrichten aufmerksam verfolgt. Für diese Schlussfolgerung findet sich eine Reihe von Belegen in den durchgeführten Studien. So findet sich kein Zusammenhang zwischen der wahrgenommenen Wichtigkeit einer Meldung und der Erinnerung an das Thema der Meldung. Dem Modell wissenschaftlicher Rationalität folgend müssten sich Rezipienten bei ihnen relevant erscheinenden Berichten auch häufiger an das Thema dieses Berichts erinnern. Dies ist allerdings nicht der Fall. So führt die Bebilderung einer Meldung bei einem Teil der Rezipienten zu einer höheren Relevanzzuschreibung, *ohne* dass sie sich häufiger an den Beitrag erinnern. Bei einem anderen Teil führt die Bebilderung dagegen zu einer höheren Wahrscheinlichkeit, sich an den Beitrag zu erinnern, *ohne* dass sie das Thema als relevanter einschätzen. Weiterhin ergab sich, dass Rezipienten ihr Urteil über negative Folgen eines Sachverhaltes eher an den in der Meldung gezeigten emotionalen Bildern festmachen als an dem dazugehörigen Text. Personen, die einen Beitrag sahen, dessen Text Abgase und Lärm als Hauptbeeinträchtigungen

3 Darüber hinaus ist anzumerken, dass die bislang vorliegenden Studien zu den Effekten von Personenmerkmalen (tw. auch im Hinblick auf andere Wirkungsbereiche) in ihrer Gesamtheit keine einheitlichen Ergebnisse erbracht haben. So kann beispielsweise vorhandenes Vorwissen Agenda-Setting-Effekte entweder abschwächen oder aber die Verarbeitung von Medieninhalten erleichtern und Effekte somit verstärken (vgl. Schenk, 2007, S. 493).

des Autoverkehrs benennt, dabei aber vor fahrende Autos laufende Kinder zeigt, nannten später die Gefährdung von Kindern deutlich häufiger als gravierende Beeinträchtigung als Personen, die den Beitrag mit neutralen Bildern sahen. Auch lassen Fallbeispiele die Rezipienten die Mehrheitsverteilung in der Bevölkerung selbst dann falsch einschätzen, wenn im Text die Position dieser Fallbeispiele eindeutig als *Minderheits*meinung gekennzeichnet wird. Wurde also z. B. in einem Beitrag als summarische Realitätsbeschreibung genannt, dass eine Mehrheit der Bürger *gegen* die Abschaffung von Münztelefonen in einem Modellversuch ist, dann aber Meinungen von fünf interviewten Personen wiedergegeben werden, von denen vier *für* die Abschaffung sind, gaben viele Teilnehmer später an, die Mehrheit der Bürger sei *für* die Abschaffung. Bei einer elaborierten Informationsverarbeitung hätten diese Befunde, bei denen es sich zum Teil schlicht um Fehlwahrnehmungen handelt, nicht auftreten können. Zum Ende des Textes zieht Brosius Schlussfolgerungen aus den Ergebnissen, sowohl für die Wirkung der Berichterstattung über aktuelle Themen, Parteien und Politiker, als auch für das Verhältnis von Politik und Medien. Abschließend verdeutlicht er die Bezüge des Modells der Alltagsrationalität zu Ansätzen der Medienwirkungsforschung wie der Agenda-Setting-Forschung (siehe Rössler i. d. B.), der Kultivierungshypothese (siehe Meltzer, Rossmann & Schnauber i. d. B.) und der Schweigespirale (siehe Kepplinger i. d. B.).

## 3 Bezug zum Gesamtwerk des Autors

Hans-Bernd Brosius ist studierter Psychologe und wurde auch in dieser Disziplin promoviert. Seine Habilitationsschrift (die die Grundlage des rezensierten Textes darstellt) lässt sich daher als Produkt seiner akademischen Sozialisation und der später erfolgten Hinwendung zur Publizistik- bzw. Kommunikationswissenschaft verstehen. Brosius benennt das Ziel seiner Forschung darin, „den social-cognition Ansatz auf die Rezeption und Wirkung von Rundfunknachrichten zu übertragen und damit gleichzeitig aus der experimentellen Künstlichkeit der Sozialpsychologie herauszuführen" (1995, S. 19). Der Text hat viele Verknüpfungen zum Gesamtwerk von Brosius, ohne dass er dieses komplett abbilden würde. Bereits vor dessen Veröffentlichung ist eine Reihe von Publikationen erschienen, die sich mit dem Einfluss von emotionalen Bildern oder Präsentationsmerkmalen auf die Rezeption und Wirkung von Nachrichten beschäftigen (z. B. Brosius, 1989; 1993; Brosius, Donsbach, & Birk, 1996). Das Modell der Alltagsrationalität integriert darüber hinaus eine Reihe von Ansätzen, die Brosius in weiteren Publikationen vor und nach Veröffentlichung des Textes in einem breiteren Kontext aufgegriffen hat. So diskutiert er die Nützlichkeit der Schema-Theorie für die Medienwirkungsforschung (Brosius, 1991) und untersucht die Wirkung von Schlüsselereignissen auf die Veränderung der Berichterstattung über Gewalt gegen Ausländer und Asylanten (Brosius & Eps, 1993; Brosius & Esser, 1995; ausführlicher bei Scheufele i. d. B.). Auch den Einfluss von Fallbeispielen hat Brosius in einem breiteren Kontext untersucht (z. B. Brosius & Bathelt, 1994; Zillmann & Brosius, 2000).

Weitere Forschungsthemen von Brosius sind und waren unter anderem der Agenda-Setting-Ansatz (z. B. Brosius & Kepplinger, 1990; Brosius, 1994a; Brosius & Weimann, 1996), der Third-Person-Effekt (z. B. Brosius & Engel, 1996; siehe auch Dohle i. d. B.), die Werbewirkungsforschung (z. B. Brosius & Fahr, 1996) und die Publikationsentwicklung in deutschsprachigen kommunikationswissenschaftlichen Zeitschriften (z. B. Brosius, 1994b; Brosius & Haas, 2009). Bei den theoretischen wie den empirischen Arbeiten lässt sich zumindest ein verbindendes Element identifizieren. Die theoretischen Ausführungen machen in der Regel Annahmen über die Mechanismen, die den identifizierten Wirkungen zugrunde liegen, auch wenn die Datenanalyse auf Aggregatniveau durchgeführt wird. Der einzelne Mediennutzer oder sein soziales Umfeld bleiben somit keine Black-Box.

## 4 Wirkungsgeschichte des Schlüsselwerkes & Kritik

Den Einfluss des Textes lediglich anhand der Zitationen der Monographie zu messen, würde wohl zu einer Unterschätzung dieses Einflusses führen, obwohl natürlich auch diese Zahl schon beträchtlich ist, ansonsten wäre der Text nicht für diesen Band ausgewählt worden. Wie im vorangegangenen Kapitel dargestellt sind die Ergebnisse einiger der durchgeführten Studien in Form von Beiträgen in Fachzeitschriften erschienen. Ein Aufsatz, der die theoretischen Annahmen des Modells der Alltagsrationalität zusammenfasst, existiert hingegen nicht. So ist es nicht verwunderlich, dass das Buch (zumal in englischen Zeitschriften) seltener zitiert wird als einige der thematisch verwandten Beiträge (z. B. Brosius & Bathelt, 1994; Brosius & Engel, 1996; Zillmann & Brosius, 2000). Dennoch hat es sicherlich einen Einfluss auf die – zumindest deutschsprachige – Forschung zur Wirkung der Nachrichtenrezeption ausgeübt. So beziehen sich etwa Machill, Köhler und Waldhauser (2006) in ihrer Studie zur Wirkung narrativer Fernsehnachrichten ebenso auf Brosius' Alltagsrationalität wie Schultheiss und Jenzowsky (2000) in ihrer Studie zum emotionalisierenden Gehalt von Infotainment-Sendungen.

Die wissenschaftlichen Rezensionen in Fachzeitschriften fielen zum damaligen Zeitpunkt nicht durchweg positiv aus. So kommt etwa Kübler (1996, S. 351) zu dem Schluss, dass Brosius Rezipienten „nur als entindividualisierte Anonyme, als abstrakte Variablen in den Experimenten [interessieren], nicht als soziale Wesen mit eigener Biographie, speziellen Dispositionen und Kognitionen." Man erkennt hier ein gewisses Unverständnis von quantitativer empirischer Forschung, noch dazu mit experimenteller Untersuchungsanlage, was sich auch darin äußert, dass Kübler davon ausgeht, dass Brosius vier Experimente durchführte, tatsächlich waren es zehn. Dass Brosius mit seiner Herangehensweise zum damaligen Zeitpunkt offenbar einen Impuls für die quantitative Medienwirkungsforschung lieferte, legt die Rezension von Ruhrmann (1997) nahe, die im Gegensatz zu der von Kübler sehr positiv ausfällt. Diese schließt mit der Anmerkung, dass Brosius' Arbeit nicht zuletzt dazu geeignet sei, „die Grenzen, Chancen und die Fruchtbarkeit der experimentellen Methode in der empirischen Medien- und Kommunikationsforschung in Erinnerung zu rufen" (Ruhrmann, 1997, S. 521). Brosius' Alltagsrationalität hat die empirisch-sozialwissenschaftliche Wende in der Publizistik- und Zeitungswissenschaft (vgl. Löblich, 2010) sicher nicht eingeleitet, kann aber auch als Manifestation dieser Wende interpretiert werden.

Aus heutiger Sicht dürfte eine Rezension (dies ist allerdings nicht der Zweck des vorliegenden Beitrages) die Herangehensweise und Leistung des Textes sicherlich positiver beurteilen als dies Kübler getan hat. Die gängigen Lehrbücher des Faches geben den Inhalt des Buches mehr oder weniger ausführlich wieder (z. B. Kunczik & Zipfel, 2005, S. 319-320; Pürer, 2014, S. 366, Schulz, 2008, S. 176; Schweiger, 2007, S. 203-204). Es soll allerdings nicht verschwiegen werden, dass die Schema-Theorie, die eine wichtige Rolle für das theoretische Fundament der Alltagsrationalität spielt, in der Zwischenzeit nicht ohne Kritik geblieben ist (vgl. Matthes, 2004). Lesenswert ist das Buch aus unterschiedlichen Gründen auch 20 Jahre nach Erscheinen. Erstens aufgrund der Vielzahl der durchgeführten empirischen Studien, die konsequent aufeinander aufbauen und deren Ergebnisse Brosius zum Teil durch Replikationen abgesichert und ergänzt hat. Sie können in ihrer Gesamtheit als Vorbild für all jene dienen, die ein komplexes Modell mit einer Vielzahl von Annahmen auch in seiner Gesamtheit überprüfen wollen, was im Zuge *einer* Untersuchung kaum möglich ist. Zweitens kann es Habilitandinnen und Habilitanden als Beispiel dienen, wie man die Ergebnisse einer kumulativen Habilitation auch in Form einer Monographie veröffentlichen kann. Alltagsrationalität in der Nachrichtenrezeption ist gewissermaßen die lesbare und veröffentlichte Form einer Dachschrift, die deutlich über den Abdruck einer Reihe von Journal-Beiträgen mit Einleitung und Schlusskapitel hinausgeht. Drittens kann das Modell der Alltagsrationalität auch im Kontext der Forschung zur Nutzung und Wirkung der Online-Kommunikation Relevanz für sich beanspruchen. Auch hier sind Rezipienten mit einer Vielzahl an (teils irrelevanten) Informationen konfrontiert. Auch hier dürften Schemata und Heuristiken die

Informationsaufnahme und Informationsverarbeitung steuern und somit Einfluss auf die Urteile der Rezipienten ausüben. Und auch hier sollte es der universitären Forschung weniger um die Frage gehen, wie viel Informationen ein Rezipient erinnert als vielmehr darum, *welche* Informationen *wie* erinnert und in der Folge handlungs- oder urteilsrelevant werden. Es ist daher eher unwahrscheinlich, dass die Rezeptionsgeschichte des Textes bereits abgeschlossen ist.

## Literatur

### *Primärliteratur*

Brosius, H.-B. (1989). Influence of presentation features and news content on learning from television news. *Journal of Broadcasting & Electronic Media, 33*, 1-14.
Brosius, H.-B. (1991). Schema-Theorie: Ein brauchbarer Ansatz in der Wirkungsforschung? *Publizistik, 36*, 285-297.
Brosius, H.-B. (1993). The effects of emotional pictures in television news. *Communication Research, 20*, 105-124.
Brosius, H.-B. (1994a). Agenda-Setting nach einem Vierteljahrhundert Forschung: Methodischer und theoretischer Stillstand? *Publizistik, 39*, 269-288.
Brosius, H.-B. (1994b). Integrations- oder Einheitsfach? Die Publikationsaktivitäten von Autoren der Zeitschriften „Publizistik" und „Rundfunk und Fernsehen" 1983-1992. *Publizistik, 39*, 73-90.
Brosius, H.-B. (1995). *Alltagsrationalität in der Nachrichtenrezeption. Ein Modell zur Wahrnehmung und Verarbeitung von Nachrichteninhalten*. Opladen: Westdeutscher Verlag.
Brosius, H.-B., & Bathelt, A. (1994). The utility of exemplars in persuasive communications. *Communication Research, 21*, 48-78.
Brosius, H.-B., Donsbach, W., & Birk, M. (1996). How do text-picture relations affect the informational effectiveness of television newscasts? *Journal of Broadcasting & Electronic Media, 40*, 180-195.
Brosius, H.-B., & Engel, D. (1996). The causes of third-person effects: Unrealistic optimism, impersonal impact, or generalized negative attitudes towards media influence? *International Journal of Public Opinion Research, 8*, 142-162.
Brosius, H.-B., & Eps, P. (1993). Verändern Schlüsselereignisse journalistische Selektionskriterien? Framing am Beispiel der Berichterstattung über Anschläge gegen Ausländer und Asylanten. *Rundfunk und Fernsehen, 41*, 512-530.
Brosius, H.-B., & Esser, F. (1995). *Eskalation durch Berichterstattung. Massenmedien und fremdenfeindliche Gewalt*. Opladen: Westdeutscher Verlag.
Brosius, H.-B., & Fahr, A. (1996). *Werbewirkung im Fernsehen. Aktuelle Befunde der Medienforschung*. München: Fischer.
Brosius, H.-B., & Haas, A. (2009). Auf dem Weg zur Normalwissenschaft. Themen und Herkunft der Beiträge in Publizistik und Medien & Kommunikationswissenschaft. *Publizistik, 54*, 168-190.

Brosius, H.-B., & Kepplinger, H. M. (1990). The agenda-setting function of television news: Static and dynamic views. *Communication Research, 17,* 183-211
Brosius, H.-B., & Weimann, G. (1996). Who sets the agenda?: Agenda-setting as a two-step flow. *Communication Research, 23,* 561-580.
Zillmann, D., & Brosius, H.-B. (2000). *Exemplification in communication: The influence of case reports on the perception of issues.* Mahwah, NJ: Erlbaum.

### Sekundärliteratur

Graber, D. A. (1984). *Processing the news: How people tame the information tide.* New York, NY: Longman.
Hovland, C. I., Lumsdaine, A. A., & Sheffield, F. D. (1949). *Experiments on mass communication.* (Studies in social psychology in World War II, Vol. 3.). Princeton University Press.
Kübler, H.-D. (1996). Hans-Bernd Brosius. Alltagsrationalität in der Nachrichtenrezeption. Ein Modell zur Wahrnehmung und Verarbeitung von Nachrichten. *Medienwissenschaft: Rezensionen | Reviews, 1996,* 351-353.
Kunczik, M., & Zipfel, A. (2005). *Publizistik. Ein Studienhandbuch* (2., durchgesehene und aktualisierte Auflage). Köln: Böhlau.
Löblich, M. (2010). *Die empirisch-sozialwissenschaftliche Wende in der Publizistik- und Zeitungswissenschaft.* Köln: von Halem.
Machill, M., Köhler, S., & Waldhauser, M. (2006). Narrative Fernsehnachrichten: Ein Experiment zur Innovation journalistischer Darstellungsformen. *Publizistik, 51,* 479–497.
Matthes, J. (2004). Die Schema-Theorie in der Medienwirkungsforschung: Ein unscharfer Blick in die „Black Box"? *Medien & Kommunikationswissenschaft, 52,* 545-568.
Petty, R. E., & Cacioppo, J. T. (1986). *Communication and persuasion: Central and peripheral routes to attitude change.* New York, NY: Springer.
Pürer, H. (2014). *Publizistik- und Kommunikationswissenschaft* (2. völlig überarbeitete und erweiterte Auflage). Konstanz: UVK.
Ruhrmann, G. (1997). Hans-Bernd Brosius. Alltagsrationalität in der Nachrichtenrezeption. Ein Modell zur Wahrnehmung und Verarbeitung von Nachrichten. *Rundfunk und Fernsehen, 45,* 520-521.
Schenk, M. (2007). *Medienwirkungsforschung* (3., vollständig überarbeitete Auflage). Tübingen: Mohr Siebeck.
Scheufele, B. (2003). *Frames – Framing – Framing-Effekte. Theoretische und methodische Grundlegung des Framing-Ansatzes sowie empirische Befunde zur Nachrichtenproduktion.* Wiesbaden: Westdeutscher Verlag.
Schultheiss, B. M., & Jenzowsky, S. A. (2000). Infotainment: Der Einfluss emotionalisierend-affektorientierter Darstellung auf die Glaubwürdigkeit. *Medien & Kommunikationswissenschaft, 48,* 63-84.
Schulz, W. (2008). *Politische Kommunikation. Theoretische Ansätze und Ergebnisse empirischer Forschung* (2., vollständig überarbeitete und erweiterte Auflage). Wiesbaden: Verlag für Sozialwissenschaften.
Schweiger, W. (2007). *Theorien der Mediennutzung. Eine Einführung.* Wiesbaden: Verlag für Sozialwissenschaften.
Wember, B. (1983). *Wie informiert das Fernsehen? Ein Indizienbeweis.* München: List.

# Frames – Framing – Framing-Effekte: Theoretische und methodische Grundlegung des Framing-Ansatzes sowie empirische Befunde zur Nachrichtenproduktion

## von Bertram Scheufele (2003)

Stefan Geiß und Christian Schemer

**Zusammenfassung**

In seiner breit angelegten Aufarbeitung der frühen Literatur zum Framing-Ansatz stellt Bertram Scheufele viele einflussreiche Studien erstmals in deutscher Sprache in einen größeren Zusammenhang und entwickelt vielversprechende Ansätze für eine kohärente, schematheoretisch ausgerichtete Framing-Theorie. Ein wichtiger Aspekt sind dabei Scheufeles Überlegungen zu Framing-Effekten, deren kognitive Wirkungsmechanismen er präziser konzeptualisiert als es viele andere Autoren bis dahin getan hatten. Die in der Arbeit enthaltene empirische Studie befasst sich jedoch mit einem anderen Aspekt: Sie untersucht mittels Kombination von qualitativer und quantitativer Inhaltsanalyse die Auswirkungen der Medienframes in Orientierungsphasen auf die Medienframes in Routinephasen. Hauptbefunde sind: (1) Die Berichterstattung in Routinephasen orientiert sich eng an den Frames, die sich in der Orientierungsphase herausgebildet hatten. (2) Je besser ein Beitrag dem dominanten Frame aus der Orientierungsphase entspricht, desto besser wird seine Sichtbarkeit in der Medienberichterstattung. Scheufele leistet theoretisch wie empirisch an mehreren Fronten Pionierarbeit, was aber leider auch mit hoher Argumentdichte, hoher Komplexität und geringer Eingängigkeit einhergeht.

**Schlüsselbegriffe**

Bertram Scheufele, Framing-Theorie, Medienframes, Framing-Effekte, Frame-Builing, Frame-Setting, Schematheorie, Schlüsselereignisse

# 1 Kurzbiographie

Bertram Scheufele, 1969 geboren, studierte zwischen 1991 und 1996 Publizistik, Soziologie und Kunstgeschichte an der Johannes Gutenberg-Universität Mainz. Seine Magisterarbeit bei Hans Mathias Kepplinger (vgl. den Aufsatz von Matthias Potthoff & Antal Wozniak i. d. B.) thematisierte „Die Skandalierung Günther Krauses". Seine Promotionszeit 1999-2002 an der Ludwigs-Maximilians-Universität München schließt mit dem vorliegenden Schlüsselwerk, das als Dissertation von Hans-Bernd Brosius (vgl. die Aufsätze von Bertram Scheufele und Alexander Haas i. d. B.) und Romy Fröhlich begutachtet wurde. Nach seiner Zeit in München wurde Scheufele 2006 auf eine Universitätsprofessur für Empirische Methoden der Kommunikationswissenschaft an die Friedrich-Schiller-Universität Jena berufen. 2010 folgte er einem Ruf auf eine Universitätsprofessur für Kommunikationswissenschaft an die Universität Hohenheim.

Die Schwerpunkte seiner Forschung sind u. a. Framing im Journalismus, Value Framing-Effekte, Priming-Effekte, Mehrebenen-Modellierung und Medienwirkungen im Aktienhandel.

# 2 Frames – Framing – Framing-Effekte: Eine Rekapitulation

Der Framing-Ansatz, unverkennbar das zentrale Thema des Schlüsselwerkes, befasst sich mit der Kontingenz von Kommunikation, die es erlaubt, verschiedene Denkperspektiven auf denselben Sachverhalt anzuwenden und dadurch unterschiedliche Eindrücke von diesem Sachverhalt zu transportieren. Ein aktuelles Beispiel für Framing sind die unterschiedlichen Interpretationen der russischen Handlungen um das Referendum, welches 2014 zu dem Anschluss der vormals ukrainischen Krim an Russland führte. Von russischer Seite aus wurden diese als humanitäre Aktion dargestellt, mithilfe derer sichergestellt werden sollte, dass die auf der Krim lebende Bevölkerung in demokratischer Weise über ihr eigenes Schicksal entscheiden könne. In den USA und anderen westlichen Ländern hingegen empfand man das russische Handeln als rechtswidrigen Eingriff in die territoriale Integrität eines anderen Landes sowie als Aggression Russlands. Jede Seite versuchte dabei, ihre Interpretationen der Ereignisse, d. h. ihr *Framing*, als verbindlich durchzusetzen. Dies involviert nach dem Grundgedanken der Framing-Theorie, festzulegen welche Aspekte eines Sachverhalts relevant und welche irrelevant für eine Bewertung sowie anschließende Handlungsentscheidungen bezüglich eines

Sachverhalts sind. Die Framing-Forschung befasst sich dementsprechend u. a. damit, wie Interessensgruppen um die Deutungshoheit über einen Sachverhalt ringen und versuchen, „ihre" Frames in die Berichterstattung einzuspeisen und wie die Frames in Medieninhalten sich auf die Wahrnehmung und Bewertung eines Sachverhalts in der Bevölkerung auswirken. Dabei ist letzterer Aspekt derjenige, bei dem die Framing-Theorie Anknüpfungspunkte zur Medienwirkungsforschung besitzt.

Scheufeles Werk „Frames – Framing – Framing-Effekte" weist nun eine Doppelnatur auf, es ist zugleich sehr breit und sehr eng angelegt, was in zwei getrennten Fragestellungen seinen Niederschlag findet. Der Theorieteil ist in den ersten drei Kapiteln sehr breit angelegt und will die kommunikationswissenschaftliche Forschung zum Framing-Ansatz vollständig aufarbeiten. Dabei baut er auf psychologischen und soziologischen Ansätzen auf. Daraufhin verengt die Studie ihren Fokus auf Frames in der Medienberichterstattung nach Schlüsselereignissen am Beispiel des Themas „Gewalt gegen Ausländer". Der Theorieteil soll also nicht nur zur empirischen Studie hinführen, sondern auch unabhängig davon die Framing-Forschung systematisieren.

Scheufeles Ausführungen zu Framing-Effekten finden sich am Anfang des Werkes, wo der Autor auch psychologische und soziologische Grundlagen von Framing bespricht. Aus psychologischer Perspektive werden primär schema-theoretische Wirkmechanismen betrachtet. Als Schemata bezeichnet man beim Menschen vielfältig vorhandene Gedächtnisstrukturen, „in denen Wissen über bestimmte Objekte (Personen, Situationen, Konzepte etc.) aus vorhergehender Erfahrung abgelegt ist." (Brosius & Unkel i. d. B.) Dabei verarbeiten Menschen – so die Theorie – neue Informationen mithilfe dieser Schemata, welche mitbestimmen, welche Informationen überhaupt wahrgenommen und verarbeitet werden, wie diese zu bewerten sind und welche Handlungsoptionen daraus folgen (für weitere Erläuterungen siehe den Beitrag von Brosius & Unkel i. d. B.). Scheufele nimmt damit eine fokussierte Perspektive auf Framing-Effekte ein, gemäß derer mittels Etablierung, Veränderungen oder Aktivierung von Vorstellungen realisierte Medieneffekte als Framing-Effekte aufgefasst werden. Damit subsumiert Scheufeles Framing-Effekt-Begriff einflussreiche Ansätze (z. B. Iyengar, 1991; Price & Tewksbury, 1997), geht aber noch deutlich darüber hinaus.

Der Autor präsentiert ein Wirkungsmodell für Framing-Effekte (S. 65-68), das illustriert, wie sich aufgrund von Medienframes Schemata bei den Rezipienten neu bilden oder verändern können. Er unterscheidet drei Szenarien: (1) Die Medien berichten so intensiv und konsonant mit dem gleichen Frame über einen Sachverhalt, dass sich die Schemata der Rezipienten langsam diesem medialen Framing anpassen („steter Tropfen höhlt den Stein"). So werden bestehende Schemata verändert. (2) Die Medien verknüpfen intensiv und konsonant zwei Aspekte

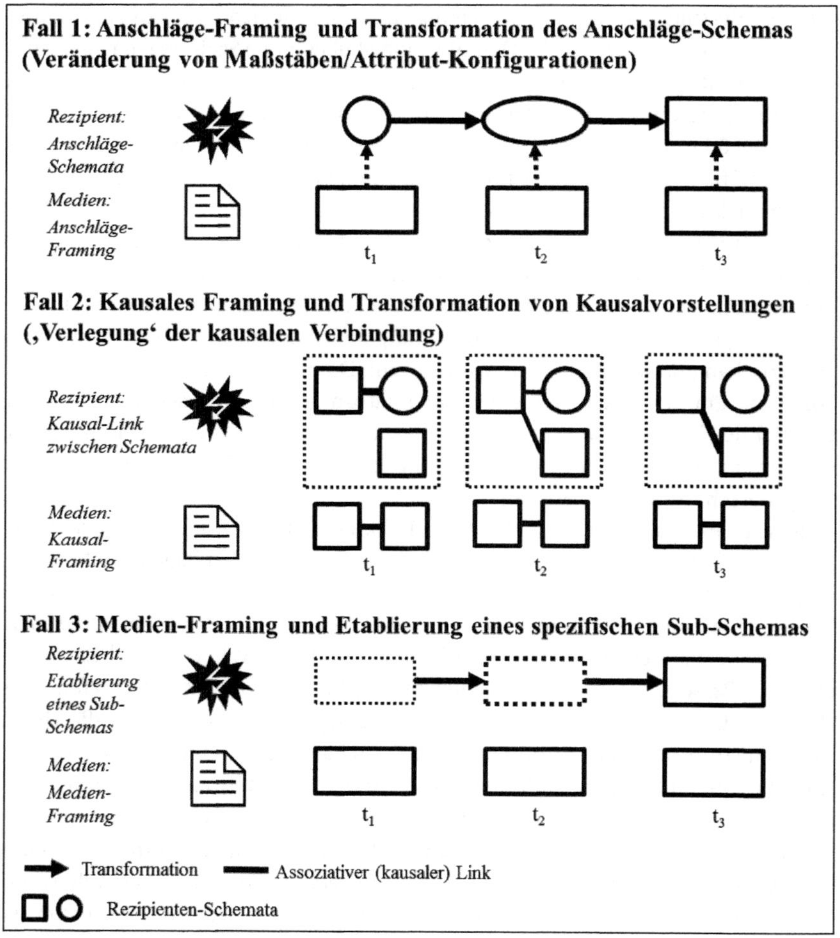


**Abb. 1** „Transformations- und Etablierungseffekte" (Scheufele, 2003, S. 65)

miteinander – beispielsweise, dass Neonazis Brandanschläge verüben. Auch wenn die Rezipienten diese beiden Aspekte vorher nicht kausal miteinander verknüpften, wird sich allmählich diese Verbindung einstellen und eventuell könnten sich andere Assoziationen mit den beiden Begriffen abschwächen. (3) Verfügen Rezipienten über kein passendes Schema für einen Sachverhalt, werden sie sich einerseits an übergeordneten, allgemeineren Schemata und andererseits an den Frames, die sie in den Medien vorfinden, orientieren. Einstellungen können somit verändert werden, da sich die zugrundeliegenden Vorstellungen wandeln. Mit Abbildung 1 veranschaulicht der Autor diese drei Szenarien.

Scheufele fokussiert seine Beschreibung von Framing-Effekten damit zunächst auf kognitive Wirkungen, was in Teilen auf den Einfluss seines Doktorvaters zurückzuführen sein könnte, der sich intensiv damit beschäftigte, den social-cognition Ansatz auf die Rezeption und Wirkung von Rundfunknachrichten zu übertragen (vgl. den Beitrag von Alexander Haas i. d. B.). Daneben sieht Scheufeles Modell auch vor, dass Medien-Frames Bewertungen von Einstellungsobjekten ändern können, ohne die Valenz gegenüber Objekten oder ihren Attributen zu verändern. Indem bestimmte Aspekte eines Einstellungsobjekts im Rahmen des Medien-Framings stark betont werden, färbt die Bewertung dieser Aspekte stärker die Gesamtbewertung des Einstellungsobjekts (siehe Abb. 2).

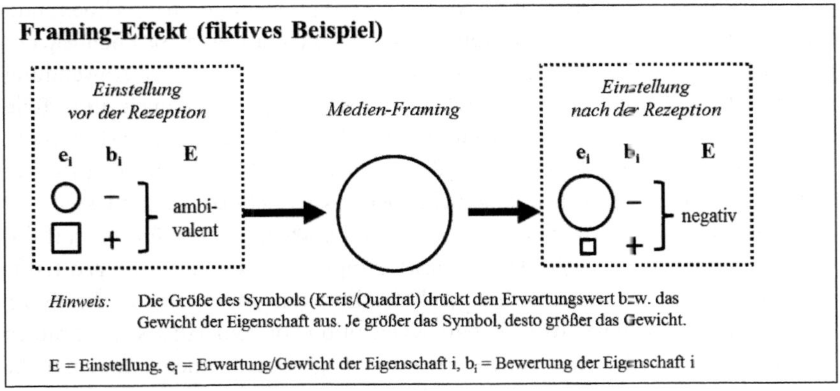


**Abb. 2** Framing-Effekt-Modell nach Scheufele (2003, S. 67)

Etwas anschaulicher wird dieser hier recht abstrakt beschriebene Vorgang durch ein Beispiel des Autors:

> Ein Rezipient erwartet von Kernkraft neue Arbeitsplätze (Quadrat …), aber auch wachsende Entsorgungsprobleme (Kreis). Die erste Eigenschaft wird positiv, die zweite negativ bewertet. Da beide gleiches Gewicht haben, ist die Einstellung insgesamt ambivalent. Wenn nun Medien Kernkraft wiederholt in den Bezugsrahmen von Entsorgungsproblemen stellen, machen sie diese Eigenschaft salienter. Dadurch erhält sie mehr Gewicht in der Produktsumme und die Einstellung wird insgesamt negativer. Frames machen also Merkmale von Erstellungsobjekten salienter. Dadurch

> verändert sich zunächst die kognitive, dann die affektive Komponente. Allerdings kann Medien-Framing u.E. nur dann Breitenwirkung entfalten, wenn die meisten Rezipienten die durch Framing salienter gemachten Eigenschaften auch tatsächlich vergleichbar bewerten. (Scheufele, 2003, S. 68)

Mit seinem Vorschlag zur Spezifizierung des Frame-Begriffs, der Systematisierung der bis dato bestehenden Framing-Forschung und vor allem dem oben dargestellten Modell hat Scheufele in „Frames – Framing – Framing-Effekte" einen wichtigen Beitrag zur Erforschung von Framing-Effekten geleistet. Bemerkenswert ist insbesondere, dass er einen präzise konzeptualisierten Vorschlag dazu machte, welche kognitiven Mechanismen Framing-Effekten zugrunde liegen. Zudem weisen seine theoretischen Ausführungen eine relativ hohe Erklärungskraft auf, da sie sowohl für den Fall, dass noch keine Vorstellungen von einem Thema bestehen als auch für den Fall, dass diese bereits vorliegen, einen möglichen Wirkmechanismus beschreiben. Jedoch beschäftigt sich das Werk in weiten Teilen auch mit Aspekten des Framing-Ansatzes, welche nicht der Medienwirkungsforschung zuzurechnen sind. Da es sich beim Framing-Ansatz explizit um einen integrativen Ansatz handelt, der von der Produktion der Inhalte bis hin zur Wirkung auf Rezipienten Anwendung findet und Erklärungspotential bietet (Dahinden, 2006), sollen auch diese Teile der Arbeit besprochen werden, auch wenn sie nicht der Medienwirkungsforschung zuzurechnen sind. Eine Verknappung der Arbeit auf die Medienwirkungsaspekte würde den Gesamtzusammenhang nicht angemessen sichtbar werden lassen.

Kapitel 4 lenkt den Blick auf den „Einfluss *journalistischer Frames* auf die *Nachrichtenproduktion*" (S. 91). Die Festlegungen, die der Autor hierzu trifft, bauen sehr schlüssig auf den bisherigen Betrachtungen auf, so etwa die zwar sehr technische, aber auch nachvollziehbare Konzeption von journalistischen Frames als ein konsistentes System diskursiv geformter kognitiver Elemente. Indem nicht bestimmte Dimensionen festgelegt werden, die einen Frame ausmachen (wie bei Entman, 1993, der vorschlug, einen Frame als ein Muster aus Problemdefinition, Bewertung, Verantwortungszuschreibung und Handlungsempfehlung aufzufassen), wird das Frame-Konzept wesentlich flexibler – gleichzeitig aber auch schwieriger operationalisierbar: Letztlich muss für jede Anwendung definiert werden, welche Dimensionen ein Frame umfassen könnte und welche Konstellation von Ausprägungen auf diesen Dimensionen welchen Frame repräsentiert. Scheufele schlägt vor, Ereignisse, Akteure, Handlungen und Sprechakte, Interaktion und Kommunikation, Probleme und Entwicklungen („Objektklassen") sowie Sinnkomplexe zu einem Thema zu sammeln, um angemessene Frame-Dimensionen und Ausprägungen festzulegen.

Die Ausführungen zu „Stabilität und Wandel journalistischer Frames" sind zentral für die Anlage der später beschriebenen empirischen Untersuchung; insbesondere die Unterscheidung zwischen Orientierungs- und Routinephasen wird (erst) hier – und damit recht spät – eingeführt. Fast alle zentralen Annahmen betreffen nämlich die Unterschiede und Gemeinsamkeiten zwischen Orientierungs- und Routinephasen. Vermutet wird, dass Journalisten medienübergreifend ähnliche Frames benutzen, welche sich im Zeitverlauf anlässlich von Schlüsselereignissen wandeln. In Routinephasen hingegen – d. h. während solcher Zeiträume, in denen keine Ereignisse zu finden sind, die das Potential besitzen, sich richtungsweisend auf ein Thema auszuwirken – verwenden die Journalisten hauptsächlich die in der vorherigen Orientierungsphase etablierten Frames. Daraufhin entwickelt Scheufele die interessante Idee, „soziale Objekte" – damit meint er ähnlich seinen „Objektklassen" „Ereignisse, Probleme, Entwicklungen oder soziale Beziehungen" (S. 110) – anstelle von Ereignissen bzw. Beiträgen zur Einheit von Nachrichtenfaktormessungen zu machen. Etwas unvermittelt kommt damit den eher am Rande erwähnten Nachrichtenfaktoren eine zentrale Bedeutung zu. Nachrichtenfaktoren sind Merkmale, die, wenn sie Meldungen zugeschrieben werden, die Publikationschancen dieser Meldungen erhöhen bzw. ihre Platzierung verbessern können. Diese Wendung hätte zumindest einer kurzen Begründung bedurft. Lediglich die letzte Hypothese schlägt die Brücke zurück zum Framing-Ansatz: Scheufele vermutet, dass ein Beitrag umso höheren Nachrichtenwert besitzt, je besser der Beitrag zum dominanten Frame der Orientierungsphase passt. Somit würde die Passung eines Beitrags zum jeweils dominanten Frame selbst zu einem Nachrichtenfaktor. Besinnt man sich zurück auf Galtung und Ruge (1965) könnte man dies als eine gelungene Operationalisierung ihres Faktors „Konsonanz" auffassen.

Als Hauptziel der Studie wird geprüft, inwiefern die Berichterstattung in Routinephasen die in der Orientierungsphase entwickelten Medienframes aufgreift. Hierzu wählt der Autor ein aufwändiges und neuartiges methodisches Verfahren. Der Schwerpunkt des Methodenkapitels liegt auf der Beschreibung der qualitativen Analyse sowie der Verknüpfung von qualitativer und quantitativer Inhaltsanalyse. Untersuchungsgegenstand ist die Berichterstattung zweier Qualitätszeitungen über fremdenfeindliche Anschläge im Anschluss an vier Schlüsselereignisse (siehe auch Brosius & Eps, 1993). Die qualitative Analyse dient der Ermittlung der Frame-Dimensionen und -Aspekte, die dann in der quantitativen Analyse standardisiert erfasst werden. Außerdem werden in der qualitativen Analyse die dominanten Frames der Orientierungsphasen ermittelt.

Die Methodik entspricht dabei einem interpretativ-quantifizierenden Verfahren (Matthes & Kohring, 2004). Die qualitative Analyse beruht auf einer Textbasis von 64 meinungsbetonten Beiträgen aus den ersten zwei Wochen nach den jeweiligen Schlüsselereignissen. Weiterhin erfasst die quantitative Analyse die Berichterstattung nur in den Routinephasen. Es bleibt offen, warum nicht auch die Beiträge aus der Orientierungsphase untersucht wurden – dies hätte weitere interessante Analysemöglichkeiten eröffnet.

Kernstück der Analyse ist die Bestimmung des „Fit" zwischen dem Frame in einem Medienbeitrag aus einer Routinephase und dem dominanten Frame der vorangegangenen Orientierungsphase. Auf den verschiedenen Frame-Dimensionen wird bestimmt, welche Ausprägungen mit welchem Frame übereinstimmen. So lässt sich ein „Fit"-Wert zwischen einem Beitrag und der in der vorherigen Orientierungsphase dominanten „Frame-Line" (unter Frame-Lines versteht Scheufele die Konstellationen von Ausprägungen, die in der qualitativen Studie ermittelt wurden) berechnen. Ohne eine quantitative Analyse der Berichterstattung in der Orientierungsphase führt dies jedoch zu Unschärfen. Eigentlich müssten alle Frame-Lines identifiziert und dann die Beiträge in Routine- und Orientierungsphasen diesen Frame-Lines zugeordnet werden. Dann würde ein Vergleich zwischen Routine- und Orientierungsphasen zeigen, inwiefern das Framing ähnlich oder abweichend ausfällt.

Die Frame-Analyse der Berichterstattung in der Orientierungsphase ermittelt zehn Frame-Lines aus verschiedenen Anschläge-Schemata, Anschläge-Skripts, Täter- und Opferprofilen, Rechtsradikalen-Schemata, Ursachen- und Folgen-Schemata sowie Gegenaktionen- und Gegenaktivisten-Profilen (S. 163-175). Dabei lassen sich deutliche Unterschiede zwischen den vier Schlüsselereignissen bzw. zu den entsprechenden Orientierungsphasen erkennen. Der anlässlich der Ausschreitungen in Hoyerswerda etablierte Frame wurde auch bei den Ausschreitungen in Rostock verwendet und leicht ergänzt, wohingegen beim Anschlag in Mölln etablierte Frames aufgegeben und durch alternative Frames ersetzt wurden. Bei der Berichterstattung über den Anschlag in Solingen wurden diese Frames fortgeführt, aber auch deutlich modifiziert und ergänzt. Es gab deutliche Unterschiede zwischen verschiedenen Berichterstattungsperioden, aber kaum Unterschiede zwischen den Zeitungen.

Die Framing-Analyse fällt nur teilweise erwartungskonform aus: Oftmals überwiegen in Beiträgen in Routinephasen Informationen, die nicht der dominanten Frame-Line aus der vorhergehenden Orientierungsphase entsprechen. Scheufele wertet die gemischten Befunde dennoch als Bestätigung seiner Hypothese, dass Frames in der Routineberichterstattung überwiegend den dominanten Frame aus der vorhergehenden Orientierungsphase aufgreifen. Darin hat er insofern recht, als ein „Fitting-Wert" von <50 % keineswegs eine Abweichung vom „typischen" Framing aus der vorherigen Orientierungsphase bedeutet (s. o.). Vielmehr müsste die Verteilung der Frames in Routine- und Orientierungsphase quantitativ miteinander vergleichen werden – und je ähnlicher die Verteilungen sind, desto höher das Fitting.

Die Hypothesen zu Nachrichtenfaktoren werden mit Regressionsanalysen geprüft. Besonders interessant ist der Befund, dass neben den Nachrichtenfaktoren offensichtlich auch der Grad des Fittings den Nachrichtenwert eines Beitrags positiv beeinflusst. Beiträge, die eher dem in der jeweiligen Phase dominierenden Frame entsprechen, haben demzufolge eine bessere Chance auf eine prominente Platzierung bzw. einen großen Umfang. Dies sind interessante Ergebnisse, die aber einen relativ engen Anwendungs- und Geltungsbereich haben. Sie sind auf den Bereich der Kommunikator- und Inhaltsforschung begrenzt, wurden anhand der Berichterstattung von Qualitätszeitungen gewonnen und behandelten mit Ausländerfeindlichkeit ein zu dieser Zeit heiß diskutiertes, aber eben auch kein typisches Politikthema.

## 3 Bezug zum Gesamtwerk

Wie die meisten Doktorarbeiten ist auch die von Bertram Scheufele ein Ausgangspunkt, an dem zwar nicht alle, aber viele seiner Forschungsinteressen aufscheinen, die später genauer ausgearbeitet werden. Zum einen sind mehrere Arbeiten unmittelbar aus der Studie entstanden: Ein Aufsatz mit Hans-Bernd Brosius 1999 in „Rundfunk und Fernsehen", Aufsätze aus 2004 in „Medien und Kommunikationswissenschaft" sowie in „Communications" (mit Schwerpunkt auf der kritischen Auseinandersetzung mit dem Framing-Ansatz) und einer empirischen Studie 2006 in „Communications" (mit den wichtigsten empirischen Ergebnissen der Studie). Zum anderen sind in der Dissertation spätere Entwicklungen im Werk von Scheufele bereits angelegt: Überlegungen zu visuellem Framing (1999, 2001) und Value-Framing (Scheufele, 2010; Scheufele et al., 2012) zeugen von seinem anhaltenden Interesse an dieser Forschung. Auch journalistische Frames (Scheufele & Engelmann, im Druck) und generelle theoretische und methodische Aspekte der Framing-Forschung (B. Scheufele & D. Scheufele, 2010, 2012) sind weiter Gegenstand seiner Publikationstätigkeit. Die Beschäftigung mit verschiedenen analytischen Einheiten und Ebenen (Journalist und Redaktion; Rezipient und Publikum) ist ebenfalls in der Dissertation zu erkennen (vgl. zur Auseinandersetzung mit der Mehrebenenthematik Quandt & Scheufele, 2012). Auch sein Interesse an verschiedenen Textanalyseverfahren hat er wieder aufgegriffen (Scheufele, 2011).

# 4 Wirkung und Rezeption

Unter den meistzitierten Schlüsselwerken in *Publizistik* und *Medien und Kommunikationswissenschaft* sind vor allem Klassiker, die schon einige Jahrzehnte Rezeptionsgeschichte hinter sich haben und zum Kanon des Fachs gehören. Die Dissertation von Bertram Scheufele fällt da aus der Reihe. Und angesichts der viel kürzeren Rezeptionsgeschichte und der viel geringeren Zahl von Aufsätzen, die die Arbeit hätten zitieren können, ist die große Bedeutung umso erstaunlicher. Dazu kommt noch, dass die Studie kein benutzerfreundliches Werk ist, es fordert Rezipienten in vielerlei Hinsicht heraus: hinsichtlich Präsentation (viele Aufzählungen, komplexe Visualisierungen), Theoriearbeit und Methodik geht Scheufele teils ungewohnte Wege. Die beiden letzteren Punkte sollen im Folgenden genauer betrachtet werden.

### *Theoriearbeit*

Scheufeles Hang zur Kürze merkt man vor allem der Theoriearbeit an. Die verschiedenen Ansätze, Methoden und Befunde werden nur sehr knapp in ihren Grundzügen umrissen und dann vor allem kritisch danach abgeklopft, ob und wie sie in seine Grundüberlegungen passen. Charakteristisch ist der Versuch, dem damals aufkommenden Forschungsfeld „Framing“ mit eigenen Begrifflichkeiten den Stempel aufzudrücken. Vielfach lehnt der Autor sich dabei an kognitionspsychologische Begriffe an. Scheufeles Vokabular – z. B. „Slots“, „Default Value“, „Maßstäbe“, „Frame-Line“ – hat sich aber nicht durchsetzen können, vermutlich auch weil es sehr technisch anmutet. Trotzdem dürften gerade der ungewöhnliche Zuschnitt des Theorieteils und seine Hybridfunktion für die häufige Zitation des Werks mitverantwortlich sein: Scheufele hat die erste umfassende Literaturaufarbeitung zum Framing-Ansatz in deutscher Sprache verfasst. Dabei zeigt er den Mut, auch etablierte Sichtweisen anzugreifen, so etwa das Framing-Konzept von Price und Tewksbury (S. 64) und die methodische Stichhaltigkeit von diversen Wirkungsstudien zum Framing (S. 81-83). Noch heute ist diese Auseinandersetzung sehr lesenswert. Insofern ist Ruhrmann (2007, S. 82) zuzustimmen, der Scheufeles Dissertation als „ein deutschsprachiges Standardwerk zum Thema“ betrachtet. Scheufele vertritt klare Sichtweisen und geht theoretische Probleme offensiv und pragmatisch an, z. B. die Abgrenzung von Frames und Schemata oder von Framing und Priming. Das ist sehr erfrischend und durchaus streitbar. Entsprechend ist Kritik nicht ausgeblieben (z. B. Dahinden, 2006; Matthes, 2007). Das ist positiv zu werten, weil wissenschaftlicher Diskurs und kritische Auseinandersetzung für den Fortschritt wissenschaftlicher Erkenntnis essentiell ist. Damit wurde seine Arbeit zu einer Quelle, an der sich viele Autoren orientieren. Zusammen mit der damals stattfindenden Popularisierung des Framing-Ansatzes ist dies sicher ein wichtiger Erfolgsfaktor gewesen.

### Methode

Auch die komplexe Methodik der Studie und ihre Darstellung sind auf den ersten Blick wenig leserfreundlich: die Methode wird nach einem Ausschlussverfahren mit einem virtuellen Gegenüber ausverhandelt – man ist geneigt, sich den stirnrunzelnden Doktorvater des Promovenden vorzustellen (S. 117-123). Das, was sich hier teilweise etwas schwerfällig liest, ist eine – damals noch nicht besonders verbreitete – Kombination quantitativer und qualitativer Verfahren. Dieses innovative Vorgehen war sicher auch ein Vorbild für eine stärker „gemischte" Methodenausbildung. Noch heute kann Scheufeles Methodenkombination als vorbildhaft gelten. Dennoch gibt es im Detail auch Grund zur Kritik. Die Operationalisierung einiger Unterscheidungen, die für die Prüfung der Annahmen entscheidend sind, wird nicht in hinreichend diskutiert: So werden z. B. Orientierungs- und Routinephasen voneinander unterschieden, indem ein Schlüsselereignis identifiziert wird. 14 Tage nach diesem Schlüsselereignis endet die Orientierungsphase und die Routinephase beginnt. Ohne weitere Belege kann diese Umsetzung kaum überzeugen. Letztlich müsste man die Sicherheit bzw. Unsicherheit der Journalisten bei ihrer Arbeit über das Thema erheben. Diesen Punkt greift Dahinden (2006, S. 158) auf, der kritisiert, dass Scheufele keine Redaktionsbeobachtung bzw. Journalistenbefragung durchführt, aber trotzdem auf die Entstehungsbedingungen von Medieninhalten schließen will (vgl. z. B. Früh, 2004, S. 38-47). Auch Scheufele selbst hält eine Befragung grundsätzlich für sinnvoll, schließt sie für seine Studie allerdings aus, weil die untersuchten Fälle bereits mehrere Jahre zurücklagen, als er die Studie plante (2003, S. 113-114).

### Weitere Erfolgsfaktoren

Der Erfolg der Studie ist aber wohl auch auf ganz profane Gründe zurückzuführen: Scheufele greift thematisch (ausländerfeindliche Anschläge) die Studie von Brosius und Eps (1993) wieder auf, die durch verschiedene Folgepublikationen (Brosius & Esser, 1995; Scheufele & Brosius, 1999) weitergeführt worden ist. Im größeren thematischen Umfeld ist die Arbeit nicht nur einschlägig in der Framing-Forschung, sondern auch in der Forschung zu Schlüsselereignissen und ihren publizistischen Folgen. Zudem hat Scheufele selbst sehr aktiv in den von Potthoff und Kopp (2013) untersuchten Zeitschriften publiziert. Die Zitationshäufigkeit dürfte also teilweise auf Selbstzitaten und Zitationen durch das wissenschaftliche Netzwerk des Verfassers beruhen. Weiterhin behandelte die Studie mit dem Framing-Ansatz zur richtigen

Zeit das richtige Thema, das gerade anfing, im deutschsprachigen Raum größere Beachtung zu finden – im Sinne eines „early adopters".

## 5 Fazit

Insgesamt ist die Studie in der Rückschau als eigenständiger Titel sehr gründlich theoretisch ausgearbeitet. In einzelnen Aspekten – gerade was die quantitativ-qualitativ-Methodenkombination angeht – kann sie durchaus als Pionierstudie gelten. Aber es fehlt der Studie an einer eingängigen, leicht verständlichen Methodik, an folgenreichen empirischen Befunden und insgesamt an einer klaren, einfachen Botschaft. Man hätte sich auch eine weitere Verbreitung der Ideen bis in den englischsprachigen Raum gewünscht. Die Ideen hätten sicher einen wichtigen Beitrag zur Weiterentwicklung des Framing-Ansatzes in der internationalen Scientific Community geleistet. Als Gesamtpaket aus Theorie, Methode und Befunden ist die Dissertation ein einflussreiches Werk in seinem spezifischen zeitlichen Kontext: das richtige Buch zur richtigen Zeit, aber kein zeitloser Klassiker der Kommunikationswissenschaft im strengen Wortsinn.

## Literatur

### *Primärliteratur*

Quandt, T., & Scheufele, B. (Hrsg.) (2012). *Ebenen der Kommunikation: Mikro-Meso-Makro-Links in der Kommunikationswissenschaft.* Wiesbaden: VS.

Scheufele, B. (1999). (Visual) Media Framing und Politik. Zur Brauchbarkeit des Framing-Ansatzes im Kontext (visuell) vermittelter politischer Kommunikation und Meinungsbildung. In W. Hofmann (Hrsg.), *Die Sichtbarkeit der Macht: Theoretische und empirische Untersuchungen zur visuellen Politik* (S. 91-107). Baden-Baden: Nomos.

Scheufele, B. (2001). Visuelles Medien-Framing und Framing-Effekte: Zur Analyse visueller Kommunikation aus der Framing-Perspektive. In T. Knieper & M. G. Müller (Hrsg.), *Kommunikation visuell: Das Bild als Forschungsgegenstand – Grundlagen und Perspektiven* (S. 144-158). Köln: von Halem.

Scheufele, B. (2003). *Frames – Framing – Framing-Effekte: Theoretische und methodische Grundlegung des Framing-Ansatzes sowie empirische Befunde zur Nachrichtenproduktion.* Wiesbaden: Westdeutscher Verlag.

Scheufele, B. (2004a). Framing-effects approach: A theoretical and methodological critique. *Communications, 29*, 401-428.

Scheufele, B. (2004b). Framing-Effekte auf dem Prüfstand: Eine theoretische, methodische und empirische Auseinandersetzung mit der Wirkungsperspektive des Framing-Ansatzes. *Medien und Kommunikationswissenschaft, 52*, 30-55.

Scheufele, B. (2006). Frames, schemata, and news reporting. *Communications, 31*, 65-83.

Scheufele, B. (2010). Verknüpfen und Urteilen: Ein Experiment zur Wirkung medialer Value-Frames. *Medien und Kommunikationswissenschaft, 58*, 26-45.

Scheufele, B. (2011). Synopse und Kritik qualitativer (Text-)Analyseverfahren: Qualitative Inhaltsanalyse, Grounded Theory und Diskursmusteranalysen. In A. Fahr (Hrsg.), *Zählen oder verstehen? Diskussion um die Verwendung quantitativer und qualitativer Methoden in der empirischen Kommunikationswissenschaft* (S. 123-143). Köln: von Halem.

Scheufele, B., & Brosius, H.-B. (1999). The frame remains the same? Stabilität und Kontinuität journalistischer Selektionskriterien am Beispiel der Berichterstattung über Anschläge auf Ausländer und Asylbewerber. *Rundfunk und Fernsehen, 47*, 409-432.

Scheufele, B., & Engelmann, I. (im Druck). Journalismus und Framing. In M. Löffelholz & L. T. Rothenberger (Hrsg.), *Handbuch Journalismustheorien*. Wiesbaden: Springer VS.

Scheufele, B., Kordes, C., Meyer, H., Teutsch, D., Tretter, K., & Schieb, C. (2012). Garant oder Gefahr: Ein Medienwirkungsexperiment zur Instrumentalität des Value-Framing. *Medien und Kommunikationswissenschaft, 60*, 432-451.

Scheufele, B., & Scheufele, D. (2010). Measuring frames and framing effects: Conceptual distinctions and operational implications for framing research. In P. D'Angelo & J. A. Kuypers (Hrsg.), *Doing news framing analysis. Empirical and theoretical perspectives* (S. 110-134). New York: Routledge.

Scheufele, B., & Scheufele, D. (2012). Framing and Priming Effects: Exploring challenges connected to cross-level approaches in media effects research. In E. Scharrer (Hrsg.), *The international encyclopedia of media studies: Media effects/media psychology* (S. 89-107). Malden: Wiley-Blackwell.

## *Sekundärliteratur*

Brosius, H.-B., & Eps, P. (1993). Verändern Schlüsselereignisse journalistische Selektionskriterien? Framing am Beispiel der Berichterstattung über Anschläge gegen Ausländer und Asylanten. *Rundfunk und Fernsehen, 41*, 512-530.

Brosius, H.-B., & Esser, F. (1995). *Eskalation durch Berichterstattung? Massenmedien und fremdenfeindliche Gewalt*. Opladen: Westdeutscher Verlag.

Dahinden, U. (2006). *Framing: Eine integrative Theorie der Massenkommunikation*. Konstanz: UVK.

Entman, R. M. (1993). Framing: Toward clarification of a fractured paradigm. *Journal of Communication, 43*(4), 51-58.

Früh, W. (2004). *Inhaltsanalyse: Theorie und Praxis*. Konstanz: UVK.

Galtung, J., & Ruge, M. H. (1965). The structure of foreign news: The presentation of the Congo, Cuba and Cyprus crises in four Norwegian newspapers. *Journal of Peace Research, 2*, 64-90.

Iyengar, S. (1991). *Is anyone responsible? How television frames political issues*. University of Chicago Press.

Matthes, J. (2007). *Framing-Effekte: Zum Einfluss der Politikberichterstattung auf die Einstellungen der Rezipienten*. München: Fischer.

Matthes, J., & Kohring, M. (2004). Die empirische Erfassung von Medien-Frames. *Medien & Kommunikationswissenschaft, 52*, 56-75.
Potthoff, M., & Kopp, S. (2013). Die meistbeachteten Autoren und Werke der Kommunikationswissenschaft: Ergebnis einer Zitationsanalyse von Aufsätzen in Publizistik und Medien & Kommunikationswissenschaft (1970-2010). *Publizistik, 58*, 347-366.
Price, V., & Tewksbury, D. (1997). News values and public opinion: A theoretical account of media priming and framing. In G. A. Barnett & F. J. Boster (Hrsg.), *Progress in communication sciences: Advances in persuasion* (S. 173-212). Greenwich: Ablex.
Ruhrmann, G. (2007). Bertram Scheufele, Universität Jena. *Publizistik, 52*, 82.

# Autorinnen und Autoren

Bonfadelli, Heinz, Prof. Dr., Ordentlicher Professor für Publizistikwissenschaft am IPMZ – Institut für Publizistikwissenschaft und Medienforschung der Universität Zürich. Forschungsgebiete: Kinder/Jugendliche und Medien, Medienwirkungen, Umwelt-, Wissenschafts- und Gesundheitskommunikation, Kommunikationskampagnen. E-Mail: h.bonfadelli@ipmz.uzh.ch

Brosius, Hans-Bernd, Prof. Dr. phil., Professor für empirische Kommunikationswissenschaft am Institut für Kommunikationswissenschaft und Medienforschung der Ludwig-Maximilians-Universität München. Arbeitsgebiete: Medienwirkungsforschung, Rezeptionsforschung, Digitalisierung von Medien, Empirische Methoden. E-Mail: brosius@ifkw.lmu.de

Czichon, Miriam, M.A., Wissenschaftliche Mitarbeiterin am Institut für Kommunikationswissenschaft der Otto-Friedrich-Universität Bamberg. Arbeitsgebiete: Medienrezeptions- und Medienwirkungsforschung, Serienforschung, Medienkonvergenz. E-Mail: miriam.czichon@uni-bamberg.de

Dohle, Marco, Dr. phil., Akademischer Rat auf Zeit in der Abteilung für Kommunikations- und Medienwissenschaft an der Heinrich-Heine-Universität Düsseldorf. Arbeitsgebiete: Rezeptions- und Wirkungsforschung, politische Kommunikation, Unterhaltungsforschung. E-Mail: marco.dohle@phil.uni-duesseldorf.de

Frey, Felix, M.A., Wissenschaftlicher Mitarbeiter am Institut für Kommunikationswissenschaft und Medienforschung der Ludwig-Maximilians-Universität München. Arbeitsgebiete: Medienrezeptionsforschung, Medienwirkungsforschung, Medienanthropologie, Methodologie und Methodik. E-Mail: felix.frey@ifkw.lmu.de

Gehrau, Volker, Prof. Dr., seit 2006 Professor für Kommunikationswissenschaft an der Westfälischen Wilhelms-Universität Münster. Forschungsschwerpunkte: Mediennutzung, Medienwirkung, Medien und interpersonale Kommunikation, Medien und Berufsorientierung, Öffentliche Meinung. E-Mail: volker.gehrau@uni-muenster.de

Geiß, Stefan, Dr. phil., Wissenschaftlicher Mitarbeiter am Institut für Publizistik der Johannes Gutenberg-Universität Mainz. Arbeitsgebiete: Framing, Skandale, Agenda Setting und Agenda Building, Journalismusforschung. E-Mail: stefan.geiss@uni-mainz.de

Haas, Alexander, Dr. phil., Akademischer Rat am Institut für Kommunikationswissenschaft und Medienforschung der Ludwig-Maximilians-Universität München. Lehr- und Forschungsschwerpunkte: Politische Kommunikation, interpersonale Kommunikation, Glaubwürdigkeit, Online-Kommunikation, Methoden. E-Mail: haas@ifkw.lmu.de

Hagen, Sebastian, M.A., Wissenschaftlicher Mitarbeiter am Institut für Kommunikations- und Medienwissenschaft der Universität Leipzig. Arbeitsgebiete: Medienrezeptionsforschung, Medienwirkungsforschung, Medienpsychologie, Methodologie und Methodik, Statistik. E-Mail: seb.hagen@googlemail.com

Hartmann, Tilo, Dr. phil., Associate Professor am Department of Communication Science der VU University Amsterdam. Arbeitsschwerpunkt: Analyse des Rezeptionserlebens und Erklärung von Illusionen wie parasozialer Interaktion, Telepräsenz oder der sozialen Wahrnehmung von Videospielfiguren. E-Mail: t.hartmann@vu.nl

Herbers, Martin R., Dr. phil., Akademischer Mitarbeiter am Lehrstuhl für Allgemeine Medien- und Kommunikationswissenschaft der Zeppelin Universität Friedrichshafen. Arbeitsgebiete: Unterhaltungsforschung, Öffentlichkeitstheorie, Visuelle Kommunikation. E-Mail: martin.herbers@zu.de

Hueß, Christine, M.A., Wissenschaftliche Mitarbeiterin am Institut für Publizistik der Johannes Gutenberg-Universität Mainz. Arbeitsgebiete: Public Relations, Mediengeschichte und Politische Kommunikation. E-Mail: christine.huess@uni-mainz.de

Jackob, Nikolaus, PD Dr., Akademischer Oberrat am Institut für Publizistik der Johannes Gutenberg-Universität Mainz. Arbeitsgebiete: Rhetorik- und Persuasionsforschung, Journalismusforschung, Glaubwürdigkeits- und Vertrauensforschung. E-Mail: nikolaus.jackob@uni-mainz.de

Karnowski, Veronika, Dr. phil., Wissenschaftliche Mitarbeiterin am Institut für Kommunikationswissenschaft und Medienforschung der Ludwig-Maximilians-Universität München. Arbeitsgebiete: Neue und insbesondere mobile Medien, Diffusionsforschung, Soziale Medien. E-Mail: karnowski@ifkw.lmu.de

Kepplinger, Hans Mathias, Prof. Dr. phil., Professor für Empirische Kommunikationsforschung (em.) an der Universität Mainz. Arbeitsgebiete: Verhältnis der Realitätsdarstellung der Medien zur dargestellten Realität; Medienwirkungen; politische Kommunikation; Journalismus. E-Mail: kepplinger@uni-mainz.de

Koch, Sebastian, M.A., seit 2011 wissenschaftlicher Mitarbeiter am Institut für Kommunikations- und Medienwissenschaften der Universität Leipzig. Forschungsschwerpunkte: Kommunikation und Repräsentation globaler Risiken, Nutzung und Wirkung von Computerspielen. E-Mail: sebastian.koch@uni-leipzig.de

Kümpel, Anna Sophie, M.A., Wissenschaftliche Mitarbeiterin am Institut für Kommunikationswissenschaft und Medienforschung der Ludwig-Maximilians-Universität München. Arbeitsgebiete: Rezeptionsforschung, Online-Kommunikation, Soziale Medien. E-Mail: kuempel@ifkw.lmu.de

Marquart, Franziska, M.A., Wissenschaftliche Mitarbeiterin am Institut für Publizistik- und Kommunikationswissenschaft der Universität Wien, Abteilung Werbeforschung. Arbeitsgebiete: Politische Werbung, Visuelle Kommunikation, Medienwirkungsforschung. E-Mail: franziska.marquart@univie.ac.at

Meltzer, Christine E., M.A., Wissenschaftliche Mitarbeiterin am Institut für Publizistik der Johannes Gutenberg-Universität Mainz. Arbeitsgebiete: Mediennutzungs- und Wirkungsforschung. E-Mail: meltzer@uni-mainz de

Mothes, Cornelia, Dr. phil, Postdoc an der Ohio State University, Columbus (OH). Forschungsschwerpunkte: Politische Kommunikation, Journalismusforschung, Medienpsychologie. E-Mail: mothes.3@osu.edu

Naderer, Brigitte, M.A., Wissenschaftliche Mitarbeiterin am Institut für Publizistik- und Kommunikationswissenschaft der Universität Wien, Abteilung Werbeforschung. Arbeitsgebiete: Persuasive Kommunikation, Medienwirkungsforschung. E-Mail: brigitte.naderer@univie.ac.at

Potthoff, Matthias, Dr. phil., Akademischer Mitarbeiter am Institut für Medien- & Kommunikationswissenschaft der Universität Mannheim. Arbeitsgebiete: Medieninhalts- und Medienwirkungsforschung. E-Mail: m.potthoff@uni-mannheim.de

Roessing, Thomas, Dr. phil, Wissenschaftler am Institut für Publizistik der Johannes Gutenberg-Universität in Mainz. Arbeitsschwerpunkte: Medienwirkungsforschung, Online-Forschung und öffentliche Meinung. E-Mail: roessing@uni-mainz.de

Rössler, Patrick, Dr. rer. soc., Professor für Kommunikationswissenschaft mit dem Schwerpunkt Empirische Kommunikationsforschung/Methoden an der Universität Erfurt. Arbeitsgebiete: Medienrezeption & Medienwirkung, politische Kommunikation, Online-Medien, Geschichte der visuellen Kommunikation. E-Mail: patrick.roessler@uni-erfurt.de

Rossmann, Constanze, Dr. phil. habil., Professorin für Kommunikationswissenschaft mit Schwerpunkt Soziale Kommunikation am Seminar für Medien- und Kommunikationswissenschaft der Universität Erfurt. Arbeitsgebiete: Mediennutzungs- und Wirkungsforschung, Gesundheitskommunikation. E-Mail: constanze.rossmann@uni-erfurt.de

Schemer, Christian, Dr. phil., Professor für Allgemeine Kommunikationswissenschaft am Institut für Publizistik der Johannes Gutenberg-Universität Mainz. Arbeitsgebiete: Inhalte, Nutzung und Wirkungen politischer Kommunikation, Werbewirkungsforschung, Methoden. E-Mail: schemer@uni-mainz.de

Schenk, Michael, Prof. Dr. Dr. habil., Universitätsprofessor für Kommunikationswissenschaft und Sozialforschung an der Universität Hohenheim (Stuttgart). Arbeitsgebiete: Mediennutzung und Medienwirkung, Marktforschung, Neue Medien. E-Mail: Michael.Schenk@uni-hohenheim.de

Schenk, Susan, M.A., Doktorandin am Institut für Kommunikationswissenschaft der Technischen Universität Dresden. Forschungsschwerpunkte: Mediennutzungsforschung, Integration und Massenmedien, Politische Kommunikation. E-Mail: susan.schenk@tu-dresden.de

Scheufele, Bertram, Professor für Kommunikationswissenschaft, insb. Medienpolitik am Institut für Kommunikationswissenschaft der Universität Hohenheim. Arbeitsgebiete: u. a. Politische Kommunikation, Medien und Gewalt, Medieninhalte und -wirkungen. E-Mail: bertram.scheufele@uni-hohenheim.de

Schnauber, Anna, M.A., Wissenschaftliche Mitarbeiterin am Institut für Publizistik der Johannes Gutenberg-Universität Mainz. Arbeitsgebiete: Mediennutzungs- und Wirkungsforschung. E-Mail: anna.schnauber@uni-mainz.de

Taddicken, Monika, Prof. Dr., Professorin für Kommunikations- und Medienwissenschaften an der Technischen Universität Braunschweig. Forschungsschwerpunkte: Nutzungs- und Wirkungsforschung, Online-Kommunikation, Wissenschaftskommunikation und Methoden. E-Mail: m.taddicken@tu-braunschweig.de

Unkel, Julian, M. A., Wissenschaftlicher Mitarbeiter am Institut für Kommunikationswissenschaft und Medienforschung der Ludwig-Maximilians-Universität München. Arbeitsgebiete: Rezeptionsforschung, Glaubwürdigkeit, Online-Kommunikation. E-Mail: unkel@ifkw.lmu.de

Wagenknecht, Andreas, Dr. phil, Akademischer Rat auf Zeit am Institut für Medien- und Kommunikationswissenschaft der Universität Mannheim, Arbeitsgebiete: Dokumentarische Formen des Films und des Fernsehens, Medien und musikzentrierte Fankulturen, Film- und Fernsehanalyse sowie Film- und Fernsehtheorie. E-Mail: awagenkn@rumms.uni-mannheim.de

Woelke, Jens, PD Dr. habil., seit 2009 akademischer Rat mit ständigen Lehraufgaben (‚Tenured') am Institut für Kommunikationswissenschaft der Westfälischen Wilhelms-Universität Münster. Forschungsgebiete: Rezeptions- und Wirkungsforschung, Evaluations- sowie Werbeforschung, Vergleichende Mediensystem-/Fernsehprogrammforschung, Theorie und Empirie der Bildanalyse, E-Mail: jens.woelke@uni-muenster.de

Wozniak, Antal, M.A., Wissenschaftlicher Mitarbeiter am Mannheimer Zentrum für Europäische Sozialforschung (MZES) der Universität Mannheim. Arbeitsgebiete: Politische Kommunikationsforschung, Journalismusforschung. E-Mail: antal.wozniak@mzes.uni-mannheim.de

Wünsch, Carsten, Prof. Dr. phil., Professor für Kommunikationswissenschaft mit dem Schwerpunkt Rezeptions- und Wirkungsforschung am Institut für Kommunikationswissenschaft der Otto-Friedrich-Universität Bamberg. Arbeitsgebiete: Rezeptions- und Wirkungsforschung, empirische Methoden der Kommunikationswissenschaft, Wirkung und Verarbeitung fiktionaler Medieninhalte, politische Medienwirkungen. E-Mail: carsten.wuensch@uni-bamberg.de

MIX
Papier aus verantwortungsvollen Quellen
Paper from responsible sources
FSC® C105338

Printed by Books on Demand, Germany